| WebGL Insights |

WebGL Insights
日本語版

Patrick Cozzi 編
あんどうやすし 訳

ASCII
DWANGO

WebGL Insights
edited by Patric Cozzi

© 2016 by Taylor & Francis Group, LLC CRC Press is an imprint of Taylor & Francis Group, an Informa business.

Authorized translation from English language edition published by CRC Press, an imprint of Taylor & Francis Group LLC.

Japanese translation rights arranged with TAYLOR & FRANCIS GROUP, LLC. through Japan UNI Agency, Inc., Tokyo.

本文中に記載されている社名および商品名は，一般に開発メーカーの登録商標です．

なお，本文中では ™・©・® 表示を明記しておりません．

For Liz, Petey, and the Captain

訳者まえがき

　WebGL はすでにモバイルを含めたすべてのモダンブラウザで利用可能で、ウェブ技術としては先進的というよりも一般的という方が適当と思われるほどになってきています。そのようなタイミングで求められるのは技術的な詳細やハウツーもさることながら、まずは具体的で本格的な実用例ではないでしょうか。

　本書はその前身ともいえる *OpenGL Insights*[*1]の精神を引き継ぎ、WebGL に関する多様な専門家たちの知見を集めたものです。ブラウザの WebGL 実装の詳細や継続的テスト環境、さまざまなレンダリングテクニックの WebGL での実装など他書では見ることができない数多くの情報が紹介されています。重要なのは、そのような情報の多くが実例に基づいて紹介されていることです。中には「仕様上（理論上）はこのように実装すればうまく動作するはずだが、実際にはうまくいかなかった」という例を紹介しているものもあります。無駄な情報と感じる読者もいるかもしれませんが、WebGL を本格的に実プロジェクトで採用する上で本当に有用なのは、単なるテキストブックでは得られないこういった実際の経験に基づいた情報でしょう。

　本書の内容は原著が出版された 2015 年 7 月当時にはいうまでもなく最先端をいくものでした。しかしそれから 3 年弱がすぎた現在では必ずしも最新と呼べるものばかりではありません。もちろん技術的な内容の多くは現役ですが、採用されているライブラリなどには古びて感じられるものも少なくないでしょう。しかし本書では明らかに混乱を招きそうな違いを訳注で指摘するにとどめ、基本的には原著を忠実に翻訳することに努めています。これは本書で扱われている内容が非常に幅広いため内容を刷新するには大幅に時間がかかると想定されることも大きな理由の 1 つですが、それだけではなくそのままの内容を今このタイミングで日本語で届けることにも意味があるのではないかと感じたという理由もあります。

　先ほど WebGL はもはや一般的な技術になったと書きました。しかし実際のところ日本に限ってみれば必ずしもそうとはいえません。WebGL を使用したサイトを目にすることは確かに増えましたが、それらは一時的なキャンペーンサイトやゲームであることがほとんどで、いまだに何か打ち上げ花火のような扱いにとどまっているように感じられます。そのような状況において、かつて海外の先達たちが WebGL を一般的なものにするために行った試行錯誤の記録をあえてそのまま提供することは、私も含めた日本の開発者を鼓舞する上でも意義があるのではないでしょうか。WebGL は今後ますますその重要度を増し、いずれ画像や動画に匹敵す

[*1] *OpenGL Insights*. Edited by Patrick Cozzi and Christophe Riccio. Boca Raton, FL: CRC Press, 2012. 『OpenGL Insights 日本語版 (54 名のエンジニアが明かす最先端グラフィックス プログラミング)』, 加藤諒 編, 中本浩 訳, ボーンデジタル, 2013.

るメディアとしてウェブ上で使用されるようになることは間違いないでしょう。本書が日本においても WebGL が一般的と呼べる技術になる一助となればうれしく思います。

　最後になりましたが、本書を翻訳するにあたってレビューを快く引き受けてくださった株式会社エクサの安藤幸央さん、株式会社カブクの足立昌彦さん、高橋憲一さん、みなさんのおかげで本書の内容がより正確で読みやすいものになりました。ありがとうございました（とはいえ内容に何か不備があればそれはすべて訳者の力不足が原因です）。アスキードワンゴの鈴木嘉平さん、星野浩章さん、かなりマニアックな書籍であるにもかかわらず企画を受け付けてくださり、ありがとうございました。最後に家族の由起子と澪へ。本書の翻訳はこれまで携わった書籍と比べても非常に難しく、約 8 か月の間ほぼ毎日数時間は作業に追われることになりました。本来なら家族と過ごすべき時間をそのような作業に当てることを許してくれてどうもありがとう。

あんどうやすし

まえがき

　2011 年 2 月に WebGL の仕様書が公開され、そこに携わる優秀で熱心な人たちによりコミュニティが構成されました。デモシーン開発者から医療の研究者までさまざまな領域に渡る熱心な人々が美しい視覚効果や芸術作品、アプリケーション、ライブラリなどを作成しています。おそらく特筆すべきなのはそのような個人や団体が自分たちの作品をすべての人が利用できるようにワールド・ワイド・ウェブ上で共有しているということでしょう。

　作成した物を共有するというウェブの文化はその起源、最初期のウェブブラウザにあった「ソースを表示する」オプションにまでさかのぼります。ウェブページの作成者は実際にコードを見たりコピーしたりして他の人がどのようにして視覚的な効果を実現しているのかを理解し、自身のページの改善に役立てることが推奨されていました。そのころから比べると、ウェブは組織化され飛躍的に成長しました。足りない機能に気付くたびにウェブ開発者はその穴を埋める新しい機能を HTML 仕様に提案し、ブラウザはそれらを取り込んで急速に進化しました。膨大な数のオープンソースライブラリが現れ、それらを使用することでスマートフォンの画面から巨大なデスクトップディスプレイまですべての画面で問題なく表示され、視覚的にも魅力のあるウェブページやユーザーインターフェース、アプリケーションを簡単に作成できるようになりました。

　WebGL がウェブの共有文化に取り込まれていく様子を目にするのは刺激的なことでした。私がコンピュータグラフィックスを学び始めたころはウェブはまだ揺籃期で、先進的な技術というものは印刷された論文誌上で一年に数回だけ公開されるものだと考えられていましたし、作者がソースコードを公開することもほとんどありませんでした。今日では世界中のコンピュータグラフィックス研究者が毎日、自分のウェブサイトやブログで記事を書き、WebGL を使用してソースコードどころか、実際に動作するサンプルまで公開しています！

　本書とそのサポートサイトでもウェブの共有文化に則り、先進的な技術や経験によって得られた知見を収集するだけでなく、そのソースコードや実際に動作を確認できるデモをオンラインで公開しています。本書の中で、WebGL エンジンの作者はハイパフォーマンス、優れたスケーラビリティ、先進的な視覚表現などを実現するための戦略を紹介してくれます。教育者は従来のリアルタイムコンピュータグラフィックスの授業をウェブと WebGL を使用するように変更した経験を共有してくれます。アプリケーション開発者やツールチェーンの作者は巨大な JavaScript のコードベースを新しく構築した経験や、既存の C++ のコードベースをウェブに移植した経験を共有してくれます。コンピュータグラフィックスの研究者は数百万のデバイスと数十億の人々にシームレスにデプロイすることを可能にする先進的なレンダリングテクニックを WebGL で実装する方法を紹介してくれます。可視化の研究者は巨大なデータセッ

トを高いパフォーマンスで非常に効果的に描画する方法を説明してくれます。インタラクショ
ンの研究者は 3D アプリケーションに適した効果的なナビゲーションとインタラクションのパ
ラダイムについて考察します。最後にブラウザと GPU の実装者が WebGL 実装の深い部分に
ついて説明してくれます。これは開発者がさまざまなデバイスで最高のパフォーマンスを発揮
できるようにコードを調整しなければいけないときに役に立つはずです。

　本書に含まれる豊富な情報はこれから何年もの間、貴重なリファレンスであり続けるでしょ
う。このプロジェクトを開始し、そして完了にまで導いてくれたこと、またこのプロジェクト
に参加する機会を与えてくれたことについて Patrick Cozzi に感謝します。

Ken Russell
Khronos WebGL ワーキンググループ議長
Google Chrome GPU チーム、ソフトウェアエンジニア

序文

WebGL Insights はコミュニティがこれまで達成してきたことの集大成であり、WebGL の最先端のスナップショットをとらえたものです。

今では Android や iOS を含む主だったプラットフォームのモダンブラウザのすべてが WebGL をサポートしています。プラグイン不要でどのような環境でも利用でき、開発が容易でツールのサポートがあり、JavaScript のパフォーマンスも改善されてきているという理由から、多くの開発者やスタートアップの間で WebGL の採用が進んでいます。すでに Unity や Epic、Autodesk、Google、Esri、Twitter、Sony、*The New York Times*、その他数え切れないほどの会社が WebGL を利用しています。本書でその経験を共有してくれている Floored や Sketchfab などのように、WebGL をコア技術と位置付けているスタートアップも数多くあります。さらに WebVR のような未来のウェブ技術の中でも WebGL は中心的な役割を果たします。

導入が容易であることから、WebGL は学術や教育の分野でも強い支持を集めつつあります。SIGGRAPH のグラフィックス入門コースの素材が OpenGL から WebGL に変更されただけでなく、著名な入門書である *Interactive Computer Graphics: A Top-Down Approach* の素材も WebGL に変更されました。Udacity の「The Interactive 3D Graphics」コースは WebGL/three.js を使用してグラフィックスを教えるもので、60,000 人を超える学生が登録しています。ペンシルベニア大学で私が行っている授業でも WebGL を使用するようになり、他の教授陣からも同じような話をよく聞くようになりました。

熟練した WebGL 開発者の需要は高く、WebGL 開発者が必要だという要望が教育者としての私に応えきれないほど届いています。実務家としても、熟練した WebGL 開発者のチームを持っていることは、効率的で安定したソリューションを高速に開発して実現できるという他にはない強みであることに気付きました。

WebGL コミュニティの発展、熟達した WebGL 開発者の不足、さらに私たちの学び続けるという意思が混ざり合い生まれたものが本書です。私たちのコミュニティの元には WebGL の基本的な内容に触れたいという要望だけでなく、実践的な経験を持つ開発者から高度な技術を学びたいという希望も届いていました。

OpenGL Insights と同様の精神に則り、本書においても WebGL コミュニティに属する開発者がそれぞれ担当する章で自身の体験に基づく専門知識を共有してくれます。つまりハードウェアベンダーはモバイルでのパフォーマンスと堅牢性についてのアドバイスを、ブラウザ開発者は WebGL の実装とテストについての深い考察を、WebGL エンジン開発者はいくつかの有名な WebGL エンジンで使用されているパフォーマンスを考慮した設計の紹介を、神経学

データ可視化研究者は巨大モデルのレンダリングの紹介を、教育者はグラフィックスの授業に WebGL を組み込むためのアドバイスを与えることによって WebGL がゲームの分野を超えてどのような分野に広がっているかを伝えてくれます。

次のように、さまざまな章で共通するテーマが扱われています。

- JavaScript でクライアントを新規に作成したり、Emscripten を使用して C/C++ を JavaScript へ変換して、デスクトップアプリケーションをウェブに移行する方法については、第 II 部、第 16 章、第 17 章、第 21 章を参照してください。

- 高レベルなマテリアルの記述とシェーダーライブラリを組み合わせて実行時に、もしくは事前に GLSL を生成するシェーダーパイプラインについては、第 9 章、第 11 章、第 12 章、第 13 章を参照してください。

- Web Worker を使用して計算やパイプラインの読み込みを行い、CPU 負荷の高い処理をメインスレッドから外すことについては、第 4 章、第 11 章、第 14 章、第 19 章、第 21 章を参照してください。

- 大量の並列処理を GPU に任せることで CPU 負荷を軽くするアルゴリズムについては、第 18 章、第 19 章を参照してください。

- さまざまな WebGL API 関数で生じる CPU と GPU のオーバーヘッドに関する説明と、アプリケーションで大きな CPU オーバーヘッドを発生させないようにそのコストを最小化する方法については、第 1 章、第 2 章、第 8 章、第 9 章、第 10 章、第 14 章、第 20 章を参照してください。

- 大量な 3D シーンをインクリメンタルにストリーミングして、まずはじめにユーザーに大まかな内容をすばやく表示し、その後でより詳細な部分を表示する方法については、第 6 章、第 12 章、第 20 章、第 21 章を参照してください。

- 巨大な JavaScript コードベースと GLSL シェーダーをモジュールとして構造化する方法については、第 4 章、第 13 章を参照してください。

- WebGL 実装そのもののテストとその上で構築される WebGL エンジンのテストについては、第 3 章、第 4 章、第 15 章を参照してください。

- オープンソースについて。Web にはオープンであるという文化があり、本書で触れる WebGL 実装、ツール、エンジン、アプリケーションのほとんどがオープンソースであるのは当然のことでしょう。

WebGL Insights があなたの好奇心を刺激して、本書から学び取った何かによって自身の作品に新しい洞察（insights）を付け加えて、次のレベルに挑戦できるように願っています。

Patrick Cozzi

謝辞

はじめに私とともに *OpenGL Insights* を編集してくれた Christophe Riccio（Unity）に感謝したいと思います。この *WebGL Insights* のコミュニティが目指すものは Christophe が *OpenGL Insights* で作った文化をそのまま受け継いでいます。Christophe は *OpenGL Insights* に非常に高いハードルを設定しました。*WebGL Insights* もこの伝統を継承できていると私は信じています。また *WebGL Insights* という本を提案してくれたことや各章のレビューに協力してくれたことについても感謝しています。

SIGGRAPH 2014 で初めて Ed Angel（ニューメキシコ大学），Eric Haines（Autodesk），Neil Trevett（NVIDIA），Ken Russell（Google）たちに *WebGL Insights* を出版するというアイデアを披露しました。このプロジェクトが無事に離陸できたのは彼らの協力のおかげです。ありがたいことに彼らは本書の最初の企画書の作成に協力してくれました。さらに Ken は序文も担当してくれました。そのことについても感謝しています。

WebGL Insights は、42 人の寄稿者が共有してくれた WebGL やそれに関連する技術に関する彼ら自身の経験によって成り立っています。本書が今あることや WebGL コミュニティが現在のように活発であることは、いずれも彼らのおかげです。本書に対する彼らの献身と熱意に感謝します。

WebGL Insights の内容が素晴らしいのは寄稿者たちと 25 人の技術レビュアーの労力のおかげです。それぞれの章に対して最低でも 2 人、ほとんどが 3 人から 5 人のレビュアーが付き、7 人以上でレビューした章もあります。

レビューのために自分の時間を使ってくれた以下のすべてのレビュアーに感謝します。Won Chun（RAD Games Tools），Aleksandar Dimitrijevic（ニシュ大学），Eric Haines（Autodesk），Havi Hoffman（Mozilla），Nop Jiarathanakul（Autodesk），Alaina Jones（Sketchfab），Jukka Jylänki（Mozilla），Cheng-Tso Lin（ペンシルベニア大学），Ed Mackey（Analytical Graphics, Inc.），Briely Marum（National ICT Australia），Jonathan McCaffrey（NVIDIA），Chris Mills（Mozilla），Aline Normoyle（ペンシルベニア大学），Deron Ohlarik，Christophe Riccio（Unity），Fabrice Robinet（Plumzi, Inc.），Graham Sellers（AMD），Ishaan Singh（Electronic Arts），Traian Stanev（Autodesk），Henri Tuhola（Edumo Oy），Mauricio Vives（Autodesk），Luke Wagner（Mozilla），Corentin Wallez（Google），Alex Wood（Analytical Graphics, Inc.），Alon Zakai（Mozilla）。

Eric Haines には特に感謝しています。Eric はいくつかの章を詳細にレビューしてくれただけでなく、Autodesk にいる彼の同僚、Traian Stanev と Mauricio Vives を紹介してくれ、彼らもまた素晴らしいレビューをしてくれました。

技術レビューを外部に依頼するだけでなく、著者同士で相互レビューするという素晴らしい文化もありました。特に Olli Etuaho（NVIDIA），Muhammad Mobeen Movania（DHA サッファ大学），Tarek Sherif（BioDigital），Jeff Russell（Marmoset）の 4 人の働きは期待以上のものでした。とても感謝しています。

WebGL Insights を発行するために力を尽くしてくれた CRC Press の Rick Adams, Judith Simon, Kari Budyk, Sherry Thomas にも感謝します。Rick はプロジェクト開始当初から積極的に支援してくれ、アイデア出しから記録的な速さの契約提案までさまざまな局面で *WebGL Insights* の実現に手を貸してくれました。

2009 年に初めて書籍の執筆に携わるきっかけと勇気をくれたペンシルベニア大学の Norm Badler にも感謝します。

開発者や教育者としての立場に加えて *WebGL Insights* を執筆するには、夜や週末だけでなく、本当であれば友人や家族と過ごすはずのたまの休暇も犠牲にする必要がありました。Peg Cozzi, Margie Cozzi, Anthony Cozzi, Colleen Curran Cozzi, Cecilia Cozzi, Audrey Cozzi, Liz Dailey, Petey, 君たちの忍耐と理解、そしてたまに原稿整理を手伝ってくれたことに感謝しています。

ウェブサイト

　WebGL Insights のキャンペーンウェブサイトでソースコードや参考資料を公開しています。また続刊についての情報もそちらで公開されます。

　www.webglinsights.com

　もしコメントや修正の指摘があれば気軽に私までメール（pjcozzi@siggraph.org）してください。

ヒント

WebGL Report（http://webglreport.com/）では現在のブラウザの WebGL 実装について詳細な情報を得ることができます。特に特定のブラウザやデバイスで起きる問題のデバッグが必要なときに参照するとよいでしょう。

パフォーマンスへの配慮に関して、まず描画ループ内でのオブジェクトのアロケーションを避けましょう。オブジェクトと配列はできる限り再利用し、`map` や `filter` のような組み込みメソッドの利用は避けるようにします。新しいオブジェクトを作成すればそれだけガーベジコレクタ（以下 GC）に負荷をかけることになり、場合によっては数秒に一度、GC がアプリケーションを数フレーム停止させることになります。

必 要 が な け れ ば 、`alpha`, `depth`, `stencil`, `antialias`, `preserveDrawingBuffer` オプションを `false` に設定しましょう。これによりメモリが節約でき、パフォーマンスも向上します。`alpha`, `depth`, `antialias` のデフォルト値は `true` になっているため、明示的に `false` に設定する必要があることに注意してください。

パフォーマンスのためにも、attribute 変数と uniform 変数の GPU メモリ上のロケーションの問い合わせは初期化時に行い、それ以外の場所では行わないようにしましょう。

頂点シェーダーとフラグメントシェーダーでは `int` の精度修飾子のデフォルト値が異なります。そのため計算処理を一方のシェーダーから他方のシェーダーに移行すると見た目が大幅に変化することがあります。

移植性を保つため、varying 変数と uniform 変数が使用する GPU メモリ量は GLSL ES の仕様で制限されている範囲内に保ちましょう。`float` 配列の代わりに `vec4` 変数の利用を検討してください。`vec4` の方が使用するメモリ領域が小さくて済む可能性があります。GLSL ES 仕様書の A.7 を参照してください[*2]。

一辺の長さが 2 の累乗ではないテクスチャを使用するには `LINEAR` フィルタもしくは `NEAREST` フィルタと、`CLAMP_TO_BORDER` ラッピングもしくは `CLAMP_TO_EDGE` ラッピングが必要になります。OpenGL では一般的な `MIPMAP` フィルタと `REPEAT` ラッピングは WebGL ではサポートされていません。

[*2] 訳注: https://www.khronos.org/files/opengles_shading_language.pdf

`WEBGL_draw_buffers` 拡張機能を使用して複数のドローバッファを使用しているときに、与えられたドローバッファに書き込みたくなければ、ドローバッファのパラメーターリストに `gl.NONE` を渡します。フレームバッファのカラーアタッチメントは必ずすべて設定しなければいけません。

`"use strict"`ディレクティブを使用して strict モードを常に有効にしましょう。これにより JavaScript の文法が少し変化し、潜在的なエラーの多くをランタイム例外として検知できるだけでなく、ブラウザがより効果的にコード最適化を実行できるようになります。

JSHint（http://jshint.com/）のようなコード解析ツールを使用しましょう。JavaScript のコードを美しく保ち、エラーも減らすことができます。

既存のテクスチャの大きさやフォーマットを変更して流用することは避け、必要に応じてテクスチャを新規に作成しましょう。 ☞第 1 章

`gl.TRIANGLE_FAN` の使用は避けましょう。必要であればソフトウェア的に同様の動きを実現できます。 ☞第 1 章

可能であればバッファの usage フラグの値は `gl.STATIC_DRAW` に設定しましょう。ブラウザとグラフィックスドライバによる静的データへの最適化を適用できるようになります。 ☞第 1 章

配列属性の 1 つは（`gl.bindAttribLocation` を使用して）0 番目のロケーションにバインドするようにしましょう。そうしなければ Mac OS X やデスクトップ Linux のような OpenGL ES ではない OpenGL プラットフォーム上で動作させたときに大きなオーバーヘッドが発生することがあります。 ☞第 2 章

Web Worker とのデータのやり取りには可能な限り `Transferable` オブジェクトを使用しましょう。 ☞第 4 章、
第 21 章

`TypedArray` オブジェクトはパフォーマンスの面では優れていますが、教育目的であれば通常の配列を使用した方が生徒はさまざまなメソッドを利用して、よりきれいな JavaScript コードを書くことができます。 ☞第 7 章

フラグメントシェーダーで `mediump` 精度を使用すれば最も多くのデバイスに対応できますが、シェーダーのテストが不十分だとレンダリング結果がおかしくなるリスクがあります。 ☞第 8 章

効率がいくらか悪化する上に非対応のデバイスもありますが、`highp` 精度だけを使用すればレンダリングが乱れることは避けられます。特に頂点シェーダーでは `highp` を使った方がよいでしょう。 ☞第 8 章

`mediump` 精度や `lowp` 精度を使用しているシェーダーのデバイス互換性は、ソフトウェアで低い精度をエミュレーションすることでテストできます。Chrome では emulate-shader-precision フラグを利用すると精度を落として確認できます。 ☞第 8 章

RGB フレームバッファはサポートされていないこともあるので、アルファなし RGB を使用するときには必ず RGBA を使用するフォールバックを実装しましょう。フレームバッファのサポート状況を確認するには `gl.checkFramebufferStatus` が利用できます。 ☞第 8 章

頂点配列オブジェクト（Vertex Array Object, VAO）を使用するか、静的 ☞第 8 章
な頂点データを交互に配置（interleave）すれば、API の呼び出し回数を大
幅に削減できます。

パフォーマンスが悪化するので、uniform 変数を毎フレーム更新しないよう ☞第 8 章、
にしてください。無条件に更新するのではなく、変更があったときにだけ 　第 10 章、
uniform 変数を更新しましょう。 　第 17 章

ブラウザのウィンドウサイズを小さくすると大幅に速度が向上するのであれ ☞第 14 章
ば、マウスを操作している間はフレームバッファの解像度を半分にすること
を検討しましょう。

重たい処理は複数フレームに分割して実行するようにすればロード時間を改 ☞第 14 章
善できます。

できる限り requestAnimationFrame を使用しましょう。すべてが無理だ ☞第 14 章
としても大部分の WebGL 処理を requestAnimationFrame の中で行うよ
うにすべきです。

GLSL の関数、textureProj を使用した式 ☞第 17 章

    vec4 color = textureProj(sampler, uv.xyw);

は

    vec4 color = texture(sampler, uv.xy/uv.w);

と置き換えることができます。

アセットの配信に Wavefront OBJ や COLLADA のような、よくあるテキ ☞第 20 章
ストベースの 3D データフォーマットを使用しないようにしましょう。代わ
りに glTF や SRC（Shape Resource Container）のようなウェブに最適化
されたフォーマットを使用してください。

インデックスが膨大にあるモデルは OES_element_index_uint を使用して ☞第 21 章
一度のドローコールで描画しましょう。

カメラの位置と向きをコサインを使用して補間すれば、映画のようにスムー ☞第 23 章
ズなカメラ移動を実現できます。その他の非線形補間とは異なり、コサイン
補間は計算の負荷が軽く、実装も簡単です。

目次

訳者まえがき	v
まえがき	vii
序文	ix
謝辞	xi
ウェブサイト	xiii
ヒント	xiv

第 I 部　さまざまな WebGL 実装　　　　1

第 1 章　デスクトップ WebGL を支える ANGLE　　　　3

Nicolas Capens, Shannon Woods

1.1	はじめに	3
1.2	背景	4
1.3	ANGLE はエミュレーターではない	6
1.4	WebGL アプリ開発における ANGLE	7
1.5	ANGLE のデバッグ	15
1.6	さらに学習をすすめるために	17

第 2 章　Mozilla の WebGL 実装　　　　19

Benoit Jacob, Jeff Gilbert, Vladimir Vukicevic

2.1	はじめに	19
2.2	DOM バインディング	20
2.3	WebGL メソッドの実装とステートマシン	21
2.4	テクスチャの転送と変換	22
2.5	Null テクスチャと不完全テクスチャ	25
2.6	シェーダーのコンパイル	26
2.7	drawArrays 呼び出しのバリデーションと準備	27

2.8	drawElements 呼び出しのバリデーション	28
2.9	スワップチェーンとコンポジットプロセス	30
2.10	プラットフォームの差異	32
2.11	拡張機能とのインタラクション	34
2.12	最後に	34

第3章　Chrome の WebGL 実装の継続的テスト　　37

Kenneth Russell, Zhenyao Mo, Brandon Jones

3.1	はじめに	37
3.2	スタート地点	41
3.3	GPU Try Server の構築	45
3.4	怪しい挙動の根絶	49
3.5	Chromium での WebGL アプリのテスト	54

第 II 部　WebGL への移行　　57

第4章　本気の JavaScript　　61

Matthew Amato, Kevin Ring

4.1	はじめに	61
4.2	モジュール化	63
4.3	パフォーマンス	70
4.4	WebGL アプリケーションの自動テスト ：	78

第5章　Emscripten と WebGL　　87

Nick Desaulniers

5.1	Emscripten	87
5.2	asm.js	88
5.3	Hello World	89
5.4	サードパーティのコードを利用	90
5.5	OpenGL ES サポート	90
5.6	OpenGL ES 2.0 を Emscripten と asm.js を使用して WebGL に移植 . . .	91
5.7	テクスチャの読み込み	99
5.8	開発者ツール	100
5.9	Emscripten が使用された実製品	102
5.10	さらに学習をすすめるために	105

第6章　WebGL を使用したデータ可視化アプリケーション：　Python から JavaScript へ　　107

Cyrille Rossant, Almar Klein

6.1	はじめに	107

6.2	VisPy の概要	109
6.3	GLIR: OpenGL のための中間表現	113
6.4	オンラインレンダラ	117
6.5	オフラインレンダラ	120
6.6	パフォーマンスの検討	123
6.7	結論	124

第 7 章　WebGL を使用したコンピュータグラフィックス入門コース　127

Edward Angel, Dave Shreiner

7.1	はじめに	127
7.2	標準的なコース	128
7.3	WebGL とデスクトップ OpenGL	128
7.4	アプリケーションの構成と基本原則	130
7.5	立方体のモデリング	131
7.6	JavaScript の配列	132
7.7	HTML ファイル	134
7.8	JS ファイル	136
7.9	MV.js	137
7.10	入力とインタラクション	138
7.11	テクスチャ	139
7.12	考察	140

第 III 部　モバイル　145

第 8 章　不具合のない高速なモバイル WebGL　147

Olli Etuaho

8.1	はじめに	147
8.2	機能互換性	149
8.3	パフォーマンス	155
8.4	参考資料	163

第 IV 部　エンジン設計　165

第 9 章　Babylon.js の WebGL エンジン設計　169

David Catuhe

9.1	はじめに	169
9.2	エンジンアーキテクチャの全体像	172
9.3	アクセスを集約するエンジン	174
9.4	スマートなシェーダーエンジン	175

9.5	キャッシュ	179
9.6	結論	183

第 10 章　Turbulenz エンジンのレンダリング最適化　　185

David Galeano

10.1	はじめに	185
10.2	不要な処理	185
10.3	不要な処理の回避	186
10.4	高レベルフィルタリング	187
10.5	中間レベルのレンダリング構造	189
10.6	中間レベルフィルタリング	192
10.7	低レベルフィルタリング	195
10.8	Technique オブジェクト	196
10.9	Technique の反映	197
10.10	バッファの反映	198
10.11	テクスチャの反映	198
10.12	uniform 変数の反映	199
10.13	参考資料	201

第 11 章　Blend4Web のパフォーマンスとレンダリングアルゴリズム　　203

Alexander Kovelenov, Evgeny Rodygin, Ivan Lyubovnikov

11.1	はじめに	203
11.2	プリレンダラ最適化	203
11.3	物理シミュレーションのスレッド化	206
11.4	海面のレンダリング	208
11.5	Blend4Web のシェーダー	218
11.6	リソース	223

第 12 章　Sketchfab マテリアルパイプライン: 各種ファイルの読み込みからシェーダー生成まで　　225

Cedric Pinson, Paul Cheyrou-Lagrèze

12.1	はじめに	225
12.2	マテリアルパイプライン	227
12.3	シェーダー生成	232
12.4	結論	239

第 13 章　glslify: GLSL のためのモジュールシステム　　241

Hugh Kennedy, Mikola Lysenko, Matt DesLauriers, Chris Dickinson

13.1	はじめに	241
13.2	Node.js のモジュラープログラミング	242

13.3	glslify とは何か?	246
13.4	ソースコード変換	254
13.5	欠点	257
13.6	貢献	257

第 14 章　フレームタイムの見積もり　　259

Philip Rideout

14.1	はじめに	259
14.2	描画周期まで遅延する	259
14.3	複数のフレームに渡って処理を分割実行する	262
14.4	Web Worker を使用したスレッド化	266
14.5	アイドル時にワーカーを実行	267

第 V 部　レンダリング　　271

第 15 章　Luma での遅延シェーディング　　275

Nicholas Brancaccio

15.1	はじめに	275
15.2	パッキング	276
15.3	G-Buffer パラメーター	280
15.4	ライトプリパス	285

第 16 章　Web での HDR イメージベースドライティング　　295

Jeff Russell

16.1	はじめに	295
16.2	ハイダイナミックレンジエンコーディング	296
16.3	環境マップ	299
16.4	結論	302

第 17 章　WebGL でのリアルタイムボリューメトリックライティング　　305

Muhammad Mobeen Movania, Feng Lin

17.1	はじめに	305
17.2	なぜ WebGL か?	307
17.3	WebGL とボリュームレンダリング	307
17.4	ボリューメトリックライティングモデル	308
17.5	ボリューメトリックライティング技術	308
17.6	WebGL での実装	311
17.7	実験結果とパフォーマンス評価	318
17.8	結論と今後の課題	321
17.9	さらに学習をすすめるために	321

第 18 章　Terrain ジオメトリ ― LOD に応じた同心輪　　323

Florian Bösch

18.1	はじめに	323
18.2	この章の説明とデモ、ソースコードの読み方	324
18.3	グリッドのレンダリング	324
18.4	グリッドにオフセットを設定	325
18.5	微分マップとライティング	326
18.6	グリッドの移動	327
18.7	入れ子構造のグリッド	328
18.8	グリッドの隙間を埋める	329
18.9	ジオモーフィング	329
18.10	LOD レベル間のモーフ係数	332
18.11	テクスチャのミップマップレベル選択	333
18.12	倍率	334
18.13	ディテールマッピング	335

第 VI 部　可視化　　339

第 19 章　WebGL でのデータ可視化テクニック　　341

Nicolas Belmonte

19.1	はじめに	341
19.2	フレームワークの準備	342
19.3	データ可視化フレームワークの選択	344
19.4	例 1: 気温変動	345
19.5	考えられる機能拡張	352
19.6	例 2: 色分解アプリケーション	353
19.7	参考資料	360

第 20 章　hare3d ― ブラウザでの巨大なモデルのレンダリング　　361

Christian Stein, Max Limper, Maik Thöner, Johannes Behr

20.1	はじめに	361
20.2	システム概要	362
20.3	RenderTree 構造と空間処理	365
20.4	通信フォーマットとデータ転送	368
20.5	高速で動的なレンダリング	371
20.6	ロードマップ	376

第 21 章　BrainBrowser Surface Viewer: WebGL ベースの神経学的データの可視化　　379

Tarek Sherif

21.1	はじめに	379
21.2	背景	381
21.3	アーキテクチャ	383
21.4	Surface Viewer の実用例	390
21.5	結論	392
21.6	参考資料	393

第 VII 部　インタラクション　　　　　　　　　　　　　　395

第 22 章　WebGL アプリケーションのユーザビリティ　　　397

Jacek Jankowski

22.1	はじめに	397
22.2	3D を使用する際に気をつけること	399
22.3	テキストを読めるようにする	399
22.4	単純なナビゲーション	400
22.5	道順を見つける手助けをする	402
22.6	選択と操作	403
22.7	システムコントロール	405
22.8	ダウンロード時間とレスポンス時間	405
22.9	ユーザビリティ評価	408
22.10	入力と出力	409

第 23 章　WebGL アプリケーションのためのカメラの設計　　　413

Diego Cantor-Rivera, Kamyar Abhari

23.1	はじめに	413
23.2	シーンジオメトリの変換	414
23.3	カメラ変換の構築	415
23.4	WebGL アプリケーションのカメラ	417
23.5	WebGL アプリのためのカメラ設計	419
23.6	カメラランドマーク: カメラ状態の保存と取り出し	427
23.7	ランドマークに基づくナビゲーション	428
23.8	既存の実装	429
23.9	今後の方向性	432
23.10	参考資料	433

寄稿者について　　　　　　　　　　　　　　　　　　　435

訳者紹介　　　　　　　　　　　　　　　　　　　　　446

第1部

さまざまな WebGL 実装

内部で何が行われているかを理解すれば、WebGL 開発者としてより効率的なコードを実装できるようになります。どの API コールが高速でどれが遅いのか、そしてその理由について理解できるためです。これはエンジンの開発者にとっては特に重要です。というのも、エンジンのユーザーが WebGL を効率的に利用できるかどうかはすべてエンジンの実装にかかっているからです。WebGL の内側にあるソフトウェアスタックは複雑です。API の検証、ドライバのワークアラウンド、シェーダーの検証と転送、コンポジティング、プロセス間通信などを含むことがあり、最終的にはネイティブのグラフィックス API を呼び出しますが、そのネイティブ API 自身も OS と GPU ベンダーのコードのスタックを持っています。このセクションでは Google と Mozilla の開発者が WebGL 呼び出しとネイティブグラフィックス API の間で何が起きているかについて非常に詳細に説明してくれます。

おそらくほとんどの人は ANGLE を Windows 版の Chrome，Firefox，Opera で WebGL を実装するために利用されている Direct3D 9 用の OpenGL ES 2.0 ラッパーだと考えているでしょう。しかし実際にはそれだけにとどまるものではありません。現在の ANGLE には Direct3D 11 のバックエンドもあり、また Windows だけで利用されているわけでもありません。そのシェーダーバリデータは Linux 版の Chrome，Firefox，そして Mac OS X 版の Chrome，Firefox，Safari でも利用されています。第 1 章「デスクトップ WebGL を支える ANGLE」では、Nicolas Capens と Shannon Woods が ANGLE の内部実装について説明し、例えば `TRIANGLE_FAN` や太い線を避けるべき理由などのパフォーマンス向上に役立つヒントや、Chrome で ANGLE のソースコードをステップ実行する方法のようなデバッグのためのヒントを紹介してくれます。

第 2 章「Mozilla の WebGL 実装」では Benoit Jacob，Jeff Gilbert，Vladimir Vukicevic の 3 人が JavaScript で WebGL の関数が呼び出され、最終的に Firefox がネイティブのグラフィックス API を呼び出すまでの間に Mozilla の WebGL 実装内部で何が起きているかを詳細に説明してくれます。ここではデータ型の変換、エラーチェック、ステートの追跡、テクスチャ変換、ドローコールの検証、シェーダーソースの変換、コンポジティングなどについて説明されます。これらの知識は、自分で作成した WebGL のコードを最適化するときに役に立つでしょう。例えば `texImage2D` と `texSubImage2D` でデータコピー、データ変換、エラーチェックがどのように動作しているかがわかれば、最短のパスを通るようにそれらの関数を呼び出すことができます。

WebGL をサポートするにはオペレーティングシステム、ブラウザ、GPU，ドライバというとてつもない組み合わせの間で整合性を取らなければいけません。とはいえ、私は WebGL エンジンの開発者として、OpenGL エンジンと比べれば WebGL エンジンのワークアラウンドはずっと少ないことについては断言できます（といっても、最近は OpenGL ドライバも大幅に改善されてきています）。この WebGL の一貫性と安定性はブラウザベンダーとハードウェアベンダーが行っているテストのおかげです。第 3 章「Chrome の WebGL 実装の継続的テスト」では Kenneth Russell，Zhenyao Mo，Brandon Jones が Chrome で使用されている継続的テスト環境について説明してくれます。この章ではサーバー上で GPU のテストを実行するためのハードウェア基盤とソフトウェア基盤、そして実際に遭遇したさまざまな「どうにか解決できたこと」について学べます。ここで身につけたことは WebGL を実装する場合に限らず、多くのグラフィックスアプリケーションのテストシナリオに適用できるでしょう。

第1章

デスクトップ WebGL を支える ANGLE

Nicolas Capens
Shannon Woods

1.1 はじめに

　ウェブ開発という観点で見ると、WebGL は JavaScript の API を通じて GPU で高速化した 3D グラフィックスを使用するためのゲートウェイを提供してくれる非常に強力なツールです。開発者は一度ブラウザ向けにアプリケーションを書けば、モバイルであるかデスクトップであるかにかかわらず、そのアプリケーションがさまざまなハードウェア上で GPU の能力を活用して動作すると期待してかまいません。しかし WebGL アプリケーションの開発者がさまざまな OS，ブラウザ、GPU，有効なドライバを自身で扱う必要がなくなるように、内部にあるシステムを透過的にサポートすることは簡単な作業ではありません。アプリケーション開発者はそのような違いを自分で扱う必要がない代わりに、さまざまな実装やプラットフォームで効率的に動作する WebGL アプリケーションを作成するために、WebGL の呼び出しがどのように検証され、変更され、解釈され、最終的にハードウェアに送られるかについて詳しく知っておく必要があります。本章では、マルチプラットフォームをシームレスにサポートするためにいくつかのブラウザで利用されているオープンソースプロジェクトである ANGLE について説明し、さらに開発者がどのような環境でも WebGL アプリケーションを期待どおりのパフォーマンスで動かすことができるようにいくつかのツールやベストプラクティスを紹介します。最後に ANGLE によって生成された変換後のシェーダーをテストする方法や、スタンドアロンのライブラリまたは Chrome ブラウザの一部として ANGLE 自体をデバッグするための便利なヒントについても触れます。

1.2 背景

ブラウザは WebGL の呼び出しを解釈し、ネイティブのグラフィックス API を使用してグラフィックスコマンドを下層のハードウェアに発行します。モバイルブラウザであれば、そのネイティブコマンドは WebGL と非常によく似たものになります。これはモバイルのグラフィックスドライバの大多数は WebGL の直接の派生元である OpenGL ES を実装しているためです。しかし、デスクトップではそれよりももう少し状況が複雑です。OpenGL ES ドライバはいくつかのデスクトップ OS では利用できません。Linux や Mac OS X については、サポートのための道筋ははっきりしています。それらのプラットフォームではデスクトップ OpenGL がネイティブの 3D グラフィックス API として広く確実にサポートされているからです。

一方、Windows には独自の問題があります。Windows 用のデスクトップ OpenGL ドライバはありますが、GPU を使用するほとんどのゲームやその他のアプリケーションではその代わりに Microsoft の 3D グラフィックス API である Direct3D を使用しています。ユーザーのマシンが WebGL 対応のハードウェアだとわかっていても、ユーザーが OpenGL ドライバをインストールしているという保証はありません。対照的に Direct3D ドライバはオペレーティングシステムによって必ずインストールされています。OpenGL ドライバを必須にすると、多くの Windows ユーザーにとって利用のハードルが上がり、WebGL の利用そのものが敬遠されてしまうでしょう。そうなってしまうと Web API の普及には大きな問題です。

このような問題に対応するため、Google は ANGLE プロジェクトを開始しました。当初、ANGLE は WebGL 1.0 の直接の派生元である OpenGL ES 2.0 を Direct3D 9 で実装したものでした。この実装は Windows 版の Google Chrome と Mozilla Firefox で、WebGL のバックエンドとして使用されています。Chrome はページレンダリングから動画のハードウェアアクセラレーションまで、ブラウザ全体に渡って ANGLE を通じて GPU を利用することでレンダリングの高速化を図っています。さらに OpenGL ES Shading Language（ESSL）から Direct3D の High Level Shading Language (HLSL) に変換する ANGLE のシェーダートランスレーターは WebGL のシェーダーバリデータとしても機能するため、この部分は Windows だけでなく Linux での Chrome と Firefox，OS X での Chrome と Firefox と Safari でも利用されています [Koch 12]。

ANGLE はこの初期実装を元に開発が続けられています。2013 年に Direct3D 11 製のレンダリングバックエンドが ANGLE に追加され、WebGL 実装がより新しいネイティブ API を使用できるようになりました [ANGLE 13]。OpenGL ES 2.0 と WebGL 1.0 に含まれる多くのテクスチャフォーマットと頂点フォーマットは、Direct3D 9 バックエンドではネイティブサポートされておらず、他のフォーマットに変換する必要がありましたが、Direct3D 11 では大部分がネイティブサポートされ変換の必要がなくなりました。それだけでなく、Direct3D 11 には ANGLE が OpenGL ES 3.0 をサポートするために必要となるすべての機能が追加されています。ANGLE のレンダリングバックエンドは実行時に選択が可能です。つまりアプリケーションの要求と実行しているハードウェアの種類に応じて、ブラウザやその他のクライ

アントアプリケーションが Direct3D 9 と 11 の実装のどちらを使用するかを選択できます。ANGLE のバックエンドは Direct3D 11 の機能レベル 10_0 を最低限のターゲットとしているので Direct3D 10 以上をサポートしているハードウェアであれば新しいバックエンドを利用できます。とはいえ ES 3.0 に適合するために必要となる機能のいくつかが機能レベル 11_0 か 11_1 まで実装されないため、それよりも低い機能レベルのハードウェアでは、セクション 1.4.2 で説明するとおりソフトウェア側でワークアラウンドを実装してサポートする必要があります。

実行時にバックエンドが選択可能になったことで、ANGLE の新しい可能性が開かれました。それぞれのレンダラ実装を独自の単純なインターフェースでカプセル化してオブジェクトとして扱うことで、Direct3D API を複数のバージョンから選択できるようになることに加え、それ以外のネイティブグラフィックス API も選択できるようになります。これにより OpenGL ES をターゲットとしたクライアントアプリケーションを、実際には Direct3D や OpenGL，もしくは（そのための ANGLE レンダラが作成されていれば）それ以外のレンダリング API で動作させることが可能です。特に Chrome では現在のところ自身のグラフィックスプロセスの中でデスクトップ OpenGL 自体に変換するか ANGLE に処理を委譲するかを決定するために OpenGL ES 呼び出しのバリデーションを実行する必要があるので、この機能が非常に役に立ちます。

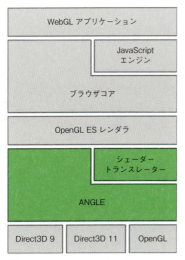

図 1.1: システムアーキテクチャ

もし ANGLE がすべてのプラットフォームを対象に API を変換できるようになれば、Chrome は OpenGL ES の検証をすべて ANGLE に委譲できることになります。ANGLE チームは 2014 年の半ばまでにプラットフォームにいっさい依存しないようにするため、さらなるリファクタリングに向けた技術的な調査を開始しました [ANGLE 14a]。将来的にはデスクトップ OpenGL をターゲットとするバックエンドも追加される予定です[*1]。これにより内部で行っているプラットフォーム依存の API への変換を ANGLE だけで処理できるようになるため、Chrome は ANGLE を Windows，Mac，Linux，そしてモバイルまでも含む OpenGL ES 実装として利用できるようになります。WebGL 開発者にとってこれは、増加し続けるプラットフォーム上でアプリケーションを利用可能にするための役割を ANGLE が果たすという意味になります。

図 1.1 は一般的な WebGL 実装のアーキテクチャ全体の中で ANGLE がどこに位置するかを示しています。

[*1] 訳注: 翻訳時点で Windows，Linux 向けのデスクトップ Open GL についてはすでに対応が完了しています。

1.3　ANGLE はエミュレーターではない

ANGLE はよくある意味でのエミュレーターではないということに注意が必要です。通常であればエミュレーターはゲストプラットフォームとホストプラットフォームの間の大幅なアーキテクチャの違いを埋めなければいけないためパフォーマンスに大きな問題があります。その点、ANGLE は単に OpenGL ES ライブラリの実装を提供するだけではなく、その実現のために内部のグラフィックス API を図らずも使用しています。ハードウェア自身は一般的なラスタライゼーショングラフィックスパイプラインであればどのようなものでも効率的にサポートするように設計されているので、パフォーマンス上の損失は非常に小さく抑えられています[*2]。ハードウェアベンダーによりネイティブの OpenGL ES ドライバが提供されていることもありますが、もしそのようなドライバが存在しなければ、ANGLE がその役割を果たします。

大まかに分類すると、あらゆるラスタライゼーショングラフィックス API は状態設定コマンドと描画コマンドという 2 種類の操作で構成されています。状態設定に含まれる操作はカリングモードや属性レイアウトの指定、シェーダーの設定などです。レンダリングコールの実行結果に影響を与える状態をすべて設定した後で、`glDrawArrays` や `glDrawElements` のような描画コマンドを発行して、実際の処理を開始します。ANGLE は同等の状態を効率的に設定するので、描画コマンドはネイティブ API と比較しても遜色のない速度で実行されます。そのため ANGLE の動作はエミュレーターというよりはむしろトランスレーターと呼ぶべきです。

名前が示しているように、Direct3D は OpenGL よりも直接的で低レベルなグラフィックス API を多く備えています。そのためネイティブの OpenGL ES ドライバが実行するさまざまなタスクを ANGLE も実行します。つまり OpenGL ES と Direct3D の変換は簡単な問題ではありません。その実装については *OpenGL Insights*（Direct3D 9）[Koch 12] と *GPU Pro 6*（Direct3D 11）[Woods 15] ですでに詳細に述べられているので、本書ではそれほど深入りするつもりはありません。とはいえ、WebGL 開発という視点から見た主な注意点については後ほど触れる予定です。

ANGLE が Direct3D のような内部的な API と、別の API である OpenGL ES をただ単に橋渡しするのであれば、なぜ ANGLE は WebGL を Direct3D に直接変換しないのでしょうか？　その疑問はもっともですが、規格準拠テストが OpenGL ES にしか存在しないため、初期の WebGL ではそのような選択は現実的に不可能でした。規格準拠テストは WebGL の成功や、さらにいえばそれ以外のウェブ標準の成功を保証するために非常に重要でしたし、現在でも変わらずに重要です。第 3 章では Chrome ブラウザでのテストに関する苦労について詳細に説明します。現在では WebGL 規格準拠を確認するテストスイートも存在していますが [Khronos 13b]、それでも API に中間層を設けることには問題が上の層と下の層のどちらに由来するかを判別できるという利点があります。テストが容易になることだけでなく、ANGLE

[*2] より最適化されたドライバや、（Direct2D のような）GPU を使用する他の API との優れた連携、ANGLE 自身によって実行される最適化を使用することで、パフォーマンスが向上することさえあります。

のドロップインライブラリを使用することで、WebGL を実装するブラウザ以外にも OpenGL ES をターゲットにしたいどのようなアプリケーションからでも ANGLE を利用できるという利点もあります。このような目的や、WebGL で発生した問題の深い部分をデバッグするという目的で、ANGLE を自分でビルドする方法についてはセクション 1.5 で説明します。

1.4 WebGL アプリ開発における ANGLE

ANGLE は OpenGL ES 2.0 [Kokkevis 11] に完全に準拠しています。また、ネイティブのデスクトップ OpenGL 実装にパフォーマンスの面で対抗できるように、パフォーマンスに関するテストが（ほぼ毎日追加されているといってもよいほどに）次から次へと追加され続けている WebGL テストにも合格しています。ANGLE が目指しているのは開発者がその存在についてまったく意識する必要がなくなることですが、まだ今のところ全体的にせよ一部にせよ ANGLE に依存している大部分のデスクトップ WebGL 実装では、より高いパフォーマンスを実現したり不具合に迅速に対応するために ANGLE の内部的な実装についていくらかの知識が必要になることがあります。

1.4.1 推奨プラクティス

WebGL 開発者が自身のアプリケーションを安定させ、高いパフォーマンスを実現するためにできる最も重要なことは、好みのブラウザの開発版を対象に開発やテストを行い、問題を発見するたびに不具合が疑われる実装について報告することです。ANGLE では新しい機能や最適化が実装されると、ANGLE を利用しているブラウザの開発版にまず搭載されます。これは開発者やアーリーアダプタが初めにそれらに触れ、不具合に遭遇したときにレポートできるようにすることで、他の大多数のユーザーが同様の不具合に遭遇する前に ANGLE チームが対応できるようにするためです。Chrome の Dev チャンネルと Firefox Developer Edition は ANGLE の最新バージョンを追跡するように定期的に更新されています。

さらに、内部の API を実行するのに ANGLE からの割り込みが最も少ない WebGL の型やフォーマット、コマンドを使用すると開発者は最高のパフォーマンスが得られます。ANGLE が呼び出しを変換するために行わなければいけない細かな処理の内容はユーザーが内部的にどのようなレンダラを使用しているかによって異なります。そのため、ANGLE がサポートしているそれぞれのプラットフォームで計算の負荷が大きいパスが何かを理解し、その使用を最小限に抑えることがベストプラクティスであるといえます。

推奨: `LINE_LOOP` と `TRIANGLE_FAN` の利用を避けること

`LINE_LOOP` はどのバージョンの Direct3D API にも存在しません。そして `TRIANGLE_FAN` は Direct3D 11 でサポートされていません。そのため、これらを使用すると ANGLE はインデックスバッファを書き換える必要があります。`LINE_LOOP` については `LINE_STRIP` を使用して最初のインデックスを最後にも追加するだけで簡単に再現できるのでそれほど問題にはなりませんが、`TRIANGLE_FAN` は内部的に `TRIANGLES` で再現する必要があり、Direct3D 11 が内部 API として使用されていると

インデックスバッファのサイズが大幅に増大します。この書き換えによる影響は無視できない大きさになる場合があります。私たちの行ったベンチマークの中で特に極端な結果が出たものでは、`TRIANGLE_FAN` を使用すると `TRIANGLES` を使用したテストシステムと比較して 1 フレームあたり 5 ミリ秒も余分に描画時間が必要になったものがありました[*3]。

推奨: **既存のテクスチャを再定義する代わりに新しいテクスチャを作成すること**

Direct3D API ファミリーではテクスチャのフォーマットとサイズ、ミップマップチェーンは作成時にすべて指定されている必要があります。それらが未指定のテクスチャというものは存在しません。つまり、本来 Direct3D では WebGL のようにテクスチャのミップマップレベルを 1 つずつ指定することはできません。そのような指定をサポートするために ANGLE はシステムメモリ内でテクスチャのコピーを管理し、最終的にレンダリングコマンドによって使用されるときに初めて実際に GPU からアクセスできるテクスチャを作成しています。最終的なテクスチャが一度作成されてしまうと、ミップマップのどのレベルに対するフォーマット変更やサイズ変更であっても、システムメモリ内で管理されている新しく作成中のテクスチャに対して行う変更と比較すると、大きなオーバーヘッドが発生します。このオーバーヘッドは描画時には貴重なミリ秒単位の大きさになる場合もあります。非常に単純なベンチマークで確認したところ、先に述べたとおり、独立した GL コールを使用してすでに一度使用されたテクスチャのサイズを再定義するよりも、テクスチャを新しく作成する方が 3 倍から 6 倍ほど高速です。この潜在的な問題を避けるため、既存のテクスチャのフォーマットやサイズを変更する代わりに、新規にテクスチャを作成しましょう。一方で、テクスチャに含まれているピクセルデータだけを更新する場合は、そのテクスチャを再利用するのが最善です。ここで説明したオーバーヘッドはテクスチャのフォーマットかサイズを更新するときにだけ、ミップマップチェーンを再定義する必要が生じることが原因で発生します。

推奨: **シザーやマスクを有効にしたままクリアを実行しないこと**

Direct3D API と GL API のちょっとした違いの 1 つとして前者は clear 呼び出しがシザーとマスクを無視し、後者はその両方も合わせてクリアするという点があります [Koch 12]。つまりもしシザーテストを有効にしていたり、カラーマスクやステンシルマスクを使用している状態で clear を呼び出すと、ANGLE は単純に clear を使用するのではなく、要求された clear の値で 4 回描画しなければいけません。そのためには、ANGLE はシェーダーやサンプラ、テクスチャバインディングなどのキャッシュされた状態とドローコール群に関係する頂点データをすべて切り替える必要があるので、ステートの管理のためにいくらかオーバーヘッドが発生します。その後でクリアに必要なステートをすべて適切に準備して clear 本体を実行し、クリアが完了してから影響を受けたステートをすべて元に戻します。もし `WEBGL_draw_buffers` を使用して複数のドローバッファを使用していると、それぞれのターゲットに対して上記の描画を実行

[*3] ベンチマークのサンプルは以下を参照してください。
https://chromium.googlesource.com/angle/angle/+/master/samples/angle/

する必要があるので、エミュレートされた clear のパフォーマンスはさらに悪化すると予想されます。シザーやマスクを無効にしてバッファをクリアすればこのようなオーバーヘッドを避けられます。

推奨: 太線はポリゴンとして描画すること

ANGLE は 1.0 よりも大きな線幅、いわゆる「太線」をサポートしていません。これはときどき要望のある機能ですが、太線をネイティブなプリミティブとしてサポートしているモダンなハードウェアは存在しないので、ドライバかアプリケーションでエミュレートする必要があります。太線をどの程度正確に描画すべきかについてはさまざまな議論があります。角や端点、上書きや透過の扱いについてはベンダー、ドライバ、API ごとに大きく異なります。図 1.2 で一般的なジョイント描画の実装例をいくつか示しています。基本的に正しい答えというものはありません。ゲーム開発者の多くは速度を求めますし、CAD や地図アプリケーションは描画が遅くなったとしても高品質な太線を好むでしょう。アプリケーションでは安定した結果を得るために独自に実装することを選ぶ開発者が多いため、ドライバによる実装は無駄な贅肉のようなもので、ステートを余分に追跡する必要が生じてパフォーマンス上のコストを払うだけになります。そのため、Direct3D では太線はサポートされておらず、デスクトップ OpenGL 3.0 のコアプロファイルでも廃止予定になっています [Khronos 10]。最大の線幅として 1.0 に対応していれば WebGL 完全準拠の実装とみなされることは必ず理解しておきましょう。つまり、それ以外の値を設定した場合は、あるプラットフォームで期待どおりの結果が得られたからといって、他の環境でまったく同じ結果になるという保証はありません。ANGLE によって太線が広くサポートされているという印象を与えてしまい、そのような問題が広まるようなことは望ましくありません。アプリケーションで太線を描画する方法の 1 つは Cesium [Bagnell 13] で確認できます。

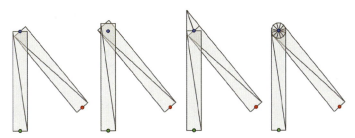

図 1.2: 各種ラインジョイント

推奨: 頂点バッファでは 3 チャンネルの Uint8Array/Uint16Array データの利用を避けること

Direct3D では 3 チャンネルの頂点フォーマットは限定的にしかサポートされません。ネイティブでサポートされているのは（整数と浮動小数点数の両方とも）32 ビットの 3 チャンネルフォーマットだけです [MSDN 14a]。Direct3D バックエンドを使用しているときには、それ以外の 3 チャンネルフォーマットは ANGLE によって内部的に 4 チャンネルに拡張されます。この変換は描画時にバッファが使用されるたびに実行され

ます。頂点バッファを動的に利用する場合は、毎回この拡張が行われることを避けるために、8 ビットまたは 16 ビットの型の 4 チャンネルフォーマットを使用しましょう。

推奨: インデックスバッファでの Uint8Array データの使用を避けること

Direct3D 9 と Direct3D 11 のいずれも 8 ビットインデックスをサポートしていません。それらのプラットフォームでは ANGLE は 8 ビットインデックスを 16 ビットに変換します。この変換コストを避けるには 8 ビットではなく 16 ビットのインデックス値を使用しましょう。

推奨: 16 ビットインデックスバッファ内で 0xFFFF を避けること

Direct3D 11 ではすべてのビットが 1 に設定されているインデックス値はトライアングルストリップの切れ目を表す特殊な番兵（Sentinel Value）とみなされます [MSDN 14b]。OpenGL ではこの機能はプリミティブリスタートと呼ばれます。OpenGL ES では 3.0 仕様までプリミティブリスタートは利用できません。OpenGL ES 3.0 ではプリミティブリスタートの有効／無効を切り替えることができますが、Direct3D 11 ではこの機能が常に有効です。そのため ANGLE で意図せずに非常に詳細なジオメトリを使用した WebGL アプリケーションの動作を破壊してしまう原因になることがありました[4]。ある人が発見するまでこの不具合は Chrome の安定版でも発生し続けていました。これは ANGLE チームと WebGL 開発者の両者にとって不意打ちのようなものでした。またこれによりアプリケーションは常にブラウザのベータバージョンまたは開発者バージョンでテストしなければいけないということを改めて思い知りました。この不具合はストリップカットインデックスを検知すると、インデックスバッファ全体を 32 ビット値と置き換えることで対応されました。OES_element_index_uint 拡張を使用するとこのコストを避けることができますが [Khronos 07a]，それが利用できない場合には開発者自身が対策を用意しなければいけません。代案として、16 ビットインデックスバッファ内ではストリップカットインデックス値を使用しないようにコンテンツのオーサリングツールで 65536 頂点よりも少ないトライアングルストリップのインデックスバッファを作成することもできます。また、トライアングルリストはプリミティブリスタートの影響を受けないので、こちらも代替策になりえます。

推奨: 静的バッファを適切に使用し、usage フラグを正しく設定すること

Direct3D 9 でネイティブサポートされている頂点フォーマットは限られているので、Direct3D 9 を使用しているプラットフォームではデータを GPU に転送する前に ANGLE がそれらを利用可能なフォーマットに変換しなければいけません。もし与えられた頂点データが描画コマンド内で一度だけ使用され、後で更新されることがないのであれば、毎回使用するたびにデータを変換する必要はありません。そのため静的なデータは可能な限り他の専用のバッファで保持されるべきです。ANGLE はバッファの更新を追跡し、更新されていなければ内部的に静的なバッファに昇格させるので、そのバッファの usage フラグを STATIC_DRAW と指定しておけば不要なデータ変換を避けられます。

---

[4] ANGLE issue 708, http://code.google.com/p/angleproject/issues/detail?id=708

推奨: フラグメントシェーダーでは常に浮動小数点数の精度を指定すること

GLSL ES 1.00 と 3.00 ではフラグメントシェーダー内での浮動小数点数のデフォルト精度が規定されていません。明示的に精度を指定しなければコンパイルエラーになります。ANGLE の以前のバージョンではこの仕様を遵守せず、精度が指定されていなくてもエラーを発生させていませんでした。通常デスクトップハードウェアは高精度をサポートしているので、実際のところ ANGLE 自身には問題がいっさい起こりませんでした。しかし指定がなくても ANGLE を使用したシステムでシェーダーは正しく動作するというおらかさは、開発者が精度の指定を忘れる一因になっていました。特にモバイルプラットフォームをターゲットにする場合に精度は重要です。そのため私たちは仕様に厳密に従うことにしました。この変更により動かなくなるアプリケーションもいくつかありましたが、作者に問題を説明すればすぐに解決できました。今では ANGLE を利用したブラウザで開発すれば、精度を指定していない場合にコンパイルエラーが発生します。ANGLE 以外の環境の人に対しても、ブラウザがこの仕様を強制しているかどうか確認することを強く勧めます。もししていなければ、頻繁にテストしましょう。シェーダーの精度については第 8 章でさらに詳しく説明します。

推奨: レンダリングフィードバックループを使用しないこと

OpenGL API では一度の描画操作の中で同じテクスチャや描画バッファに書き込んでさらにそこからサンプリングしようとすることはレンダリングのフィードバックループとみなされ、その操作の結果がどうなるかはデスクトップ OpenGL でも OpenGL ES でも未定義です [Khronos 14a]。グラフィックスハードウェアによっては、Direct3D 9 を使用すればそのような操作に対して一見正しそうな結果が得られることもありました。しかし Direct3D 11 ではそのようなことはなくなり、サンプリングされた値を使用したピクセルは真っ黒になります。そもそも OpenGL ES と WebGL では結果が未定義であると理解していないユーザーが ANGLE のエラーとしてこの挙動をレポートし始めたため、私たちは ANGLE では振る舞いを統一し、Direct3D 9 でもそのような描画を意図的に無効にして、この操作をサポートしていないことが明確にわかるようにしました。その後、WebGL 仕様が変更され、レンダリングフィードバックループが発生したときの挙動は未定義ではなく、エラーになりました [Khronos 14b]。

1.4.2 WebGL の先: OpenGL ES，WebGL 2 などのための推奨プラクティス

WebGL ではまだ導入されていませんが、ANGLE ではすでにサポートされている機能も多くあり、これらに関しても開発者が気をつけるべきことやパフォーマンス上の利点がいくつかあります。機能の多くはいずれ WebGL 2 で利用可能になりますが、ANGLE の OpenGL ES インターフェースを使用していれば今すぐにこれらの機能を利用できます。ここではこれらの新しい機能を使用する場合の推奨プラクティスについて紹介します。

推奨: 拡張機能を使用する場合は必ずフォールバックの手段を用意すること

簡単な確認の結果、大部分のハードウェアでサポートされていることがわかれば、その拡張機能の存在を前提にして開発したくなる気持ちは理解できます。しかし残念なことにマーフィーの法則や、大量の拡張機能とハードウェアの組み合わせのバリエーションを考えるとその判断には同意できません。YouTube でさえこのわなに陥りました[*5]。この ANGLE の不具合は、一辺のサイズが 2 の累乗ではないテクスチャを利用可能にする OES_texture_npot 拡張機能 [Khronos 07b] をあるハードウェアでサポートしていないという事実があまり公になっていなかったことが原因でした。拡張機能がなかったとしてもその実装は WebGL に完全に準拠しているとみなされるので、私たちの規格準拠テストでは拡張機能が利用できない場合をテストしていませんでした。そのため YouTube で問題が発生するまでこの不具合が埋め込まれたことにはまったく気付かれませんでした。問題になっていたのは、Chrome で拡張機能が利用可能かどうかを確認せずに NPOT テクスチャが利用できると仮定して、ハードウェア高速化されたビデオデコードパスで 2 の累乗ではない大きさの pbuffer サーフェスを作成しようとしている部分でした。問題に気付いてすぐにこの部分は修正されましたが（条件文の中で二重否定すべきところでエクスクラメーションが 1 つ足りないという ANGLE のバグでした）、拡張機能名を問い合わせてフォールバックか警告を用意しておけば問題をある程度避けられたかもしれません。拡張機能に関係する問題はハードウェアの機能がどんどん多様になるにつれてさらに複雑になっています。そのためできる限り拡張機能の存在を確認して、フォールバックが動作するかを頻繁にテストした方がよいでしょう。

推奨: 可能であればイミュータブルテクスチャを使用すること

歴史的に OpenGL と WebGL ではテクスチャの MIP レベルは一度に 1 つずつしか作成できません。OpenGL では glTexImage メソッドを使用して内部的に「未完成」とみなされる不整合なテクスチャを作成することでこれに対応します。一方、Direct3D でテクスチャを作成する場合は、ユーザーはテクスチャの大きさとフォーマットをはじめから完全に定義する必要があるため、完成したテクスチャは内部的に不変でなければいけません。このような仕様の違いにより、ANGLE はシステムメモリ上のすべてのテクスチャデータのコピーの調整と管理を大量に行わなければいけません。幸い、Direct3D と同様に作成時に完全なテクスチャを定義する機能が OpenGL 系の API にイミュータブルテクスチャとして導入されました。イミュータブルテクスチャは内部的に不変であることが保証され、サイズやフォーマットが変更できません。イミュータブルテクスチャは OpenGL ES 2.0 の EXT_texture_storage [Khronos 13a] によって導入され、OpenGL ES 3.0 のコア仕様と WebGL 2 仕様の編集者草案にも含まれています。拡張機能であれコア仕様であれ、イミュータブルテクスチャが利用できるときには、必ず texStorage コマンドでテクスチャを定義するようにすれば ANGLE の管理上の負荷をいくらか軽減できます。

[*5] ANGLE issue 799, http://code.google.com/p/angleproject/issues/detail?id=799

推奨: LUMINANCE テクスチャではなく RED テクスチャを使用すること

WebGL と拡張機能なしの OpenGL ES 2.0 では、開発者が単一チャンネルテクスチャを表現する唯一の手段が LUMINANCE フォーマットで、2 チャンネルテクスチャを表現する手段は LUMINANCE_ALPHA でした。EXT_texture_rg 拡張機能 [Khronos 11] により RED フォーマットと RG フォーマット（RED–GREEN）が新しく追加され、OpenGL ES 3.0 ではこれらのフォーマットはコア機能に取り込まれています。このフォーマットは WebGL 2 仕様の編集者草案にも登場します。一方、Direct3D 11 では LUMINANCE テクスチャのサポートは完全に廃止され、RED フォーマットと RG フォーマット [MSDN 14a] だけが利用できます。どちらも 1 チャンネルという部分は同じなのでささいな違いに見えるかもしれませんが、LUMINANCE テクスチャからのサンプリングは他のフォーマットのテクスチャとは異なります。サンプリングが実行されるときに、LUMINANCE テクスチャの 1 チャンネルの値は RGB、3 つのチャンネルのそれぞれにコピーされますが、RED テクスチャからのサンプリングはデータの赤チャンネルにしか設定されません。LUMINANCE_ALPHA の 2 チャンネルも同様で、RG テクスチャはそれぞれサンプルの赤チャンネルと緑チャンネルにしか設定されません。Direct3D 11 を内部で使用する ANGLE では LUMINANCE フォーマットをサポートするために、スウィズル（要素の入れ替え）の挙動を変更する代わりに、テクスチャデータを 4 チャンネルに拡張しています。クロックサイクルが気になるようであれば、RED テクスチャと RG テクスチャを利用できる ANGLE の場合は単純に LUMINANCE の代わりに RED テクスチャ、LUMINANCE_ALPHA の代わりに RG テクスチャを使用しましょう。それによりチャンネルの拡張とそれに関係する余分なメモリとテクスチャ転送にかかるコストを削減できます。

推奨: 整数フォーマットのキューブマップテクスチャを避けること

正規化されていない整数フォーマットのキューブマップは Direct3D 11 [MSDN 14c] ではサポートされていません。ANGLE チームはこのフォーマットを使用しようとしたことがなく、Direct3D 11 でサポートされていない理由も同じなのでしょう。しかし OpenGL ES 3.0 ではこのフォーマットのキューブマップがサポートされていて、規格準拠テストで確認されます。そのため ANGLE は ESSL から HLSL へのトランスレーターでこの機能をエミュレートしなければいけませんでした。キューブテクスチャは 6 枚の 2 次元配列テクスチャで置き換えられ、サンプリングすべき面と座標は手動で計算されます。とはいえ、キューブマップには正規化されていない整数フォーマットよりも、正規化された整数フォーマットを使用した方がよいでしょう。整数値が期待されている場合、サンプリングされた値に整数の最大値を掛け、最も近い整数値に丸めます。例えば、符号あり 16 ビット整数の場合は次のようになります。

```
int i = int(round(32767 * f));
```

推奨: テクスチャ全体のスウィズルを避けること

テクスチャスウィズルは TEXTURE_SWIZZLE_R、TEXTURE_SWIZZLE_G、TEXTURE_SWIZZLE_B、TEXTURE_SWIZZLE_A などのテクスチャパラメーターを指定するとテク

スチャのコンポーネントを通常とは異なる順序でサンプリングできるようになるという OpenGL ES 3.0 の機能です。この機能は RGBA テクスチャを BGRA として読み込んだり、もしくはその逆を行うために利用されることが多く、コンポーネントを LUMINANCE テクスチャのように使用するためにも利用できます。しかしこの機能は Direct3D 11 ではサポートされていません。一見、シェーダー変換処理の内部で比較的簡単に実現できる操作のように思えるかもしれませんが、サンプラは関数から関数へパラメーターとして渡すことができるものです。同じテクスチャサンプリング関数をさまざまなテクスチャで使用できるため、実際にはどのテクスチャがどこからサンプリングされたかを知ることはできません。そのため ANGLE はテクスチャデータ自身を修正することでこの機能を実現します。これはいくらか余分なメモリを必要とし、テクスチャを転送する際のオーバーヘッドも増加します。これらのコストは TEXTURE_SWIZZLE_R, TEXTURE_SWIZZLE_G, TEXTURE_SWIZZLE_B, TEXTURE_SWIZZLE_A などのテクスチャパラメーターをデフォルト値から変更しなければ避けられるものです。テクスチャコンポーネントの順序が異なるのであれば、必要に応じてそのために複数のシェーダーを用意しましょう。

推奨: Uniform Buffer をバインドする際にオフセットの使用を避けること

OpenGL ES 3.0 で新しく追加された Uniform Buffer Object（UBO）には GLSL シェーダーで使用する uniform データを保持するオブジェクトがバインドされます。UBO を使用するとプログラム間で uniform 変数を共有できたり、uniform 変数の組み合わせを高速に切り替えられるといった利点があります。OpenGL ES 3.0 では他のバッファーオブジェクトと同じように、UBO にも単にバッファの先頭からではなくバッファのオフセットを指定してバインドできます。一方 Direct3D の対応する構造、定数バッファは Direct3D 11.1 で VSSetConstantBuffers1 メソッドが追加されるまでこのような参照方法をサポートしていませんでした。機能レベルがそれよりも下のハードウェアではこのようなオフセットはソフトウェアによるワークアラウンドで実現されます。必ずオフセットを 0 にして UBO にバインドすることを心がければ、このワークアラウンドによるパフォーマンスの劣化を避けられます。

ちょっとした推奨: 2D テクスチャ配列のシャドウルックアップに注意すること

最後の推奨プラクティスは影響を受けるハードウェアが比較的少ないため、これまで紹介したものほどは重要ではありません。Shadow Comparison Lookup は OpenGL ES 3.0 で導入された機能で、このテクスチャルックアップを利用すると与えられた参照値とテクスチャに含まれる深度データとをフィルタリング前に比較できます。また、ES 3.0 では新しいテクスチャタイプも導入され、そこには 2D のテクスチャ配列も含まれます。この 2 つの機能を同時に使用した場合に問題が発生します。Direct3D 11 は 2D テクスチャ配列のシャドウルックアップをサポートしていますが、機能レベル 10_0 ではサポートされません [MSDN 14e]。そのため、ANGLE は機能レベル 10_0 のハードウェアを ES 3.0 のサポートから外すか、潜在的にパフォーマンス上の問題があるワークアラウンドを実装するか、いずれかを選択しなければいけません。後者を選べば、Direct3D 10.0 ハードウェアで使用したときにパフォーマンス上の問題が発生します。

かといって前者を選べば、そのハードウェアでは OpenGL ES 3.0 の機能がまったく利用できません。

1.5 ANGLE のデバッグ

1.5.1 変換されたシェーダーのデバッグ

ANGLE の Direct3D バックエンドは GLSL ES シェーダーを HLSL に変換する必要があります。HLSL コンパイラは元となった GLSL コードに対してではなく、変換後の HLSL コードに対するエラーをレポートするので、不具合の解析が難しくなることがあります。そのような場合に WEBGL_debug_shaders 拡張機能を使用すれば、中間コードを調査できます [Khronos 14c]。この拡張機能はデスクトップ OpenGL に向けて変換された GLSL コードだけでなく、モバイル実装を対象とする GLSL ES に変換されたコードも調べることができます。ブラウザはワークアラウンドを適用したり、より安全に動作させるために、例えば範囲外へのアクセスを避けるようにシェーダーコードを変更することがあります。

この拡張の利用例は以下のサイトを参照してください。

http://www.ianww.com/2013/01/14/debugging-angle-errors-in-webgl-on-windows/

1.5.2 ANGLE ライブラリのビルド

ANGLE のバイナリはプラグインダイナミックリンクライブラリ（DLL）の組み合わせとして提供されていてブラウザからは独立しています。そのため比較的容易に独自のバージョンをビルドしてブラウザに付属するものと置き換えることができます。もちろん気軽に行えるものではありませんが、限界に挑戦する WebGL 開発者はいずれ ANGLE の実装に依存した挙動を扱うことになるでしょうし、実際 ANGLE にはそのための手段が用意されています。例えば期待とは異なる動作について調査しなければいけない開発者や、WebGL コードのデバッグやパフォーマンスプロファイリングのためのツール開発に興味がある人、ANGLE をデバッグ用の設定でビルドしてデバッガをアタッチできるようにし、コードをステップ実行しながら確認する必要がある人などの役に立つでしょう。この手順については次のセクションで簡単に説明します。

ANGLE をダウンロードしてビルドする手順は DevSetup ドキュメントで詳細に説明されています[6]。この手順はときどき変更されることもあるので、最新の DevSetup のページを参照してください。また、ANGLE は Chromium の一部としてビルドされることもありますが、Chromium ビルド内で ANGLE の特定のバージョンを指定する方法についての情報もドキュメントに含まれています[7]。

---

[6] https://chromium.googlesource.com/angle/angle/+/master/doc/DevSetup.md
[7] https://chromium.googlesource.com/angle/angle/+/master/doc/
BuildingAngleForChromiumDevelopment.md

1.5.3 Chrome を使用した ANGLE のデバッグ

ANGLE ライブラリのビルドが完了すると、Chrome に組み込んでブラウザ付属のライブラリを置き換えることができます。Windows では、ビルドしたライブラリを Chrome の現バージョンのサポート DLL が含まれているフォルダ（Chrome の実行ファイルと同じフォルダ内の数値名が付けられたフォルダ）にコピーしなければいけません。新しい ANGLE に何か問題があった場合や、デバッグが完了して元の状態に戻すときには元のバージョンが必要になるので、まずはじめに ANGLE の各 DLL の元のバージョンを別の場所に移動しておくとよいでしょう。

正しい Chrome プロセスを見つけてデバッガをアタッチするのは難しいことのように思うかもしれませんが、Chrome にはこの作業を助けてくれる便利なコマンドライン引数があります。中でも ANGLE のデバッグに最も役立つのは `--gpu-startup-dialog` です。この引数を受け取ると、Chrome は GPU プロセスが開始したときにプロセス ID を含んだダイアログを開き、そのダイアログが閉じられるまで動作を停止します。これにより開発者はプロセス ID を確認してデバッガをアタッチすることができます。他には `--use-gl=desktop` も役に立ちます。この引数を受け取ると ANGLE を使用した Direct3D への変換を停止して、Chrome 自身が WebGL をデスクトップ OpenGL 呼び出しに変換するようになります。これにより問題が ANGLE に由来するものなのか、Chrome のグラフィックススタックのどこか別の場所で発生しているのかを区別することができます。現在利用できる Chrome のコマンドライン引数の一覧は以下のサイトで管理されています。

http://peter.sh/experiments/chromium-command-line-switches/

ANGLE や Chromium のコードベースに以前のバージョンとは互換性のない変更が加えられることもあります。そうなった場合には、現在使用している Chrome リリースに対応するバージョンの ANGLE を使用すれば問題を回避できます。Chrome リリースに対応している ANGLE バージョンは簡単に確認できます。まず Chrome のメニューから「Google Chrome について」（About Google Chrome）を選択すると、Chrome に関する情報が表示されているタブが開き、ソフトウェアのバージョンが確認できます。「Version 39.0.2171.65 m.」のような値が表示されているでしょう。この値の 3 番目の数値を書き留めます。この数値が現在使用している Chrome の元となっている Chromium のブランチ名です。ANGLE は Chromium のブランチストラテジーに従ってブランチを管理していて、それぞれ `chromium/<branch number>` のように名付けられています。そのため Chromium のブランチ番号がわかれば、対応する ANGLE のブランチを取得できます。例えば Chrome 39.0.2171.65 が使用している ANGLE のブランチを得るには `git checkout chromium/2171` というコマンドを使用します。すでにビルドした ANGLE DLL のバージョンは Windows Explorer で右クリックして、「Properties」を選択し、表示されたダイアログの「Details」タブを選択することで確認できます。Product Version として表示されている SHA が、DLL がビルドされた ANGLE リポジトリツリーの git hash です。そのバージョンの ANGLE をチェックアウトするには `git checkout <SHA>` コマンドを使用してください。

GPU のプロセスにアタッチすると、ANGLE ソースコード内にセットしたブレークポイントで処理を停止し、デバッガで内部変数の値を確認しながら、インクリメンタルにコードをステップ実行できます。実際に試してみると Chrome での ANGLE を通じた呼び出しの中に、自分の作成した WebGL コードと対応していないものがあることに気付くでしょう。これは WebGL コンテキストと Chrome コンポジタの両方が ANGLE を使用していて、呼び出しが混在していることが原因です。

さらにグラフィカルなデバッギングツールを使用して問題のあるレンダリングコマンドの結果を視覚的に確認したり、テクスチャやバッファの内容を確認したり、GPU の利用率をモニターできると役に立つでしょう。そのような用途に利用できるツールの 1 つが NVIDIA Nsight です。Chromium を使用してこのツールを順序立てて学べるガイドが Chromium Projects ページにあります。

    http://www.chromium.org/developers/design-documents/chromium-graphics/
    debugging-with-nsight

1.6　さらに学習をすすめるために

ANGLE コミュニティやチームのメンバーとコミュニケーションを取り、困ったときに助けてもらうための手段はたくさんあります。ANGLE の不具合は http://code.google.com/p/angleproject/issues，もしくは Chrome に関係するものなら http://crbug.com に登録できます。不具合を登録するということは、ANGLE チームがプロジェクトの品質を保ち、適合性を維持することに協力するということです。フォーラムとメーリングリストは ANGLE のチームメンバーや他の ANGLE ユーザーからの質問とその答えを見ることができる素晴らしい場所です。angleproject@googlegroups.com にメールしてもかまいませんし、http://groups.google.com/group/angleproject からオンラインで閲覧することもできます。FreeNode の IRC チャンネル#ANGLEproject を訪れれば、ANGLE についてリアルタイムに議論することもできます。

参考文献

[ANGLE 13]　ANGLE project. "ANGLE Development Update — June 18, 2013." https://code.google.com/p/angleproject/wiki/Update20130618, 2013.

[ANGLE 14a]　ANGLE project. "M(ultiplatform)–ANGLE Effort." https://code.google.com/p/angleproject/wiki/MANGLE, 2014.

[Bagnell 13]　Daniel Bagnell. "Robust Polyline Rendering with WebGL." http://cesiumjs.org/2013/04/22/Robust-Polyline-Rendering-with-WebGL/, 2013.

[Khronos 07a]　The Khronos Group. "OES_element_index_uint." Contact Aaftab Munshi. https://www.khronos.org/registry/gles/extensions/OES/OES_element_index_uint.txt, 2007.

[Khronos 07b]　The Khronos Group. "OES_texture_npot." Contact Bruce Merry. https://www.khronos.org/registry/gles/extensions/OES/OES_texture_npot.txt, 2007.

[Khronos 10]　The Khronos Group. "The OpenGL Graphics System: A Specification (Version 3.3 (Core Profile) — March 11, 2010)." Edited by Mark Segal and Kurt Akeley. https:

//www.opengl.org/registry/doc/glspec33.core.20100311.pdf, 2010.

[Khronos 11] The Khronos Group. "EXT_texture_rg." Contact Benj Lipchak. https://www.khronos.org/registry/gles/extensions/EXT/EXT_texture_rg.txt, 2011.

[Khronos 13a] The Khronos Group. "EXT_texture_storage." Contacts Bruce Merry and Ian Romanick. https://www.khronos.org/registry/gles/extensions/EXT/EXT_texture_storage.txt, 2013.

[Khronos 13b] The Khronos Group. "Testing/Conformance." https://www.khronos.org/webgl/wiki/Testing/Conformance, 2013.

[Khronos 14a] The Khronos Group. "OpenGL ES Version 3.0.4." Edited by Benj Lipchak. https://www.khronos.org/registry/gles/specs/3.0/es_spec_3.0.4.pdf, 2014.

[Khronos 14b] The Khronos Group. "WebGL Specification." Edited by Dean Jackson. https://www.khronos.org/registry/webgl/specs/latest/1.0/, 2014.

[Khronos 14c] The Khronos Group. "WEBGL_debug_shaders." Contact Zhenyao Mo. https://www.khronos.org/registry/webgl/extensions/WEBGL_debug_shaders/, 2014.

[Koch 12] Daniel Koch and Nicolas Capens. "The ANGLE Project: Implementing OpenGL ES 2.0 on Direct3D." *WebGL Insights*. Edited by Patrick Cozzi and Christophe Riccio. Boca Raton, FL: CRC Press, 2012.

[Kokkevis 11] Vangelis Kokkevis. "The Chromium Blog: OpenGL ES 2.0 Certification for ANGLE." http://blog.chromium.org/2011/11/opengl-es-20-certification-for-angle.html, 2011.

[MSDN 14a] Microsoft. "DXGI_FORMAT enumeration." http://msdn.microsoft.com/en-us/library/windows/desktop/bb173059, 2014.

[MSDN 14b] Microsoft. "Primitive Topologies." http://msdn.microsoft.com/en-us/library/windows/desktop/bb205124, 2014.

[MSDN 14c] Microsoft. "Load (DirectX HLSL Texture Object)." http://msdn.microsoft.com/en-us/library/windows/desktop/bb509694, 2014.

[MSDN 14d] Microsoft. "ID3D11DeviceContext1::VSSetConstantBuffers1 method." http://msdn.microsoft.com/en-us/library/windows/desktop/hh446795, 2014.

[MSDN 14e] Microsoft. "SampleCmp (DirectX HLSL Texture Object)." http://msdn.microsoft.com/en-us/library/windows/desktop/bb509696, 2014.

[Woods 15] Shannon Woods, Nicolas Capens, Jamie Madill, and Geoff Lang. "ANGLE: Bringing OpenGL to the Desktop." *GPU Pro 6: Advanced Rendering Techniques*. Edited by Wolfgang Engel. Boca Raton, FL: CRC Press, 2015.

第 2 章

Mozilla の WebGL 実装

Benoit Jacob
Jeff Gilbert
Vladimir Vukicevic

2.1 はじめに

通常、ブラウザで WebGL を実装するには OpenGL や OpenGL ES, Direct3D などのシステムグラフィック API を内部的に使用する必要があります。つまり実際には WebGL は他のグラフィックス API の上にさらに層を重ねたもので、潜在的なオーバーヘッドは避けられません。しかしアプリケーション開発者がブラウザの WebGL 実装でどのような種類の処理が行われているのかをある程度理解すれば、オーバーヘッドの影響を軽減し、よりよいコードを書くことができるでしょう。

図 2.1 は Mozilla の WebGL 実装の全体像です。本章ではこの全体像に従って、それぞれの要素を説明します。

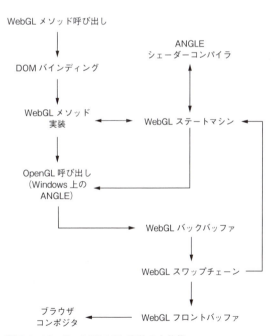

図 2.1: Mozilla の WebGL 実装の全体像

2.2 DOM バインディング

これから WebGL メソッドの呼び出しによってブラウザ内部で何が起きるのかを学んでいきますが、そのためにまずはそのメソッド呼び出し自身の機構について学びます。

例として WebGL の `uniform4f` メソッドを取り上げます。`uniform4f` は JavaScript プログラムで次のようにして呼び出されます。

```
1  gl.uniform4f(location, x, y, z, w);
```

ここで引数 `location`, `x`, `y`, `z`, `w` は JavaScript の値です。ソースコード上では WebGL の関数には数値、オブジェクト、配列、文字列など、JavaScript で利用できるどのような値でも渡すことができますが、WebGL IDL[*1]では `location` は `WebGLUniformLocation` オブジェクトでなければならず、`x`, `y`, `z`, `w`は数値でなければならないとされています。つまり WebGL の実装は引数として受け取った値がこれらの型であること、もしくは少なくともこれらの型に変換可能であることを検証する必要があります。もし検証に失敗した場合は WebGL 実装は例外を発生しなければいけません。

またこれらのパラメーターのビット表現は JavaScript 側とブラウザ内部の C++ 側、つまり WebGL 実装側では同じではありません。そのため何らかの変換を行う必要があります。

このような処理は内部的に C++ で実装されている DOM API のあらゆる引数に対して行わなければならず、非常に発生頻度が高いのでコードの生成が自動化されています。Mozilla の実装には Web IDL をすべてパースしてそれぞれのメソッドに対応する C++ のコードを生成する Python スクリプトがあり[*2]、このスクリプトの行う処理のことを私たちは DOM バインディングと呼んでいます。それぞれのメソッド内の生成されたコードは受け取った JavaScript 引数の検証と変換を実行し、その後で Mozilla ブラウザコード内の対応する C++ 関数を呼び出します。この処理の流れは図 2.2 のようになります。

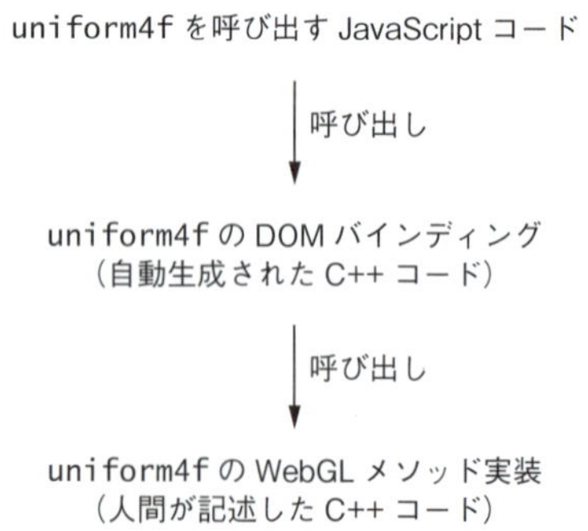

uniform4f を呼び出す JavaScript コード

↓ 呼び出し

uniform4f の DOM バインディング
（自動生成された C++ コード）

↓ 呼び出し

uniform4f の WebGL メソッド実装
（人間が記述した C++ コード）

図 2.2: WebGL メソッド呼び出しの仕組み

[*1] IDL は Interface Definition Language の略です。WebGL IDL は WebGL 仕様の一部でメソッドの引数と返り値の型を指定することで WebGL のインターフェースとメソッドを定義しています。

[*2] Mozilla のソースツリーはオンラインで簡単に検索でき（http://dxr.mozilla.org を見てください）、WebIDL パーサーは `WebIDL.py` で、対応する C++ コードジェネレーターは `Codegen.py` です。ディレクトリを含むフルパスは変更されることもあり、ファイルを検索するためには不要なので、説明しません。WebGL 用の Web IDL ソースは `WebGLRenderingContext.webidl` です。また `Bindings.conf` という設定ファイルもあり、これはコードジェネレーターが与えられた Web IDL インターフェースに対応する C++ 実装を見つけるために利用されます。これらを使用して生成された C++ コードをオンラインで見つけるのはあまり簡単ではありませんが、もし興味があればソースコードから Firefox をビルドするのは簡単です。ビルド後のオブジェクトディレクトリを確認すれば `WebGLRenderingContextBinding.cpp` が見つかるでしょう。

アプリケーション開発者の観点から特に気にかけておくべきなのは、DOM API のメソッド呼び出しのコストは大まかにいえばメソッドの引数の数に比例するということです。つまりメソッドの引数が多ければそれだけその呼び出しにかかるコストが大きくなります。とはいえ、このオーバーヘッドはささいなもので、WebGL メソッドが非常に小さい場合にだけ問題になることもあるという程度です。

uniform4f の DOM バインディングの処理時間を uniform1f と比較すると、引数の数が多く検証と変換に時間が必要なので、予想どおり uniform4f の方が uniform1f よりも長くなります[3]。このことはマイクロベンチマーク[4]で確認しました。2 つのメソッドの速度の違いはブラウザによって大きく異なり、15〜20% ほどの差で済むブラウザもあれば、40〜50% ほども違うブラウザもあります。

しかし負荷の大きい WebGL メソッドを呼び出すと、この影響はすぐに無視できるようになります。例えば uniform4f を uniform1f ではなく uniform4fv と比較すれば、引数の数は uniform1f と同じにもかかわらず、確認したすべてのブラウザで uniform4fv の方が uniform4f よりも遅いことがわかります。これは uniform4fv では任意の配列を転送でき、内部的に uniform4f よりも多くの事前処理を必要とするからです。

2.3　WebGL メソッドの実装とステートマシン

それでは、自動生成ではなく人間が記述した WebGL メソッドの C++ 実装内部ではどのような処理がなされているのかを説明します。

例として texSubImage2D を取り上げます。このメソッドはいくつかの引数を取りますが、そのうちの 1 つ、GLenum は画像データフォーマットを表す列挙型、つまり数値です。引数として受け取った値はすでに DOM バインディングによって受付可能な型であることが確認され、さらにネイティブの整数に変換されています。しかし DOM バインディングは WebGL 独自の型については何も知りません。そのためこの整数引数の値がどの範囲に含まれるべきかついてはいっさい情報がなく、判断ができません。

けっきょく、引数それぞれの値の最終的な確認と、場合によっては適切な WebGL エラーを生成する責任は C++ 実装の中の人間が記述する部分が負うことになります。

このような確認は下層にある OpenGL 実装が行うはずなので、ここで WebGL 実装が行う必要はないと考える人がいるかもしれませんが、それは間違いです。WebGL と OpenGL ではセマンティックや機能に微妙な違いがあり、WebGL のバリデーションと OpenGL のバリデーションは異なります。さらに WebGL と OpenGL のセマンティックが一致する部分についても、特にセキュリティが絡んでいる場合は、WebGL 実装として OpenGL の実装にいっさい不具合がないと仮定して任せきることはできません。

そのためいくつかの処理が下層の OpenGL 実装と重複することになる可能性があるとしても、WebGL 側でほとんどのメソッド呼び出しのバリデーションを実装しなければいけません。

---

[3] 2014 年後半に Mac OS X 10.10 上で Safari, Chrome, Firefox について試しました。

[4] https://github.com/WebGLInsights/WebGLInsights-1/tree/master/
02-Mozillas-Implementation-of-WebGL/

先ほど `texSubImage2D` の画像フォーマットを表す引数で見たように、メソッド呼び出しのバリデーションは引数の値だけでなく、その時点での状態にも依存します。つまり WebGL の実装は現在のステート、例えば `texSubImage2D` であればバインドされたテクスチャやそのフォーマットのようなプロパティに非常に頻繁にアクセスする必要があります。

WebGL 実装は 2 種類のやり方で現在のステートを取得します。まず WebGL 実装は `glGetIntegerv` のようなゲッターを使用して OpenGL にステートを直接問い合わせることができます。OpenGL に対応するものが存在しない WebGL 独自のステートであったり、OpenGL の API に実用的で効率的な問い合わせの手段がない場合には、WebGL 実装によって直接ステートが追跡されます。

例えば、WebGL テクスチャは `WebGLTexture` オブジェクトを使用して追跡されます。このオブジェクトは、テクスチャオブジェクトに保存されているそれぞれの画像（ミップマップやキューブマップの場合、画像が複数あることがあります）の幅や高さ、フォーマットなどを追跡するための構造体の配列と合わせて、このテクスチャオブジェクトの OpenGL ID も保持しています。内部的に使用されている OpenGL テクスチャにはもちろん幅や高さ、フォーマットなどの属性が保持されているので、WebGL で管理するステートの大部分（すべてではありません）は OpenGL のステートと重複しています。しかし、少なくとも OpenGL ES 2.0 にはテクスチャ画像の幅を問い合わせる現実的な手段が存在しません。

この時点で 2 つの結論が得られました。まず OpenGL と比較すると、WebGL には余分なバリデーションが必要になる分だけ、どうしても避けられない速度上のオーバーヘッドが存在します。次に実際には無視できる程度の影響であることも多いのですが、OpenGL のステートの大部分を WebGL 側でも重複して持たなければいけないため、速度上のオーバーヘッドに加えてメモリ使用量のオーバーヘッドもある程度は発生します。

2.4　テクスチャの転送と変換

これまでは WebGL 全体に適用できる一般的に考慮すべき点について議論してきました。ここからは特に複雑でオーバーヘッドの原因になりやすい特定の領域に目を向けましょう。まずはテクスチャの転送（つまりエントリポイントとしては `texImage2D` と `texSubImage2D`）に注目します。

すでに OpenGL の中でこれらのエントリポイントの仕様として規定されているとおり、これらのメソッドは結果を返す前に入力されたテクスチャ画像全体をコピーしなければいけません。したがって `tex[Sub]Image2D` が値を返した後で入力された画像データがどのように変更されたとしても、テクスチャの内容がその変更の影響を受けることはもちろんありません。

WebGL もこのオーバーヘッドを OpenGL から受け継いでいて、その上さらにオーバーヘッドの原因になる仕様がいくつか追加されています。例えば `texSubImage2D` では大丈夫ですが、WebGL の `texImage2D` では内部的に実行される `glTexImage2D` でエラーが発生したかどうかを確認する必要があり、これはすべての `texImage2D` 呼び出しの負荷を増大させます。特に `glTexImage2D` は通常はメモリを確保する必要があり、これは `GL_OUT_OF_MEMORY` エラーの発生原因になりえます。WebGL 実装は独自にステートを追跡しているので、OpenGL

内でステートが更新されたときに、実際のステートと WebGL 内で追跡しているステートを同期する必要があることにも注意が必要です。つまり、もしステートを更新する可能性がある OpenGL 呼び出しに失敗したら、WebGL 実装はそのことを検知できなければいけません。

　残念なことに OpenGL の glGetError 呼び出しは次の 2 つの理由により高負荷です。まず glGetError を呼び出すことで、glTexImage2D の処理の大部分を後で非同期に実行するのではなく、即座に実行しなければいけなくなります。次に glGetError の呼び出しにより、それまで蓄積されていた OpenGL コマンドストリーム全体をすぐに実行しなければいけなくなります。これはモバイルで一般的な「遅延型」GPU で問題になります。

　これまで説明されたオーバーヘッドは texImage2D 独自のもので、texSubImage2D は影響を受けません。しかし次に議論する別のオーバーヘッドは texImage2D と texSubImage2D の両方に影響を与えます。

　img 要素のような HTML 要素を受け取る tex[Sub]Image2D には、通常は画像全体を異なるフォーマットに変換しなければいけないという特有の問題があります。特にデコードされた後のピクセルフォーマットはブラウザの内部実装に依存し、そのための API が公開されることもなければ仕様も規定されていないため、いつでも変更される可能性があります。したがって WebGL 仕様はこのような標準化されていない内部実装がインターフェースに漏れ出すのを防がなければいけません。WebGL が採用した解決策は、デコードされた画像のオリジナルのフォーマットが何であったとしても、tex[Sub]Image2D が受け取る format 引数で指定されるフォーマットに変換しなければいけないというものです。

　つまり HTML 要素や canvas の ImageData を受け取る tex[Sub]Image2D 呼び出しは画像データを指定されたフォーマットに必ず変換しなければいけません。これにより相当なオーバーヘッドが発生します。実際に OpenGL の関数が呼び出される前であっても、WebGL 実装の中でフォーマットを変換するためにコピーが実行されるため、特にメモリ帯域への負荷が大きくなります

　ピクセルフォーマットは変換が必要ないくつかの要素の 1 つにすぎません。それ以外の要素は pixelStorei 引数によって制御されます。指定できる要素としてはストライド（UNPACK_ALIGNMENT）、乗算済みアルファチャンネルの展開（UNPACK_PREMULTIPLY_ALPHA_WEBGL）、上下の反転（UNPACK_FLIP_Y_WEBGL）があります。

　HTML 要素か canvas の ImageData を受け取る tex[Sub]Image2D の負荷について、もう 1 つ注意すべきなのが、色空間の変換を行わない場合についてです。pixelStorei 引数の UNPACK_COLORSPACE_CONVERSION_WEBGL の値を NONE と指定するとそのような設定になります。この実現には元のストリームから画像全体を再びデコードする必要があり、これにはもちろんコストがかかります。

　UNPACK_PREMULTIPLY_ALPHA_WEBGL には特に面倒な特殊ケースが 1 つあり、その場合は画像を始めから再度デコードする必要が生じる可能性があります。つまりブラウザメモリ内ですでにアルファチャンネルが乗算済みである img 要素が画像ソースであって（ブラウザでは非常によくあります）、さらに UNPACK_PREMULTIPLY_ALPHA_WEBGL がデフォルト値である false に設定されている場合です。すでに乗算済みの要素を乗算していない状態に戻して

表 2.1: テクスチャ画像設定用メソッド呼び出しの各種オーバーヘッド

	ArrayBufferView を受け取った texImage2D	HTML 要素または ImageData を受け取った texImage2D	ArrayBufferView を受け取った texSubImage2D	HTML 要素または ImageData を受け取った texSubImage2D
OpenGL オーバーヘッドを継承して即座にデータをコピーする必要があるか否か	必要あり	必要あり	必要あり	必要あり
即座に glGetError を呼び出す必要があるか否か	おそらく同じ大きさの既存の画像を置き換える場合を除いて、必要あり	おそらく同じ大きさの既存の画像を置き換える場合を除いて、必要あり	必要なし	必要なし
OpenGL に渡す前に入力された画像を変換する必要があるか否か	デフォルトとは異なる pixelStorei 引数が要求した場合だけ	完全に同じフォーマットで、それを要求する pixelStorei がない場合を除いて、必要あり	デフォルトとは異なる pixelStorei 引数が要求した場合だけ	完全に同じフォーマットで、それを要求する pixelStorei がない場合を除いて、必要あり
はじめから完全に画像を再デコードする必要があるか否か	必要なし（適用できない）	pixelStorei 引数が要求した場合だけ	必要なし（適用できない）	pixelStorei 引数が要求した場合だけ

も元の画像は正確に再現されないため、先ほどの UNPACK_COLORSPACE_CONVERSION_WEBGL が NONE に設定されている場合と同様に、WebGL 仕様ではこの場合は画像を再び始めからデコードしなければいけないことになっています。

　ArrayBufferView を受け取る tex[Sub]Image2D の負荷については非常に単純です。フォーマットやストライド、色空間などの変換の必要はなく、乗算済み要素を元に戻す処理も不要です。つまりデフォルト状態では変換はいっさい行われません。ただしデフォルトとは異なる pixelStorei 引数を受け取った場合は変換が必要になります。UNPACK_FLIP_Y_WEBGL や UNPACK_PREMULTIPLY_ALPHA_WEBGL を true に設定した場合に、それぞれ上下の反転や事前の乗算が必要です。

　この変換による実際上の問題は、例えば ArrayBufferView や canvas の ImageData のような乗算済みではないことがわかっているイメージソースを受け取る tex[Sub]Image2D については UNPACK_PREMULTIPLY_ALPHA_WEBGL をデフォルトの false のままにしておくのが負荷の面では最もよいのですが、そうすると通常乗算済みの HTML 要素を受け取ったときに負荷が非常に大きくなることです。後者の場合は、UNPACK_PREMULTIPLY_ALPHA_WEBGL を true に設定した方が、テクスチャ転送の負荷が軽くなり、結果もより正確になります。

　表 2.1 に先ほどの tex[Sub]Image2D のオーバーヘッドに関する議論[5]がまとめられています。

---

[5] これについての Mozilla のソースコードを見てみたければ、http://dxr.mozilla.org のようなオンラインのコード検索ツールで、UNPACK_PREMULTIPLY_ALPHA_WEBGL といった識別子を検索するとよいでしょう。

2.5 Null テクスチャと不完全テクスチャ

WebGL と OpenGL の違いや OpenGL のフレーバーの違いのために少し込み入った方法で WebGL の `tex[Sub]Image2D` を実装しなければいけなくなる場合がいくつかあり、そのときは特異なオーバーヘッドが生じます。

そのような状況の一例として、先ほどのセクションの議論ではあえて触れませんでしたが、入力画像データとして `null` を受け取った場合があります。OpenGL では `null` 画像データを受け取るとテクスチャ画像のコンテンツを初期化しないままメモリの確保だけを行うという意味になります。しかし、WebGL では初期化されていないテクスチャデータをそのまま扱うとセキュリティと移植性の面で問題が起きることがあります。そのため初期化されていないメモリを公開することを避け、`null` が指定されたテクスチャ画像はすべてのバイトが 0 に設定されているように（つまり不透明な黒いテクスチャとして）振る舞うものとされます。

素直に実装すると、まずバッファを確保してからゼロで埋め、それを `glTextImage2D` に渡すことになるでしょう。もちろんこれで動作しますが、オーバーヘッドも大きくなります。そのため Mozilla の実装では可能な限りこの方法は避けています。ここで注目すべきは WebGL の描画ではこのような不透明な黒いテクスチャはお互いに区別ができないという点です。したがってサイズが 1×1 で不透明な黒いテクスチャをシステム全体として 1 つだけ用意しておけば、`null` 画像データを持つ WebGL テクスチャすべてで共有できます。ただしこのような状態は注意して追跡する必要があり、例えば `texSubImage2D` 呼び出しが実行されたときなど、必要があれば確実に元に戻してそのテクスチャ用の領域を確保しなければいけません。とはいえ、ほとんどの場合、`texSubImage2D` 呼び出しはテクスチャ画像の内容全体を置き換えるので、この時点ではゼロ埋めされた一時バッファは必要がなくなります!

要するに、少なくとも Mozilla の現在の実装では `null` を持つ `texImage2D` は非常に高速で、その後に続く `texSubImage2D` もそれが画像全体を対象としていれば通常の速度で実行されます。動作が遅くなる特殊な状況とは、`null` テクスチャ画像を `texSubImage2D` 呼び出しで部分的に更新しようとした場合です。

Mozilla の実装でダミーの黒いテクスチャが使用される特殊ケースは 2 つあり、`null` テクスチャ画像はその 1 つにすぎません。もう 1 つの場合が不完全テクスチャです。

OpenGL と WebGL の用語で、不完全テクスチャ（Incomplete Texture）とはテクスチャパラメーターとテクスチャ画像の組み合わせが不正なテクスチャを指します。細かい基準は OpenGL のフレーバーによって異なりますが、WebGL はコア OpenGL ES 2.0 の基準に従います。この基準では例えばサイズが 2 の累乗ではないテクスチャの Wrap モードを `REPEAT` と指定すると不完全であるとみなされます。Mozilla の WebGL 実装は通常の OpenGL や ES のすべてのフレーバーと異なる動作になるとしても、常に WebGL 準拠の振る舞いをしなければいけません。これを実現するにはすべてのテクスチャの完全性を確認するロジックを独自に実装するしかありません。

そのため Mozilla の WebGL 実装はそれぞれのテクスチャが完全かどうかを追跡し、不完全なテクスチャからサンプリングして描画が行われている部分があれば、1×1 のダミーの

26　第 2 章　Mozilla の WebGL 実装

不透明な黒いテクスチャを手動でバインディングして、サンプリング結果として不透明な黒
（RGBA 0, 0, 0, 255）を返すようにしなければいけません。

　これは少なくとも特別驚くほどのオーバーヘッドを生む動作ではありません。一般的な状況
では null テクスチャまたは不完全テクスチャからサンプリングされた結果が実際に描画され
ることはありません。そのためテクスチャの完全性に影響を与えるかもしくは影響を受けるド
ローコールのような操作をすべて追跡したとしてもほぼ一定量のオーバーヘッドしか発生しま
せん[6]。null テクスチャもしくは不完全テクスチャからサンプリングした結果を実際に描画
しようとするという特殊な場合にだけ、それぞれのドローコールでダミーの黒いテクスチャを
バインドするという余分な処理が実行されます。後のセクションでドローコールのオーバー
ヘッドについて議論するときに、この問題について再び議論します。

2.6　シェーダーのコンパイル

　WebGL 実装にはさまざまな理由で独自のシェーダー言語コンパイラが必要です。Mozilla
の実装では ANGLE プロジェクト（第 1 章）のシェーダーコンパイラを使用しています[7]。

　OpenGL Shading Language（GLSL）にはさまざまなフレーバーがあります。Non–ES な
OpenGL と OpenGL ES もこの部分が異なり、そのシェーディング言語の方言はそれぞれ
GLSL と GLSL ES として区別されます。また同じ GLSL ES の中でさえ、仕様には解釈の余
地が残されています。

　WebGL のシェーディング言語（WebGL GLSL）の定義では GLSL ES 1.0 を元に GLSL
ES でオプションとして残されていたいくつかの制限を義務付けることで曖昧な部分が厳格化
されています。WebGL では特に制御フローについての制限が導入され、while ループは使用
できなくなり、for ループの総称性も制限されています。また、WebGL では uniform 配列の
アドレス指定に対する制限も導入されていて、フラグメントシェーダーでは配列のインデック
スはすべて定数でなければいけません。

　シェーダーコンパイラはシェーダーを検証して変換するだけでなく、ある種のドライバの不
具合と処理系に依存する動作も避けなければいけません。そのための最もわかりやすい方法は
不正なシェーダーを OpenGL 実装に受け渡す前に WebGL 側で処理することですが、それ以
外の手段もあります。

　例えば WebGL 実装は uniform 配列への範囲外アクセスを事前に防がなければいけません。
先ほど紹介した、フラグメントシェーダーでは uniform 配列へのアクセスに定数しか使用でき
ないという制限はその役に立ちますが、それだけでは十分ではありません。頂点シェーダーで
は実行時に決定されるインデックスを使用して uniform 配列にアクセスすることが許可され
ています。Mozilla が使用している ANGLE のシェーダーコンパイラは、配列のアドレス指定
に clamp 命令を挿入します。そのため実行時のオーバーヘッドはありますが、範囲外アクセ

---

[6] null テクスチャと不完全テクスチャを追跡するコードの大部分は Mozilla ソースコードの
WebGLTexture.cpp の中にあります。

[7] ANGLE は Mozilla のプロジェクトではありません。次のウェブサイトを参照してください。
https://code.google.com/p/angleproject/

スは決して起こりません。他にも `uniform4fv` のような uniform 配列のセッターで範囲外アクセスが起こる可能性があります。OpenGL の仕様では転送サイズが実際の uniform 配列サイズを超えていたら余分な値は無視しなければいけないとされています。しかしこのようなセキュリティ上重要なメモリアクセスの特殊ケースについて、ブラウザ実装の常識として、ドライバの実装が正しいと仮定して完全に依存してしまうことはできません。そのため、理論上は不要ですが、Mozilla の実装では範囲外の uniform 配列の転送を避けるためにレイヤーを 1 つ追加し、ANGLE シェーダーコンパイラに uniform 配列のサイズを問い合わせ、その結果を使用して clamp 命令を実行してから uniform 配列を転送します。

また ANGLE のシェーダーコンパイラはドライバのバグを避けるために長い識別子を短縮します。以前の WebGL 実装ではよく長い識別子を持つシェーダーの扱いに関係するドライバの不具合の影響を受けていました。すべてのドライバで問題ないと思われる識別子の長さで 2 の累乗となる最大値は 32 のようでした。そのため Mozilla の WebGL 実装は、シェーダー内の識別子の長さが 32 文字を超えないように長い識別子をより短い識別子に置き換える ANGLE シェーダーコンパイラの機能を使用しています。元の識別子と短縮された識別子の対応は ANGLE から取得できます。

したがって OpenGL と比較すると、ターゲットが OpenGL ES だったとしても、WebGL では重要な変換を行うためにシェーダー解釈の手順が少なくとも 1 つ追加されます[*8]。そのためシェーダーをコンパイルするコストは OpenGL 実装と比較すると WebGL では非常に大きくなっています。ここまでで説明したシェーダー解釈の流れは図 2.3 のようになります。

ここには Windows の場合にだけ起こりうる特殊ケースは含まれていません。Windows では本章の後半で説明するような変換がさらに必要になります。

図 2.3: シェーダーコンパイルの手順

2.7 `drawArrays` 呼び出しのバリデーションと準備

`drawArrays` の実装では頂点属性をすべてイテレートする必要があります。また、配列と現在のプログラムに使用されるものすべてについて、`drawArrays` に渡すパラメーターとして十分な長さがあるかを確認する必要があります。

すべての `drawArrays` 呼び出しに対してこの処理を実行するオーバーヘッドは無視できません。そのためフェッチした頂点属性配列を検証するとその結果を記録しておき、同じ頂点

[*8] これに関する Mozilla のソースコードに関心があるなら、http://dxr.mozilla.org のようなオンラインコード検索ツールで、`ShCompile` を検索しましょう。これは ANGLE によって提供されているシェーダーをコンパイルするための関数です。Mozilla のソースコードツリーには独自の ANGLE のコピーが含まれています。

属性配列の検証が再び必要になったときにはその処理を省略するという最適化が実装されました。

値の検証だけでなく、`drawArrays` は OpenGL と WebGL の違いを吸収するために OpenGL のステートをいくつか準備しなければいけません。先ほど説明したとおり、WebGL では `null` テクスチャと不完全テクスチャは 1×1 の黒いテクスチャと置き換えられます。他にも `drawArrays` は属性 0 で配列をエミュレートしなければいけません。この処理は WebGL を Mac OS X 上やデスクトップ Linux 上のような、ES ではない通常の OpenGL 上で動かさなければいけない環境で必要になります。

WebGL と OpenGL ES では頂点属性はすべて同じように扱われます。属性 0 は特別ではありません。他の属性と同様に（`enableVertexAttribArray` を有効にして）配列属性としてもよいし、非配列属性としてもかまいません（この場合、デフォルトの状態ではすべての頂点群に同じ uniform 値が与えられます）。

ES ではない OpenGL では属性 0 を非配列の uniform 属性としたときにすべての頂点群に同じ値が設定されるようにはなりません。その代わりに、属性 0 で配列属性が有効になっていなければ、古い OpenGL 1 で固定機能頂点仕様 API を実装できるように設計されていた特殊記法として扱われます。

けっきょく、WebGL アプリケーションが属性 0 を非配列として使用しようとすると、ES ではない OpenGL プラットフォーム上で使用する場合に WebGL 実装は高負荷なエミュレーションを実行しなければいけません。具体的には、WebGL 実装は通常の頂点属性の値を N 個複製し（ここで N は与えられたドローコールに十分な長さとします）、それらを保持する配列バッファを作成して GPU に転送し、そのバッファを属性 0 にアタッチして、再び配列属性に設定しなければいけません。

覚えておくべきパフォーマンス向上のためのヒント：（`bindAttribLocation` を使用して）配列属性の 1 つがロケーション 0 にバインドされるようにしてください。そうしなければ Mac OS X やデスクトップ Linux のような ES ではない OpenGL プラットフォーム上で実行するときに大きなオーバーヘッドが発生する場合があります。

2.8 drawElements 呼び出しのバリデーション

OpenGL では `glDrawElements` には先ほどの `glDrawArrays` と同じ処理系依存の特殊ケースに加えて、もう 1 つ処理系依存になる問題があります。`glDrawElements` はバインドされたエレメント配列を通じて間接的に頂点を指定しますが、バインドされたエレメント配列から読み込んだインデックスが頂点配列属性の範囲から外れている場合、その動作は処理系依存になります。

ここで WebGL には OpenGL と異なる点が 2 つあります。まず、WebGL 実装では多くのドライバで発生しがちなクラッシュやサーバーログを伴うリカバー、アクセスできてはいけないメモリ内容の漏洩など、実装上の問題による不正な動作を避けなければいけません。WebGL 1.0 の仕様ではそのような状況に陥った場合には `INVALID_OPERATION` エラーを生成するよう規定されています。

drawElements は引数として offset と count を受け取り、指定されたオフセットだけ空けて、指定されたカウントだけ連続する要素をエレメント配列から読み取ります。そのため drawElements はこの部分配列に含まれる要素の最大値を求めなければいけません。さらに drawArrays と同様のバリデーションも残っています。必要なのはこの要素の最大値を現在のシェーダープログラムで使用される全頂点属性配列の最小サイズと比較することです。

図 2.4: エレメント配列の例

そのため drawElements は、整数配列の任意の連続する部分配列に含まれる最大の数の効率的な求め方という一般的なアルゴリズム問題を解かなければいけません。Mozilla の実装では、配列の一部について事前計算した最大値を保持する二分木を構築しておくことで非常に効率的に最大値を取得します[*9]。この処理について例を用いて説明します。図 2.4 のような値を持つ長さ 8 のエレメント配列を考えてください。

図 2.5 のとおり、まず配列要素を 2 つずつグループ化して、その 2 つの値の大きい方を葉ノードに保持し、(つまり 8 要素の配列であればツリーには 4 つの葉ノードがあることになります) さらに各階層ごとにそれぞれのノードが 2 つの子ノードの大きい方の値が保持するようにして、この配列に対応するツリー構造を構築します。

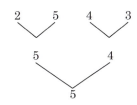

図 2.5: 要素の部分的な最大値を保持する完全二分木

エレメント配列の大きさを次の 2 のべき乗に丸めると、この二分木は常に完全であると仮定できます。

二分木が完全なので、実際には二分ヒープであるとみなすことができ、配列の最初の要素は未使用に、次にツリーのルートをインデックス 1 の位置に保存し、次のレベルをインデックス [2..3] に保存、その次をインデックス [4..7] に保存、つまりレベル n をインデックス $[2^n..2^{n+1}-1]$ に保存すると大きさが木構造の深さの 2

図 2.6: 完全二分木を簡潔な配列

倍である整数配列に簡潔に保存できます。したがって前の例であれば図 2.6 のように長さ 8 の配列で保持できます。

現時点では、このデータ構造を保持するにはエレメント配列そのものとまったく同じ領域が必要です。どうすればこれを削減できるのでしょう？ それぞれのツリーレベルは次のレベルの半分の大きさになるため、メモリの大部分は葉ノードに近い最後の 2–3 レベルのために使われていることがわかります。しかし、葉ノードに近いレベルのノードは少量のエレメント配列要素しか代表していないため、この最後の 2–3 レベルは最も役に立たないものです。例えば全メモリ使用量の半分が葉ノードに占められていますが、葉ノードはそれぞれたった 2 つのエレメント配列要素の最大値しか保持しておらず、それほど有用ではありません。

Mozilla の実装では先ほど説明したような葉ノードが 2 つの要素の最大値を持つというナ

[*9] このセクションの説明に対応する Mozilla のソースファイルは `WebGLElementArrayCache.cpp` です。

イーブな方法は使用していません。実際には葉ノードはそれぞれエレメント配列内の連続する
8 要素の最大値を持ちます。これによりメモリ使用量が 4 分の 1 にまで減り、通常は気にする
必要がない程度の大きさになります。もしそれでも気になるようなら、さらに 1 グループに含
まれる要素数を増やしてもよいでしょう。

　この最終的なアルゴリズムを使用したバリデーションにかかる時間は、n 個の要素を処理す
る drawElements 呼び出しに対して $O(\log n)$ になるということは簡単にわかるでしょう。そ
のためどのような利用パターンであっても大きな問題にはなりません。プロファイラの最後に
現れる程度のオーバーヘッドはありますが、極端に大きくなるということはないはずです。

　無意味なオーバーヘッドの原因になるため避けた方がよい特殊なユースケースが 1 つだけ
あります。それは同じエレメント配列バッファを複数の drawElements 呼び出しで異なる型
（つまり UNSIGNED_BYTE と UNSIGNED_SHORT と UNSIGNED_INT）として解釈することです。
1 つのエレメント配列バッファを複数のインデックス型で使用すると、それぞれの型について
別の二分木を管理する必要があります。型は 3 つあるので、1 つのエレメント配列バッファを
最大 3 つの二分木で管理することになり、当然メモリの使用量も 3 倍になり、速度面でも大き
なオーバーヘッドがあります。このようなことは行わないでください。こういったやり方が必
要になることはまずありませんし、いずれにしても drawElements 呼び出しは 1 つの型のイ
ンデックスでしか使用できません。複数の型のインデックスを使用したいのであれば、エレメ
ント配列バッファを複数用意しましょう。

2.9　スワップチェーンとコンポジットプロセス

　WebGL ではフレーム描画のスケジューリングとコンポジットはブラウザの担当です。アプ
リケーションは新しいフレームの描画準備ができればコールバック関数でそのことをブラウザ
に伝えるだけでかまいません。このコールバックは多くの場合は requestAnimationFrame
によってブラウザに都合のよいタイミング、通常はアニメーションがスムーズになるようにス
ケジューリングされてグラフィックスハードウェアのリフレッシュ信号と同期したタイミング
で呼び出されます。

　WebGL canvas には必ずバックバッファとフロントバッファがあり、前者はデフォルトで
WebGL の描画命令を受け取るフレームバッファで、後者はコンポジタが使用するバッファで
す。コンポジタの canvas の表示を更新する準備ができたときに、もしバックバッファに何か
描画されていれば、その内容が「プレゼンテーション」されます（言い換えると、フロント
バッファに送られます）。

　とはいえ、GPU API は非同期なので、フロントバッファに送られていないコンテンツは
GPU 上での描画が完了していない可能性があります。WebGL 実装はコンポジタがサンプ
リングを開始する前に、プレゼンテーションするフレームを確実に完成させなければいけま
せん。

　ブラウザの実装に依存しますが、少なくとも 2014 年時点の Mozilla ではコンポジティング
にはフレームを生成する WebGL アプリケーションが動作しているスレッドまたはプロセス
から、フレームを表示するブラウザのコンポジタが動作している別のスレッドまたはプロセス

へフレームを送信するという処理が含まれます。

　そのため通常は OpenGL を使用するスレッドもしくはプロセスが 2 つあり、一方での描画が完了する前に他方がその内容を読み取ることがないよう、お互いに OpenGL コマンドを同期しなければいけません。

　フレームの完成を保証する最も簡単な方法は canvas が自身のバッファをコンポジタにプレゼンテーションしたときに glFinish を呼ぶことです。しかしこの方法は GPU のコマンドストリームが完全に終了するまで CPU を待たせることになるためパフォーマンスがそれほどよくありません。そうではなく、レンダリングが完了するまで GPU がフロントバッファを読み取らないように、GPU 側だけで依存関係を確立する必要があります。

　特に両側が異なるプロセスに属している可能性がある場合は、このような GPU 側での同期は完全にプラットフォーム依存です。同期のフェンスにはプラットフォームごとにさまざまな種類があり、GPU コマンドストリームの間に挿入される可能性もあります。Mac は IOSurface を使用してバッファを実装しているので、glFlush を呼ぶだけで同期されますが、他のプラットフォームでは glFlush が同期される保証はいっさいありません。

　完了した WebGL フレームを正しくコンポジティングするという問題が解決できたとしても、次にパフォーマンスが問題になります。同期を取るには一方の完了を他方が待つ必要があるため、同期はパフォーマンスに悪影響を与えることがあります。描画が完了したばかりのバックバッファとコンポジティングが完了したばかりのフロントバッファという組み合わせの場合には、同期には他方の処理が完了するのと同じだけの時間がかかります。

　この問題は通常は Mozilla の実装も採用しているトリプルバッファリングと呼ばれる手法で解決できます。この手法では「ステージングバッファ」と呼ばれる 3 番目のバッファを追加します。WebGL アプリケーションによって新しいフレームが生成されると、バックバッファはステージングバッファとスワップされます。そしてコンポジタが新しいフレームを処理し終わると、フロントバッファがステージングバッファとスワップされます。したがってバックバッファとフロントバッファが直接スワップされることがなくなるため、両者の間で高価な同期処理を行う必要もなくなります。スレッドやプロセスの同期はまだ少し必要ですが、これはスワップが同時に発生するのを避けるためだけです。スワップは高速に行われる

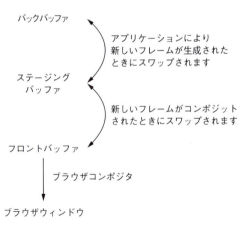

図 2.7: トリプルバッファリングでのスワップチェーン

ので、この同期は問題にはなりません。図 2.7 でトリプルバッファリングを説明しています。

　図 2.7 のバックバッファ／ステージングバッファ／フロントバッファという 3 段階は WebGL に独特なものです。ネイティブ OpenGL アプリケーションはこの図でいうブラウザコンポジタに相当するため、図の最後のステップで即座に表示が開始します。つまり WebGL では追加のフレームバッファを保持する必要があり、メモリ使用量のオーバーヘッドが発生す

るということになります。

トリプルバッファリングは CPU 側のスループットについては大きなオーバーヘッドが存在しないことを保証しますが、いつ変更されるかわからない内部実装に依存していて、遅延というオーバーヘッドがあることがあります。トリプルバッファリングの手法によっては 1 フレーム時間（通常は 1/60 秒）ほど遅延が発生するものもあります。

ここまでの議論の最初の結論として、フレームを更新する必要がなければ再レンダリングは避けるべきです。それによりレンダリング自体の時間だけなく、多くの内部的なコンポジティング処理や同期処理も省略できます。フレームが変更されていないのであれば、そのままにしておきましょう。clear すら呼ぶべきではありません。

2 つ目の結論として、preserveDrawingBuffer コンテキスト作成フラグはデフォルト値の false のままにしておくべきです。このフラグを true にすると、ブラウザは原則的にバッファをまったくスワップできなくなり、代わりにバッファをコピーしなければいけなくなります。これはメモリ利用量という点で非常に高価です。

3 つ目の結論は WebGL canvas のメモリオーバーヘッドを評価すると他にも考慮すべきことがあるということです。depth コンポーネントと stencil コンポーネントはバックバッファだけで必要で、color コンポーネントと alpha コンポーネントはトリプルバッファリングのスワップチェーンにかかわる 3 つのバッファすべてで必要です。例えば、alpha コンポーネントのある 32 ビット RGBA に保持される 2 メガピクセルの WebGL canvas は追加の 2 つの RGBA バッファにそれぞれ 8MB 必要になり、depth コンポーネントと stencil コンポーネントがないとしても、同等の OpenGL アプリケーションと比較して、余分に 16MB のメモリが必要になります。

最後に WebGL コンテキストの上に他の HTML コンテンツをオーバーレイするとオーバーヘッドを生じるかどうかというよくある質問に答えます。Mozilla の実装では、WebGL のレンダリングは常に先ほど説明したような手順で実行され、コンポジティングの過程ですべてを 1 つのレイヤーとしてまとめ上げるため、いずれにしても主なコストは支払い済みです。そのためさらに HTML コンテンツをオーバーレイしたとしても大きな問題にはなりません。これはここまで説明してきたオーバーヘッドの対価だと考えてください。

2.10　プラットフォームの差異

おそらく WebGL 実装のプラットフォームの差異が大きく出る部分は、先ほどのセクションで説明したスワップチェーンです。これ単独でプラットフォームやブラウザの違いによって WebGL のパフォーマンスに驚くほど差が出る最大の原因になります。さておき、Mozilla の WebGL 実装ではプラットフォームは大きく、モバイル OpenGL ES プラットフォーム、デスクトップ OpenGL プラットフォーム、Windows の 3 種類に分類されています。

2.10.1　モバイル OpenGL ES プラットフォーム

　モバイルプラットフォームは通常、WebGL の直接の派生元である OpenGL ES を実装しています。そのため WebGL の実装は比較的簡単です。モバイルプラットフォームで難しいのは WebGL 自体の実装ではなくむしろ WebGL アプリケーションの開発です。モバイル GPU のパフォーマンス特性はデスクトップ GPU とは大幅に異なることが多く、WebGL 実装は単にその部分に触れないようにすれば済みますが、WebGL アプリケーションはそれらに対応する必要があります。

2.10.2　デスクトップ OpenGL プラットフォーム

　これまでのセクションでデスクトップ OpenGL と OpenGL ES にはさまざまな違いがあることを説明しました。しかしそれだけではなく、OpenGL では「コアプロファイル」と「コンパチビリティプロファイル」の間にも無視できない違いがあるため、デスクトップ OpenGL 上での WebGL 実装は複雑です。コアプロファイルでは OpenGL 仕様で非推奨とされている機能は WebGL の仕様に含まれる機能も含めて削除されています。例えばコアプロファイルでは WebGL には存在するデフォルト（ゼロ）頂点配列オブジェクトなどがサポートされていません。

このためコアプロファイル上に WebGL を実装することは難しく、Mozilla の WebGL 実装はオーバーヘッドが増すことが多くなりますが、基本的にコンパチビリティプロファイル OpenGL 実装の上で動作します。

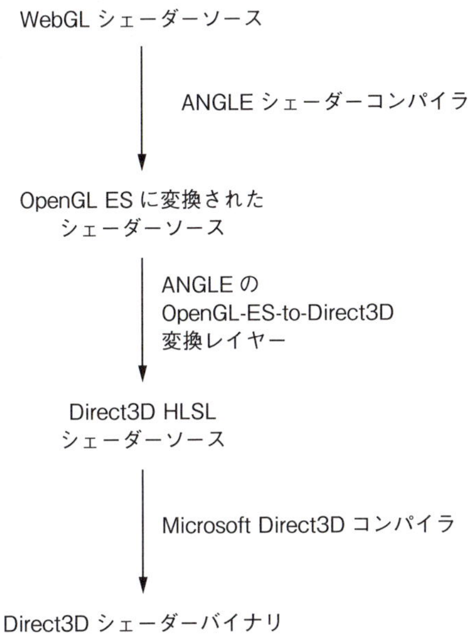

WebGL シェーダーソース

↓ ANGLE シェーダーコンパイラ

OpenGL ES に変換された
シェーダーソース

↓ ANGLE の
OpenGL-ES-to-Direct3D
変換レイヤー

Direct3D HLSL
シェーダーソース

↓ Microsoft Direct3D コンパイラ

Direct3D シェーダーバイナリ

図 2.8: Windows 上の ANGLE レンダラを使用したシェーダーのコンパイル手順

2.10.3　Windows

　Windows の状況はまったく異なります。Windows の基本となる低レベルグラフィックス API は Direct3D です。Windows 上で動作する非常に完成度の高い OpenGL ドライバを提供している GPU ベンダーもありますが、実際のところそのような OpenGL ドライバを前提にしてよいほど、それらを利用できるブラウザの比率は高くありません。けっきょく、Windows でのウェブブラウザは Direct3D をターゲットにすることになります。

　ANGLE プロジェクトは先に述べたシェーダーコンパイラだけでなく Direct3D の上で動作する完全な OpenGL ES 実装も提供しています（第 1 章参照）。Google も Mozilla も、Windows では WebGL を主に ANGLE の OpenGL ES 実装の上に実装していま

す[*10]。Direct3D 上に OpenGL ES を実装するために ANGLE が内部的に行わなければいけない処理が非常に大きいため、Windows 上では特定の操作が他のプラットフォームと比べて非常に大きくなる場合があります。最も重大なのは図 2.8 のとおりシェーダー変換が非常に複雑になることです。

つまり、Windows では WebGL シェーダーをコンパイルするために 3 つの段階が必要になります。他のプラットフォームでは 2 段階、ネイティブアプリケーションでは 1 段階で済むので、それらと比較するとこのオーバーヘッドは小さくはありません。

2.11　拡張機能とのインタラクション

OpenGL ではサポートされている拡張機能は「有効化」を明示的に要求しなくてもすべて利用する準備が整っています。そのためアプリケーションはその拡張機能がサポートされているかどうかを確認せずに気軽に利用を開始できますが、特定の実装にだけ存在する拡張機能に意図せず依存してしまうこともあります。

WebGL では OpenGL のように拡張機能が「常に有効」にはなっておらず、アプリケーションは利用したい拡張機能を明示的に有効化する必要があります。拡張機能が利用可能かどうかを getSupportedExtensions で問い合わせることはできますが、アプリケーションが拡張機能を明確に要求するまで、WebGL 実装は拡張機能の有効にしません。getExtension を実行してアプリケーションが明示的に拡張機能を要求したときにだけ、拡張機能の動作が有効化されます。

これは移植性を考えると素晴らしいことなのですが、利用可能な拡張機能の有効／無効の任意の組み合わせについて考える必要があり、実装の上では問題になることがあります。特にバリデーションを実装するコード内で利用可能な組み合わせとそこで確認すべき項目について非常に大きなマトリクスが必要になります。例えば、OES_texture_float を有効にすると FLOAT 型を持つテクスチャが利用できますが、OES_texture_float_linear を有効にしなければ、その FLOAT 型のテクスチャでは NEAREST 以外のフィルタをサンプリングに使用することができません。

明示的に拡張機能を有効化することによる効果はシェーダーのコンパイルにも影響を与えます。（EXT_frag_depth のような）WebGL の拡張機能を使用すると GLSL の新しい機能を有効にできるので、シェーダーコンパイル時に有効になっている拡張機能に応じてシェーダーをどのようにコンパイルするかが変更されます。

2.12　最後に

オーバーヘッドの種類によっては WebGL の実装に影響がある場合もありますが、最終的な機能の差はほとんどありません。WebGL はバランスを重視しています。移植性に過剰に偏る

[*10] ファイルシステムの Firefox アプリケーションディレクトリを確認すると、ここで紹介した変換レイヤーに対応するファイルをいくつか見つけられます。GLESv2.dll と EGL.dll は ANGLE の OpenGL ES から Direct3D への変換レイヤーで、D3DCompiler_*.dss は Microsoft Direct3D コンパイラのコピーです。

と、機能が不十分になるでしょう。かといって特定のプラットフォーム上での機能とパフォーマンスに集中すると移植性が犠牲になります。

WebGLが目指しているのはウェブ上で高性能なグラフィックスを実現できる標準化された移植性の高いプラットフォームになることです。ドライバの違いを十分にうまく吸収できる実装があれば、アプリケーション開発者は内部実装の細かな違いに気を取られることなく、WebGLを単一のプラットフォームとして扱うことができます。

しかしこの目標の実現には根本的な限界があります。中でも特にモバイルデバイスも対象とする場合に、さまざまなGPUとドライバの間でパフォーマンス特性が大幅に異なることが大きな問題になります。高い移植性を保ったまま高性能なグラフィックスAPIを実現するという目標は、安定しないパフォーマンス特性によって制限されます。

WebGLの仕様と実装はこのパフォーマンス上の問題をできる限り軽減できるように設計されています。この章のいちばんの目的は、アプリケーション開発者にWebGLの重要なパフォーマンス関連の仕様を理解してもらうことによって、この目標にどうしても足りない部分を補うことです。

第3章

Chrome の WebGL 実装の 継続的テスト

Kenneth Russell

Zhenyao Mo

Brandon Jones

3.1 はじめに

Chrome 28 で不定期に Google Maps などのさまざまな WebGL アプリケーションが停止するというひどい不具合（crbug.com/259994）が発見されないまま安定版として公開され、さらに恥ずかしいことに、その問題の情報が Twitter 経由で私たちのチームに届きました。その不具合が自動テストをくぐり抜けた理由は主に次の2つです。はじめにオープンソースの Chromium プロジェクトとその土台の元で構築されている Chrome ブラウザで使用される自動テストの大部分は仮想マシン上で動いていて、ほとんどのエンドユーザーのシステムで実際に実行されている GPU アクセラレーションを利用したレンダリングパスを使用していませんでした。物理的なハードウェアと GPU を持つテストマシンも数台ありましたが、チーム全体としてはそれほど注目しておらず、不定期に発生する不具合を発見できるほど安定していませんでした。次に開発時やチェックイン時に開発者がコードの変更を検証するために使用される、物理的なハードウェア上で実際の GPU を使用して動作するマシン群である「Try Server」の数が十分ではありませんでした。結果として、数十人の開発者が直接このコードにかかわっていたにもかかわらず、Chromium のグラフィックススタックの潜在的な不具合を事前に検出することはできませんでした。

この事実を受けて、私たちは Chromium の GPU ボットと Try Server の総点検に取り組みました。いつもの Chrome チームだけでなく、Chrome のインフラストラクチャ、Labs チーム、GPU チームが密に連携を取り合い、指定のハードウェアを見直し、OS の設定を変更し、数十ものソースコードの怪しい部分を削除するためにほぼすべてのソフトウェアを書き直し

て、テストボット上でその動作を確認しました。また、これまで Chromium には VM ベースのテストボットが大量にありましたが、さらに GPU を使用する Try Server 群を増設し、Chromium プロジェクトと Blink レンダリングエンジンが受け取る全チェンジリスト（CL）に対するグラフィックステストを物理的なハードウェア上で実行できるようにしました。

今では新しい Try Server と継続的テスト、もしくはその結果を表示する Waterfall やボットは Chromium プロジェクトで最も信頼性が高く、常に数百の連続したテストをひとつのエラーもなく実行しています。このシステムは Google Maps などの実際に使用されているウェブコンテンツの動作確認を通して、Chromimun のグラフィックススタックだけではなく、ブラウザ自体の潜在的な不具合も確実に検出します。最近では、`requestAnimationFrame` 関数と動画再生という実際のウェブページに影響のあるブラウザのコア機能に関係した非常に再現性の乏しい不具合を検知したこともあります。このシステムにより WebGL がミッションクリティカルな部分にも使用できる技術として、数億の Chrome ユーザーの期待どおりに動作することが保証できます。

この章ではこのシステムの高い信頼性を実現したハードウェア、オペレーティングシステム、そしてソフトウェアの変更点について述べます。この経験を公開することで他の開発チームも同様の設定を再現して、独自にグラフィックスをテストできるようになればと願っています。この記事で紹介するほぼすべてのソースコードはオープンソースで、Chromium プロジェクトの一部として利用されています。

3.1.1　プロジェクトの統計情報

紹介するプロジェクトのスケールをイメージできるように、Chromium プロジェクトと Blink プロジェクトのソースコードリポジトリからいくつか統計情報を取得しました[*1]。2014 年 9 月 1 日から 2014 年 11 月 30 日までの 3 か月間を取り上げると、Chromium にひと月あたり平均約 4,400 コミット、つまり一日あたり 144 回のコミットがあり、Blink にはひと月あたり約 1,600 コミット、つまり一日あたり 51 回のコミットがありました。ひと月あたりで考えると Chromium プロジェクトにはおよそ 720 人のユニークコミッタが、そして Blink プロジェクトには 240 人のユニークコミッタがいます。OpenHub.net[*2]によると、Chromium にはこの 3 か月間で 1300 万行が追加されました。

Chromium をゼロからビルドするには約 1 時間、そして静的にリンクされるバイナリのインクリメンタルな再リンクには約 5 分かかります。開発を高速化するため、Chromium のビルドシステムではプロダクトを複数の共有ライブラリにコンパイルできるようになっています。これによりインクリメンタルな再ビルドの時間が数秒にまで軽減できます。公開されたプロダクトは起動時間を短縮するために静的にリンクされています。

[*1] *WebGL Insights* の Github リポジトリの count-chromium-commits スクリプトを参照してください。

[*2] https://www.openhub.net/p/chrome

3.1.2 Chromium テストセットアップの背景

　Chromium と Chrome はブラウザの継続的インテグレーションテスト基盤としてオープンソースの Buildbot フレームワークを使用しています。Chrome のインフラストラクチャチームはこの基盤をより有効に利用するために Rietveld コードレビューツールと統合し、さらにブラウザのソースコードに加えられたすべての変更を自動的にテストするためのコミットキューやテストの実行ファイルを配布してシャーディングするシステムなど、大量のソフトウェアを開発しました。

　開発者が自動テストのインフラストラクチャとやり取りする方法は主に 2 つあります。Waterfall を使用する方法とコミットキューを使用する方法です。Waterfall は絶えず実行されています。Chromium の Waterfall のメイン画面の例が図 3.1 にあります。新しいコードがブラウザのリポジトリにチェックインされると Waterfall 上のボットがそれを検知して、ツリーのいちばん上からコードをビルドし、その結果に対してテストを実行します。しかし、コミットされるたびに毎回ツリーのいちばん上からコードをビルドしてテストできるほどボットの数は多くないため、Waterfall は一連のコミットを 1 つにまとめてグループ化することがよくあります。結果として、ある時点からテストが失敗し始めたときに、複数、場合によっては数十のコミットを順番に確認してどの時点から失敗しているかを調べなければいけないこともあります。これは非常に面倒な作業です。そのため不具合を捕捉するためであれば、コードを登録するたびにコミットキューを使用するのが最もよい方法です。

　一方、コミットキューの場合はブラウザのコードが変更されるたびにそれをビルドしてテ

図 3.1: Chromium の Waterfall ビュー

図 3.2: コミットキュー経由で送られたパッチに対する Trybot の結果が表示されている Chromium の Rietveld レビューツール

ストします。開発者は作業中のコードを Rietveld コードレビューツールにアップロードします。コードのレビューが完了すると、開発者はそれを登録できます。最も簡単な方法はただ「commit」チェックボックスをクリックすることでしょう。これにより変更の一覧が Try Server に登録されます。Try Server は Chrome が実行される主要なオペレーティングシステムや設定を代表した物理マシンと仮想マシンの両方からなる巨大なテストサーバー群です。Try Server はツリーのいちばん上からソースコードをチェックアウトして、開発者のパッチを適用し、プロダクトをコンパイルして、自動テストを実行します。自動テストがすべてが成功したときにだけ、その変更はコードベースにコミットされます。開発者は必要な手動テストの量を減らすために、コードベースに変更をコミットせずに手動で Try Job を起動することもできます。図 3.2 では代表的な CL を表示したコードレビューツールのユーザーインターフェースを確認できます。

 Try Server はジョブをすべて並列に実行します。ソースベース内の別々のファイルを対象とした 2 つ以上のコードの変更が実際にはお互いに干渉していて、同時に適用されるとテストが失敗するということもありえます。最悪の場合、このような 2 つの変更が並列にテストされた結果としてそれぞれの変更ですべてのテストが成功してしまい、コミットされることがあります。そうなると、これらの変更の 2 番目がコミットされたときにメインの Waterfall が失敗するようになり「ツリーが閉じた (close the tree)」状態、つまりテストが成功するように修正されるまでチェックインがすべて却下される状態になります。この場合は手動で確認しながらの修正が必要になることがあります。とはいえ、実際にはこのような問題はほとんど起こら

ないので、ソースコードの変更はすべてコミットキューを経由するというのがテストが失敗して「ツリーが閉じた」状態になることを防ぐ最も優れた方法です。

Try Server とは Chromium プロジェクトの自動テスト用のインフラストラクチャ内のマシン群のことを指します。（デバッグモードではなく）リリースモードの Linux のような、Waterfall 上で表示されているすべての環境で、開発者がコードの変更をテストする負荷を処理できるようにするには通常 20 台から 30 台の Try Server が必要になります。コンピューティングリソースを節約するためには、Try Server が高速で信頼できるということが非常に重要です。テストがたびたび失敗するようでは、リトライによってある特定の変更のテストにかかる計算サイクルが 2, 3 倍になるだけでなく、メインの Waterfall が失敗する原因にもなり、プロダクトが極端に不安定になります。このようなテストの怪しい部分を取り除くことが、本章でこれから説明する Chromium の GPU ボット総点検プロジェクトの第一の目的でした。

3.2　スタート地点

このプロジェクトを開始した時点では、Chromium の GPU ボットはブラウザの自動テストインフラストラクチャのちょっとしたサブセットにすぎませんでした。対象環境としては AMD, Intel, NVIDIA の GPU との組み合わせで動作する Windows と Mac, Linux の 3 つです。GPU Try Server は Windows, Mac, Linux それぞれ 1 台で計 3 台しかなく、プロジェクトの全開発者から届く変更をすべてテストできるほどの能力はなかったため、自動ではなく明示的に手動で開始しなければいけませんでした。要するに、GPU Try Server を使用している Chromium 開発者はほとんどいなかったということになります。おそらくさまざまなプラットフォームで Waterfall 上のテストは複数の理由により断続的に失敗していました。断続的にテストが失敗するということはその上ではテストを信頼性を持って実行できないということです。このことが GPU ボットの Try Server の数を増やす障害になっていました。

そのためまずはじめにやるべきだったのは不定期に失敗するテストを解析してその原因を取り除くことでした。

3.2.1　ハードウェアと OS の設定変更

GPU ボットは必然的にグラフィックスカードが挿入された物理マシンになります。仮想マシンは使えません。当初のボットはヘッドレス、つまりモニターが接続されていない状態で実行されていて、リモートデスクトップソフトウェア（Linux では VNC, Mac OS では組み込みの VNC 互換のスクリーン共有、Windows では Remote Desktop）を使用してログインし、マシンの管理やそのマシンで失敗したテストのデバッグが行われていました。モニターが接続されていると見せかけて GPU を有効化するためのトリックとして、複数のピンを短絡したレジスタのある偽の VGA ドングルの利用もいくつかのマシンで試みられました。

テストの失敗をデバッグするためにマシンにログインすると失敗が発生しなくなるということが何度もありました。リモートデスクトップソフトウェア上で Chromium の GPU 高速化を使用するレンダリングパスを動作させると、例えば色化けが発生したり、GPU コードパス

で不具合が発生し適切に初期化されないなどの原因で不正確な描画になりがちであることもわかりました。

　ビジネス側からの最初の注文は、実行中の処理に影響を与えずにマシンにリモートログインできるようにすることでした。Chrome の Labs チームは IP KVM をインストールしました。これはターゲットのマシンのビデオ出力と USB ポートに接続して、ビデオ出力をデジタイズし、クライアントマシンのウェブブラウザで表示できるようにするものです。IP KVM はターゲットマシンへいっさいソフトウェアをインストールする必要がないので、リモートデスクトップソフトウェアの実行を妨げないだけでなくモニターとしても動作し、GPU は適切に有効化されます。Labs チームが使用した IP KVM の特別なモデルは Raritan Dominion KX II です。クライアントマシンに他のカスタムソフトウェアが必要にならないように VMC プロトコルが利用できることを要件として他のブランドも評価しましたが、それらのプロダクトではうまく動作しませんでした。Chrome の Labs チームはいくつかの GPU で期待するスクリーン解像度を使用するには拡張ディスプレイ識別データ（Extended Display Identification Data）、つまり EDID を偽装する必要があることに気付きました。

　リモートデスクトップソフトウェアによる意図しない副作用やそれによってテストの信頼性が損なわれるという問題を解決するために、IP KVM を使用することにしたのは大きな飛躍でした。今では Linux と Windows をターゲットとした Chromium テストのための GPU ボットはすべて Raritan を通じて接続されています。一方、Mac OS では組み込みのスクリーンシェアソフトウェアを使用してうまく動いています。Mac ボットで Raritan を使用していないのは、Mac mini では必要なかったことと、MacBook Pro に Raritan を接続するとディスプレイの設定が変更されて高 DPI 対応の組み込みディスプレイが使用されなくなり、このハードウェアでテストする理由自体がなくなるためです。

　残念なことに IP KVN に切り替えてからも、まだ Linux でのピクセルテストが失敗することがありました。テストではブラウザの描画パスがエンドツーエンドで正しく動作しているかどうかを確認するために、画面に描画された結果を画像として読み取ります。この際、スクリーンセーバーかパワーセーバーが起動され、テストの結果として真っ黒な画面がキャプチャされることがありました。グラフィカルユーザーインターフェースのコントロールパネルでパワーセービング機能をすべて無効にしているにもかかわらず、この問題はなくなりませんでした。調査の結果、X サーバー自体が GUI の設定画面には現れない Display Power Management System（DPMS）を通じて「ローレベルな」パワーセービングモードを使用していることが判明しました。実際にテストの実行を監視してスクリーンが空白になるまで待ち、新しい ssh ターミナル経由でログインして以下のコマンドを実行して、これがスクリーンが空白になる原因となるメカニズムであることを確認しました。

```
1  xset a reset
```

　上記のコマンドを実行した結果モニターは即座に復帰してピクセルテストは再び成功し始めました。大々的なウェブサーチの結果、発見された情報に従い、対策として /etc/X11/xorg.conf に以下のような変更を加えました。

```
1  section "ServerLayout":
2      Option "BlankTime" "0"
3      Option "StandbyTime" "0"
4      Option "SuspendTime" "0"
5      Option "OffTime" "0"
6
7  section "Monitor":
8      Option "DPMS" "false"
```

　この変更をすべての Linux マシンにデプロイすると、ピクセルテストが確実に実行できるようになりました。

　このセクションの内容をまとめると、GPU ボットの信頼性を増すために変更したハードウェアと OS の主な設定は以下のとおりです。

- すべての Linux と Windows マシンを IP KVM で接続
- すべてのパワーセーブを無効化
- X11 システムの DPMS を無効化

3.2.2　テストハーネスの変更

　開発を開始したときから Chromium の GPU ボットは常にブラウザのツリーのいちばん上のコードに対して WebGL 準拠テストを実行していました。当初、テストは content_browsertests と呼ばれる特殊なテストハーネスで実行されていました。このテーストハーネスは本番同様ですがまったく同一ではない環境下で個別のウェブページをウェブブラウザのレンダリングパイプライン全体に読み込みます。残念なことに、デバッグのできないこの環境でときどきテストの実行に失敗することがありました。特に Windows では content_browsertests ハーネス内の起動時のコードと終了時のコードが競合状態になることがしばしばあり、それがクラッシュの原因になっているように思われました。しかし多大な労力をかけた調査の結果、最終的にこの競合は関係がないことがわかりました。

　けっきょく私たちは content_browsertests ハーネスをやめ、Telemetry[3]というテストハーネスを使用して GPU ボットのテストの大部分をブラウザ上で動かすことにしました。特殊なテストハーネスを使用するのではなく実際のブラウザ上でテストすることにはいくつか利点があります。まずなにより実際に公開するプロダクトそのものをテストできます。これは Chromium の自動テスト哲学の中心となる考え方です。次により現実に即した環境でテストを実行できます。content_browsertests はテストごとにブラウザの一部を開始したり終了したりしますが、Telemetry は単純に WebGL 準拠テストに使用する URL をそれぞれ順番にブラウザで表示するだけです。これは手動で起動したときにも行われることです。最後にテストスイートのパフォーマンスが明らかに向上しました。Telemetry に切り替えたことでテストの際は特定のタブの表示をある URL から別の URL に切り替えるようになりましたが、こちら

---

[3] http://www.chromium.org/developers/telemetry

の方が content_browsertests が行うようにテストのたびにタブを閉じてまた新しく開き、そこでさらに対象の URL を開くよりも圧倒的に高速だからです。

　Telemetry に切り替えたことにより、content_browsertests ハーネスで発生していた競合状態も回避でき、Chromium の GPU ボットを使用して一度に数百の WebGL 準拠テストを確実に実行できるようになりました。

　GPU ボットは WebGL 準拠テストスイートだけでなく、他にも例えばあるページのレンダリング結果がピクセル単位で同一かどうかを検証するというテスト群も実行します。GPU のテストではスクリーンのスナップショットを取得したりブラウザの内部状態を問い合わせるといった通常のウェブブラウザではセキュリティ上の理由で許されないような処理も実行しなければいけません。content_browsertests を含む特殊なテストハーネスを使用するとこのような機能にアクセスできます。テストの信頼性を向上させるためにこれらの機能も content_browsertests から Telemetry に移植されました。これまでは C++ で記述されていた GPU のテストを Python で記述される新しいフレームワークに移植するだけでなく、Telemetry テストハーネス中のある特権的なプリミティブを公開する必要がありました。この作業には数か月を要しましたが、この結果 content_browsertests を GPU ボットから完全に取り除くことができました。詳細については関連するバグ[*4]を参照してください。

　GPU ボットを content_browsertests から Telemetry に切り替えたことで信頼性が大幅に向上し、インフラストラクチャをスケールアップして、ブラウザのソースコードに加えられたすべての変更に対してこれらのテストを実行する、つまり GPU Try Server を構築することまで検討できるようになりました。

3.2.3　ピクセルテスト

　Chrome のレンダリングテストを通じてこれまでに学んだのは、不具合はあらゆる部分に現れるということです。レンダリングパイプラインの最後にテクスチャをキャプチャして、コンテンツの見た目に問題ないことが確認できたとしても、まだ画面に正しく表示されることは保証されません。そのため OS レベルのスクリーンキャプチャ API を使用するピクセルテストが作成されました。テストが失敗し、その理由が Chrome のウィンドウに OS からのメッセージウィンドウポップアップが割り込んだためだと判明するということも何度かありましたが、それはそれほど頻繁ではなく、発生したとしても失敗したレンダリング結果を簡単に確認して邪魔なウィンドウをシャットダウンすると問題は解決できました。

　リファレンス画像はクラウドに保存され、OS や GPU，その他にも例えばアンチエイリアシングを使用しているかどうかなどのレンダリングに影響のある設定項目で分類されます。当初はローカルボットでリファレンス画像を生成しようとしましたが、その方法には問題があることがわかりました。まず不正確なリファレンス画像が生成されても長い間気付かれないことがあり、不具合が混入する可能性がありました。次にレンダリングに影響のある変更は、ボット上のリファレンス画像を更新する前にテスト結果を赤く染めながらボットに取り込まなければいけませんでした。そのためリファレンス画像の調査と更新がより簡単なクラウドベースの

[*4] http://crbug.com/278398, http://crbug.com/308675, http://crbug.com/365904

方法に切り替えました。

　リファレンス画像との比較は単純にピクセル単位での完全一致で行います。ほんの 1 ピクセルの違いが Chrome のバグに由来しているかもしれないので、これは避けられません。例えば WebGL のアンチエイリアシングが誤って無効になっている可能性もあります。もちろん将来的にはより高性能な画像比較アルゴリズムの利用も検討したいと考えています。

3.3　GPU Try Server の構築

　GPU Waterfall が十分に信頼できるようになると、ウェブブラウザへのコード変更がほぼ毎日テストが失敗する原因を作り出していて、関連する変更を元に戻すために手動で割り込まなければいけなくなっていることがわかりました。効率を重視してほとんどの Chromium のテストはブラウザ全体に対しては実行されません。Telemetry ベースの GPU テストはわずかにある Waterfall 上で全体をテストしているもののうちの 1 つです。そのためまれにコミットキューをすり抜ける不具合は、その内容がまったくグラフィックスと関係ない場合でも、GPU ボット上で動作している Telemetry テストでしか補足できません。ある驚くようなエラー[*5]によって、独自の Chromium ビルドを使用したブラウザにある潜在的な不具合が判明しました。テストハーネスと正式な Chrome ブラウザはその特定の変更があっても正しく動作しました。このような破壊的変更の大量発生を止めるには、Chromium のチェンジリストに対して実行するデフォルトのテスト群を GPU テストに追加するしかありませんでした。

3.3.1　Recipe

　GPU ボットの改修を始めるとすぐに求められる信頼性を実現するにはさまざまな設定の変更が必要になることがわかりました。Buildbot のアーキテクチャは大量のインクリメンタルな変更をうまく扱うようには設計されていません。特定のボット上で実行される処理を変更するには、それが一部のテストのコマンドライン引数の変更程度のささいなものだったとしても、Waterfall 上のすべてのマシンを再起動する必要がありました。これは非常に面倒でしたし、なにより非常に時間がかかることが問題でした。

　マシンの設定変更のたびに必要となる Waterfall の再起動の回数を減らすために、Chrome のインフラストラクチャチームは Recipe と呼ばれる新しいフレームワークを開発しました。本章の最後の「3.5.1 コードとドキュメント」で Recipe フレームワークへのリンクを紹介しています。Recipe は Buildbot フレームワークの中で動作しますが、どのステップをどのように実行するかを決定するための権限を Waterfall を制御している特定のコンピュータから Waterfall 上の個別のボットに移しました。新しく開発された Recipe フレームワークを利用すれば、特定のボット用手順が含まれているスクリプトの変更がチェックインされたときに、再起動を行わずにそのボットが実行する次のビルドに変更内容が反映されます。

　Buildbot が使用していたこれまでのやり方と比較すると、Recipe によって得られた生産性と柔軟性の向上は計り知れません。Recipe なしでは Chromium の GPU ボットのオーバー

[*5] https://codereview.chromium.org/421643002/

ホールは失敗していただろうといっても過言ではありません。

　GPU ボットに重大な変更が必要になる前に、先ほどのセクションで説明したテストハーネスの交換を含めて、ボットを旧式の Buildbot スクリプトから Recipe に変更しました[*6]。この結果これまでよりも小さな単位で大量にインクリメンタルな変更を行い、デプロイできるようになり、ローカルでの変更の確認がより簡単になりました。このプロジェクトを進めるに当たって、作業のかなりの割合が Recipe フレームワークの改善や新しい機能の追加、意図しない振る舞いの確認と修正に費やされました。これらの作業の経験は、より巨大な Chromium プロジェクトで他のボットを Recipe に変換するときに役立ちました。

3.3.2　ビルダーとテスターの分離

　Chromium の GPU Waterfall はデスクトップマシン上でさまざまな種類の GPU，通常は AMD，Intel，NVIDIA の GPU を使用して同じテスト群を実行します。エンドユーザーが選ぶことの多いミドルレンジの GPU をなるべく使用するという設計上の特別な制限はありましたが、具体的な GPU はもともとその時点で社内で利用できるものであれば何でも「組織の都合で」に選ばれていました。後に Try Server が構築されると、複数のマシンが確実にピクセル単位でまったく同じ結果を生成できるようにするため、いくつかの GPU 設定で標準化が必要になりました。プラットフォームと GPU のタイプを選ぶと、通常はその時点で利用可能な最新のグラフィックスドライバがインストールされました。唯一の例外は OS X Lion で、この場合は、少し古く安定したバージョン（10.7.5）にフォールバックしなければいけませんでした。不具合が修正されたドライバを使用することによって、これまでよりもテストのカバレッジが大きくなるときにだけ、ドライバはアップデートされます。リソースに限界があるので、Chromium の GPU Try Server にはまだモバイルデバイスは含まれていませんが、Waterfall にはモバイルデバイスがいくつか存在します。

　プロジェクトを始めたときには、Waterfall 内のそれぞれのマシンでブラウザのコンパイルと、そのコンパイル結果に対するテストの両方を行っていました。しかし複数の GPU でテストするために同じコードを何度もコンパイルするのは明らかに非効率です。そのため、Waterfall 環境に加えられたいちばん最初の変更はボットをそれぞれビルダーとテスターに分けることでした[*7]。この作業が完了すると、物理的な GPU テスターにはもはやコンパイルという高負荷な手順が必要なくなり、比較的ローエンドなマシンで動かすように変更できました。またビルダー側はテストを実行しないので GPU を持つ必要がなくなり、仮想マシンで置き換えられました。

3.3.3　Isolate

　当初、ビルダーはコンパイルしたバイナリを zip 圧縮してサーバーにコピーし、テスト実行前にテスターがそのバイナリをダウンロードして同一の Chromium ワークスペースを展開し

[*6] http://crbug.com/286398 と関連する不具合を参照。

[*7] http://crbug.com/310926

ていました。テストに使用されるデータファイルは Chromium ワークスペース内にあり、ビルダーからテスターにコピーするアーカイブ内には含まれていませんでした。これは、データファイルが非常に大きく（場合によってはテスト対象のバイナリよりも大きい）、毎回マシン間でそれをコピーするのは非効率だったためです。

しかしテスター上の Chromium ワークスペースを最新版に保ち続けることには問題があることがわかりました。ビルダーとテスターを分割した後では、テスターの CPU サイクルタイムの大部分が実際には Chromium ワークスペースを更新するために使用されていました！

幸い、Chrome のインフラストラクチャチームはテストをマシンに配布する Isolate[8]と呼ばれる新しい仕組みを開発中でした。Isolate にはバイナリだけでなくデータファイルも合わせて、特定のテストを実行するために必要なファイルをすべて記述します。とはいえ、Isolate は zip アーカイブのような単純な機構とは実装が大きく異なります。それぞれのファイルは個別にアップロードされて、圧縮されます。もしあるファイルの内容がすでに最近サーバーにアップロードされていれば、ビルダーが再度アップロードすることはありませんし、テスターも再度ダウンロードすることはありません。

GPU ボットは crbug.com/321878 とそれに関連する不具合が発生してから、バイナリのzip アーカイブのアップロードとダウンロードを止め、Isolate[9]を使用するようになりました。Isolate は実行が一時的であることを前提に設計されていたので、この切り替えにはテストを大幅に書き直してボットのローカルディスクに永続的なデータをいっさい保存しないように変更する必要がありました。特にボットのピクセルテストの結果は Cloud Storage[10]に配置しなければいけなくなりました。これら作業にはそれなりに時間がかかりましたが、結果は劇的でした。まずはじめに結果がすべてクラウドに保存され、後でウェブを経由して簡単にアクセスできるので、ボットのメンテナンスが非常に簡単になりました。もはや特定のボットにログインして直近のテスト結果を確認するようなことはありません。さらにサイクルタイムも大幅に減少しました。ボットは Mac テスターでは 1.19 倍、Windows テスターでは 2.88 倍にまで高速化されました。ハードウェアの利用率が改善された結果、最終的には GPU Try Server が構築できるようになりました。

3.3.4　Try Server の増設

Chrome の Labs チームは GPU Try Server のためのハードウェアの購入と設定に非常に多くの作業を費やしました。送り込まれるチェンジリストを扱う負荷に耐えるために、Windows，Linux，Mac，MacBook Pro Retina マシンがそれぞれ 20 台購入されました。先ほど説明したとおり、Windows Try Server と Linux Try Server には IP KVM で接続されました。Mac はヘッドレスのままでした。Waterfall でサイクルタイムを測定した結果に基づいて、それらテスターのためのビルダーとしてプラットフォームごとに 10 台の巨大な物理サーバーが購入されました。

---

[8] http://www.chromium.org/developers/testing/isolated-testing
[9] http://crbug.com/321878 とそれに関連する不具合。
[10] http://crbug.com/330053 と http://crbug.com/330774。

Chromium のコミットキュー（CQ）には新しいマシンを追加する際に利用できる実験的な
フレームワークが組み込まれています。チェンジリストのテストが成功しているか、そしてそ
の負荷に耐えられているかを確認するために、受け取ったチェンジリストによる負荷の程度
を実験的に特定の Try Server に送信していました。私たちはこのフレームワークの一般化に
協力し、複数の負荷レベルを設定した実験を平行に実行できるようにしました。これにより
Linux，Windows，Mac GPU Try Server をそれぞれのタイミングでオンラインにできるよ
うになったため、新しいマシンにチェンジリストを送信し始めました。

Try Server でジョブを確実に完了できるようになると、すぐにシステムのボトルネックが
物理的な GPU テスターではなくビルダーであることがわかりました。ビルダーとテスターの
数を計算するためにサイクルタイムを概算しましたがその値が大幅に違っていました。もとも
と 20 台のテスターに対して 10 台のビルダーが必要になると見積もっていましたが、実際に稼
働すると 20 台のテスターに 30 台のビルダーが必要だということが明らかになりました。ま
たビルダーに使用した巨大な物理マシンはそのハードウェアのコストに見合うほど高速ではな
く、仮想マシンを使用した方が効率的であることもわかりました。

Chrome の Labs チームは各環境（Windows，Linux，Mac）ごとに 30 台の VM を用意し
てビルダーを仮想マシンに再配置しなければいけないという苦境を再び乗り越えました。具
体的には Chrome プロジェクトは予算が残り少なくなっていて、この時点でもう新しい Mac
VM を準備することできませんでしたが、Labs チームがまだ予算をすべて使用していない他
のプロジェクトと交渉してくれて、数か月先までスケジュールされていたハードウェア要求を
満たすことができました。そのことについてはいまだに感謝しています。

ビルダーを再度準備した後、GPU Try Server の負荷テストは順調でした。GPU ボットは
最終的に crbug.com/327170 で Chromium を Tree Closer にしました。

3.3.5 チェンジリスト依存関係の解析

Chromium プロジェクトには大量の変更が継続的に登録されるので、自動テストマシンを
効率的に動作させることが特に重要です。もし登録された CL が特定のプラットフォームのテ
ストに影響を与えないのであれば、その CL のための Try Jobs はそのプラットフォームのテ
ストを起動してはいけません。例えば、CL が Windows 用のコードだけに影響するものであ
れば、Mac Trybot のテストは決して再実行すべきではありません。

少し前に[11]依存関係の解析が Chromium のビルドシステムに組み込まれ、さらにそのシス
テムが安定してから少しして GPU Trybot のサポートが追加されました[12]。この依存関係の
解析を組み込んだことにより Try Server の負荷がおよそ 20% 削減されました[13]。この技術
によるコストの節約は劇的なので、Chromium の Trybot やコミットキューのようなシステム
を利用するプロジェクトでは同様の解析を組み込むとよいでしょう。

---

[11] http://crbug.com/109173

[12] http://crbug.com/411991

[13] https://code.google.com/p/chromium/issues/detail?id=411991#c2

3.4 怪しい挙動の根絶

GPU Try Server を構築したいちばんの目的はこの章の最初に説明した不定期に発生する不具合を修正することでした。いったん GPU ボットが十分に信頼できるようになれば、その品質レベルを維持することは簡単だと考えていました。Chromium の GPU に関係するコードが正しく動作する状態を保つことは、Try Server によって間違いなく簡単になりましたが、その一方で想像もしなかったような断続的に発生する不具合がいくつか見つかり、人間による解析と修正が必要になりました。他のプロジェクトの役に立つこともあるかもしれないと期待して、不具合の内容とそれらをどのようにして解決したかを紹介します。

3.4.1 GLib に関連するタイムアウト

2013 年 10 月のある日、Chromium の Linux GPU ボットでテストが突然タイムアウトを起こし始めました[14]。現象としては、GTK+ の内部にある GLib ライブラリ内の `malloc()` 呼び出しの中でウェブブラウザのサブプロセスがデッドロックするというものです。GLib はデスクトップバス、つまり D–Bus に接続しようとしていました。このデーモンはウィンドウマネージャ使用しているテーマに関する情報などを取得するものです。この不具合はローカルのワークステーションでも再現されず、問題のあったボットにログインしても確認できませんでした。

Chrome のセキュリティチームのメンバーが調査に手を貸してくれ、これは POSIX の非同期シグナルの安全ではないコードに関係する典型的な不具合のようだと指摘してくれました。オンラインでこの問題についてわかりやすい説明を見つけることはほとんどできません。この不具合はサブプロセスを生成するときに `fork()` 呼び出しと `exec()` 呼び出しの間に、`malloc()` を使用すると発生することがあります。具体的には次のようなことが起こります。

- 親プロセスが `fork()` を呼び出し、たまたまそれが呼び出されたときに別のスレッドが `malloc()` を呼び出している最中だとします。
- そうすると子は親のコピーオンライトクローンなので親プロセスでは `malloc()` 呼び出しを完了したとしても、子プロセス内では内部的な malloc のロックが永久に保持されます。
- 新しいサブプロセスでそのイメージを上書きするために子プロセスが `exec()` を呼び出す前に、`malloc()` を呼び出します。内部的に malloc のロックが保持されますが、この `malloc()` 呼び出しは決して完了しません。子プロセスはこうしてデッドロックします。

原則的にはプロセスは `fork()` と `exec()` 呼び出しの間に、`malloc()` や、もしくは内部的に `malloc()` を呼び出している関数を呼んではいけません。残念ながら、GLib は D–Bus デーモンへの接続がない場合にこのような挙動になります。GLib はデーモンプログラムを

---

[14] http://crbug.com/309093

spawn するために dbus を見つけようとして opendir() を呼び出しますが、この呼び出しは fork() を呼び出した後で実行されます。そして opendir() は内部的に malloc() を呼んでいるのです。

Chromium で GTK+ の初期化処理を変更したことによりこの問題が引き起こされたと予想して、GTK+ の初期化をさらに前、Chromium がすべてのスレッドを生成するよりも前に移動してみました。しかし残念ながらこれは効果がありませんでした。GLib のコードをさらに深いところまで読み進めると、もしこのコードに何か問題があると、例えばもし DBUS_SESSION_BUS_ADDRESS が設定されていないときに GLib を初期化すると、GLib は dbus デーモンへの接続を作成するために、まず内部的にスレッドを開始し、次にサブプロセスを生成するということがわかりました。この問題の原因は当初からずっと存在していましたが、ブラウザのコードが微妙に変更されたタイミングで初めて実際に発生するようになりました。

通常のワークステーションでは発生せず、GPU ボットだけでこの不具合が発生したのは、ボットが実際のモニターとデスクトップのセッションを持っているにもかかわらず、プロセスを開始するためのボットの環境が実際のユーザーのものと微妙に異なっていたからです。デスクトップで表示しているターミナルウィンドウからプログラムを起動すると、dbus デーモンはすでに暗黙的に起動されています。デスクトップ自体にこのデーモンを開始して接続する責任があるからです。しかしボットのスクリプトはスタートアップ時に起動して、ウィンドウをオープンできるように X のディスプレイ接続を適切にセットアップしますが、dbus デーモンには接続しません。

この問題は Chromium のテスティングスクリプトを変更して、手動で dbus デーモンを起動するようにし、テストの開始や Chromium の起動よりも先に DBUS_SESSION_BUS_ADDRESS 環境変数を設定することで対応しました。これにより問題が解決され、Chromium プロジェクトの Linux ボットすべてに修正がデプロイされました。最近、同じ問題が Google Maps チームの自動テストマシンで発生しました。つまり、これは比較的よくある問題だと考えられ、Linux でグラフィカルなプログラムの自動テストを実行する人は知っておいた方がよいでしょう。注意すべきこととして、明示的に起動された dbus デーモンプロセスはシャットダウンも手動で行う必要があります。もしそうしなければリークが発生してしまいます!

3.4.2　Google Maps のタイムアウト

2014 年 7 月、GPU ボット上で動いている Google Maps の自動テストが突然 Windows の Try Server 上で断続的にタイムアウトするようになりました[15]。現象としてはページのすべてのスクリプトがロードされる前にテストの JavaScript が実行を開始して、その結果参照しているシンボルが定義されていないという例外が発生するというものでした。レグレッションの範囲は非常に大きく、V8 JavaScript エンジンや Telemetry, DevTools などの変更も含まれていました。幸い、ローカルワークステーションでコンパイルされたバイナリを使用すると、あるボットで問題を再現できました。

---

[15] http://crbug.com/395914

「git bisect」を使用して手動で二分探索が行われ、Blink の Content Security Policy の実装の変更によって問題が発生するようになったことがわかりました。この変更がコードの挙動を変更するとは思えなかったので、これには非常に驚きましたが、結果に議論の余地はありませんでした。この変更がリバートされると、テストが元のとおりに安定しました。グラフィックスに関係のない変更がブラウザのさまざまなテストの失敗を招いたというもう 1 つの例で、もしリリースされていれば、この不具合はユーザーのマシンでも間違いなく問題を引き起こしていたはずでした。

3.4.3　`HTMLVideoElement` と `requestAnimationFrame` のタイムアウト

2014 年 8 月、context_lost_restored, premultiplyalpha_test, webgl_compressed_texture_size_limit などの WebGL 準拠テストでいつの間にか断続的なタイムアウトが発生するようになったというレポートがありました[16]。失敗の発生はまれで、ブラウザのコードに問題の原因になりそうなわかりやすい変更はありませんでした。ローカルのワークステーションでは再現できず、失敗の発生に明確なパターンはないようでした。苦労の末、実際にはいくつかのタイムアウトにパターンがあるという解析結果が得られました。失敗したテストのいくつかは実行に `requestAnimationFrame` API，短くいえば rAF を使用していました。この知見が得られたことで、失敗を類別できるようになりました。ブラウザにログを追加して、失敗したテストをそのまま残しておくと、2 種類の不具合が見つかりました。1 つ目は rAF の呼び出しがまれに無視されるというもので[17]，2 つ目は JavaScript で動的に作成した `HTMLVideoElement` がイベントハンドラを発火しない場合があるというものです[18]。

rAF の問題を調査するにあたっては Blink のレンダリングエンジンから Embedder までと、ブラウザのコンポジタからスケジューラーまで、ブラウザに関するコードをくまなく確認しました。最終的に高速化を使用したコンポジティングを有効にしているかどうかに応じて rAF コールバックの処理を切り替えるコードの一部が原因であると特定されました。このコードはいわば昔の名残で、Chromium にウェブページの GPU 高速化レンダリングが導入される前の時代までさかのぼれるようなものでした。このコードには長期に渡って競合状態がありました。この挙動のおかしな部分を除くと不具合は解消されました。ブラウザの描画タイミングがほんの少し変更され、既存の競合状態が表に出てきたのだとは思われますが、いつ発生したのか、またなぜこの不具合が発生したのかなど正確なことはわかっていません。

`HTMLVideoElement` の不具合を調査すると本来そうするべきではないタイミングで video 要素がガーベジコレクションに回収されていることがわかりました。他の HTML 要素と同じく、video 要素についても基本的にはプログラム上で明らかに使用されなくなるまではガーベジコレクションによって回収されないことになっています。しかし video 要素に「ペンディング状態のアクティビティ」があるかどうかの計算に以前から競合状態があり、ネットワークリソースをすべて読み込み終わる時間と、動画の最初のフレームが再生される時間の間にガーベ

---

[16] http://crbug.com/407976
[17] http://crbug.com/393331
[18] http://crbug.com/412876

ジコレクションが始まると、本来よりも早く video 要素が回収されてしまい、コールバックが
いっさい呼び出されないという問題がありました。コールバックが呼ばれなければ関連するテ
ストはタイムアウトになります。

これら 2 つの不具合を修正したことで問題は解決されました。これらの問題は何年もの間実
際のウェブページに影響を与えていたかもしれないにもかかわらず、驚いたことに最近になっ
て初めて判明したものです。ほとんど同時にこれらが独立して発生したのは驚くような偶然で
すが、このように複数の不具合が同時に発生することはよくあります。これがマーフィーの法
則によるものか、開発の傾向として複数の開発者がさまざまな部分で使用されているコードの
同じような共有部分を同時に修正しがちであることによるものかはわかりません。これらの不
具合の診断と修正を通じて、異常なテストの失敗は放置するのではなく、すぐに追跡して修正
するということの重要性が改めて確認できました。

3.4.4 Windows でのシャットダウンタイムアウト

2014 年 10 月から Windows GPU ボットが断続的にタイムアウトするようになりました。
この原因は Chromium のサブプロセスの 1 つが正しく終了できていないことのようでし
た[19]。開発者のマシンではこの問題を簡単に再現できませんでしたが、ボット上では比較的
簡単に再現できました。状況としては Chromium のメインの「browser」プロセスの子プロセ
スが正しく起動せず、コードをまったく実行しないでサスペンド状態のまま停止するというも
のでした。

この挙動が発生し始めた理由についてさまざまな仮説が立てられました。Chromium のサ
ブプロセスを管理しているコードは何度か変更されていましたが、この不具合が発生し始めた
のはコードの最初の変更がコミットされるよりも前でした。サブプロセス管理のコードにいく
つか不具合が見つかり、修正されましたが、それでもスタックされるプロセスは残りました。

前提として、Chromium はおおまかに次のような手順で Windows 上でサンドボックス化さ
れたプロセスを起動します。

1. ターゲットプロセスをサスペンド状態で作成する。
2. ターゲットプロセスにサンドボックスポリシーを適用する。
3. ターゲットプロセスを Windows ジョブオブジェクトに追加する。これにより親プロセ
   スが終了したときに自動的に停止される。
4. ターゲットプロセスを復帰し、実行を開始する。

もし親プロセスがステップ 2 と 3 の間で強制的に停止されると、ターゲットプロセスが自動
的に停止されることはなくなるという簡単な競合状態があることは明らかです。このような状
況に陥った場合に、そのことを検出できるようにブラウザにログが追加されました。

Telemetry ハーネスはテスト対象のウェブブラウザを起動したり終了したりする
ために Python のサブプロセス管理命令を使用しています。調査の結果、Python の
`Popen.terminate()` 呼び出しは Windows の TerminateProcess API を使用して起動したプ

---

[19] http://crbug.com/424024

ロセスをシャットダウンしていることがわかりました[20]。この場合、ターゲットプロセスは
プロセスの通常の exit コードパスを通らず強制的に即停止されます。Telemetry は意図せず
まさに上で示したような競合状態にあるタイミングでブラウザを終了しているため、サスペン
ド状態のサブプロセスがリークしているのではないかという仮説が立てられました。

これを解決するには、Python でターゲットプロセスのトップレベルウィンドウをすべて取
得して、それぞれのブラウザウィンドウに WM_CLOSE メッセージを送信し、同期して終了でき
るようにすることです。

通常であればブラウザを終了するときにはすべてのウィンドウをクローズするか、「Quit」
メニューオプションを使用するので、この特殊な不具合はエンドユーザーではなくボットだけ
に影響がありました。これは関連するコードをまったく変更していないにもかかわらず不具合
が発生し始めたというもう 1 つの驚くべき事例です。プロダクトのちょっとした変更のタイミ
ングで、潜在的に存在していた競合状態が表に現れることがあります。にもかかわらず、プロ
ダクトの本当の問題を隠してしまわないように、断続的に発生する失敗を修正することは非常
に重要です。

3.4.5　結論

Chromium のように巨大なプロジェクトでは、ソースツリーに組み込む前に可能な限り多
くの不具合を見つけ出すことが欠かせません。グラフィックスコマンドはすべて別の GPU プ
ロセスに送信してそこで実行されるので、その他の部分と比較してさらに複雑です。そのため
Chromium では WebGL に関する事前テストはいっそう重要です。一見して無関係なコード
の変更により WebGL が動作しなくなることもあります。その不具合が不定期に特定のハー
ドウェアで発生したり、ごくまれにしか発生しないときにはさらに問題が根深くなります。こ
れに対応するには、主なプラットフォームと GPU を対象とした GPU のテスティングファー
ムによるしかありません。

本来であれば手動で調査して修正するはずだった問題の多くを、GPU Try Server が発見し
てくれています。他のプロジェクトでもその開始時点から同様なインフラストラクチャを開発
した方がよいでしょう。それを後に回したとしても、いずれ必要になる作業の全体量が増える
だけです。

断続的な失敗が Try Server をすり抜けることは次第になくなり、今ではごくまれにしか起
こりません。しかしまだ調査と修正が難しい不具合がいくつか残っています。このような競合
状態を確実に洗い出すためにさらにストレステストが必要であると考え、いずれさらに多くの
コンピューティングリソースが利用可能になればそのようなテストを開発してデプロイするつ
もりです。それによりこれまで見てきたような断続的な問題を修正し、ブラウザと WebGL 実
装の信頼性を高めることができます。

---

[20] これについては https://docs.python.org/2/library/subprocess.html を参照してください。

3.5　Chromium での WebGL アプリのテスト

　ユーザーの Chrome ブラウザが自動アップデートされ、その結果 WebGL アプリケーションが動かなくなることもありえます。後方互換性を保つことは重要な目標ですが、それでも後方互換性を破壊する変更が避けられない状況がいっさいないとまでは言い切れません。例えば、Chromium のアップデートでシェーダーの varying 変数に不変規則が強制されるようになったことがあります。以前はこの規則に則っていない WebGL アプリケーションはモバイルデバイスでは動作しませんでしたが、デスクトップでは問題なく動作していました。この規則を強制することで、そのようなアプリケーションが移植可能になります。それ以外にもほとんど起きないと思いたいことですが、Chromium に不具合が混入し、アプリケーションに影響を与える場合もありえます。

　したがって WebGL 開発者にとっては Chromium ビルドでテストして、可能な限り早く問題を発見することが重要です。

　Chromium の GPU Waterfall で使用されているテストボットを設定するには以下の手順が必要となります。

1. Chromium の Telemetry をチェックアウトします。

   https://chromium.googlesource.com/chromium/src.git/+/master/tools/telemetry/

2. Telemetry を使用してテストを作成します。サンプルは次のとおりです。

   https://chromium.googlesource.com/chromium/src.git/+/master/content/test/gpu/

3. 以下の URL に新しい Chromium ビルドがあるかどうかを確認する Python スクリプトを作成し、新しいビルドをダウンロードして、そのビルドに対してテストを実行します。

   https://commondatastorage.googleapis.com/chromium-browser-continuous/index.html

その結果 Chromium の不具合が発見されたら、crbug.com に登録してください。

3.5.1　コードとドキュメント

　Chromium の Receipe は次のワークスペースにあります: https://chromium.googlesource.com/chromium/tools/build/。複数の Recipe で使用されている再利用可能なモジュールが scripts/slave/recipe_modules/ディレクトリにあります。GPUボットの Recipe は scripts/slave/recipes/gpu/にあります。Recipe 全体のドキュメントは scripts/slave/README.recipes.md にあります。GPU ボットのドキュメントは http://www.chromium.org/developers/testing/gpu-testing にあり、特に GPURecipe のドキュメントは http://www.chromium.org/developers/testing/gpu-recipe

にあります。

　GPU ボット上で実行するテストは Chromium ワークスペース `https://chromium.googlesource.com/chromium/src/` の `content/test/gpu/gpu_tests` の下にあります。いくつかのテストは `content/test/gpu/page_sets/`にあるページセットを使用し、そこで参照されるデータは `content/test/data/gpu/`の中にあります。テストは WebGL 準拠テストも参照します。そのスナップショットは Chromium をすべてチェックアウトすると`third_party/webgl` の中にあります。Chromium のコードをチェックアウトするための情報は `http://www.chromium.org/developers/how-tos/get-the-code` を参照してください。

謝辞

　このプロジェクトは数十人のチームメイトの助けがなければ不可能でした。Chrome のインフラストラクチャチームと Labs チームのメンバー全員に対して、このプロジェクトをサポートし助言頂いたことについて感謝しています。特に Robbie Iannucci には GPU ボットのRecipe への完全移行に取り組んでいた長い間、素晴らしい手助けと、助言と、リーダーシップを発揮してくれたことについて感謝しています。また多くの問題を解析して修正することやマシンを購入して設定すること、それらをスムーズに動作させ続けることを助けてくれた Bryce Albritton, Sergey Berezin, Aaron Gable, PawełHajdan, Chase Phillips, Marc-Antoine Ruel, Peter Schmidt, Vadim Shtayura, Mike Stipicevic, Ryan Tseng, John Weathersby にもたいへん感謝しています。

　Telemetry チームの協力と正確性テストに適した形にハーネスを変更することを快く認めてくれたことについて Nat Duca, Tony Gentilcore, David Tu に感謝します。また、Telemetryの機能を拡張する協力をしてくれたことに対して Pavel Feldman と他の DevTools チームに感謝します。

　Chromium チームの Brian Anderson と John Bauman, Philip Jägenstedt (Opera), Jorge Lucangeli Obes, Carlos Pizano, Julien Tinnes, Ricardo Vargas, Hendrik Wagenaar, Adrienne Walker にも最も困難な不具合の修正のいくつかを手伝ってくれたことに感謝します。

　John Abd-El-Malek には CL 依存性解析を追加するのを手伝い、応援してくれたことや、Trybot の問題を特定すること、不具合を追跡する間待っていてくれたことについてに感謝します。

　ボットのスムーズな動作を維持してくれている事について Chrome の GPU チームメンバーに感謝します。

　最後に Chromium のすべてのメンバーとコントリビューターに、このプロジェクトの完了を助け、支え、待っていてくれたことについて感謝します。

第II部

WebGL への移行

多くの WebGL 開発者と同じように、私も WebGL のおかげでウェブにかかわるきっかけを得られたことをうれしく思っています。私は何年も C++ と OpenGL を開発に使用してきましたが、プラグインを使用せずにデスクトップでもモバイルでも動作する 3D アプリを記述できるという魅力は非常に素晴らしく、2011 年に仕様が承認されてすぐに WebGL を利用し始めました。このセクションでは開発者や研究者、教育者がなぜ、どのようにして WebGL に移行したかについて自身の体験を紹介してくれます。同じようなテーマについて本書全体を通じて目にすることができるでしょう。

私の所属する AGI のチームが C++/OpenGL から JavaScript/WebGL に移行することを検討したときに、困ったのは巨大な JavaScript コードベースをどのようにうまくスケールさせればよいかということでした。私たちは 7 百万行にもなってしまった C++ のコードベースを移植する必要がありました。仮にその 1% の大きさだったとしても JavaScript で管理することが可能なのでしょうか？　ありがたいことに、その答えは間違いなく「可能」です。私たちのエンジン、Cesium は今では 150,000 以上の行数の JavaScript, HTML, CSS で構成されています。第 4 章「本気の JavaScript」で、私の同僚、Matthew Amato と Kevin Ring が巨大な JavaScript コードベースの管理について、特にモジュール設計、パフォーマンス、テストに焦点を当てて説明します。モジュール化について、彼らは Asynchronous Module Definition（AMD）パターン、RequireJS, CommonJS, ECMAScript 6 を調査しました。パフォーマンスについてのトピックスとしてはオブジェクト作成、メモリアロケーション、Web Worker との効率的なデータ通信が含まれます。そして最後に Jasmine と Karma を使用した WebGL を呼び出すテストについて紹介し、さまざまなブラウザ、プラットフォーム、デバイスで安定して動作させることを目指します。

私も含めて多くの開発者が WebGL 向けに新しいエンジンを作成してきました。しかし、すでに社内で広く使われている巨大なグラフィックスエンジンやゲームエンジンを持つ多くの会社はランタイムエンジンを WebGL 向けに書き直したいとは思わないでしょう。その代わりに既存のコンテンツパイプラインとデザインツールを再利用し、ウェブを新しいランタイムとして追加したいと考えるのではないでしょうか。Emscripten はまさにそのような目的のために Mozilla によって開発されました。Emscripten は C/C++ を asm.js という Firefox が最適化できる高速な JavaScript のサブセットに変換します。第 5 章「Emscripten と WebGL」で、Mozilla の Nick Desaulniers が OpenGL ES 2.0 から WebGL に移植する手順やサードパーティのコードをどう扱うかについて議論、Firefox の開発者ツールの紹介などに加えて、Emscripten をどのように利用するかを説明してくれます。

コードベースを WebGL に移行するには、2 つの両極端な方針があります。つまり JavaScript で新しくコードベースを作成するか、既存のコードを変換するかです。さらにこれらの両極端の間に位置する妥協点もあります。ハイブリッドクライアントサーバーレンダリングでは、既存のコードベースを使用してコマンドや画像をサーバー上で生成します。第 6 章「WebGL を使用したデータ可視化アプリケーション: Python から JavaScript へ」では、Cyrille Rossant と Almar Klein が散布図、グラフィックス、3D サーフェスなどを描画できる Python 製のデータ可視化ライブラリ、VisPy の設計について説明してくれます。そこでは下位レベルの OpenGL 志向のインターフェースから、簡単な宣言的プログラミング言語、GL

Intermediate Representation（GLIR）を使用した上位レベルのデータ志向のものまで段階的にレイヤー化された設計が採用されています。GLIR は JavaScript アプリだけでなくピュア Python アプリでも利用できます。Python サーバーはブラウザで WebGL を使用して描画するための GLIR コマンドをクローズドループもしくはオープンループの方法で生成します。

　WebGL は実務家、趣味プログラマ、研究者以外の人にも採用されています。WebGL は開発し始めるための敷居が低く、クロスプラットフォームをサポートしているので、コンピュータグラフィックス教育に非常に向いていると多くの人が考え始めています。Edward Angel と Dave Shreiner はこの流れを先取りし、彼らが執筆した入門書 *Interactive Computer Graphics: A Top-Down Approach* と SIGGRAPH でのグラフィックス入門コースのプラットフォームを OpenGL から WebGL に移行しました。ペンシルベニア大学の私の授業で WebGL を使用するように勧めてくれたのはこの Ed です。2011 年の私の授業では WebGL は特別なトピックとして扱いましたが、今では正規のトピックに含まれています。第 7 章「WebGL を使用したコンピュータグラフィックス入門コース」では Ed と Dave が単純な WebGL アプリで必要となる HTML と JavaScript の簡単な説明と合わせて、グラフィックスの授業でデスクトップ OpenGL ではなく WebGL を使用することにした理由とその方法について説明してくれます。

第4章

本気の JavaScript

Matthew Amato

Kevin Ring

4.1 はじめに

　第 7 章「WebGL を使用したコンピュータグラフィックス入門コース」で説明するとおり、
JavaScript と WebGL の特性はコンピュータグラフィックスの教育プラットフォームに適し
ています。一般的にアクセスが簡単で、ツールチェーンの品質が高いことがグラフィックス研
究にとって重要であるという議論もあります [Cozzi 14]。この章では私たちが JavaScript と
WebGL の最も重要な使い方であると感じていることと、実際に利用されるブラウザベースの
アプリケーションやライブラリの作成と管理について議論します。

　ここで紹介する JavaScript と WebGL に関する知識の大部分は Cesium[*1] という 3D の地球
と 2D の地図を表示できるオープンソースの WebGL ベースのエンジン（図 4.1）の作成に協
力し、プロジェクトを管理した経験に基づいています。Cesium を始める前は私たちは C++,
C#, Java を使用した普通のデスクトップソフトウェアの開発者でしたが、他の多くの人々
と同じく、WebGL の登場により思いがけずウェブ開発の世界に引き込まれることになりま
した。

　2012 年にリリースされて以来 Cesium のコードベースは成長を続け、今では 150,000 行を
超える JavaScript と HTML, GLSL を含み、積極的な開発者は数十人になり、数百人のエン
ドユーザーによって利用されるほどになっています。巨大なコードベースの維持管理は常に挑
戦的な作業ですが、JavaScript の巨大なコードベースを維持管理することはその中でも特に難
しいものといえるでしょう。本章ではこの挑戦について私たちが経験したことや、問題の解決
もしくは軽減のために私たちが行ったことについて議論します。この議論が JavaScript やそ
れに非常に近い CoffeeScript のような言語を使用してブラウザ向けアプリケーションを開発

[*1] http://cesiumjs.org

図 4.1: Cesium でグランドキャニオンの向こうの夕日を眺める

するすべての人が同じような問題について考えるきっかけになればと思っています。

　まず、JavaScript には組み込みのモジュールシステムが存在しません。つまりコードを組織化するための公式の方法というものが存在しません[*2]。小さなアプリケーションで使用されている一般的な方法は、そのアプリケーションが成長するにつれて極端に苦痛を伴うようになります。モジュール化の問題をどう解決するかについてセクション 4.2 で議論します。

　次に JavaScript は多機能で柔軟なため親しみやすく簡単に利用できますが、その代わり容易にパフォーマンスの悪いコードになってしまう場合があります。ブラウザによって最適化の方法も異なり、あるブラウザで高速だった手法が、他のブラウザではそうではないということもありえます。インタラクティブなリアルタイムグラフィックスではウェブ上のあらゆるアプリケーションの中でも最高のパフォーマンスが求められることが多く、WebGL 開発者としてパフォーマンスは特に気を使うところです。セクション 4.3 では高パフォーマンスな JavaScript コードを記述するためのヒントとテクニックをいくつか紹介します。

　最後に JavaScript のような動的型付けの言語では通常よりも自動テストが重要です。コンパイルがなく、シンボル参照が実行時に動的に解決される JavaScript では、簡単に実行できてアプリケーションが問題なく動作していることを確認できるしっかりとしたテストスイートがなければ、基本的なリファクタリングでさえ自信を持って行うことができません。優れたテスト手法は構築した巨大なアプリケーションを常に改善し続けるために最も重要です。セ

[*2] 訳注: 現在ではすべてのモダンなブラウザがコードをモジュール化する公式の手段として ES Modules をサポートしています。

クション 4.4 では JavaScript 製の巨大なアプリケーション、特に WebGL を使用したアプリケーションをテストする手法について議論します。

4.2　モジュール化

　小さな JavaScript アプリケーションであれば最初は単一の JavaScript ソースファイルで記述され、単純に script タグを使用して HTML ページに取り込むことがよくあります。ソースファイルではアプリケーションに必要な関数と型がグローバルスコープで定義されています。しかしアプリケーションの成長に合わせて、新しくソースファイルを追加することを繰り返していると、気がつくとすぐに数百のソースファイルと script タグに囲まれることになるでしょう。

　もちろんほとんどの開発者はアプリケーションが数百のソースファイルで構成されるようになる前に、この方法には問題があると気がつきます。問題をいくつか抜き出すと次のようなものがあります。

- **依存順序**: ソースファイルを取り込むために使用される script タグは HTML ページ内で適切な順序で記述されなければいけません。あるファイルが別のファイルで定義されているシンボルを使用している場合に、後者のファイルがまだ読み込まれていなければ、前者のファイルは未定義シンボルを参照することになり、例外が発生します。多くの HTML ファイルで構成されるアプリケーションではこのような適切に順序付けられた script タグを管理しなければいけない場所が増えることになるので、さらに苦痛が増します。
- **グローバルスコープ汚染**: すべての関数と型はグローバルスコープで作成され、それぞれのファイルは依存関係を解決するためにグローバルスコープを参照します。もし他のライブラリがアプリケーションのコードと同じ関数名や型名を使用していれば、アプリケーション側かライブラリ側のどちらかでエラーになります。
- **カプセル化の欠如**: 内部的なヘルパー関数のような、プライベートな関数や型を非公開にしておくための明確な場所がありません。
- **貧弱なパフォーマンス**: 大量の独立した JavaScript ファイルを読み込むには時間がかかります。開発時にローカルのウェブサーバーからコードを読み込んでいるときには問題ないかもしれませんが、クライアントとウェブサーバーがそれぞれ国や地球の反対側にある場合にはパフォーマンスは恐ろしく劣化します。

　このような問題の回避策としてさまざまなものが提案されています。例えば、デプロイする前にビルド手順を 1 つ追加してすべてのソースファイルを 1 つに結合すれば、大量の JavaScript を読み込むことによるパフォーマンスの劣化や依存順序に関する問題を避けることができます。もちろんその場合でもビルドの段階でソースファイルを正しい順序で結合する必要がありますが!

　Cesium の開発が始まってすぐに私たちは Asynchronous Module Definition（AMD）パ

ターンと RequireJS[*3]を使用してこれらの問題に対応することを決めました。

4.2.1 Asynchronous Module Definition（AMD）

AMD では JavaScript モジュールを次のような方針で構造化します。

- 依存する他のモジュールを明示的に記述する
- すべての依存関係が先に読み込まれるまでは読み込まれない
- グローバルスコープは使用しない

モジュールは単一の関数やクラスのようなアプリケーション内の機能を小さな単位で分割したものです。例として Cesium で使用している Ray クラスの AMD モジュールを少し変更したバージョンを以下にあげます。Ray は 3D 空間内の原点と向きで構成され、レイに沿って与えられた距離だけ進んだ点を計算することができます。

リスト 4.1: 単純な Asynchronous Module Definition

```
 1  define(['./Cartesian3'], function(Cartesian3) {
 2    "use strict";
 3    var Ray = function(origin, direction) {
 4      this.origin = origin;
 5      this.direction = direction;
 6    };
 7    Ray.getPoint = function(ray, t) {
 8      var offset = Cartesian3.multiplyByScalar(ray.direction, t);
 9      return Cartesian3.add(ray.origin, offset);
10    };
11    return Ray;
12  });
```

AMD パターンではコードは define 関数の引数として渡される関数内部に記述されます。この「モジュール」関数は必要に応じて実装の詳細を保持する場所を提供してくれます。JavaScript の関数レベルのスコープによりその内部で定義されたものは明示的に公開を許可しない限りその外側からは見えないことが保証されます。

　私たちのモジュールはグローバルスコープにはいっさい手を付けません。Ray モジュールは Cartesian3 のような依存関係をグローバルスコープから取り出すのではなく、モジュール関数の引数として受け取る必要があります。今回の例では Cartesian3 だけですが、define 関数の第一引数の配列にはこのモジュールがモジュール関数に引数として渡す必要があるモジュールを設定します。またモジュールがエクスポートする Ray コンストラクタ関数もグローバルスコープには何も追加しません。そうではなくただ呼び出し元に値を返すだけです。

　ではその呼び出し元は何になるのでしょう？　それは AMD モジュールローダーです。

　define 関数はモジュールを依存関係のリストとともにモジュールローダーに登録します。依存関係はそれぞれモジュールそのもので、通常はモジュールと同じ名前を持つ単一の JavaScript ソースファイルで保持されています。すべての依存関係が読み込まれた後で、モ

[*3] http://requirejs.org/

ジュール関数が実行されます。モジュール関数はモジュールをローダーに返し、それにより
ローダーがそのモジュールに依存している他のモジュールを読み込めるようになります。ロー
ダーはすべてのモジュールとその依存関係を把握しているので、正しい順序で読み込まれるこ
とと、実際のタスクに必要なモジュールだけが読み込まれることを保証できます。

これが Asynchronous Module Definition でいう「asynchronous（非同期）」の由来です。
モジュール定義を含む JavaScript ファイルを実行してもその場ではモジュールは作成されま
せん。そうではなく、依存関係がすべて読み込まれた後で非同期に作成されます。

AMD モジュールを使用するウェブページは簡単に作成でき、ビルドは必要ありません。通
常、HTML 側で単に ReqireJS の `data-main` 属性を使用してメインスクリプトを参照するだ
けです。

```
1  <script data-main="scripts/main" src="scripts/require.js"></script>
```

`scripts/main.js` はそれ自身が AMD モジュールで、必要な依存関係を明示的に指定し
ます。

リスト 4.2: 3 つの依存関係を持つ AMD モジュールのエントリポイント

```
1  require(['a', 'b', 'c'], function(a, b, c) {
2    a(b(), c());
3  });
```

RequireJS は `data-main` 属性の内容を確認して、指定されたモジュールを読み込もうとし
ます。そのモジュールを読み込むには、まず依存関係a, b, cがすべて読み込まれていなけれ
ばいけません。そしてそれらのモジュールを読み込もうとすると、今度はそれらの依存関係が
先に読み込まれることになります。この過程が再帰的に実行され、a, b, cとその依存関係が
すべて読み込まれると初めて`main`モジュールの関数が呼び出され、アプリが起動します。

AMD ではビルドが不要なので開発のイテレーションをすばやく繰り返すことができます。
変更があれば、ただページをリロードするだけです！ それぞれの HTML ページの `script` タ
グの順序を管理する必要はありません。エントリポイントさえ指定すれば RequireJS が残り
の作業を行ってくれます。ブラウザは私たちが記述したそのままのソースファイルをそれぞれ
参照しているので開発中のデバッグも簡単です。これはブラウザによるソースマップのサポー
トが普及するまでは特に重要でした。

ではデプロイはどうなるのでしょう？

それぞれのモジュールをすべて独立した JavaScript ファイルとして読み込むと、特にネッ
トワークに大きな遅延がある場合に長い時間がかかってしまうことがあります。ありがたい
ことに、RequireJS Optimizer[*4]を使用すればすべてのモジュールをミニファイして、アプリ
ケーションで必要となるすべてのコードを簡単に単一の JavaScript ソースファイルにまとめ
ることができます。これ以外に何もする必要はありません。アプリケーションが AMD で構
築されたライブラリを使用している場合、アプリケーションとそれらのライブラリを 1 つにま

[*4] https://github.com/jrburke/r.js

とめてビルドすれば、実際に使用している一部のライブラリだけをアプリケーションに含める
こともできます。

先ほどの例のようにアプリケーションに **data-main** として指定されるスクリプトが 1 つだ
けあるとすると、**scripts** ディレクトリで以下のコマンドを実行すれば、必要なファイルを結
合した後でミニファイして、アプリケーションをビルドできます。

```
1  r.js -o name=main out=../build/main.js
```

その後は **data-main** 属性の値を変更して、ビルドしたファイルを指すようにするだけです。

```
1  <script data-main="build/main" src="build/main.js"></script>
```

RequireJS には把握しきれないほどたくさんのオプションがあり、それらを使用すればモ
ジュール名の解決を制御したり、サードパーティライブラリのパスを指定したり、別のミニ
ファイツールを使用したりと、さまざまなことが実現できます。RequireJS には各種ローダー
プラグインもあります[*5]。中でも **text** プラグインは WebGL アプリケーションでは特に便利
です。このプラグインを使用すると簡単に GLSL ファイルの内容を JavaScript 文字列に読み
込んで WebGL API に渡すことができます。詳細については RequireJS のウェブサイトを参
照してください。

4.2.2 AMD 以外の選択肢

Cesium チームは AMD に非常に満足していて、RequireJS も十分に堅牢で柔軟なツールだ
と感じています。どのような本格的なアプリケーションに対しても間違いなくお勧めできます
が、AMD に対する批判もあり、その中には確かに妥当だと思われるものもあります。とはい
え、妥当な批判の多くはつまるところ基本的な設計哲学、つまりビルドなどの前処理を使用せ
ずにウェブブラウザで利用できるモジュールフォーマットを提供することをどの程度重要視す
るかという話に落ち着きます。

AMD の依存関係を定義するための構文はこの設計上の目標を実現するために考えられた
ものですが、これを醜くてわかりにくいと感じる人も少なくありません。特にそれぞれのモ
ジュール定義の最初の引数である依存モジュール配列の内容と、次の引数であるモジュール
定義関数の引数リストの内容が同期されている状態を維持する必要があるという点が問題で
す。一方のリストから依存関係を取り除き、もう一方からは取り除くのを忘れてそれらのリ
ストの同期が取れていない状態になると、例えば **Cartesian3** という名前の引数が実際には
Matrix4 モジュールを指すことになってしまい、モジュールを利用した結果がまったく意図
しないものになります。

例えば何か他の理由でいずれにしてもコードをビルドする必要がある場合など、ビルドとい
う手順を受け入れられるのであれば、AMD よりも読みやすく書きやすい優れたモジュール定

[*5] https://github.com/jrburke/requirejs/wiki/Plugins

義の手段があります。また、モダンなウェブブラウザはソースマップをサポートしているので、変換されたコードや結合してミニファイされたコードであっても、実際に手で書いたコードと同じようにデバッグできます。インクリメンタルに作業していれば、ブラウザウィンドウに切り替えて再読込をクリックするよりもビルドプロセスの方が早いということもよくあることです。

ビルドプロセスを採用することで、デバッグのしやすさやイテレーションにかかる時間を損なわずに簡潔なモジュールパターンを利用でき、よりプロダクション環境に近い環境で開発できるようになるのであれば拒む理由はまったくありません。それらを考慮しながら、AMD の代わりとして有望な選択肢のいくつかを簡単に見ていきましょう。

4.2.3 CommonJS

最も有名で直接的な AMD の競合は CommonJS[6]モジュールフォーマットです。CommonJS ではモジュール定義を明示的に関数でラップする必要はありません。モジュールのプライベートスコープは関数として明示的に表現しなくても、それぞれのソースファイルの中が暗黙的にプライベートスコープとなります。依存関係も AMD よりわかりやすく、間違いが起こりにくい構文を使用してモジュールを定義できます。

リスト 4.3: CommonJS の構文を使用したモジュールのインポート

```
1  var Cartesian3 = require('./Cartesian3');
2  var defaultValue = require('./defaultValue');
```

CommonJS はサーバー上で使用される Node.js[7]モジュールのためのフォーマットです。Node.js では **require** を使用するとローカルディスクからファイルを読み込みます。そのためファイルの読み込みが完了してモジュールが作成されるまで処理が進まなくなることも理解はできるでしょう。しかしブラウザのような遅延の大きい環境では同期的に **require** を呼び出すと処理が完了するまでに非常に時間がかかってしまうことがあります。

そのため CommonJS モジュールをブラウザで使用するには、モジュールをブラウザに向いた形式に変換しなければいけません。ブラウザに読み込む前に CommonJS を AMD モジュールに変換するのも 1 つの方法で、先ほど AMD モジュールをビルド時にミニファイするために使用した r.js ツールを利用すると、CommonJS モジュールを AMD モジュールに変換することもできます。

Node.js 利用者の間で特に勢いを増してきているもう 1 つのツールが Browserify[8]です。Broswerify は Node.js スタイルの CommonJS モジュール群を受け取り、それらすべてをブラウザをターゲットにした単一の JavaScript ファイルにまとめて、**script** タグで簡単に読み込めるようにします。また、Browserify は AMD モジュールも読み込むことができます。例

---

[6] http://wiki.commonjs.org/wiki/Modules/1.1
[7] http://nodejs.org/
[8] http://browserify.org/

えば、私たちが Cesium 上でオーストラリアの全国地図[*9]を作成したときには、deamdify プラグインを使用して Browserify ビルドの中で Cesium の AMD モジュールを使用しました。

　Browserify が優れているのは Node.js エコシステムをうまく利用していることで、npm がブラウザ用のパッケージ管理にも使用できるようになります。npm install のような簡単な手順でサードパーティ製のライブラリをダウンロード、インストール、バンドルでき、そして作成したアプリケーションを他の開発者もまた同じように簡単に利用できるようになるのは非常に新鮮です。

　本格的なアプリケーションを開発する方法として、アプリケーションを個別に開発、バージョン管理される大量の npm パッケージで構成するのは非常に興味深いやり方です。それぞれのパッケージがそれ自体で有益であれば、異なる Git リポジトリでホストされるべきです。npm を使用すればこのようなパッケージの依存関係をすっきりとした形で管理できます。アプリケーションをどのように独立したパッケージに分割するか検討することは難しい課題ですが、結果としてアプリケーション全体で再利用できるパッケージのライブラリが手に入ります。第 13 章で紹介する stackgl[*10]プロジェクトはこの方法を実際に適用した素晴らしい例です。

4.2.4　TypeScript

　本格的にモジュール化されたアプリケーションを構築するもう 1 つの手段として、JavaScript にコンパイルされるまったく別の言語で開発するという方法もあります。このような言語としては CoffeeScript と Dart の 2 つが有名ですが、私たちは TypeScript[*11][*12]がよいと考えています。その最大の理由は JavaScript との互換性です。JavaScript のコードはすべてそのままで有効な TypeScript のコードとみなすことができ、TypeScript コンパイラは私たちが直接手で書くのと非常によく似た自然な JavaScript を出力します。また TypeScript にはモジュール定義とその公開のための優れた構文があり、最終的に生成される JavaScript モジュールとして、AMD フォーマットと CommonJS フォーマットのいずれを使用したものにも設定できるようになっています。TypeScript 1.x 以降でのモジュールのインポート構文は次のようになります。

リスト 4.4: TypeScript でのモジュールインポート

```
1  import Cartesian3 = require('./Cartesian3');
2  import defaultValue = require('./defaultValue');
```

　後ほど議論しますが、TypeScript は次の標準である ECMAScript 6 にできる限り追従する方針を取っているため、この構文は TypeScript 2.0 で変更される予定です。
　便利なモジュールシステムだけでなく、TypeScript は省略可能ですがコンパイラによって

[*9] https://github.com/NICTA/nationalmap
[*10] http://stack.gl/
[*11] http://www.typescriptlang.org/
[*12] 訳注: 今ではむしろ TypeScript が altJS の主流です。CoffeeScript はレガシー言語という扱いになることが多く、Dart は活発に開発が進められていますが現在の方向性は altJS とは少し異なります。

確認される型アノテーションもサポートしています。Cesium では明示的なドキュメントとして、すべての公開 API とほとんどのプライベート API で型を指定しています。それによりコードが読みやすくなり、API も理解しやすくなるからです。コンパイラが型安全性を保証することは、ある種の不具合をなくしてくれるだけでなく、ドキュメンテーションも改善され、非常に価値のあることだと私たちは確信しています。

4.2.5　ECMAScript 6

ECMAScript 6 または ES6 と呼ばれる次のバージョンの JavaScript ではモジュールのサポートが組み込まれる予定です。読者がこの文章を読むときには公式の標準になっていることでしょう[13]。ES6 モジュールは AMD にあった「同期が必要な 2 つのリスト」問題を避け、言語の一部なのでウェブブラウザ内でそれぞれ非同期に読み込まれます。ES6 では依存関係を次のように指定します。

リスト 4.5: ES6 構文を使用したモジュールのインポート

```
1 import Cartesian3 from 'Cartesian3';
2 import defaultValue from 'defaultValue';
```

アプリケーションのターゲットがより古いブラウザだとしても、ES6 を JavaScript の現行バージョンである ES5 にコンパイルするツールを使用すれば、すぐに ES6 を使い始めることができます。そのような素晴らしいツールの一覧を Addy Osmani が保守してくれています[14]。

4.2.6　その他の選択肢

JavaScript のコードをモジュール化する方法はここで紹介したもの以外にもたくさんあります。Google Closure コンパイラ[15]はモジュール化をサポートしていますし、巨大な JavaScript アプリケーションをビルドするための手段としても有名です。#include と C プリプロセッサを使用した単純なビルドプロセスを採用している人たちのことも聞いたことがあります。本格的なアプリケーションを開発するためにツールチェーンを評価するときには、JavaScript の巨大なエコシステムとのかかわりがどのようになるかを考えることを忘れないでください。もしそのツールがサードパーティ製のライブラリやドキュメント生成ツール、テストフレームワーク、テストランナーなどを利用する妨げになるのであれば、単独でどれほど素晴らしいモジュールシステムであったとしてもあまり魅力的とはいえません。

---

[13] しかし予定は延期されました。最新の状況は http://ecma-international.org/memento/TC39-M.htm で確認してください。

[14] https://github.com/addyosmani/es6-tools

[15] https://developers.google.com/closure/compiler/

4.3 パフォーマンス

JavaScript は常に変化し続けているので、そのパフォーマンスについて書くには注意が必要です。ブラウザの実装は着実に進化していて、今何かの処理が遅いとしても、いずれそうではなくなるかもしれません。とはいえ、定期的に自動更新され進化するブラウザであっても、一般的に適用可能でおそらく大きくは変化しないと思われる、行うべきことや避けるべきことはあります。

JavaScript のパフォーマンスについて書く場合、まずブラウザごとに違いがあることを認めなければいけません。JavaScript エンジンはすべて独自の強みと弱みがあり、パフォーマンス特性は使用される機能に応じて大きく差が出る場合があります。ブラウザによって大幅に差異のあるパフォーマンスを、通常は特定の言語やライブラリ機能のマイクロベンチマークを使用して比較できる jsPerf.com のようなウェブサイトも現れました。jsPerf.com は役に立つこともありますが、私たちはより直接的なやり方をお勧めします。モダンブラウザには素晴らしいデバック環境が付属していて、そこには素晴らしいプロファイリングツールが直接組み込まれています。残念なことに、パフォーマンス上の問題をすべてこのプロファイラだけでとらえられるわけではありません。いくつかの言語機能や他のアーキテクチャ面での選択がコードベース全体に分散した隠れたコストになることもあります。このような問題と戦う最善の方法は、変化し続ける JavaScript エンジンの状態に追従し続けることに加えて、ここで紹介するベストプラクティスに従うことです。

4.3.1 オブジェクトの定義と生成

JavaScript エンジンが実行できる基本的な最適化の中のいくつかは型情報が利用可能かどうかに依存しています。JavaScript は動的型付け言語なので、残念なことにそのような情報は簡単には得られません。ほとんどのエンジンは型推論と呼ばれる技術を使用して実行時に型を推測します [Hackett 12]。JavaScript コードが静的型付けの言語のように振る舞えば振る舞うほど、エンジンにとっては最適化が容易になります。例として Cartesian3 のコンストラクタ関数を見てみましょう。

リスト 4.6: 単純な Cartesian3 コンストラクタ

```
1  var Cartesian3 = function(x, y, z) {
2      this.x = x;
3      this.y = y;
4      this.z = z;
5  };
```

このようなコンストラクタを定義した後で、特定の Cartesian3 インスタンスに w プロパティを追加する必要が生じたとしましょう。JavaScript オブジェクトは拡張可能なので、単純に instance.w = 1 としてプロパティを追加したいという誘惑にかられるかもしれませんが、パフォーマンスへの影響を考えると、そのやり方はお勧めできません [Clifford 12]。

確認される型アノテーションもサポートしています。Cesium では明示的なドキュメントとして、すべての公開 API とほとんどのプライベート API で型を指定しています。それによりコードが読みやすくなり、API も理解しやすくなるからです。コンパイラが型安全性を保証することは、ある種の不具合をなくしてくれるだけでなく、ドキュメンテーションも改善され、非常に価値のあることだと私たちは確信しています。

4.2.5 ECMAScript 6

ECMAScript 6 または ES6 と呼ばれる次のバージョンの JavaScript ではモジュールのサポートが組み込まれる予定です。読者がこの文章を読むときには公式の標準になっていることでしょう[13]。ES6 モジュールは AMD にあった「同期が必要な 2 つのリスト」問題を避け、言語の一部なのでウェブブラウザ内でそれぞれ非同期に読み込まれます。ES6 では依存関係を次のように指定します。

リスト 4.5: ES6 構文を使用したモジュールのインポート

```
1  import Cartesian3 from 'Cartesian3';
2  import defaultValue from 'defaultValue';
```

アプリケーションのターゲットがより古いブラウザだとしても、ES6 を JavaScript の現行バージョンである ES5 にコンパイルするツールを使用すれば、すぐに ES6 を使い始めることができます。そのような素晴らしいツールの一覧を Addy Osmani が保守してくれています[14]。

4.2.6 その他の選択肢

JavaScript のコードをモジュール化する方法はここで紹介したもの以外にもたくさんあります。Google Closure コンパイラ[15]はモジュール化をサポートしていますし、巨大な JavaScript アプリケーションをビルドするための手段としても有名です。#include と C プリプロセッサを使用した単純なビルドプロセスを採用している人たちのことも聞いたことがあります。本格的なアプリケーションを開発するためにツールチェーンを評価するときには、JavaScript の巨大なエコシステムとのかかわりがどのようになるかを考えることを忘れないでください。もしそのツールがサードパーティ製のライブラリやドキュメント生成ツール、テストフレームワーク、テストランナーなどを利用する妨げになるのであれば、単独でどれほど素晴らしいモジュールシステムであったとしてもあまり魅力的とはいえません。

---

[13] しかし予定は延期されました。最新の状況は http://ecma-international.org/memento/TC39-M.htm で確認してください。

[14] https://github.com/addyosmani/es6-tools

[15] https://developers.google.com/closure/compiler/

4.3　パフォーマンス

JavaScript は常に変化し続けているので、そのパフォーマンスについて書くには注意が必要です。ブラウザの実装は着実に進化していて、今何かの処理が遅いとしても、いずれそうではなくなるかもしれません。とはいえ、定期的に自動更新され進化するブラウザであっても、一般的に適用可能でおそらく大きくは変化しないと思われる、行うべきことや避けるべきことはあります。

JavaScript のパフォーマンスについて書く場合、まずブラウザごとに違いがあることを認めなければいけません。JavaScript エンジンはすべて独自の強みと弱みがあり、パフォーマンス特性は使用される機能に応じて大きく差が出る場合があります。ブラウザによって大幅に差異のあるパフォーマンスを、通常は特定の言語やライブラリ機能のマイクロベンチマークを使用して比較できる jsPerf.com のようなウェブサイトも現れました。jsPerf.com は役に立つこともありますが、私たちはより直接的なやり方をお勧めします。モダンブラウザには素晴らしいデバック環境が付属していて、そこには素晴らしいプロファイリングツールが直接組み込まれています。残念なことに、パフォーマンス上の問題をすべてこのプロファイラだけでとらえられるわけではありません。いくつかの言語機能や他のアーキテクチャ面での選択がコードベース全体に分散した隠れたコストになることもあります。このような問題と戦う最善の方法は、変化し続ける JavaScript エンジンの状態に追従し続けることに加えて、ここで紹介するベストプラクティスに従うことです。

4.3.1　オブジェクトの定義と生成

JavaScript エンジンが実行できる基本的な最適化の中のいくつかは型情報が利用可能かどうかに依存しています。JavaScript は動的型付け言語なので、残念なことにそのような情報は簡単には得られません。ほとんどのエンジンは型推論と呼ばれる技術を使用して実行時に型を推測します [Hackett 12]。JavaScript コードが静的型付けの言語のように振る舞えば振る舞うほど、エンジンにとっては最適化が容易になります。例として Cartesian3 のコンストラクタ関数を見てみましょう。

リスト 4.6: 単純な Cartesian3 コンストラクタ

```
1  var Cartesian3 = function(x, y, z) {
2    this.x = x;
3    this.y = y;
4    this.z = z;
5  };
```

このようなコンストラクタを定義した後で、特定の Cartesian3 インスタンスに w プロパティを追加する必要が生じたとしましょう。JavaScript オブジェクトは拡張可能なので、単純に instance.w = 1 としてプロパティを追加したいという誘惑にかられるかもしれませんが、パフォーマンスへの影響を考えると、そのやり方はお勧めできません [Clifford 12]。

静的型付け言語では、`Cartesian3` クラスの特定のインスタンスだけに動的に `w` プロパティを追加することはできません。その代わりに、クラスを新しく定義してインスタンスを生成し、`x`, `y`, `z` プロパティの値をその新しいインスタンスにコピーする必要があります。モダン JavaScript ランタイムエンジンは最適化のためにさまざまな技術を使用していますが、根本的なところではまだ静的型付け言語をコンパイルしたのと同じマシンコードが含まれるような命令を生成しています。

先ほどの `Cartesian3` のようなコンストラクタを定義すると、多くの JavaScript VM はプロパティアクセスやメソッド呼び出しを高速にし、可能な限り効率的なメモリ内表現を作成するために、その型の内部表現を作成します。`Cartesian3` であれば、メモリ内で単純に 3 つの浮動小数点数として表現されることが理想ですが、最高の JavaScript エンジンであったとしてもそれよりは少しオーバーヘッドがあります。しかし `Cartesian3` インスタンスのメモリ内レイアウトが最適化されればされるほど、`w` プロパティを追加したときのコストは増加します。静的型付け言語であれば手作業でインスタンスを再配置して既存のプロパティをコピーすることになりますが、それと同じようなことを JavaScript エンジンが行わなければいけません。最終的にエンジンはこの非動的なインスタンス表現よりも効率的の面ではるかに劣る表現を選ぶことになるでしょう。

さらにエンジンは `Cartesian3` インスタンスを引数として受け取る関数をマシンコードに変換する際、実装をその型に合わせて最適化することがあります。例えば、多くのエンジンはインラインキャッシュを採用していて、メソッドとプロパティの検索結果を生成されたコードの中に保持します。`w` プロパティを追加するようなインスタンス構造の変更を行うとこのインラインキャッシュが破壊されます。エンジンは新しいコードを生成しなければならなくなり、おそらく On–Stack Replacement（OSR）で最適化されていないコードパスを代わりに使用することになります。

この場合は `w` プロパティを持つ `Cartesian4` コンストラクタ関数を最初に定義しておき、必要に応じてそちらのインスタンスを使用する方がよいでしょう。この方法であれば JavaScript エンジンに対して使用する型についての情報を最も多く与えることができ、エンジンは最善の選択を行って高速なコードを生成できます。静的型付け言語において実現が難しい処理や時間のかかる処理は、ほぼ間違いなく JavaScript においても同様の結果になります。

JavaScript でオブジェクトを定義して構築する方法はいくつかありますが、先ほど使用したコンストラクタ関数の使用が最も高速です。私たちが行ったベンチマークでは `Object.create` を使用すると単純な `new` の呼び出しと比較して 3 倍から 5 倍ほどの時間がかかりましたが、以前はそれ以上に時間がかかっていました [Jones 11]。`Object` リテラル記法は `new` とほぼ同程度に高速ですが、そのような結果が得られるのは親スコープに関数をキャッシュしておき、それらを毎回再生成することを避けた場合だけです。なお、これらはマイクロベンチマークの結果で、実際のアプリケーションのパフォーマンスに対して常に適用できるとは限らないことを覚えておいてください。セクション 4.3.2 で説明するとおり、オブジェクトの作成について悩むより、すべてのメモリ割り当てを一度に行わないように気をつけることが先でしょう。

オブジェクト構築に使用したメソッドと同様に、オブジェクトのプロパティを定義するメ

ソッドも全体的なパフォーマンスに大きな影響を与えることがあります。簡単なゲッターやセッターをインライン化する JavaScript エンジンもありますが、それ以外のブラウザでは関数呼び出しのオーバーヘッドはまだまだ大きく、無視はできません。つまりオブジェクトのプロパティを公開するのであれば、get メソッドと set メソッドを使用して抽象化するよりも、素直に公開フィールドを使用した方が高速です。また、Object.defineProperty を使用して C#のような言語と同じようなモダンな記法でプロパティを作成できるブラウザもありますが、それらも多くの場合、関数呼び出しと同様にオーバーヘッドがあります。

Cesium で使用した基本ルールは単純です。他の言語であれば単純なゲッター関数やセッター関数で実装されるようなプロパティなら、直接そのプロパティを公開します。プロパティの取得時または設定時に何か追加の処理が必要にある場合だけ、Object.defineProperty を使用します。どこでも公開プロパティを使用できるようにすれば、一貫した API が得られ、実行時のオーバーヘッドも最小化できます。

4.3.2　ガーベジコレクションのオーバーヘッド

ハイパフォーマンスが要求される JavaScript アプリケーションの多くで大きな問題になることの 1 つとしてガーベジコレクションがあり、3D アプリケーションの場合、その特異な性質からこの問題はさらに複雑になります。例えば、あるシーンですべてのオブジェクトに対して 2 つのベクトルを掛け合わせる必要がある場合を考えてみましょう。オブジェクトが 1,000個あり、それらを 60fps で操作することを目標とするのであれば、結果として最終的に 1 秒間に 120,000 のベクトルオブジェクトを作成することになります。C++ や C#のような言語であればベクトルはおそらくスタック上にメモリ確保されるためおそらく問題にはなりませんが、JavaScript ではこれは大きなボトルネックになることがあります。

先ほど説明したような数学的な演算は WebGL アプリケーションでは避けて通れません。Cesium の開発初期には、特定のユースケースをプロファイルした結果、処理時間の 50% がガーベジコレクションに費やされていたということもそう珍しくはありませんでした。図 4.2のとおり、ブラウザのプロファイリングツールを使用すると深いのこぎり歯状のパターンが現れることでこの問題を視覚的に確認できます。ピークはガーベジコレクションが起動されメモリを解放するときに現れていますが、このときに私たちのコードから貴重なプロセッサ時間が奪われます。この類の望まないメモリチャーンは通常、すぐに捨てられる中間的な値を大量に計算するようなアルゴリズムで発生します。より具体的な例はリスト 4.7 を見てください。これは Cesium で使用している Cartesian3 線形補間関数を単純化したものです。

リスト 4.7: メモリ効率の悪い線形補間関数

```
1  Cartesian3.add = function(left, right) {
2    var x = left.x + right.x;
3    var y = left.y + right.y;
4    var z = left.z + right.z;
5    return new Cartesian3(x, y, z);
6  };
7
```

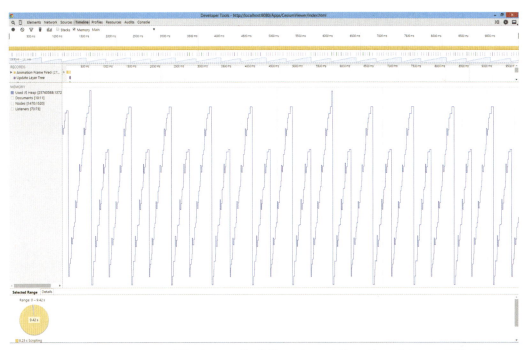

図 4.2: Chrome Developer Tools で確認できるのこぎり歯状のパターンはガーベジコレクションで問題が起きているという証拠になります

```
 8  Cartesian3.multiplyByScalar = function(value, scalar) {
 9    var x = value.x * scalar;
10    var y = value.y * scalar;
11    var z = value.z * scalar;
12    return new Cartesian3(x, y, z);
13  };
14
15  Cartesian3.lerp = function(start, end, t) {
16    var tmp = Cartesian3.multiplyByScalar(end, t);
17    var tmp2 = Cartesian3.multiplyByScalar(start, 1.0 - t);
18    return Cartesian3.add(tmp, tmp2);
19  };
```

lerp 関数を呼び出すたびに、2つの中間的な Cartesian3 インスタンスと最終的な結果のインスタンス、計3つのオブジェクトが生成されています。Firefox で 100,000 回の呼び出しを行うマイクロベンチマークを行うと約 9.0 ミリ秒かかりましたが、ベンチマークが完了するまでメモリは解放されないので、このケースではガーベジコレクションによる問題は発生していません。

簡単な2つのテクニックを使用することで不要なメモリの確保を省略できます。1つ目のテクニックは関数の呼び出し元にメモリの確保がすでに完了している result 変数を渡してもらい、毎回新しいインスタンスを作成せずに済ませることです。そして2つ目のテクニックはモジュールスコープの一時変数を lerp 関数内で足し合わせるために使用することです。

リスト 4.8: result 引数と一時変数を使用したメモリ効率のよい線形補間

```
 1  Cartesian3.add = function(left, right, result) {
 2    result.x = left.x + right.x;
 3    result.y = left.y + right.y;
 4    result.z = left.z + right.z;
 5    return result;
 6  };
 7
 8  Cartesian3.multiplyByScalar = function(value, scalar, result) {
 9    result.x = value.x * scalar;
10    result.y = value.y * scalar;
11    result.z = value.z * scalar;
12    return result;
13  };
14
15  var tmp = new Cartesian3(0, 0, 0);
16  var tmp2 = new Cartesian3(0, 0, 0);
17
18  Cartesian3.lerp = function(start, end, t, result) {
19    Cartesian3.multiplyByScalar(end, t, tmp);
20    Cartesian3.multiplyByScalar(start, 1.0 - t, tmp2);
21    return Cartesian3.add(tmp, tmp2, result);
22  };
```

修正後の実装では読み込み時にモジュールスコープの一時変数を 2 つ初期化しますが、それ以外には余分なメモリは確保しません。lerp のこのバージョンを使用して Firefox で 100,000 回の呼び出しを試行すると、おそらくオブジェクトの作成が少なくなったことにより 6 ミリ秒しかかかりませんでした。とはいえ、すべてのブラウザでこのように速くなるとは限りません。プロファイラでアプリケーション全体をプロファイリングしてガーベジコレクションにかかる間が大幅に短くなり、より高いフレームレートが実現できていることがわかって初めて効果があったといえます。

Cesium ではこのように 1 フレームあたり 100,000 回以上の関数呼び出しが発生するのは特別なことではありません。result 引数と一時変数を使用すれば 1 フレームあたりに利用できる CPU 時間を数ミリ秒節約できます。コードや API が複雑になるのは不本意ですが、パフォーマンスが重要となる本格的な WebGL アプリケーションを書こうとしている人にとって result 引数は絶対に必要になるでしょう。

4.3.3　Web Worker の隠れたコストとその回避策

Cesium では楕円体やポリゴン、直方体、円柱などのようなユーザーが定義した幾何学的な立体をメインスレッドで同期的に計算することも、Web Worker を使用してバックグラウンドスレッドで非同期に計算することもできます。驚いたことに Web Worker を使用した初期の実装はシングルスレッドバージョンと比べて数桁も遅くなりました。調査の結果、スレッド間で大量にデータをやり取りする場合に Web Worker には隠れたコストがあることがわかりました。

この問題を説明するために、ポリゴンだけを処理していると仮定しましょう。ポリゴンの三

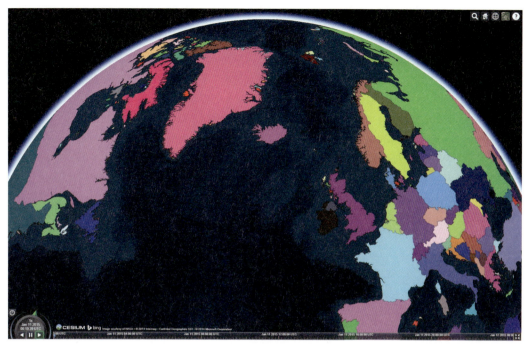

図 4.3: 私たちの Web Worker 実装でパフォーマンスの問題が明らかになった非常に詳細なポリゴン

角形分割は CPU 負荷の高いタスクなので、実行中にアプリケーションの動作を止めてしまわないよう、ワーカースレッドに処理を任せます。図 4.3 の国境線のように、ポリゴンの定義グループに 500,000 頂点以上含まれることは珍しいことではありません。

JavaScript はもともとシングルスレッドの言語なので、Web Worker の使い方はこれまでの API とは大きく異なります。ワーカーは DOM にアクセスできず、メインスレッドとは異なるグローバルコンテキストで実行されます。

ワーカーとメインスレッドの間には共有メモリもそれ以外の変更可能な状態もないため[*16]、メッセージとデータは常にコピーとしてワーカーに渡されます。HTML5 の仕様ではワーカースレッド用のメッセージをコピーするために構造化クローン（Structured Clone）[*17]というアルゴリズムが規定されています。構造化クローンではオブジェクトがコピーされるとプロトタイプと関数に関する情報がすべて失われます。それらは受け取ったスレッドが必要に応じて再構築しなければいけません。構造化クローンはオブジェクトを JSON にシリアライズして、受け取った側がデシリアライズすることとほぼ同じです。

Web Worker にデータを渡すときにコピーを避ける方法が 1 つあります。`Transferable` オブジェクト[*18]はその名のとおり、必要に応じてワーカースレッドにコピーではなくそのままを転送（transfer）できます。転送されたオブジェクトは受け取ったワーカーのプロパティ

[*16] 訳注: この問題に対応するための `SharedArrayBuffer` が提案されていましたが、翻訳時点では Spectre と名付けられた脆弱性のためにすべてのブラウザで無効化されています。

[*17] http://www.w3.org/TR/html5/infrastructure.html#safe-passing-of-structured-data

[*18] http://www.w3.org/TR/html5/infrastructure.html#transferable-objects

になり、送り元からはもうアクセスできません。そのためデータの共有とコピーを避けられます。残念ながら任意のオブジェクトを転送可能（transferable）にはできませんが、仕様上は`ArrayBuffer`と`MessagePort`という2つのオブジェクトが転送可能です。

私たちのユースケースでは、クローン操作はどのブラウザであっても遅すぎるため受け入れられないということになりました。構造化クローンはほぼすべてのプロパティをコピーすることを目的とした一般的なアルゴリズムなので、このような結果になることは理解できます。しかし正確にはどの程度遅いのでしょうか? ただデータを受け取り、それをそのままメインスレッドに返すWeb Workerを考えてみましょう。`ArrayBuffer`を使用するとバッファが転送されます。それ以外を使用した場合通常どおりすべてコピーされます。このワーカーを実行して戻ってくるデータを受け取るまでに必要な時間は構造化クローン操作に必要なオーバーヘッドをほぼ2倍にしたものです。

リスト 4.9: 構造化クローンのパフォーマンスコストを測定するための簡単な Web Worker と時間測定用関数

```
 1  //worker.js の内容
 2  var onmessage = function(e) {
 3    postMessage(e.data, e.data.buffer ? [e.data.buffer] : undefined);
 4  };
 5
 6  //worker.js を開始するコード
 7  function timeWorker(data) {
 8    var worker = new Worker("worker.js");
 9    var start = performance.now();
10
11    worker.addEventListener("message", function(e) {
12      console.log(performance.now() - start);
13      worker.terminate();
14    }, false);
15    worker.postMessage(data);
16  }
```

私たちの行ったテストでは、500,000個の`Cartesian3`インスタンスを持つ配列を先ほどのコードで処理した結果、ブラウザによって異なりますが、完了まで平均3.8秒から6.2秒（ミリ秒ではありません!）かかりました。さらに問題なのはワーカーへのデータ送信とワーカーからのデータ受信は同期的に行われるため、この待ち時間の半分はページが固まりユーザーの入力に反応しなくなることです。後から考えれば驚くようなことではありませんが、初めて遭遇するとやはり混乱します。多くの場合、Web Workerにデータを送信するオーバーヘッドの影響は単に同期的に処理が行われてメインスレッドが固まるだけでは済みません。もっとよい方法があるはずだと私たちは考えました。

先ほど述べたとおり、`ArrayBuffer`はコピーせずにワーカースレッドに転送できるオブジェクトの1つです。手作業でデータを`TypedArray`に詰め込み、それをワーカーに転送したらどうでしょう? どうにかしてブラウザがすでにネイティブコードで行っているよりも早く手作業でデータを詰め込むことはできるのでしょうか? ワーカーは自身でデータを取り出さなければいけませんし、その詰め込みと取り出しのコードはワーカーが受け取る引数に固有

の処理になるでしょう。しかし私たちはそれでもやってみる価値があると考えました。以下は2つのヘルパー関数を使用して Cartesian3 インスタンスの配列を詰め込んで取り出すように先ほどのコードを修正したものです。

リスト 4.10: ワーカースレッドへの疑似直接転送のために TypedArray に詰め込むメソッド

```
 1  function packCartesian3Array(data) {
 2    var j = 0;
 3    var packedData = new Float64Array(data.length * 3);
 4    for (var i = 0, len = data.length; i < len; i++) {
 5      var item = data[i];
 6      packedData[j++] = item.x;
 7      packedData[j++] = item.y;
 8      packedData[j++] = item.z;
 9    }
10    return packedData;
11  }
12
13  function unpackCartesian3Array(packedData) {
14    var j = 0;
15    var data = new Array(packedData.length/3);
16    for (var i = 0; i < packedData.length; i++) {
17      var x = packedData[j++];
18      var y = packedData[j++];
19      var z = packedData[j++];
20      data[i] = new Cartesian3(x, y, z);
21    }
22    return data;
23  }
24
25  function timeWorker(data) {
26    var packedWorker = new Worker("worker.js");
27    var start = performance.now();
28    var packedData = packCartesian3Array(data);
29    packedWorker.addEventListener("message", function(e) {
30      var receivedData = unpackCartesian3Array(e.data);
31      console.log(performance.now() - start);
32      packedWorker.terminate();
33    }, false);
34    packedWorker.postMessage(packedData, [packedData.buffer]);
35  }
```

　その結果はうれしい驚きでした。手動で詰め込んだバージョンはデフォルトのクローンに頼ったものよりも圧倒的に高速で、処理が終了するまで平均で 60 ミリ秒から 600 ミリ秒しかかかりません。手動でオブジェクトの転送を管理する必要はありますが、このテクニックを使用することで文字列を含むあらゆるオブジェクトとそのプロパティを単一の TypedArray に詰め込み、効率的に転送できるようになりました。

4.3.4 マルチコアを有効に利用する

マルチスレッドプログラミングには利用できるコア数と同じ数のスレッドを使用して並列性を最大化するという一般的なテクニックがあります。スレッド数が多すぎるとコンテキストスイッチが大量に発生してパフォーマンスに悪影響がありますし、少なすぎると余ったコアが無駄になります。残念なことに、JavaScript からアクセスできるシステムのコア数に公式の標準はありません。一般論としてこれは Web Worker の有用さが大幅に損なわれる大きな過失だと言えます。幸い、非標準ですが最近クライアントシステムで利用できる論理的なプロセッサー数が得られる `navigator.hardwareConcurrency`[19] というプロパティが新しく追加されていて、いうまでもなく非常に便利です。IE[20] は現時点でこのプロパティを実装していませんが、そのための shim[21] が利用できます。

4.4 WebGL アプリケーションの自動テスト

本格的なアプリケーションであればどのようなものでも自動テストは必須だと私たちは信じています。よくできた自動テストのスイートはエッジケースや一般的ではないパスまでもテストできるので、自分たちのコードが内部的にも正しく動作していると自信を持てます。またリファクタリングする場合にもまったく不安を感じずに済みます。このことは何年もかけて開発していく予定のアプリケーションにとっては非常に重要です。

これはどのような言語で書かれたアプリケーションでもそうなのですが、JavaScript ではさらにいくつか重要なことがあります。ウェブブラウザは不正な JavaScript コードに対して異常に寛容です。構文的に不正なコードを含む JavaScript 関数すら書くことができ、そのような関数に対してもブラウザは実際にその関数が実行されるまで文句を言いません。同様に、エラーになるような単純な打ち間違いが含まれていても、そのコードパスが実行されるまで見つからないこともあります。コードカバレッジの高い自動テストはコードのすべての部分が正しく動作することを確認できる最も優れたツールです。

今日利用できる JavaScript のテストフレームワークとテストランナーの数は膨大で、それぞれが他者のサブセットと比較して自身が最も優れていることをグラフで示しています。Cesium ではテストフレームワークとしては Jasmine を、テストランナーとしては Karma を使うことにしました。

4.4.1 Jasmine

ある意味で、Jasmine は「旧式」です。モジュールシステムは使用していません。そうではなく `script` タグを使用して読み込み、グローバルスコープに関数を追加します。機能が豊富ともいえません。しかしテストに使用する構文は簡潔でわかりやすく、その単純さのおか

---

[19] https://wiki.whatwg.org/wiki/Navigator_HW_Concurrency
[20] https://status.modern.ie/hardwareconcurrency
[21] https://github.com/oftn/core-estimator

げでさまざまなアプリケーションと組み合わせて利用できます。例えば私たちは Jasmine を AMD ベースのアプリケーションと CommonJS/Browserify ベースのアプリケーションの両方で使っています。

Jasmine はビヘイビア駆動開発 (Behavior–Driven Development, BDD) フレームワークです。つまり、コードの意図を英文で記述するような形式でテストを書きます。

リスト 4.11: Cartesian3 の normalize 関数の Jasmine ユニットテスト

```
1  describe('Cartesian3', function() {
2    it('normalizes to a vector with magnitude 1', function() {
3      var original = new Cartesian3(1.0, 2.0, 3.0);
4      var normalized = Cartesian3.normalize(original);
5      var magnitude = Cartesian3.magnitude(normalized);
6      expect(magnitude).toEqual(1.0);
7    });
8  });
```

Jasmine のテストは Jasmine ではスペックと呼ばれます。ブラウザでテストを実行するには Jasmine のディストリビューションに付属するテンプレートを元にして、`SpecRunner.html` ファイルを準備しなければいけません (図 4.4)。SpecRunner の内容はアプリケーションの構成によって変わります。いずれにしても、Jasmine スクリプトを読み込むには通常どおりに `script` タグを使用します。しかしスペックの実行はプロジェクトのアーキテクチャによって異なります。

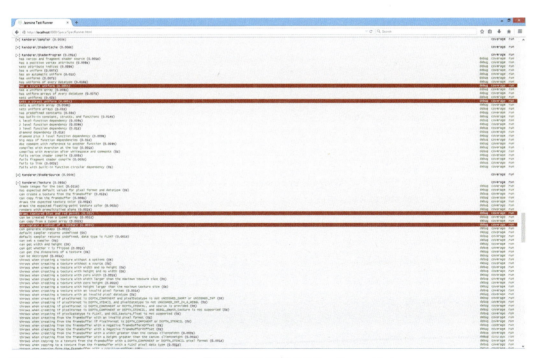

図 4.4: 4 つテストに失敗している Cesium 用にカスタマイズされた SpecRunner.html

巨大なアプリケーションでは面倒もありますが、モジュールシステムを使わないことにするのであれば、準備は簡単です。SpecRunner.html にすべてのソースファイルとスペックファイルの URL を指定した script タグを正しい順序で追加するだけです。

Browserify でビルドした CommonJS モジュールのようにすべてのスペックとその依存関係を結合したソースファイル 1 つしかない場合も Jasmine は簡単に利用できます。ビルドした JavaScript ファイルの script タグを SpecRunner.html に追加するだけです。

Asynchronous Module Definition（AMD）は非同期なので、他の 2 つと比べると少し複雑です。デフォルトでは、Jasmine はすべてのスペックを window.onload イベントハンドラ内で実行します。AMD を使用している場合は、window.onload が呼び出されたときにはまだスペックモジュールが読み込まれていません。すべてのスペックモジュールの読み込みが終わってから、一度だけ Jasmine を実行する必要があります。まず、RequireJS を読み込むための script タグを追加し、data-main 属性にスペックのエントリポイントモジュールを追加します。

```
1  //SpecRunner.html
2  <script data-main="specs/spec-main" src="../requirejs-2.1.9/require.js">
3  </script>
```

spec-main モジュールは内部ですべてのスペックモジュールを読み込み、その後で Jasmine 環境を実行します。

リスト 4.12: 既存の Jasmine スペックへのエントリポイントモジュール

```
1  //spec-main.js
2  define([
3    './Cartesian3Spec',
4    './Matrix4Spec',
5    './RaySpec'
6  ], function() {
7    var env = jasmine.getEnv();
8    env.execute();
9  });
```

モジュールは実際には使用されないので、spec-main 関数の引数としてモジュールを渡す必要はありません。関数が実行されるときにモジュールが確実に読み込まれていることを保証したいだけです。

もちろんこのようにスペックモジュールをすべて書き出さなければいけないことは残念です。しかしウェブブラウザにはローカルファイルシステムを調べて全スペックの一覧を取得する手段がないので、何らかの方法でスペックファイルの一覧を指定しなければいけません。Cesium では自動的に全スペックモジュールの一覧を生成する簡単なビルドステップを追加しているので、手作業でこのリストを管理する必要はありません。

SpecRunner.html の準備が完了すれば、ウェブサーバーでそのファイルにアクセスできるようにし、ブラウザを開いてテストを実行するだけです。

4.4.2 Karma

通常であれば Jasmine テストは手作業で実行します。ブラウザを開き、`SpecRunner.html`ファイルを表示してテストの実行が完了するのを待ち、失敗していないかどうかを確認します。Karma はこの作業を自動化してくれます。

Karma を使用すれば、コマンドを一度実行するだけでシステムで利用できるすべてのブラウザを起動してそれぞれのブラウザでテストを実行し、その結果をコマンドを実行したシェル上に表示できます。これによりウェブブラウザで行ったテストの失敗をビルドプロセス上での失敗に変換できるようになります。このような機能は継続的インテグレーション（CI）を実現するには欠かせません。また、Karma はテストを監視して、何かが変更されれば自動的に全ブラウザでそれらを再実行できます。テスト駆動で開発を行っているか、そうでなくてもテストスイートの作成にかかわっているときには非常に便利です。

Jasmine と比較すると、仮に AMD を使用していたとしても、Karma は非常に簡単にセットアップできます[*22]。npm を使用して Node.js 環境にインストールし、以下のコマンドを実行して対象アプリケーション用の設定ファイルをインタラクティブに作成します。

```
1 karma init
```

Karma は Jasmine や他のテストフレームワークを最初から利用でき、プラグインを利用すればそれ以外のフレームワークも追加できます。Karma の設定が完了すれば、次のコマンドを実行して指定した全ブラウザでテストを実行できます。

```
1 karma start
```

4.4.3 WebGL を使用している JavaScript コードのテスト

これまで議論してきたことの多くはどのような JavaScript アプリケーションのテストにも適用できます。WebGL を使用しているアプリケーションのテストならでは挑戦は何でしょうか?

グラフィックスを生成するコードのほとんどは実際には何も描画しなくても動作を確認できます。例えば、三角形分割やサブディビジョン、バッチ処理、LOD 選択などを行うアルゴリズムは、通常のユニットテストでそれらを呼び出して期待どおりのデータ構造と数値を生成することが確認できればおそらく問題はありません。しかしそれほど多くはありませんが、描画に関係するコードには当然 WebGL API と密接に関係している部分もあります。

ユニットテストは WebGL API を決して直接呼び出すべきではなく、代わりにモックやスタブを用いる抽象的なレイヤーを通じて呼び出すべきだと主張する純粋主義者もいるでしょう。そのような完璧な世界では、WebGL アプリケーションのユニットテストであっても他の

[*22] http://karma-runner.github.io/0.12/plus/requirejs.html

アプリケーションのユニットテストと何も違いがないはずです。実際には何も描画を行わず、自分たちのコードの中で一連の WebGL 関数が正しく呼び出されていることを検証するテストを作成したいのです。

そのようなテストが部分的には可能であることも確かですが、本格的な WebGL アプリケーションであればいずれどこかでその抽象的なレイヤーの外に出なければならなくなることは間違いありません。例えば、すべての WebGL API，もしくは少なくともアプリケーションロジックの重要な部分をテストできるほどの規模の WebGL API のサブセットのモックとスタブを作成するのは、非常にたいへんな作業になるでしょう。

さらに大きな問題になるのは、WebGL が非常に複雑な API だということです。モックだけを対象にテストを行ったとしても、実際の環境でコードが正しく動くと間違いなく信じられるということにはならないでしょう。もしくは「実際の環境群」というべきかもしれません。というのも、ブラウザと GPU の組み合わせごとにある意味独自の機能と不具合があるからです。**ユニットテスト**ではなく実際の API を使用する**結合テスト**を呼び出すという選択もありますが、それでもそれらが私たちのテストの仕組みの中で重要な部分であることは変わりません。

これらのことから、先ほどのセクションでは Sauce Labs[23]のようなクラウドベースの JavaScript テスティングソリューションについては意図的に議論を避けました。なぜなら、本書執筆時点ではそのようなソリューションの WebGL サポートはいずれもそれほど信頼できないからです。テストインフラを自分たちでは管理せずに、さまざまなオペレーティングシステムとウェブブラウザ上でテストを実行できればと願っているので非常に残念ですが、理解はできます。このようなソリューションでは仮想化を利用する必要があり、仮想環境での GPU ハードウェアアクセラレーションのサポートはまだ始まったばかりだからです。そのため、私たちは自分たちで管理している物理マシン上で Karma を使用してテストを実行するという方法を採用しています。これらはすべて CI プロセスにより起動されます。

WebGL アプリケーションを開発すると最終的に画面上にピクセルをあるパターンに沿って配置するための数百行から数千行のコードが得られることになります。このピクセルのパターンが正しいことを確認できる自動テストはどのようにして書けばよいのでしょう？

この疑問に答えることは簡単ではありません。以前別のプロジェクトで描画されたシーンのスクリーンショットを撮り、「正しいとわかっている」スクリーンショットと比較するテストを書いたことがあります。このテストは非常に頻繁にエラーとなります。GPU の違いはもちろん、ドライバのバージョンの違いですら、必然的にテスト画像とマスター画像に差異を生む原因となります。テストが失敗すると、自分たちのコードに何か間違いがあるのかもしれないと思うより先に、まずドライバやオペレーティングシステム、テストに何かおかしなところはないかを考えるようになりました。最終的にある画像がマスター画像と「だいたい」一致していることを確認できるようにするために「曖昧な」画像比較を採用しましたが、けっきょく実際にはコードは完全に正しい動作をしているのに GPU が新しくなったことでエラーが発生することもあれば、実際には何かがおかしいのにテストは成功したものとしてレポートされるこ

---

[23] https://saucelabs.com/

ともあり、イライラするようなバランス取りをずっと続けることになりました。この方法は
まったくお勧めできません。

　プラットフォーム、GPU，ドライバのすべての組み合わせに対して「正しい」画像のセット
を手動で検証し、維持し続けることでスクリーンショットとの比較を使用したテストがより効
果を発揮できたという報告もあります [Pranckevičius 2011]。もちろんこのやり方が非常に効
果的であることは簡単にわかりますが、テストとしてはコストがかかりすぎているのではない
かとも強く思います。

　けっきょくほとんどの Cesium のテストではその代わりに 1 ピクセルだけを実際に描画し
て、そのピクセルが正しいかどうかを検証しています。例えば、ポリゴンが正しく描画される
かを検証するテストの簡略化したバージョンは次のようになります。

リスト 4.13: 1 ピクセルの健全性チェックを行う Cesium ユニットテスト

```
 1  it('renders', function() {
 2    var gl = createContext();
 3    setupCamera(gl);
 4    drawPolygon(gl);
 5
 6    var pixels = new Uint8Array(4);
 7    gl.readPixels(0, 0, 1, 1, gl.RGBA, gl.UNSIGNED_BYTE, pixels);
 8    expect(pixels).not.toEqual([0, 0, 0, 0]);
 9
10    destroyContext(context);
11  });
```

　このテストはピクセルが黒ではないということだけを確認しています。Cesium のシングル
ピクセルレンダリングテストではこのやり方が一般的です。もちろん、「赤要素がゼロではな
い」ことや、「完全に白であること」など、もう少し具体的な確認もときどきは行います。し
かし、ブラウザや GPU の違いによりテスト結果が不安定になることがあるので、基本的に正
確な色の値は確認しません。

　先ほどのテスト例ではテストの中で独自の WebGL コンテキストを作成していますが、実際
の Cesium のテストではなるべくテスト内での WebGL コンテキスト作成を避けるようにし
ています。理由の 1 つは、テストは可能な限り高速に実行したいと考えていますが、コンテキ
スト作成とそのセットアップには時間がかかるためです。しかし実際にはさらに深刻な問題が
あります。ウェブブラウザはアプリケーションが数千の WebGL コンテキストの作成と削除
を繰り返すことを想定していません。テスト中のコンテキスト作成が途中で失敗するという不
具合にいくつかのブラウザで遭遇したことがあります。一方、1 つのコンテキストをすべての
テストで使い回すことにも、あるテストがコンテキストの状態を破壊して、それにより続くテ
ストが失敗する場合があるというリスクがあります。Cesium ではテストスイートごとにコン
テキストを作成することが、リスクと効率のバランスの面で優れていると判断されました。テ
ストスイートは単一のクラスに関係するテストのように、機能的に関係の深いグループをテス
トする単一のソースファイルで、スイート内でコンテキストの状態変化が発生することについ
ては通常簡単に理解できます。

もちろん、このようなシングルピクセルレンダリングテストは網羅的とはとても言い難いものです。実際にはただポリゴンがスクリーン上に何かを表示することを確認しているだけなので、うまくいっていないのにテストを通過してしまう場合も多くあります。しかしその逆は真ではありません。ポリゴンや WebGL スタック、ドライバなどが正確に動いているにもかかわらずこのテストが失敗するということもまず起こりません。

4.4.4　シェーダーのテスト

Cesium には頂点シェーダーやフラグメントシェーダーのための再利用可能な GLSL 関数ライブラリがあります。中には非常に高機能なものもいくつかあり、楕円体とレイの交差を計算したり、測地学的緯度をウェブマッピングでよく使用される Web メルカトル座標に変換することができます。JavaScript で書かれた同様の関数をユニットテストするように、これらのシェーダー関数もユニットテストできれば非常に有用でしょう。しかし GPU 上では Jasmine は実行できません。どうすればシェーダーをテストできるのでしょうか?

私たちが採用した方法は簡単です。テストしたい関数を起動して、テスト対象の条件式の値を確認し、条件が true であれば gl_FragColor に白を出力するフラグメントシェーダーを作成しました。例えば、2 × 2 行列を転置する czm_transpose 関数をテストするためのシェーダーは次のようになります。

リスト 4.14: 再利用可能な GLSL 関数のテスト

```
1  void main() {
2    mat2 m = mat2(1.0, 2.0, 3.0, 4.0);
3    mat2 mt = mat2(1.0, 3.0, 2.0, 4.0);
4    gl_FragColor = vec4(czm_transpose(m) == mt);
5  }
```

czm_transpose の計算結果が正しい転置行列なら、このシェーダーは gl_FragColor を白に設定します。転置の結果が不正なら、gl_FragColor は透明な黒になります。

次にこのテストシェーダーを Jasmine スペックから起動します。スペックは小さな頂点シェーダーと上記のフラグメントシェーダーを使用して 1 点を描画します。そしてシェーダーが書き込んだピクセルを gl.readPixels で読み取り、その値が白であるかどうかを確認します。

この方法は簡単で軽量ですが、シェーダー関数をテストする方法として十分効果的であることがわかりました。もちろん残念なことに、この方法では頂点シェーダーやフラグメントシェーダー全体をテストすることはできませんし、1 つのテストで複数の条件式を確認することも単純ではありません。そのような機能が必要であれば、GLSL Unit[24]のような高機能な GLSL テスティングソリューションの使用を検討してください。

しかし、Cesium でそこまでのテストは必要ないということになりました。シェーダーのビルディングブロックである個々の関数をテストし、main() 関数をできる限りシンプルに保つ

---

[24] https://code.google.com/p/glsl-unit/

ことができれば、GLSL のために複雑なテスティングプロセスを採用しなくてもシェーダーの動作に十分自信を持つことができます。

4.4.5　テストは難しい

Cesium には 2, 3 種類のテストがあります。

- アルゴリズムが生成するデータ構造と数値を確認する、基本的なアルゴリズムのためのテスト。このテストは何も描画しません。
- セクション 4.4.3 で説明した描画のスモークテスト。これは通常 1 ピクセルだけを描画して、極端に動きがおかしくはないということを確認します。シーン全体を描画し、その過程で例外が発生しないことだけを確認する場合もあります。
- セクション 4.4.4 で説明したシェーダー関数のテスト。これらはシェーダーで使用される再利用可能な関数を、テストフラグメントシェーダー内で呼び出し、白色が生成されていれば正しく動いていると判断します。

これらのようなテストであれば、比較的書きやすく安定していて、作成するために時間を使う価値が十分にあると考えています。

残念なことですが、期待どおりに描画されているかどうかを確認するには、さまざまなシステム上で、さまざまなブラウザを使用して、実際に人間がアプリケーションを実行する以外にはどうしようもないという結論になりました。

謝辞

この章をレビューし、有意義なフィードバックを返してくれた Jacob Benoit, Patrick Cozzi, Eric Haines, Briely Marum, Tarek Sherif, Ishaan Singh, Traian Stanev に感謝します。また、私たちがこの章を書くことを許してくれた家族、そして柔軟に対応してくれた雇用主 Analytical Graphics, Inc.（AGI）と National ICT Australia（NICTA）にも感謝します。最後に Scott Hunter にも感謝します。私たちがここに書いたことはすべて実質的に彼が教えてくれたことです。とはいえ何か間違いが含まれていたとすればそれは私たちの責任です。NICTA は通信省とオーストラリア研究評議会を通じてオーストラリア政府から資金の提供を受けています。

参考文献

[Cozzi 14] Patrick Cozzi. "Why Use WebGL for Graphics Research?" http://www.realtimerendering.com/blog/why-use-webgl-for-graphics-research/, 2014.

[Hackett 12] Brian Hackett and Shu-yu Guo. "Fast and Precise Hybrid Type Inference for JavaScript." http://rfrn.org/~shu/drafts/ti.pdf, 2012.

[Jones 11] Brandon Jones. "The somewhat depressing state of Object.create performance." http://blog.tojicode.com/2011/08/somewhat-depressing-state-of.html, 2011.

[Pizlo 14] Filip Pizlo. "Introducing the WebKit FTL JIT." https://www.webkit.org/blog/3362/introducing-the-webkit-ftl-jit/, 2014.

[Pranckevičius 2011] Aras Pranckevičius. "Testing Graphics Code, 4 Years Later." `http://aras-p.info/blog/2011/06/17/testing-graphics-code-4-years-later/`, 2011.

[Clifford 12] Daniel Clifford. "Breaking the JavaScript Speed Limit with V8." Google I/O `https://www.youtube.com/watch?v=UJPdhx5zTaw` 2012.

第5章

Emscripten と WebGL

Nick Desaulniers

5.1 Emscripten

> 僕は本当はコンピュータ言語理論についてそれほど詳しいわけではなくて、ただ空い
> た時間（主に週末）にコンピュータをいじくり回しているだけなんだ。僕がいつも考え
> ているのは、ウェブにもネイティブコード並みの速度が欲しいということだ。ゲームエ
> ンジンのようなものをそこで動かしたいけど、Java や NaCl[*1] みたいなプラグインは使
> いたくない。僕はプラットフォーム非依存の標準化されたウェブテクノロジーを使いた
> いんだ [Zakai 10]。

これは Emscripten の作者、Alon Zakai の言葉ですが、Emscripten の背後にある開発動機
をよく表しています。Alon は彼の好きなゲームエンジンをウェブ上で動かしたかっただけな
のです。Mozilla の社員として、Alon は JavaScript の普及率とその影響範囲を実感していま
した。ほとんどすべてといってよいほどの人がすでに JavaScript ランタイムがインストール
されたデバイスを持っています。リモートのコードを安全に実行できることはウェブの大きな
強みの 1 つです。JavaScript で動くコンテンツは特定のブラウザやオペレーティングシステ
ムに押し込められてはいないのです。

Emscripten は LLVM ツールチェーンを組み込んだ C と C++ 用のコンパイラです。LLVM
の素晴らしいところは、中間表現（Intermediary Representation: IR）を生成する字句解析
器と構文解析器（フロントエンド）、すべてのコード最適化（ループ不変式の追い出しやイン
ライン化など）を実行する IR オプティマイザ（ミドル）、コードジェネレーター（バックエ
ンド）という 3 つの部分に論理的に分割されているところです。フロントエンドは Clang と
呼ばれていて、コマンドラインユーティリティはここから名付けられました。Emscripten は

[*1] 訳注: 翻訳時点で NaCl は非推奨です。2018 年初旬に NaCl のサポートは停止され、今後は WebAssembly
に注力されます。

CとC++の構文解析にはこのフロントエンドとオプティマイザパスをすべて再利用して、ネイティブコード生成だけをasm.jsと呼ばれるJavaScript（JS）のサブセットを生成するモジュールに置き換えました。

EmscriptenはCランタイムとしては`musl`に、C++ランタイムとしては`libc++abi`にリンクしています。`sbrk`のような機能はJSで実装されています。これにより`malloc`と`free`の実装が可能になり、C言語でコンパイルできるようになりました[Zakai 13]。C/C++を直接コンパイルできるだけでなく、ランタイムがC/C++で実装されている他の言語もそのランタイム自体を移植できます。Emscriptenのおかげで、Python，Ruby，Luaなどはすべてブラウザ上で実行できることになりました。

この章ではEmscriptenとasm.jsとは何か、そしてWebGL 1.0をサポートしているすべてのウェブブラウザ上でOpenGL ES 2.0ベースのレンダラを実行するにはそれらをどう利用すればよいかについて説明したいと思います。

5.2 asm.js

もともとEmscriptenは通常のJavaScriptを生成していました。コードはほぼ正しいのですが、作成されたオブジェクトを使用するとガーベジコレクションにより頻繁に実行が停止し、パフォーマンスやスタートアップタイムがまったく安定しませんでした。従来の実行ファイルには静的変数や文字列を保持する静的メモリのセグメントがあります。そしてスタックのためのセグメントがまた別にあり、そのセグメントはヒープ領域（動的に確保されるメモリのための空き領域）に向かって下向きに拡大していきます。Emscriptenではこの動作をエミュレートしています。巨大な`TypedArray`を事前に確保して、プロセスが使用するのと同等のメモリ表現をその上にマッピングすることにした結果、予測可能な速度が得られるようになりました。この方法はJavaScriptオブジェクトを直接利用するよりも高速なだけでなく、このようなメモリ表現を使用することでコンパイルされたコードを実行するときにJSエンジンがオブジェクトを新しく生成することを避けられます。

2012年の後半、FirefoxのJavaScript仮想マシンのコアエンジニアであるLuke Wagnerが、Emscriptenのようなツールで生成されたJavaScriptのコードについて、そのコード内の暗黙的な静的型を認識することでJavaScriptのJust In Timeコンパイラ（JIT）の最適化をさらに改善できることに気がつきました。JavaScriptは実際には静的型ではありませんが、生成されたJavaScriptの中で（`|`や`+`のような）演算子を使用して演算結果の動的型が単一の型に制限されるようにすることで、実質的に元の言語（C/C++）の静的型情報を残すことができます。コード全体を通してこれらのパターン化された演算子の適用を認識すれば、JITは通常のJS最適化に必要な実行時プロファイリングや推論に失敗することもなく、静的型の情報をコードに完全に残したままコンパイルできます。この静的型が組み込まれた言語のサブセットでは、動的型言語の最も素晴らしい部分はいくぶん失われるかもしれませんが、JavaScriptをコンパイラのターゲット環境に適したものにすることができます。また、広く利用できる言語のサブセットであるということは、実際にその情報を利用して最適化するかどうかはさておき、すべてのモダンブラウザでこのasm.jsと呼ばれるサブセットが実行できるということ

です。

　JavaScript 言語のサブセットであるということは当然サポートされていない機能もあります。asm.js では前置・後置にかかわらずインクリメント・デクリメントのいずれも不正ですし、+= やそれに類する演算子も同様です。つまり x = x + 1 という記法を使用する必要があります。これは ++x が実行できないということでしょうか？　そうではありません。++x は間違いなく妥当な JS です。前置・後置インクリメント・デクリメント演算子を使用すると単にそのコードブロックが純粋な asm.js ではなくなるため、Firefox の JS 仮想マシンである Spidermonkey が最適化コンパイラにホットパスを渡せなくなるだけです。

　本章のためのサンプルコード[*2]に、4 つの 32 ビット浮動小数点数で構成されたベクトルを正規化するための、人間により作成された asm.js のコード例があります。この例を見ると asm.js は煩雑で直接手で書くことは考えられていないことがわかるでしょう。型変換を正しく行うためには、asm.js の仕様書 [asm.js] の演算子のセクション 8 と value type のセクション 2.1 の両方を何度も参照することになります。asm.js という名前からもわかるように、それはアセンブラを手書きするのとほぼ同じくらいに楽しい作業です。asm.js のコードを手で書くことは難しいのですが、その代わりに asm.js はコンパイラターゲットとしては素晴らしいものです。小さな関数を asm.js に変換したとしても一般的に大きな改善は見られませんが、大きなプログラムや、大きなユーティリティ関数を変換すると asm.js は本当に優秀です。

5.3　Hello World

　簡単な「hello world」を通じてまずは興味を持ってもらいましょう。「本当のハッカー」はコンパイラをソースからコンパイルするものだそうです。まずはサイトから Emscripten SDK をダウンロードしましょう。Emscripten はツールチェーンの中で Node.js を使用しているので、Node.js も同様に手に入れておきます。Node.js はブラウザによって提供されているものとはまた別の JavaScript ランタイムで、JavaScript でコマンドラインユーティリティを作成できるようになります。Emscripten のソースコードを git clone しておくと便利です。本章全体で、Emscripten のソースファイルを emscripten/path/to/file のようにして参照することになります。Emscripten のドキュメントサイト[*3]も参考にしましょう。

　すべての準備が終わり、emcc に $PATH を通したら、C か C++ で簡単な hello world を作成して、emcc hello_world.c -o hello_world.js コマンドでコンパイルし、node hello_world.js コマンドで実行すると標準出力に hello world!と表示されます。C と C++ のいずれのコードに対しても emcc コマンドをコンパイラとして利用できます。-o hello_world.html というオプションも使用でき、その場合は生成されたファイルをブラウザで開くことができます。

[*2] https://github.com/WebGLInsights/WebGLInsights-1
[*3] https://kripken.github.io/emscripten-site/index.html

5.4 サードパーティのコードを利用

新しいプラットフォームではサードパーティライブラリのソースをクロスコンパイルする必要があるのと同じように、Emscripten でもサードパーティライブラリをクロスコンパイルする必要があります。`-o file.bc` オプションを使用すると、Emscripten は独自の libc/libcxx 実装を使用して LLVM バイトコードを出力します。その後は、ネイティブコードと同じようにそれらを静的リンクできます。Emscripten は現在のところ動的リンクや `dlopen` などの呼び出しはサポートしていません。ライブラリのソースコードにアクセスできなければ、ベンダーに依頼して Emscripten でビルドされたバージョンを提供してもらうしかありません。すでに EGL, GLUT, GLEW, GLFW, SDL などの多くのライブラリのためのグルーコードが Emscripten でビルドされています。

Emscripten で関数を JS にコンパイルして Foreign Function Interface (FFI)[*4]を通してその関数を呼び出せるのは素晴らしいことですが、通常は Emscripten を使用して C/C++ コードの呼び出しを JS 製の「グルーコード」で定義された関数の中に収めます。Emscripten を使うのであれば、たいていの場合 JS グルーコードが必要になるでしょう。

HTML5 API のバインディングはすでにすべて Emscripten に組み込まれているので、自分で実装する必要はありません。`emscripten/system/include/emscripten/html5.h` と `emscripten/system/include/emscripten/emscripten.h` を参照してください。

JavaScript オブジェクトの型から C++ クラスを作成するには「embind」や「WebIDL Binder」というユーティリティもあります。これらを利用すれば FFI がより簡単にはなりますが、それでも、ここで説明した方法に比べれば少し高度です。

5.5 OpenGL ES サポート

WebGL 1.0 は C 言語の API ではなく JavaScript の API であるという点を除けば基本的に OpenGL ES 2.0（図 5.1）と非常によく似ています。誰であれ、WebGL 1.0 仕様のセクション 6 はよく読んでおいた方がよいでしょう。そこでは「WebGL と OpenGL ES 2.0 との違い（Differences between WebGL and OpenGL ES 2.0）」[WebGL 1.0] が 24 個あげられています。中でも最も注意すべきなのは、Client–Side Arrays がサポートされていないことです。つまり WebGL では Vertex Buffer Object（VBO）を使用しなければいけません。Emscripten でコンパイラフラグ `-s FULL_ES2=1` を使用すると、少し非効率な VBO の使用方法になるかもしれませんが、この機能をエミュレートできます。パフォーマンス上の大きなペナルティはありますが、コンパイラフラグ `-s LEGACY_GL_EMULATION=1` を使用すると、いくつかの古い固定機能パイプラインコードが動作します。

[*4] https://kripken.github.io/emscripten-site/docs/porting/connecting_cpp_and_javascript/Interacting-with-code.html

図 5.1: OpenGL の家系図

5.6 OpenGL ES 2.0 を Emscripten と asm.js を使用して WebGL に移植

Emscripten を使用して OpenGL ES 2.0 のコードベースを WebGL で動作させるためのワークフローは次のとおりです。

1. ビルドできるようにする
2. 描画できるようにする
3. アニメーションできるようにする

具体的な手順はコードベースごとに異なりますが、上記が典型的なワークフローになります。Dan Ginsburg の *OpenGL ES 2.0 Programming Guide* [Munshi *et al.* 08] のサンプルコードを SVN から Git リポジトリにコピーしています。元のコードは SVN リポジトリ[*5]にありますが、Git の方が好みであれば、私が GitHub[*6]にアップロードしたものを使用してください。そのリポジトリにある `writing_follow_along` ブランチのコミットを確認すると、このセクションのために行われた変更がどのようなものかを確認できます。コードをクローンして以下に従ってください。

著者は Mac OSX 10.8.5 を使う予定ですが、本書では Linux のコードベースを使用して説明を進めます。私たちが見る限り、Emscripten はさまざまな GNU ビルドユーティリティのサポートが充実しているからです。それでは `gles2-book/LinuxX11` を開いてください。OSX の場合は必要なヘッダとライブラリがいくつか足りていないので、そのまま `make` を実行するとプロジェクトのビルドは失敗するはずです。

5.6.1 ビルドできるようにする

Emscripten には `emcc`（Emscripten コンパイラ）で使用される `$CC` のようないくつかの環境変数を設定してから `make` を実行する `emmake` という Python スクリプトが付属しています。この `emmake` の `emmake make` コマンドを使用して、とりあえずビルドしてみましょう。

[*5] https://code.google.com/p/opengles-book-samples/
[*6] https://github.com/nickdesaulniers/opengles2-book

デフォルトの make ターゲットが EGL をリンクしようとしていることがわかりましたが、これは OSX では利用できないはずです。それでは Makefile を見てみましょう。今回はひとまず最初のサンプル「Hello Triangle」だけを動かしたいので、別の make ターゲットを作成して、Hello Triangle 向けのコンパイラコマンドだけを編集します。

```
1 basic:./Chapter_2/Hello_Triangle/CH02_HelloTriangle
```

このようにします。以降で行う変更を確認するには emmake make basic を実行してください。次に gcc とハードコーディングされた参照をすべて環境変数 $(CC) に置き換えましょう。これで CC=emcc と設定すれば emmake が利用できるようになります。

```
1 ./Chapter_2/Hello_Triangle/CH02_HelloTriangle: ${COMMONSRC} ${COMMONHDR}
2 ${CH02SRC}
3       $(CC) ${COMMONSRC} ${CH02SRC} -o $@ ${INCDIR} ${LIBS}
```

GLESv2，EGL，m，X11 のライブラリが見つからないという警告が大量に表示されます。Emscripten はこれらのライブラリの関数の実装にすでにリンクされているので問題ありません。LIBS を定義している行は Makefile から削除できます。

最後に、Chapter_2/Hello_Triangle/Hello_Triangle.c の 83 行から 90 行目にある vShaderStr と fShaderStr の定義を GLbyte[] 型から const char*に変更すれば、コード内のポインタ型の変換に関する警告が表示されなくなります。OK。これでビルドできました。しかし何ができあがったのでしょうか。

```
1 $ file Chapter_2/Hello_Triangle/CH02_HelloTriangle
2 Chapter_2/Hello_Triangle/CH02_HelloTriangle: data
```

CH02_HelloTriangle はバイナリデータのようです。データは LLVM バイトコードのように思えたので、このバイナリファイルを逆アセンブルすると resulting.ll ファイルが得られ、開いてみると思ったとおり LLVM IR が得られています。

```
1 $ llvm-dis Chapter_2/Hello_Triangle/CH02_HelloTriangle
2 $ cat Chapter_2/Hello_Triangle/CH02_HelloTriangle.ll
3 ; ModuleID = 'Chapter_2/Hello_Triangle/CH02_HelloTriangle'
4 target datalayout = "e-p:32:32-i64:64-v128:32:128-n32-S128"
5 target triple = "asmjs-unknown-Emscripten"
6 ...
```

ついに LLVM バイトコードが手に入りました。このバイトコードはどのように利用するのでしょう？　Emscripten に -o を使用してコンパイラ引数としてファイルを渡すと、その拡張子に応じてさまざまなファイルが出力されます。今回のように -o が .js も .html も伴わずに呼び出されると、出力は単純に LLVM バイトコードになります。

このバイトコードが他のライブラリを使用するときに必要になるものです。Emscripten は実行前であろうと実行時であろうと動的リンクをサポートしていません。したがって今のとこ

ろはどうにかして静的にリンクしなければいけません。ここで行ったのは本質的にはそのための作業です。コードを IR にコンパイルすると静的リンクできるようになります。

　今回欲しいのはアーカイブのようなものではなく、実際に実行できる完全なプログラムです。output オプションのファイル拡張子を使用して Emscripten に Node.js で実行できるコードを生成してほしいのか（JavaScript のみ）、ブラウザ内で実行できればよいのか（JavaScript と HTML）を伝え、適切なコードを生成する必要があります。Makefile で、./Chapter_2/Hello_Triangle/CH02_HelloTriangle ターゲットの $@ に .html を加えましょう。$@ はターゲット名に置換される Make のマクロです。

```
1  $(CC) ${COMMONSRC} ${CH02SRC} -o $@.html ${INCDIR} ${LIBS}
```

emmake make clean && emmake make basic を実行すると、新しい警告が 2 つ増えます。

```
1  warning: unresolved symbol: XNextEvent
2  warning: unresolved symbol: XLookupString
```

これらの原因は何で、以前の実行で現れなかったのはなぜでしょうか？　Emscripten に HTML を要求するようになる前は LLVM バイトコードが出力されていましたが、そのときにはリンクフェーズが実行されず、Clang のフロントエンドと最適化パスだけが実行されていました。最適化レベルに何も指定していない場合、NaCl から LLVM に追加されたコンパイラパスが適用され、不要コードの除去や型変換が行われ、IR はより単純化されたコードに変換されます。-o <output>.js か -o <output>.html を指定して実行可能コードが必要であることを Emscripten に伝えない限り、リンクフェーズは実行されません。実際、LLVM IR をテキスト形式で確認すると（Chapter_2/Hello_Triangle/CH02_HelloTriangle.ll）、「type opaque」として指定されていてリンク時まで解決されない型定義が大量に存在することを確認できます。

　今のところ、リンカはすべてのシンボルの中でこれら 2 つの関数だけが定義されていないと警告を出しています。見たところそれらは X11 に関係したもののようです。確かに X11 は先ほどリンクオプションから除きました。しかし GLES2 と EGL へのリンクも明示的に除いたはずです。なぜこのような警告を受けているのでしょうか？　実は Emscripten はバンドルされている GLES 2 と EGL のヘッダを system/include ディレクトリから、そしてそれらのメソッドの JavaScript での定義を src ディレクトリから、暗黙的に検索します。Emscripten のソースコードかインストールしたディレクトリの emscripten/src/library_gl.js と emscripten/src/library_egl.js を確認してください。Emscripten には JavaScript で実装されたさまざまな関数定義が暗黙的に付属しています。それらの中には手作業で作成されているものもいくつかありますが、問題ないと思われるものはコンパイルしたバージョンと置き換えてもかまいません。

　GLES と EGL の関数については Emscripten に実装があるので警告は出ません。X window に関係する警告を受けたのは私たちはそれらを定義しておらず、Emscripten 自体にも組み込まれていないからです。しかしこれから見ていくように、今回は X window を使うつもりは

94　第 5 章　Emscripten と WebGL

いっさいありません。そのため現時点ではこのリンカの警告に対応しなくても問題はありませ
ん。もちろん一般的には、このようなコンパイラの警告があれば、重要な関数定義が欠けてい
ないかを確認すべきです。

　改めてプロジェクトを確認すると、.html ファイルと .js ファイルが生成されています。
この JS ファイルを Node.js で実行してみてもかまいませんが、Node.js ランタイムには
HTMLCanvasElement が定義されていないので、canvas をリサイズしようとして問題が発生し
ます。ブラウザを開きコードを実行し、何が起きるかを確認してみましょう。これでコードの
ビルドは完了です。次は実際に描画していきましょう。

5.6.2　描画できるようにする

　実際に先ほどの HTML を表示すると、ブラウザによりますが、無限ループが原因で「応答
のないスクリプト」という警告が表示されるか、または単に動作が停止して何も描画されませ
ん。これが描画の問題であって、アニメーションの問題ではないことを確認するために、まず
1 フレームだけを描画できるか試してみましょう。Emscripten でコンパイルしたときに 1 フ
レームだけを描画するように、ひとまず main の最後の文を #ifdef で囲ってください。

リスト 5.1: 1 フレームだけを描画

```
1 #ifdef __EMSCRIPTEN__
2   Draw(&esContext);
3 #else
4   esMainLoop (&esContext);
5 #endif
```

　ページを再読み込みする前に emmake make basic を実行することを忘れないようにしま
しょう。今度はスクリプトエラーがずっと表示され続けることはなくなりましたが、それでも
何も描画されません。これでこの問題がアニメーションにあるのではないことと、描画関数に
何か壊れている部分があることがわかりました。デベロッパーツールのコンソールを確認する
と、WebGL 実装に関係するエラーが console.error に表示されていることが確認できます。

```
1 Error: WebGL: vertexAttribPointer: must have valid GL_ARRAY_BUFFER binding
2   CH02_HelloTriangle.js:1937
3 Error: WebGL: drawArrays: no VBO bound to enabled vertex attrib index 0!
4   CH02_HelloTriangle.js:1974
```

　詳細を確認するために debug シンボルを追加して再ビルドしてみましょう。Makefile でサ
ンプルのビルドコマンドに -g4 フラグを追加してください。

```
1 $(CC) ${COMMONSRC} ${CH02SRC} -o $@.html ${INCDIR} ${LIBS} -g4
```

　コンパイラに何も最適化フラグを渡さなければ、-O2 以下の指定と同様に Emscripten はミ
ニファイも圧縮も行わずコードを生成します。-g1 を指定すると生成コードにホワイトスペー
スが保たれ、-g2 では関数名が保たれ、-g3 で変数名が保たれ、-g4 ではソースマップが生成

されます。ソースマップは、デベロッパーツールが生成された JavaScript が元のソースのど
の部分と紐付いているかを把握するための追加ファイルと JavaScript に埋め込まれる特殊な
コメントです。-g4 を使用すると、.html.map ファイルが新たに作成され、JavaScript ファ
イルのいちばん下に次のコメントが追加されます。

```
1  //# sourceMappingURL = CH02_HelloTriangle.html.map
```

　使用しているブラウザがソースマップをサポートしているかどうかによりますが、もしサ
ポートされていれば、リロード後は生成された JavaScript のコードだけでなく、C のソース
コードも確認できるはずです。これ以外のコンパイラオプションを確認するには emcc のヘル
プを参照してください。

　デバッグを進めましょう。Draw(&esContext) 呼び出しの直前にブレークポイントを設定
し、リロードします。Draw 関数にステップインし、コンソールタブに警告を表示する原因
となっている行が見つかるまでステップオーバーすると、次の行に問題があることがわかり
ます。

```
1  glVertexAttribPointer (0, 3, GL_FLOAT, GL_FALSE, 0, vVertices);
```

vVertices は何なのでしょう?

　Vertex Buffer Object (VBO) を使ったことがあれば、glVertexAttribPointer の 6 番目の
引数はオフセットであると考えるでしょう。しかし数行上を見ると vVertices は GLfloat[]
型として宣言されています。つまりクライアントサイドデータもしくはクライアントサイドメ
モリから描画されたものとして参照されています。glBindBuffer にゼロバッファがバインド
されていれば、glVertexAttribPointer の 6 番目の引数はメインメモリ上の頂点データの
アドレスですが、そうでなければビデオメモリに現在バインドされている VBO のオフセット
になります[7]。

　WebGL ではクライアントサイドデータは利用できません。WebGL では VBO を使用しな
ければいけないので、クライアントサイドデータではなく VBO を使用するようにコードを変
更しなければいけません。これは -s FULL_ES2 フラグを付けて再コンパイルし、実行して何
かが描画されていることを確認できればそれで終わりとすることもできます。しかしそのよう
なことはやめましょう。Emscripten はクライアントサイドデータをエミュレートしますが、
パフォーマンスがあまり良くないことがあります。変更された部分は次のようになっているで
しょう。

リスト 5.2: クライアントサイドデータの代わりに VBO を使用

```
1  #ifdef __EMSCRIPTEN__
2    GLuint vertexPosObject;
3    glGenBuffers(1, &vertexPosObject);
4    glBindBuffer(GL_ARRAY_BUFFER, vertexPosObject);
5    glBufferData(GL_ARRAY_BUFFER, 9 * 4, vVertices, GL_STATIC_DRAW);
```

---

[7] OpenGL ES 2.0 仕様書 [OpenGL ES 2.0], §2.9.1。

96   第 5 章　Emscripten と WebGL

```
6    glVertexAttribPointer(0, 3, GL_FLOAT, GL_FALSE, 0, 0);
7 #else
8    glVertexAttribPointer (0, 3, GL_FLOAT, GL_FALSE, 0, vVertices);
9 #endif
```

　毎フレーム新しいバッファを作り直していて好ましいコードではありませんが、この後ですぐに GL コンテキストの冗長な呼び出しを見つけられる便利なツールを紹介します。これで再ビルドすると、ひとまずはポリゴンが表示されていることを確認できるはずです!

5.6.3　アニメーションできるようにする

　これで描画に関する問題を解決できました。それではアニメーションに取り掛かりましょう。先ほど 1 フレームしか描画されないように main の最後に加えた #ifdef をリバートします。これでコンパイラに依存せず常に esMainLoop(&esContext) を実行するはずです。このバージョンをブラウザで読み込むと、再び「応答のないスクリプト」という警告が表示されます。警告を確認したら、スクリプトを停止します。まだどこかにある無限ループをどうにかしなければいけませんが、今回は少なくとも何かが描画されているはずだということはわかっています。

　はじめに、イベントループについて少し説明しておきましょう。ネイティブの C もしくは C++ のコードでは OS がプロセスの内外のコンテキストを切り替えてシステムが応答できる状態にあることを保証してくれるのでコードを無限ループ内で実行することができます。JavaScript の場合は少し異なり、そのためのイベントループが存在します。JavaScript はシングルスレッドなので (Web Worker を使用するとマルチスレッドも実現できますが)、ネットワーク経由でデータをフェッチする (XMLHttpRequest のような) API は通常は非同期で実装されています。つまり処理が完了した後に呼び出される関数を引数として受け取ります。これは C や C++ でいう関数ポインタや関数オブジェクトと同様です。コールバックはイベントキュー内に配置され、完了したイベントループから 2, 3 ティックすぎるまでは実行されず、またネットワークレスポンスのようなイベントが発生するまでは実行されることがありません。このような動作の結果、イベントキューにある現タスクの残りの部分が実行できるようになります。JavaScript は処理の大部分がシングルスレッドで、ブラウザのメインスレッド上で実行されるので、実行に長い時間のかかる関数や、無限ループがあるページは無反応になります。setTimeout や setInterval のような関数を使用するとコールバックをイベントキューの最後に追加できるため、以前から jQuery のようなライブラリでメインスレッドをブロックしないアニメーションを実現するためにそれらの関数が利用されてきました。しかしこれら 2 つの関数をアニメーションのために利用することには問題もあり、そのため HTML5 標準では requestAnimationFrame 関数が導入されました。

　アニメーションには while (true) ループではなく requestAnimationFrame を使用したいと思います。Common/esUtil.c ファイルを開き、290 行目の esMainLoop の定義まで進めば無限ループをしているソースが見つかります。

リスト 5.3: main アニメーションループ

```
1 while(userInterrupt(esContext) == GL_FALSE) {
2   ...
3   esContext->updateFunc(esContext, deltatime);
4   ...
5   esContext->drawFunc(esContext);
6   ...
7 }
```

コードを JavaScript のイベントループでうまく再生するには次のように変更します。

1. while ループの本文を独自の関数として切り出します。
2. while ループが参照しているローカルスコープ外の変数があれば、その変数を管理する ための構造体を作成します。
3. 引数を格納した構造体のアドレスを emscripten_set_main_loop_arg に渡します。

emscripten_set_main_loop_arg は requestAnimationFrame を実行する関数で、次の ようなシグネチャを持ちます。

```
1 extern void emscripten_set_main_loop_arg(void (*func)(void*), void* arg, int
    fps, int simulate_infinite_loop)
```

フロントバッファとバックバッファは requestAnimationFrame イテレーショ ンの最後に WebGL が切り替えます。もし引数が何もなければ、兄弟関数として emscripten_set_main_loop というものもあります。この変換はインタラクティブな操作を スレッドを使用した実装に変換したことのある人には非常に馴染み深いものでしょう。まずは じめに while ループの本文を独自の関数に移動します。

リスト 5.4: render 関数の分離

```
 1 static void render (void *data)
 2 {
 3   ...
 4   esContext->updateFunc(esContext, deltatime);
 5   ...
 6   esContext->drawFunc(esContext);
 7   ...
 8 }
 9 void ESUTIL_API esMainLoop (ESContext *esContext)
10 {
11 #ifdef __EMSCRIPTEN__
12   // （後で更新する）
13   // emscripten_set_main_loop_arg と
14   // 値を格納した引数構造のアドレスを使用
15 #else
16   while(userInterrupt(esContext) == GL_FALSE) {
17     ...
18     esContext->updateFunc(esContext, deltatime);
19     ...
20     esContext->drawFunc(esContext);
```

```
21    ...
22   }
23 #endif
24 }
```

次に while ループに入る前に初期化されている変数を保持する構造体を作成します。

リスト 5.5: アニメーションループで使用するデータを保持する構造体を作成

```
 1 struct loop_vars_t
 2 {
 3   struct timeval t1;
 4   struct timezone tz;
 5   float totaltime;
 6   unsigned int frames;
 7   ESContext* esContext;
 8 };
 9 static void render (void *data)
10 {
11   struct loop_vars_t* args = (struct loop_vars_t*) data;
12   struct timeval t2;
13   float deltatime;
14   ...
15   args->esContext->updateFunc(args->esContext, deltatime);
16   ...
17   args->esContext->drawFunc(args->esContext);
18   ...
19 }
```

最後に引数を格納した構造体のアドレスを渡して emscripten_set_main_loop_arg を実行します。

リスト 5.6: emscripten_set_main_loop_arg の利用

```
 1 void ESUTIL_API esMainLoop (ESContext *esContext)
 2 {
 3 #ifdef __EMSCRIPTEN__
 4   struct loop_vars_t args = {0};
 5   args.totaltime = 0.0f;
 6   args.frames = 0;
 7   args.esContext = esContext;
 8   gettimeofday(&args.t1, &args.tz);
 9   emscripten_set_main_loop_arg(render, &args, 0, 1);
10 #else
11 ...
```

この時点ではまだビルドしても、emscripten_set_main_loop_arg が定義されていないというエラーが返るはずです。Common/esUtil.c のいちばん上に #include "emscripten.h" を追加してください。Emscripten はこのヘッダをどこから取り込めばよいかを理解しているので、ビルドコマンドに -I 引数を追加する必要はありません。

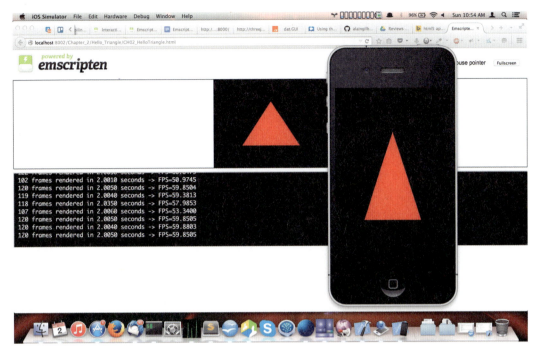

図 5.2: WebGL レンダラと OpenGL ES 2.0 レンダラ

　これで図 5.2 のように正しくアニメーションしていることが確認できるはずです！ もちろんフレーム間で頂点は何も変更されませんが、コンソールを確認すると 2 秒ごとに FPS の平均値が表示されているでしょう。

5.7　テクスチャの読み込み

　もう 1 つ Emscripten がネイティブ開発と大きく異なるのが静的アセットの非同期読み込みです。例えば、*OpenGL ES 2.0 Programming Guide* の第 13 章のサンプルをコンパイルしようとすると、Error loading (smoke.tga) image というエラーが発生するはずです。先ほどと同じように .html ファイル拡張子の場合に -o コンパイラフラグを指定して、クライアントサイドデータではなく VBO を使用するように Makefile を変更しなければいけません。さらに --preload-file ./Chapter_13/ParticleSystem/smoke.tga コンパイラオプションを追加すると、Chapter_13/ParticleSystem/ に CH13_ParticleSystem.data というファイルが新しく追加されます。このファイルは静的メモリのイニシャライザーで、最適化ビルドと Emscripten の仮想ファイルシステムを使用するビルドを行うと生成されます。しかしまだ先ほどのエラーは収まりません。emcc ヘルプの preload-file の項目によると、パスはコンパイルを実行しているディレクトリからの相対パスで指定します。そのため Chapter_13/ParticleSystem/ParticleSystem.c の 165 行目を "./Chapter_13/ParticleSystem/smoke.tga" に変更するか、smoke.tga を現在の作業

ディレクトリに移動しなければいけません。描画部分はすでに修正しているので、これで例が正しく描画されてアニメーションされるようになります。

5.8 開発者ツール

　コードの改善を進めるために Firefox の開発者ツールが利用できます。私のお気に入りのツールは、シェーダーエディタ、サンプリングプロファイラ、タイムラインビューアー、キャンバスデバッガなどです。

　パフォーマンスタブにはサンプリングプロファイラと FPS の時系列グラフがあります（図 5.3）。プログラムがどの関数に最も時間を使っているのかを見つけ出すには、反転したコールスタックやコールツリーが役に立ちます。プロファイラを長く実行すればするほど、サンプリング結果がより正確になります。プロファイラに何かの関数が現れなかったとしても心配する必要はありません。通常はその関数が十分高速に動作しているのでサンプラがとらえられていないだけです。アドオンをインストールしていると、自分では作成していない余分な関数がサンプリング結果に現れることがあります。そのためプロファイラはアドオンのインストールされていない新しいプロファイルで実行した方がよいでしょう[*8]。

　コード内で `console.time` と `console.timeEnd` を呼び出して明示的にインストルメンテーションを追加することもできます。Chrome や Chromium，Opera のような Blink レンダリングエンジンが組み込まれたブラウザでは chrome:tracing も利用できます。これはコー

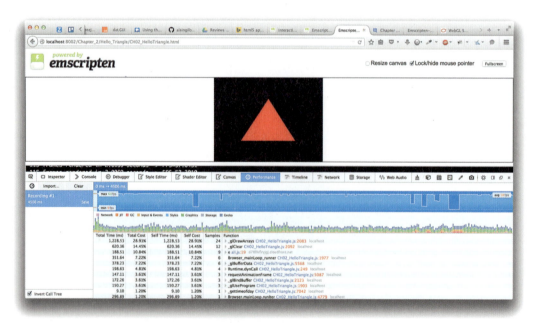

図 5.3: Firefox サンプリングプロファイラ開発者ツール

[*8] https://support.mozilla.org/en-US/kb/profile-manager-create-and-remove-firefox-profiles

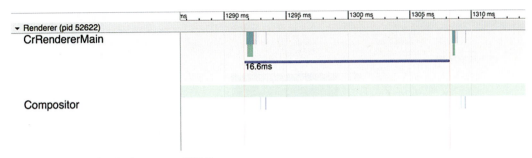

図 5.4: Blink の決定論的プロファイラ開発者ツール

ドにインストルメンテーションを追加すると利用できるようになる素晴らしい決定論的プロファイラです（図 5.4 参照）。決定論的プロファイラを使用するとさまざまな関数呼び出しが相対的にどのくらいの時間を消費したのかを正確に知ることができますが、インストルメンテーションを追加するという作業が必要です。まずサンプリングプロファイラから始めて、必要に応じて後で決定論的プロファイラに切り替えるとよいでしょう。Firefox のタイムライン開発者ツールでも `console.time` ブロックの経過時間をページ内の他の処理と比較して確認できます。

　WebGL インスペクタ[*9]はもうひとつの便利なツールで、ライブラリやブラウザアドオンまたは拡張機能として実装されています。

　図 5.5 を見れば、canvas タブがアニメーションループをデバッグできる素晴らしいツールであることがわかるでしょう。記録を取り、`clear` と `draw` の呼び出しを緑色で、`useProgram` の呼び出しをピンク色で強調表示してくれます。アニメーションループを 1 イテレーションだけ実行して記録すると、本来一度だけ実行すればかまわない処理を繰り返し実行している部分があることがわかります。ビューポートサイズのリセット、1 つしかないシェーダープログラムの有効化、バッファの新規作成、データの再バッファリング、頂点属性ポインタの再有効化などはここではすべて不要です。これらの処理を Draw 関数から Init 関数に移動する前に、修正前後でどれほど劇的にパフォーマンスが変わるかを確認できるように `requestAnimationFrame` からブラウザによる 60fps 制限をいったん解除しておきましょう。Firefox では、別のタブで about:config を開き、`layout.frame_rate` プリファレンスを −1 から 0 に、`layers.offmainthreadcomposition.frame-rate` プリファレンスを −1 から 1000 に変更すると制限を解除できます。その後でブラウザをリスタートしましょう。パフォーマンスの確認が終わったらこれらの値は忘れずデフォルトの値に戻しておきます。そうしなければ以降 `requestAnimationFrame` を使用しているサイトを開くたびにモニターのリフレッシュレートをはるかに超える頻度で処理が行われることになります。

　コンパイラフラグを `-g4` から `-O3` に変更し、Firefox ウィンドウを canvas の大きさにまで小さくすると、大きなばらつきはありますが、570fps もの頻度で更新処理が実行されます。これは A/B テストにも利用できる便利なテクニックです。

[*9] http://www.realtimerendering.com/blog/webgl-debugging-and-profiling-tools/

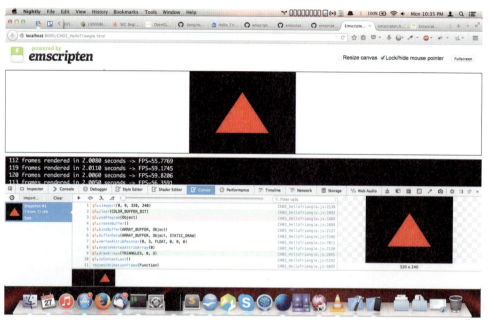

図 5.5: Firefox の canvas デバッガ開発者ツール

　Emscripten から有効な asm.js を生成するために、最適化レベルは -O2 以上を使用することが重要です。asm.js に -O2 を使用すると利用できるヒープサイズが固定されます。そのため可変かつ／または大量のメモリを必要とするアプリケーションに -O2 を付けると失敗が増え、コンパイルが安定しません。このような場合にはランタイムが警告としてコードのコンパイル方法を表示するので、実行時に無駄なコストはかかりますが問題は回避できます。

　JavaScript の new Error().stack のように、スタックトレースの表示を助けてくれるものがあります。Emscripten では EM_ASM マクロを使用すると C/C++ に直接 JavaScript を埋め込むことができます。

5.9　Emscripten が使用された実製品

　Emscripten チームは 2013 年に Epic Games 社のメンバーと協力して Unreal Engine 3 (UE3) をウェブで動作するようにしました。その成果は Epic Citadel と Unreal Tournament のデモと、2014 年に公開された Unreal Engine 4 で確認できます。Trendy Entertainment 社の開発者たちは UE3 を使用して 2014 年に Dungeon Defenders Eternity をリリースしました。Unity もブラウザ向けにエクスポートする無料機能を Unity 5 で公開し、その成果は Madfinger Games 社の Dead Trigger 2 のデモで確認できます。2014 年後半には Mozilla は Humble Bundle 社と協力して、FLT: Faster Than Light や Voxatron などの有名なインディーゲームが 9 ゲーム含まれた Humble Mozilla Bundle をリリースしました。これは最終的に 50 万ドルの利益を上げました。実際にブラウザで動作しているゲームのスクリーンショットは図 5.6 で確認できます。

5.9 Emscripten が使用された実製品　　103

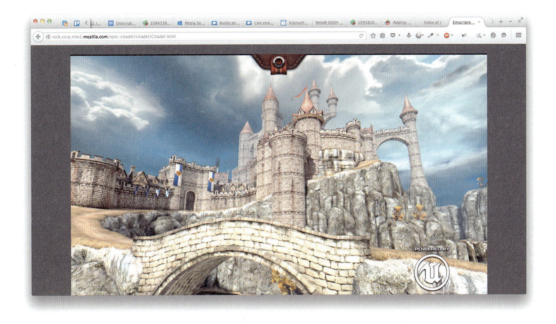

図 5.6: Epic Unreal Engine 3 の Epic Citadel デモ（上），Humble Mozilla Bundle に含まれるゲームの 1 つ、FTL: Faster Than Light（下）

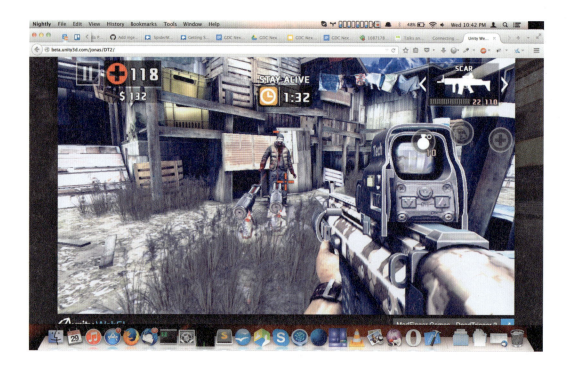

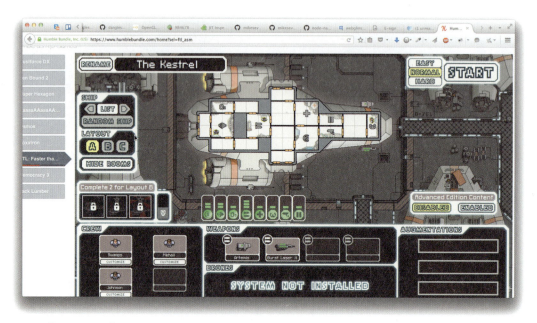

図 5.6: 続き：UE3 を使用した Trendy Entertainment 社の Dungeon Defenders Eternity（上），Unity5 を使用した Madfinger Games 社の Dead Trigger 2（下）

5.10　さらに学習をすすめるために

　さらに情報を得るには、公式のドキュメントにひととおり目を通すのが最もよい方法です[*10]。`irc.mozilla.org` の#emscripten IRC チャンネルも非常に活発で、Emscripten の開発者全員と、実際に移植を経験したことのある開発者の多くが参加しています。FFI 機能のドキュメントとして `emscripten/src/preamble.js`，コンパイラオプションを知るために `emscripten/src/settings.js` などのコードは読んでおいてもよいでしょう。紹介したコードサンプルと図はすべて本書の GitHub コードリポジトリ上にあり、オンラインで閲覧できます[*11]。

参考文献

[asm.js] Dave Herman, Luke Wagner, and Alon Zakai. "asm.js." http://asmjs.org/spec/latest/, 2014.

[Jukka Jylänki 13] Jukka Jylänki. "Emscripten Memory Profiler." https://dl.dropboxusercontent.com/u/40949268/emcc/memoryprofiler/Geometry_d.html, 2013.

[Lamminen *et al.* 14] Turo Lamminen, Tuomas Närväinen, and Robert Nyman. "Porting to Emscripten." https://hacks.mozilla.org/2014/11/porting-to-emscripten/, 2014.

[Munshi *et al.* 08] Aaftab Munshi, Dan Ginsburg, and Dave Shreiner. *OpenGL ES 2.0 Programming Guide*. Addison-Wesley Professional, 2008. 『Open GL ES 2.0 プログラミングガイド』，松田晃一 訳, ピアソン桐原, 2009.

[OpenGL ES 2.0] Mark Segal and Kurt Akeley. "The OpenGL ® Graphics System: A Specification." https://www.opengl.org/documentation/specs/version2.0/glspec20.pdf, 2004.

[Typed Array] Dave Herman and Kenneth Russell. "Typed Array Specification." https://www.khronos.org/registry/typedarray/specs/latest/, 2013.

[Wagner 14] Luke Wagner. "asm.js AOT compilation and startup performance." https://blog.mozilla.org/luke/2014/01/14/asm-js-aot-compilation-and-startup-performance/, 2014.

[Wagner and Zakai 14] Luke Wagner and Alon Zakai. "Getting started with asm.js and Emscripten." GDC 2014.

[WebGL 1.0] Dean Jackson. "WebGL Specification." https://www.khronos.org/registry/webgl/specs/latest/1.0/, 2014.

[Zakai 10] Alon Zakai. "Experiments with ˋStaticˊ JavaScript: As Fast as Native Code?" http://mozakai.blogspot.com/2010/07/experiments-with-static-javascript-as.html, 2010.

[Zakai 13] Alon Zakai. "Emscripten: An LLVM-to-JavaScript Compiler." https://github.com/kripken/emscripten/blob/master/docs/paper.pdf?raw=true, 2013.

[*10] https://kripken.github.io/emscripten-site/

[*11] https://github.com/WebGLInsights/WebGLInsights-1

第6章

WebGL を使用した
データ可視化アプリケーション:
Python から JavaScript へ

Cyrille Rossant

Almar Klein

6.1 はじめに

　サイエンス、エンジニアリング、金融、その他多くの分野でデータが氾濫し、近代的で革新的なデータ解析手法が必要とされています。プロセスの自動化が進めば進むほど、解析パイプラインのほとんどすべてのステージでけっきょく人間による監視が必要になることがよくありますが、探索的な解析のためにデータを理解する主要な方法が可視化です。巨大なデータを効果的に可視化するには、その手段がインタラクティブで、高速に応答し、さらにスケーラブルでなければいけません [Rossant 13]。

　近年、データセットは巨大で高次元なものになることが多く、静的な 2 次元画像ではおそらく関連する情報をすべて伝えることはできません。巨大で高次元な情報を可視化するため、ツールにインタラクティブ性を持たせてユーザーがさまざまな次元でデータのサブセットを探索できるようにするということが一般的に行われています。インタラクティブなデータ探索を効率よく行うには、巨大なデータセットに対しても、十分高いフレームレートでレンダリングする必要があります。加えて巨大データの可視化手法としてクラウドアーキテクチャに保存された大量のデータセットにも対応できるように分散通信技術をサポートしているべきです。

　私たちは巨大なデータセットをインタラクティブに可視化するために VisPy という OpenGL ベースのライブラリを Python で開発しています[*1]。カスタムシェーダーを通じ

[*1] http://www.vispy.org

図 6.1: VisPy ギャラリーのスクリーンショット。左から右に、フラグメントシェーダーでのレイトレーシングの例、ポイントスプライトで描画された疑似銀河、フラグメントシェーダーで独自のポストプロセス効果を持つテクスチャを使用した立方体、リアルタイムに更新される数百のデジタル信号（効率化のためにグリッドレイアウトはすべて頂点シェーダーで生成されています）、皮質表面の 3D メッシュ

てグラフィックスカードを利用することで、数億頂点からなるモデルであっても滑らかに表示できます。図 6.1 で VisPy がサポートしている可視化の種類をいくつか紹介しています。

　VisPy はデータ解析のためのオープンプラットフォームとしては最も利用されているツールの 1 つで、BSD ライセンスのオープンソースとして Python で作成されています [Oliphant 07]。Python は表現力と利用のしやすさの面では高い評価を受けていますが、ドキュメントの共有と伝達という面ではウェブプラットフォームに劣ります。WebGL はうまく利用すれば VisPy で可視化した結果をウェブドキュメントに埋め込むことができるようになるため、私たちにとっても魅力的な技術です [WebGL]。VisPy と WebGL はどちらも OpenGL ES 2.0 をベースにしているので、技術的な障壁となるのは主にそれらをプログラミングするための言語です。実際のところ、Python と JavaScript の統合は未解決の問題のままです [Kelly 13]。

　この章では WebGL を使用して VisPy をブラウザで利用できるようにするために開発したテクニックを紹介します。しかしそれらのテクニックの詳細な説明の前に、まずは VisPy プロジェクトの概要を紹介しましょう。VisPy の基本的な考え方は OpenGL ES 2.0 を使用してデータ指向の抽象化レイヤーを構築するということです。VisPy は OpenGL の機能を内部的に使用して、ユーザーが OpenGL の知識を使用せずに複雑な可視化を実現するためのサポートをします。VisPy の開発には主に Python が使用されていますが、この章の内容は JavaScript を使用したデータ可視化プロジェクトに取り組んでいる WebGL 開発者にも興味を持てるものになっているはずです。

　VisPy が重視しているのはスピードとスケーラビリティです。特にこのアーキテクチャでは特殊な詳細度レベル（Level Of Detail、LOD）テクニックを使用して実メモリに収まりきらないデータを可視化するアプリケーションの実現が可能です。これらのテクニックはいずれも現時点での VisPy には実装されていませんが、VisPy はこれらのユースケースを可能にするインフラストラクチャを提供しています。例えば（Python と VisPy がインストールされた）ハイパフォーマンスなサーバーから WebGL ベースのパフォーマンスの低いデバイス（デスクトップコンピュータ、スマートフォンなど）に、巨大なデータセットをさまざまな LOD から動的に選択してストリーミングすることができます。VisPy ではまさにこのようなユースケースで利用されることを想定したクライアントサーバーアーキテクチャと通信プロトコルが提示されています。この章の目的はこのインフラストラクチャについて詳細に説明することです。

6.2 VisPy の概要

　新しい OpenGL と GLSL の機能とその柔軟性はビデオゲームや 3D モデリングソフトウェアだけでなく、2D または 3D のデータ可視化アプリケーションにとっても価値があります。OpenGL を使用して描画できる可視化の例には散布図（ポイントスプライト）、デジタル信号（折れ線）、画像（テクスチャを設定したポリゴン）、グラフ、3D サーフェス、メッシュ（ラスタライゼーションまたはボリュームレンダリング）などさまざまなものがあります。GLSL の表現力を利用するとこれら以上に複雑な可視化も実現できます。

　巨大で複雑な多次元データセットを可視化する必要のある科学者はたくさんいますが、OpenGL で独自の可視化を作成する時間とスキルのある人はほとんどいません。OpenGL ベースでインタラクティブな可視化アプリケーションを完全に独自で作成するには、GPU アーキテクチャ、レンダリングパイプライン、GLSL，複雑な OpenGL API などの知識が必要です。

　このように WebGL を使用した可視化を実際に始めるために必要な障壁が高すぎることが、VisPy を開発する動機になりました。このライブラリは科学者が自身のデータをインタラクティブかつ効率的に可視化することができるようにハイレベルな可視化用ルーチンを提供します。VisPy には低レベルな OpenGL 由来のインターフェースから、高レベルなデータ指向のインターフェースまでさまざまな抽象度のレイヤーがあります。高レベルなインターフェースを使用すると複雑な可視化を最小限のコードで定義できますし、低レベルなインターフェースでは可視化プロセスの詳細な制御とカスタマイズが可能です。このセクションではこれらのインターフェースを紹介します。

6.2.1 デスクトップ GL と GL ES 2.0 の違いを吸収

　VisPy は OpenGL ES 2.0（WebGL も含む）だけではなく「通常の」デスクトップ OpenGL もターゲットにしています。これは実装に使用する機能を両方のバージョンで利用できる OpenGL のサブセットに制限することで実現されています。2 つのバージョンはほぼ互換ですが、いくつか落とし穴もあります。そのうちのいくつかは VisPy で対処しているので、ユーザーはデスクトップ GL と WebGL の両方で動作する GLSL を書き、アプリケーション作成することができます。特に大きな違いは以下のとおりです[*2]。

- いくつかの関数名が 2 つのバージョンの間で異なります。例えば、`create` ／ `delete` 関数が異なっていたり、`getInteger` ／ `getFloat` ／ `getBoolean` が `getParameter` と置き換えられていたりします。VisPy では共通表現言語（GLIR）を通じて GL コマンドを利用するので、これは問題にはなりません（この章の後半を参照）。
- デフォルト状態のデスクトップ GL ではポイントスプライトは利用できません。VisPy では必要に応じて自動的にポイントスプライトを有効にします。

[*2] 異なる部分についての完全なリストは https://github.com/vispy/vispy/wiki/Tech.-EScompat を参照してください。

- ES 2.0 フラグメントシェーダーは `precision` 修飾子を必ず指定しなければいけません。VisPy では、現在のところ演算精度として `mediump` が使用されています。将来的には、ユーザーが任意の演算精度を指定できるようになる予定です。

- ES 2.0（と WebGL）は、例えばボリュームレンダリングのようないくつかのテクニックで利用されている 3D テクスチャをサポートしていません。この問題については 2D テクスチャを使用し、シェーダー内で手動で 3D サンプリングを実装することで回避できます。第 17 章を参照してください。

- WebGL はインデックスバッファのサイズに制限があります。この制限は巨大なメッシュを可視化する場合に問題になることがあります。この問題は `OES_element_index_uint` か複数バッファを使用することで回避できます。

- WebGL はコンテキスト間でオブジェクトを共有できません。これにより API の利用は簡単になりますが、機能を制約されるアプリケーションもあります。

- バージョンプラグマがなければ、デスクトップ GL のさまざまなバージョンごとに（例えば、暗黙の型変換を許すかどうかなどの点で）GLSL コンパイラの厳密さに大きな差があります。VisPy ではデスクトップ GL のコンパイラが ES 2.0 と同様の動きになるように、バージョンプラグマは自動的に 120 に設定されます。さらに ES 2.0 の実装は繰り返し回数がコンパイル時にわからない `for` ループをサポートしないことがあります。

- ES 2.0 は属性やテクスチャフォーマットに使用できるデータタイプがデスクトップ GL よりも制限されています（例えば、`GL_RGB8` がありません）。

　ユーザーが WebGL でもデスクトップ GL でも動作するコードを作成できるようにするだけでなく、デスクトップ GL の機能（例: 3D テクスチャとジオメトリシェーダー）もすべて利用できるようにしたいと考えています。デスクトップでしか利用できない機能は WebGL バックエンドではなく Python バックエンド（Qt, wx など）を使用している場合に有効になります。

6.2.2　gloo: OpenGL のオブジェクト指向インターフェース

　OpenGL API は冗長になりがちです。シェーダーのコンパイルやデータバッファの作成のような基本的な操作であっても大量の引数を受け取るコマンドを何度も呼び出す必要があります。とはいえ、これらの API の核となる考え方は比較的単純なので、よりコンパクトに表現することが可能です。

　VisPy では gloo という名前の OpenGL ES のためのオブジェクト指向インターフェースを利用できます。gloo は Python と JavaScript の両方で実装されています。gloo を使用すると、オブジェクト、シェーダー、GLSL 変数、データバッファ、といった OpenGL の中心となる概念に集中して、より自然に可視化アプリケーションを作成できます。

　例えばリスト 6.1 は図 6.2 の静的なランダム座標群を表示する Python スクリプトです。図 6.3 はリスト 6.1 のコードを実行したときの出力になります。

リスト 6.1: VisPy を使用した単純な可視化

```
1  from vispy import app, gloo
2  import numpy as np
3
4  vertex = """
5  attribute vec2 position;
6  void main() {
7    gl_Position = vec4(position, 0.0, 1.0);
8    gl_PointSize = 20.0;
9  }
10 """
11
12 fragment = """
13 void main() {
14   vec2 t = 2.0 * gl_PointCoord.xy - 1.0;
15   float a = 1.0 - pow(t.x, 2.0) - pow(t.y, 2.0);
16   gl_FragColor = vec4(0.1, 0.3, 0.6, a);
17 }
18 """
19
20 canvas = app.Canvas()
21 program = gloo.Program(vertex, fragment)
22 data = 0.3 * np.random.randn(10000, 2)
23 program['position'] = data.astype(np.float32)
24
25 @canvas.connect
26 def on_resize(event):
27   width, height = event.size
28   gloo.set_viewport(0, 0, width, height)
29
30 @canvas.connect
31 def on_draw(event):
32   gloo.set_state(clear_color = (0, 0, 0, 1), blend = True,
33                  blend_func = ('src_alpha', 'one'))
34   gloo.clear()
35   program.draw('points')
36
37 canvas.show()
38 app.run()
```

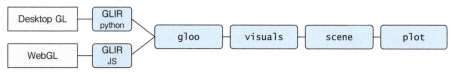

図 6.2: VisPy が提供しているグラフィックス抽象化レイヤーの概要。右に向かうにつれ高機能な API になる代わりに柔軟性が失われます。GLIR と呼ばれる宣言的言語がデスクトップ OpenGL と WebGL を土台として共通のレイヤーを形作ります。gloo モジュールは OpenGL ES のオブジェクト指向インターフェースを提供します。Visual は gloo で実装された再利用可能なグラフィカルオブジェクトでカプセル化されています。これらの Visual はシーングラフの中で構造化することができます。最後に、plotting API は一般的なユースケースで、シーングラフと Visual を作成するために利用できます

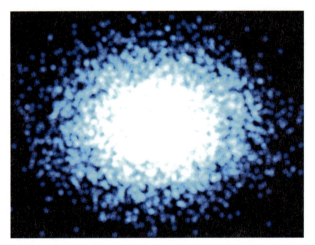

図 6.3: リスト 6.1 のコードの実行結果

　program オブジェクトは頂点シェーダーとフラグメントシェーダーを受け取って作成されます。VisPy は自動的に GLSL コードをパースします。これによりユーザーは簡単に attribute 変数へデータバッファを割り当て、uniform 変数へ値を割り当てることができます。その後でプログラムは OpenGL で提供されている任意のプリミティブ型（ポイント、ライン、トライアングル）を使用して描画を実行します。

　Python ではデータバッファは一般的に NumPy ライブラリ [van der Walt 11] を用いて作成、操作されます。この有名なライブラリでは型付きの ndarray オブジェクトを利用できます。ndarray は多次元を扱うことができるという点を除けば JavaScript の TypedArray [Khronos 13] とよく似ています。

　VisPy ではシェーダーがさまざまな場所で利用されています。Python や C でレンダリングルーチンを実装する代わりにできる限り GLSL を使用するという方針によって WebGL へ移植する際に変換が必要となるコードが少なくて済みます。これは GLSL がデスクトップ OpenGL と OpenGL ES 2.0/WebGL で実質的に同じ言語だからです。

　この章の後半で紹介しますが、この gloo が Python ベースのアプリケーションを WebGL への変換するプロセスにおいて中心的な役割を果たします。

6.2.3　Visual

　gloo レイヤーは VisPy の高レベルグラフィックスレイヤーの土台です。その上で Visual の中に再利用可能な可視化プリミティブがカプセル化されています。それぞれの Visual は 1 つのグラフィックスオブジェクト（線、画像、メッシュなど）を表します。複数の gloo オブジェクトをカプセル化していて、Python に似たインターフェースでそれぞれの見た目を制御できます。gloo の抽象化レベルは OpenGL のアーキテクチャと対応していますが、Visual の抽象化レベルはシーン内に表示されるグラフィカルなオブジェクトに対応しています。そのためユーザーは OpenGL の知識がなくても直感的に Visual を作成して操作できます。

Visual の例には一般的な 2D や 3D の幾何学形状、高品質なアンチエイリアスのかかった
ポリライン（AntiGrain Geometry ライブラリ [Rougier 13] を GLSL に移植したもの）、3D
メッシュ、画像、ポイントスプライトなどがあります。VisPy にはさまざまな Visual が比較
的豊富に用意されていますが、必要があればユーザーが独自の Visual を作成することも可能
です。

Visual はシェーダーをモジュールのように構造化できるシェーダー合成システムを内部的
に使用しているため、GLSL のコードスニペットを共有して再利用できます。再利用可能な
GLSL 関数はドル記号（$）をプレフィックスとして持つプレースホルダ変数を使用することで
定義できます。これらの変数は簡単な Python API を使用して実行時に gloo 変数（attribute
変数, uniform 変数, 定数）と置き換えられます。VisPy は変数名が衝突する場合に必要に応
じて名前を変更して、最終的な GLSL コードを生成します。

この機能を使用することでユーザーは座標変換や色修正など独自の GLSL を Visual に追
加して、その見た目を変更できます。例えばパンやズームで必要な座標変換を行う関数では
$translate と $scale という 2 つのテンプレート変数が使用されています。これらの変数は
使用目的に応じて uniform 変数か attribute 変数にバインドできます。

6.2.4　シーングラフ

Visual は直接使用する以外にも、シーングラフを使用して構造化することもできます。
後者の場合、Visual は階層構造を構成するノードとしての役割を果たします。それぞれの
ノードには親と現在の座標フレームの関係を表す transform プロパティがあります。この
transform は CPU と GPU の両方で実装されています。またシーングラフを使用すること
で利用できるようになる組み込みのカメラ／インタラクションモデルがいくつかあります。

6.2.5　Plotting インターフェース

Plotting インターフェースは VisPy で最も高レベルなレイヤーです。散布図や折れ線、画
像など一般的な作図のためにすぐに利用できる可視化ルーチンがあります。つまり、このイン
ターフェースを使用すると一般的なユースケースに合わせて Visual を作成してシーングラフ
を簡単に設定できるようになります。

ヒント: VisPy は OpenGL ES を土台として構築されたデータ可視化ライブラリです。
Python と JavaScript を使用して作成され、抽象化レベルの異なる複数のレイヤーで構成さ
れています。エンドユーザーは直感的で機能的に少し制限がある高レベルなインターフェース
と、より柔軟で利用の難しい低レベルなインターフェースまで、自身に適した抽象度のレイ
ヤーを選ぶことができます。

6.3　GLIR: OpenGL のための中間表現

Python で記述された VisPy の可視化をブラウザで表示するためには、可視化を定義してい
る Python コードを JavaScript コードに変換する必要があります。最も大きな挑戦は、この

変換は機械的に行い、人間による確認はもしあったとしてもできる限り少なくすることを目指しているということです。このライブラリのエンドユーザーは科学者で、彼らは Python でコードを書けば、それがデスクトップであろうとブラウザであろうと同じように動作することを望みます。基本的に彼らは日常的な作業のために JavaScript でコードを書きたいとは思いません。またそれに加えてコードの二重化を避けることはメンテナンスを容易にすることにもつながります。

Python から JavaScript に可視化のコードを変換するには問題が 2 つあります。

1 つ目の問題は、これまで見てきたとおり、可視化はおそらく複数ある抽象化レベルいずれか 1 つで記述されているということです。両方の言語で解釈できる共通の表現を実現するには特定の抽象化レベルを選択する必要があります。

2 つ目の問題は、JavaScript と Pytyon の両方で解釈できるような表現では静的な可視化しか定義できそうにないということです。にもかかわらず、VisPy はインタラクティブな可視化を重視しています。概念的には、インタラクティブとはシーン内の OpenGL オブジェクトをユーザー操作（マウス、キーボード、タッチ）やタイマーのような動的なイベントに応じて更新できるという意味です。これらのインタラクティブな機能は通常は汎用的なプログラミング言語で記述されます。VisPy のユーザーは Python ライブラリに含まれているモジュール化されたコンポーネントを使用してこのような機能を実装します。例えば、シーングラフでは移動や回転ができるカメラが定義されています。これらのカスタムルーチンを Python から JavaScript に変換する方法を見つけ出すことが今回の最大の挑戦の 1 つです。

このセクションでは可視化を Python から JavaScript に変換する表現レベルを選ぶという課題に集中します。そして次のセクションでインタラクティブな機能をどのようにして自動もしくは半自動で変換しているかを説明します。

6.3.1　適切な表現レベルの選択

適切な変換レベルがどこにあるかを決定したいのですが、低レベルな表現と高レベルな表現の間にはトレードオフがあります。低レベルな表現は表現力が高く、Python と JavaScript でコードが二重になる部分も少なくて済みます。しかし高レベルなインターフェースを使用して定義された可視化から低レベルな表現を動的に生成するのは難しい作業です。

高レベルな表現は変換が容易ですが、Python と JavaScript でコードが二重になる部分が多くなります。両方の実装を管理して、必要に応じて同時に更新するには大きな労力が必要でしょう。

まず最初に私たちは最も低レベルな表現、つまり OpenGL API を調査しましたが、いくつか問題がありました。第一にこのインターフェースは複雑で冗長です。処理を実装し始める前に定型的なコードが必要になることがよくあります。元の記述が冗長だと変換されたコードも読みにくくなりますし、デバッグもたいへんです。次にこの表現で記述されるコードは一般にループや条件分岐（例: エラーハンドリング）などの非線形な制御フローを含みます。そのようなコードを自動的に Python から JavaScript に変換することが困難なのは明らかです。

このような理由から、新しく開発する表現は gloo インターフェースに対応させることと

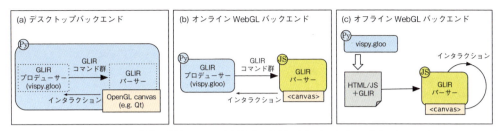

図 6.4: WebGL バックエンドの操作の異なるモードを説明した図: (a) デスクトップバックエンドでは、GLIR プロデューサーとインタープリタは GUI バックエンド（例えば Qt）の上で同じプロセスで動作します。(b) オンライン WebGL バックエンドでは、GLIR プロデューサーは Python プロセスの中で動作して WebGL インタープリタに GLIR コマンドをストリーミングします。(c) オフライン WebGL バックエンドでは、すべての GLIR コマンドとインタラクションロジックを含んだスタンドアロンのウェブドキュメントが半自動で生成されます

し、その表現を GLIR，GL Intermediate Representation（GL 中間表現）と名付けました。GLIR は単純な宣言的プログラミング言語で、`gloo` オブジェクトの動的な作成や変更を表現できます。アーキテクチャの特徴は、GLIR ジェネレーター（フロントエンド）と GLIR インタープリタ（バックエンド）、2 つのコンポーネントで構成されていることです。フロントエンドはユーザーやタイマーイベントに応じて反応的に GLIR コマンドを生成します。バックエンドは、デスクトップ OpenGL であることもあれば WebGL の場合もありますが、OpenGL コンテキストの中でこれらのコマンドを解釈して実行します（図 6.4）。全体的な流れとしては、OpenGL コンテキストの中でシーンが初期化されて動的に更新され、同時に GLIR コマンドがバックエンドにストリーミングされます。

GLIR の中で重要なのは、通信が一方通行であることです。つまりフロントエンドがバックエンドの処理を待つ必要はいっさいありません。この特徴により高いパフォーマンスが実現されます。バックエンドで発生するエラーはフロントエンドに通知する必要がありますが、これは非同期に処理できます。

この言語の実装にあたっては Python と JavaScript の間でのコードの重複を最小限にとどめるべきです。この言語のコマンドは Python と JavaScript の両方でパースして実行できなければいけません。GLIR コマンドの定義は単純なので、この表現は比較的安定していて、GLIR とその実装は将来に渡ってほとんど変更されないことが予想されます。また高レベルなインターフェースは `gloo` の上で記述されているため、GLIR 言語やその実装からは完全に切り離されます。これらの理由により VisPy の高レベルレイヤーはすべてデスクトップと WebGL で透過的に動作します。

6.3.2 GLIR 表現の例

リスト 6.1 にある `gloo` を使用している Python スクリプトを GLIR 表現に変換するとリスト 6.2 のようになります。

116　第 6 章　WebGL を使用したデータ可視化アプリケーション: Python から JavaScript へ

リスト 6.2: リスト 6.1 で記述されるシーンの GLIR 表現

```
 1  CREATE 1 Program
 2  SHADERS 1 "attribute␣vec2␣position;\n[...]" "void␣main()␣{\n[...]\n}"
 3  CREATE 2 VertexBuffer
 4  SIZE 2 80000
 5  DATA 2 0 <array> (10000, 1)
 6  ATTRIBUTE 1 position vec2 (2, 8, 0)
 7  FUNC glViewport 0 0 800 600
 8  FUNC glClearColor 0.0 0.0 0.0 1.0
 9  FUNC glBlendFuncSeparate src_alpha one src_alpha one
10  FUNC glEnable blend
11  FUNC glClear 17664
12  DRAW 1 points (0, 10000)
```

この表現は VisPy によって自動的に生成されました。実装の詳細について説明を始める前
に、GLIR 表現の基本原則について説明します。仕様全体は VisPy Wiki で確認できます[*3]。

すべての行はタプル形式のコマンドで表現されます。タプルの最初の要素は実行するコマン
ドで、残る要素が引数です。フロントエンドとバックエンドの両方が同じプロセス（Python）
にある場合は、コマンドは Python のタプルのまま処理されます。WebGL バックエンドの場
合、コマンドは JSON にシリアライズされます。

現在は全部で 14 種類のコマンドがあります。コマンドはすべて 1 つ以上のパラメーターを
受け取り、引数のデータ型は文字列、数値、文字列または数値のタプル、配列バッファのいず
れかです。

gloo オブジェクトの作成と変更を担当するコマンドがいくつかあります。gloo オブジェク
トはそれぞれ現在の OpenGL コンテキスト内で一意な識別子を持ちます。gloo オブジェク
トの識別子の一意性についてはバックエンドではなくフロントエンドが責任を持ちます。

CREATE コマンドを使用すると gloo オブジェクトを作成できます。現在のところ
gloo オブジェクトは Program, VertexBuffer, IndexBuffer, Texture2D, Texture3D,
RenderBuffer, FrameBuffer の 7 種類です。リスト 6.2 の最初の行では Program オブジェ
クトを作成し、2 行目で頂点シェーダーとフラグメントシェーダーをそのプログラムに設定し
ています。その次に頂点バッファを作成して、そのサイズを指定し（SIZE コマンド）、データ
をその頂点バッファに転送しています（DATA コマンド）。

データバッファを表現する方法はいくつかあり、正確な表現は特定のフロントエンドとバッ
クエンドに依存します。例えば、Python 可視化を JavaScript に変換する場合は、バッファ
の base64 エンコーディングが利用できます。この JavaScript 文字列は ArrayBuffer オブ
ジェクトに変換され、bufferData() WebGL コマンドに直接渡されます。Python からブラ
ウザにバイナリ形式でバッファを送信できる WebSocket プロトコルを利用したより効率的な
メソッドも存在します。

ATTRIBUTE コマンドを使用して、プログラムの attribute 変数に先ほど作成したばかりの
VertexBuffer オブジェクト（object #2）をバインドし、ストライドを 8 に、オフセットを
0 に設定します。最後に OpenGL 関数をいくつか呼び出し、gl.POINTS プリミティブ型を指

[*3] https://github.com/vispy/vispy/wiki/Spec.-GLIR

定してプログラムを描画します。

　ここであげたもの以外にも、UNIFORM（プログラムの uniform 変数の値を設定）、WRAPPING
と INTERPOLATION（テクスチャを設定）、ATTACH と FRAMEBUFFER（フレームバッファを設
定）などの GLIR コマンドがあります。

ヒント: GLIR は gloo オブジェクトを動的に作成して操作できる単純な宣言的プログラミン
グ言語です。フロントエンドモジュールは初期化のために GLIR コマンドのストリームを生
成し、その後に続く動的なユーザーイベント（マウスの移動、キーストローク、タイマーなど）
の処理を担当します。バックエンドモジュールは OpenGL もしくは WebGL のコンテキスト
内でこれらのコマンドを受け取り、解釈して実行します。この 2 層アーキテクチャによって
Python で記述される可視化の仕様と、WebGL を使用したブラウザでの描画が分離されます。

6.4　オンラインレンダラ

　GLIR は Python から JavaScript に変換するアーキテクチャの土台です。高レベルの機能
をすべて Python を使用して gloo 上で作成すると、VisPy 可視化アプリケーションを完全に
WebGL に変換できるようになります。

　実際上は VisPy 可視化アプリケーションをブラウザで動作させるには、Python サーバーを
利用できるかどうかに依存していくつか方法があります。

　オンラインレンダラではブラウザと Python サーバーは相互に接続されています。ブラウ
ザはユーザーイベントを捕捉して Python サーバーに送り、それを受けてサーバーはレンダ
リングコマンドを生成してブラウザに送り返します。Python サーバーとブラウザは同じコン
ピュータ上で動いている場合もあれば、そうでない場合もあります。

　オフラインレンダラでは、フロントエンドモジュールはインタラクティブな可視化全体をス
タンドアロンで動作させる HTML ／ JavaScript ドキュメントを生成します。外部の Python
サーバーは必要ありません。

　オンラインレンダラとオフラインレンダラにはユーザー視点でのトレードオフがあります。
オンラインレンダラは原理的にはあらゆる状況で利用でき、いくつかのロジックを Python の
ままにしておくこともできますが、Python サーバーとブラウザの間で小さな通信が発生する
というオーバーヘッドがあります。このオーバーヘッドはネットワーク上で相互にメッセージ
（ユーザーイベントと GLIR コマンド）を交換する必要があることが原因です。一方、オフラ
インレンダラを使用すると Python サーバーに依存しない完全にスタンドアロンのウェブアプ
リケーションを生成できます。とはいえ、このプロセスはより複雑で制限も多く、さらには
ユーザーが独自に JavaScript コードを書かなければいけない場合もあります。

6.4.1　IPython Notebook

　オンラインレンダラを実装するには次のようなコンポーネントが必要になります。

- NumPy と VisPy がインストールされた Python プロセス
- Python サーバー

IP[y]: Notebook Untitled0 Last Checkpoint: Aug 20 21:19 (unsaved changes)

File　Edit　View　Insert　Cell　Kernel　Help

Code ▾ 　Cell Toolbar: None ▾

```
In [1]: from vispy import app, plot
        app.use_app('ipynb_webgl')
        copying /home/almar/projects/pylib/vispy/vispy/app/backends/../../html/static/js/vispy.min.js -> /home/almar/.ipython/nbextensions/
        vispy.min.js
        copying /home/almar/projects/pylib/vispy/vispy/app/backends/../../html/static/js/jquery.mousewheel.min.js -> /home/almar/.ipython/n
        bextensions/jquery.mousewheel.min.js
Out[1]: <Vispy app, wrapping the ipynb_webgl GUI toolkit>
```

```
In [3]: data = np.random.randn(1000) * np.sin(np.linspace(0, 20, 1000))
        plot.plot(data)
```

```
Out[3]: <Vispy canvas (ipynb_webgl backend) at 0x7f1b2421a940>
```

図 6.5: IPyhon Notebook の VisPy の例

- WebGL 互換のウェブブラウザ
- Python とブラウザをつなぐ接続チャンネルとプロトコル

　これらのコンポーネントをすべて独自に実装することも可能でしたが、私たちは科学計算で一般的に使用されている IPython Notebook [Perez 07][Shen 14][*4] という既存のアーキテクチャを利用することにしました。このツールは Python サーバーに接続するためのウェブインターフェースです。ユーザーはこのインターフェース上でコードを入力して、結果をインタラクティブに取得できます（read–eval–print loop, つまり REPL です）。テキスト、画像、グラフ、グラフィカルなウィジェットなども作成できます。ブラウザ上のノートブッククライアントと土台となる Python サーバーとの動的なやり取りは IPython を利用して実装されています。IPython は Tornado Python サーバーと ZeroMQ メッセージングライブラリ、WebSocket プロトコルを利用しています（図 6.5）。

　このアーキテクチャには私たちが必要としているすべての要素が含まれているので、この IPython の機能を利用して独自の notebook のウィジェットを作成することにしました。私たちが作成したカスタムウィジェットには結果を描画するための WebGL canvas も含まれています。

[*4] 訳注: IPython Notebook は現在では Jupyter Notebook に名前が変わり、Python 以外の多くの言語に対応するようになっています。https://jupyter.org/

6.4.2 分散イベントループ

通常のデスクトップ OpenGL バックエンドを使用している場合は、GLIR コマンドの生成と解釈は同じ Python プロセスが行います。しかしブラウザバックエンドの場合は、フロントエンドで生成された GLIR コマンドは、IPython 通信チャネルを通じてリアルタイムにブラウザバックエンドにプロキシされます。

通常のリアルタイムレンダリングアプリケーションと同じく、この場合もイベントループがあり、その中でイベントを処理してドローコールを生成していますが、このイベントループは Python とブラウザに分散できるように設計されています。

ブラウザ側では `window.requestAnimationFrame()` を使用して WebGL イベントループを実現しています。また JavaScript のキューが 2 つ実装されていて、イベントキューは Python サーバーにまだ送信されていない待機中のユーザーイベントを保持し、GLIR キューは WebGL エンジン（JavaScript で記述された GLIR インタープリタ）がまだ実行していない待機中の GLIR コマンドを保持します。イベントは JavaScript と jQuery 標準のイベントコールバック関数を使用して、JavaScript で生成されます

WebGL の各フレームで、以下のような処理が実行されます。

1. イベントキューから、待機中のユーザーイベントを取り出して JSON イベントメッセージを生成します。同じ型を持つ連続したメッセージ（例: `mouse_move` イベント）はパフォーマンス上の理由で 1 つのイベントにマージされます。
2. このメッセージが IPython が提供する通信チャネルを通じて Python に送信されます。
3. 待機中の GLIR コマンドが実行されます。

Python 側では受け取った JSON イベントメッセージを VisPy のイベントシステムに取り込み、その結果としてユーザーイベントコールバック関数が呼び出されます。コールバック関数は `gloo` で直接実装されていることもあれば、VisPy の高レベルレイヤー内（例: カメラやシーングラフ）の実装に含まれていることもあります。

Python プロセスが生成する GLIR コマンドはすべて自動的にキューに追加されます。そして VisPy が `draw` イベントを発行すると、待機中の GLIR コマンドが JSON メッセージとしてブラウザに送信されます。ブラウザはそのイベントを JavaScript の GLIR キューに追加します。イベントに対応するコマンドは次の `requestAnimationFrame()` イテレーションで実行されます。

時間に基づくアニメーションは Python 側で Tornado を使用して実装されます。タイマーは `draw` イベントを定期的に生成します。このイベントによって描画プログラムの実行や GLIR コマンドの送信などが定期的に実行されます。

6.4.3 サーバーサイドのオフスクリーンレンダリング

先ほど説明したプロセスでは IPython Notebook 内で動作するオンライン WebGL レンダラを実装しましたが、私たちはさらに WebGL をサポートしていないローエンドなクライアントのためにオフスクリーンレンダラも実装しました。

オフスクリーンレンダラの場合は、GLIR のコマンドはブラウザに転送するのではなく、Python サーバーが直接解釈します。ブラウザには GLIR コマンドではなくサーバーでの描画結果をラスター化した画像が送信されます。このプロセスは VNC プロトコルに似たプロトコルで実現されています。

この手法はデータセットが大きすぎてネットワーク経由で送信できない場合や、クライアントの RAM に入り切らない場合にも使用されます。しかし、この場合は独自に詳細度レベル（LOD）を実装した方が効果的かもしれません。

ヒント: オンラインレンダラでは、ブラウザはユーザーイベントを JSON メッセージとしてリアルタイムで Python サーバーに送信します。VisPy はイベントを処理して、gloo インターフェースを通じて GLIR コマンドのストリームを生成します。これらのコマンドは（再び JSON メッセージとして）ブラウザに送り返され、`requestAnimationFrame()` 関数で WebGL GLIR バックエンドによって処理されます。このアーキテクチャは、科学計算に適した Python のインタラクティブウェブインターフェースである IPython Notebook 上で実装されています。概して、この WebGL バックエンドを使用することでユーザーは巨大なデータを直接ブラウザ上でスムーズでインタラクティブに可視化できるようになります。

6.5 オフラインレンダラ

先ほど説明したオフラインレンダリングはあらゆる VisPy 可視化アプリケーションで利用できます。しかし、そのためには（VisPy を実行するための）Python サーバーが動作していなければいけません。例えばスタンドアロンの HTML/JavaScript ウェブドキュメントとしてエクスポートされた静的な IPython Notebook を使用しているときにはオフラインレンダリングは利用できません。notebook を同僚とシェアする場合や、インタラクティブなウェブレポートとして notebook を書き出した場合でも、ユーザーが可視化アプリケーションをインタラクティブに利用できる状態を保つことができれば興味深いのではないでしょうか。

IPython カーネルをクラウドで（例えば Docker[*5]を使用して）動作させることもその方法の 1 つです。しかしこのやり方には誰かがサーバーを管理し続け、さらにそれに対して誰かがお金を払わなければいけないという問題があります。そのため私たちは現在 Python サーバーをいっさい必要としない別の方法を開発中です。すべてのロジックをクライアント側で実装しなければいけないので、オンラインレンダラよりも利用できる環境が限られてしまいますが、この方法にはデプロイが非常に簡単になるという利点もあります。このセクションでは、この手法について進行中の作業を紹介します。

[*5] https://www.docker.com

6.5.1　概要

glooとGLIRバックエンドの両方については JavaScript の実装があるので、gloo上で直接実装された可視化アプリケーションは手作業で JavaScript で再実装できます。しかしこれは単調な作業になるので、ここでは Python コードを JavaScript に変換する作業を一部サポートできる補助機能を提案します。

可視化のエクスポートには2段階が必要です。はじめにシーンをインスタンス化して生成される GLIR コマンドをすべて補足し、作成される gloo オブジェクトすべての一覧を動的に取得します。次に（インタラクティブ性を実装している）イベントコールバック関数を手動もしくは自動で変換します。これらの関数の引数は（マウス位置、キーストロークなど）一定ではないため、実行時に自動的に変換することはできません。したがってこれらの関数は静的に変換されます。ここではそのための手順を説明します。

6.5.2　Python から JavaScript へのトランスレーター

最初に考えられる方法はオープンソースの Pythonium ライブラリ[6]のような静的 Python–to–JavaScript トランスレーターを使用することです。トランスレーターはネイティブの ast モジュールを使用して Python コードをパースし、AST（抽象構文木、Abstract Syntax Tree）をトラバースして対応する JavaScript コードを生成していきます。

この方法は LLVM のコンパイラアーキテクチャを使用して C/C++ コードを JavaScript のサブセットにコンパイルする Emscripten（第5章）と少し似ています。Python に限っても、この方法は、PyPy.js[7]，Pyston[8]，Numba[9]など、いくつかのプロジェクトで採用されています。しかし現時点では興味があるのは Python の小さなサブセットだけであり、これらのプロジェクトのような複雑な機構は必要ないと思われたので、この選択肢は検討しませんでした。

今回のケースでは、変換する必要があるのはユーザーのコールバック関数（on_mouse_move()や on_key_press() など）で、ほんの小さなコードだけです。そのためここで使用するトランスレーターは Python の全構文をサポートすることも、あらゆるユースケースに対応することも目指してはいません。目的は VisPy 可視化アプリケーションをスタンドアロンのHTML/JavaScript ドキュメントに変換するというエンドユーザーのタスクを手助けすることです。そのため生成されたコードを手動で修正できることも重要です。

インタラクティブな機能を実装するために使用されている Python 言語の機能には標準の Python 文、条件分岐、ループ、一般的な数値操作と配列操作があります。スカラ操作は uniform 変数の値を変更するときに便利で、配列操作は頂点バッファとテクスチャの修正などを行う複雑なイテレーションを実現するために必要となる場合があります。スカラ操作につい

---

[6] https://github.com/rcarmo/pythonium

[7] https://github.com/rfk/pypyjs

[8] https://github.com/dropbox/pyston

[9] http://numba.pydata.org/

ては Python の `math` モジュールと JavaScript の `Math` モジュールが同じような機能を提供していますが、現在のところ JavaScript には NumPy のようなベクトルや行列のサポートはありません。そのため、後で詳細に述べますが、NumPy の軽量版を JavaScript で実装する必要がありました。

他の方法として Brython[*10]や Skulpt[*11]のような他の Python–to–JavaScript プロジェクトも参考にできるかもしれません。

6.5.3　JavaScript で実装した NumPy 風ライブラリ

VisPy は NumPy に大幅に依存しています。NumPy の `ndarray` を使用すると Python で多次元配列を簡単に操作できます。なによりベクトル化された数学的な操作が簡潔かつ効率的に記述できます。例えば 2 つのベクトル A と B の和を単に A+B という記述で実行できます。さらに NumPy を使用すると OpenGL バッファやテクスチャとして使用される配列をコピーせずに効率的に GPU に転送できます。

JavaScript には WebGL で利用できる効率的な構造、`ArrayBuffer` と `TypedArray` があります。これらのオブジェクトは WebGL 関数に簡単に受け渡すことができますが、それらには数学的な操作は何も定義されていません。そのため私たちは NumPy の基本的な操作を JavaScript に移植する必要がありました。移植されたライブラリはベクトル化された数学的な操作（`+`, `*`, `-`, `/`など）と関数（`exp`, `cos` など）だけではなく、NumPy でよく使用される配列の作成と操作に関する機能も提供します。このツールボックスを使用することで、ユーザーは `gloo` 上で実装されたさまざまなインタラクションを簡単に JavaScript に変換できます。

6.5.4　`gloo` を超えて

VisPy の高レイヤーを使用していても最終的には GLIR コマンドに変換されるため、GLIR コマンドを捕捉して `gloo` オブジェクトをエクスポートするという手法は、関数が `gloo` で直接記述されているか、VisPy の高レベルインターフェースを使用して記述されているかにかかわらず有効です。

しかしインタラクティブな操作は静的に変換しなければならず、そこでは Python のコードはいっさい実行されません。そのため上記の手法は関数が `gloo` の上で直接実装されているときにだけ有効です。

関数がシーングラフのような VisPy の高レベルインターフェースを使用して実装されているときは、別の方法を使用する必要があります。一般的なカメラを JavaScript で再実装するのも 1 つの手段でしょう。そうすれば Python と JavaScript で同じカメラを使用することになり、インタラクションを定義する関数も自動的に変換できるようになるかもしれません。

ヒント: オンラインレンダラは Python サーバーを必要としますが、オフラインレンダラは Python 可視化アプリケーションをクライアントのブラウザ上で動作するインタラクション可

[*10] http://www.brython.info
[*11] https://github.com/skulpt/skulpt

能なスタンドアロン HTML/JavaScript アプリケーションに変換します。静的なシーンは起動時に発行される GLIR コマンドをすべて捕捉して Python から JavaScript に変換することで簡単に書き出すことができます。インタラクションについては、それらを定義する関数はスカラと配列の数学的な操作などの Python の基本的な機能だけで実装されていることが多く、NumPy に対応した静的な Python-to-JavaScript トランスレーターを使用すると、ユーザーは gloo 上で実装されたイベントコールバックを簡単に変換できます。

6.6　パフォーマンスの検討

　私たちは簡単な可視化アプリケーションを使用してアーキテクチャの影響を受けるパフォーマンスコストを評価しました[*12]。評価に使用した可視化アプリケーションは、ランダムに分散した N 個の点をポイントサイズ 1.0 のポイントスプライトとして表示するものです[*13]。

　はじめに同じシーンを 10 秒間、繰り返し更新して FPS の平均値を測定しました。(OpenGL を Python の ctypes モジュールでラップして) OpenGL API を直接呼び出した場合のパフォーマンスは頂点数 $N = 10,000,000$ のときに 42.53fps ± 2.7% でした。gloo と GLIR を使用した同じ処理を実装した場合のパフォーマンスは同じ頂点数に対して 41.9fps ± 3.1% でした。パフォーマンスのオーバーヘッドは誤差の範囲内といえます。これは Python での GLIR コマンドの生成と、そのコマンドの Python GLIR インタープリタでの実行のパフォーマンスに関連するものです。このプロセスにはシリアライズやデシリアライズは含まれていません。

　次に WebGL バックエンドのパフォーマンスを検証しました[*14]。検証は先ほどの gloo と同じ例を頂点数 $N = 1,000,000$ で実行しました（頂点数を $N = 10,000,000$ にするとブラウザがクラッシュしました）。1 トライアルごとに JavaScript で描画イベントが生成され、そのイベントが Python サーバーに送信されました。Python サーバーはスクリプトの on_draw() 関数を呼び出し、生成された GLIR コマンドをシリアライズして、ブラウザに送り返します。これらの GLIR コマンドは次の requestAnimationFrame() イベント処理に合わせて WebGL GLIR インタープリタで実行されます。1 台のマシンで実行した場合、このプロセス全体にかかった平均時間は 22ms で、ブラウザで 60fps を実現することが目標なら、今回のアーキテクチャによって発生するオーバーヘッドによる遅延はたかだか 1, 2 フレームだということがわかります。

　これ以上に複雑な例を使用したベンチマークは取得していませんが、ほとんどの場合このオーバーヘッドはシーンの複雑さとはほぼ独立していると考えられます。特にイベントに反応して uniform 変数を更新するだけの可視化で重大な遅延が発生することは考えられません。というのも、通信のオーバーヘッドは本質的には Python とブラウザの間で送受信されるデータ量とネットワーク遅延の 2 つの要素に依存するものだからです。

[*12] コードは以下の場所にあります。https://github.com/vispy/webgl-insights/tree/master/perf

[*13] すべてのベンチマークは次の条件で実行されました。2.40GHz, 16GB RAM の Intel Core i7-4700HQ CPU, Intel Haswell Mobile Mesa 10.5.0-devel OpenGL 3.0 ドライバを使用する Intel GPU, GLFW バックエンド、VisPy 開発バージョン 0.4.dev (95a87f6 commit), Ubuntu 14.04.1 LTS。

[*14] Chrome 39.0.2171.95 (64-bit) と IPython 3.0.dev (5bcd54d commit) を使用しました。

科学的な可視化のほとんどで、データは初期化時にたった一度だけブラウザに送信されます。その後で、例えばパンやズームのための u_translate や u_scale のような uniform 変数を更新することでインタラクションが実行されます。この場合のメッセージは無視できる程度の大きさしかないため、インタラクション中には Python とブラウザの間でデータ転送が発生しないものとみなすことができます。

例えばデータが非常に大きく表示のために LOD テクニックを使う必要があり、定期的に大量のデータを Python からブラウザに送る必要があるのであれば話が異なります。この場合、データが転送されるときに大きな遅延が発生することがあります。長時間可視化が反応しなくなることがないように、例えば 1 秒に 1 データだけを更新するなどの手段で、これらの操作の頻度を下げることもできます。IPython のバージョン 3.0 以上であれば、BASE64 で転送された ArrayBuffer を（デ）シリアライズするのではなく、WebSocket プロトコルのバイナリデータを使用すれば、遅延をさらに減らすことができます。

最後に、ベンチマークは 1 台のローカルマシン内で実行されました。Python サーバーと WebGL クライアントを異なるマシンで実行した場合、ネットワークの遅延によりパフォーマンスの劣化が体感できるほどになることがあります。この問題の解決策としては Python ではなくクライアント側である程度のインタラクションを実装することが考えられます。例えば視点の平行移動やズームを JavaScript で直接実装すれば、ネットワーク通信を省略できるかもしれません。これはオフライン WebGL バックエンド（セクション 6.5）のために開発されたテクニックを使用すると実現できるでしょう。

6.7　結論

巨大なデータを効率よく可視化したいと考えている科学者は VisPy を使用すれば GPU を利用できるようになります。VisPy には可視化のための抽象レイヤーが複数あるので、OpenGL を始めるためのハードルを下げられます。

VisPy は主に Python を使用して開発されている主要なオープンソースデータ解析フレームワークの 1 つですが、WebGL を使用してウェブブラウザ上でも実行することができます。ウェブプラットフォームは開発が容易でマルチプラットフォームでも動作するという点が非常に魅力的です。そのため VisPy 製の可視化アプリケーションを Python からブラウザに移植するツールを実装しました。

この作業をさらに進めるにはいくつかのやり方が考えられます。まず簡単なインタラクションの処理はクライアントで実装し、リモートで保持されている巨大なデータへのアクセスのような複雑な処理はブラウザで実装するハイブリッドなレンダラを作成できるはずです。例えば図を平行移動したりズームするたびにネットワークアクセスし、その遅延が体感的なパフォーマンスに悪影響を与えている場合にはこのようなやり方が向いているでしょう。

さらに一般的な拡張として、オンラインレンダラを使用するとウェブカムのようにブラウザがサポートしている機能をクライアントとサーバーの間で大きなデータストリームを往復させることなく簡単かつ効率よく実現できます。

生成された WebGL のコードと、three.js や dat.GUI（JavaScript 製のグラフィカルなコン

トロール）のような既存の WebGL または JavaScript ライブラリを組み合わせるのも面白い でしょう。ユーザーは Python 製の解析ツールと JavaScript/WebGL ライブラリを使用した ブラウザ上でのインタラクティブな可視化、両方の恩恵を受けることができます。

また、今のところ研究の方向性は主に WebGL のオフラインレンダラで VisPy の高レベル インターフェースをサポートすることに向いています。シーンレイヤーの高レベルなインタ ラクション処理とカメラのいくつかは JavaScript で再実装される予定です[*15]。これが完成 すると、シーンレイヤーだけを使用して独自の複雑なインタラクションを持つ可視化アプリ ケーションを作成すれば、その可視化アプリケーションの WebGL バージョンを完全自動で 機械的に生成できます。低レベルの `gloo` インターフェースと比較するとシーンレイヤーには OpenGL の知識をさほど必要としないという利点があります。VisPy は複雑な可視化が必要 で OpenGL のスキルがない、科学技術に携わるエンドユーザーをターゲットとしているので、 この点は重要です。

謝辞

他の VisPy 開発チームのメンバー（Luke Campagnola, Eric Larson, Nicolas Rougier） と、VisPy コントリビューターによるすべてのプロジェクトへの貢献に感謝します。

参考文献

[Kelly 13] Ryan Kelly. "pypy-js-first-steps." https://www.rfk.id.au/blog/entry/pypy-js-first-steps, 2013.

[Khronos 13] "Typed Array Specification," work in progress. https://www.khronos.org/registry/typedarray/specs/latest/, 2013.

[Oliphant 07] Travis E. Oliphant. "Python for Scientific Computing." *Computing in Science & Engineering*, 9:10–20 doi:10.1109/MCSE.2007.58, 2007.

[Perez 07] Fernando Pérez and Brian E. Granger. "IPython: A System for Interactive Scientific Computing." *Computing in Science and Engineering* 9 (3): 21–29 doi:10.1109/MCSE.2007.53. URL: http://ipython.org, 2007.

[Rossant 13] C. Rossant and K. D. Harris."Hardware-Accelerated Interactive Data Visualization for Neuroscience in Python." *Frontiers in Neuroinformatics* 7 (36) doi:10.3389/fninf.2013.00036, 2013.

[Rougier 13] Nicolas P. Rougier. "Shader-Based Antialiased Dashed Stroked Polylines." *Journal of Computer Graphics Techniques* 2.2, 2013.

[Shen 14] Helen Shen. "Interactive Notebooks: Sharing the Code." *Nature* 515:7525 doi:10.1038/515151a, 2014.

[van der Walt 11] Stéfan van der Walt, S. Chris Colbert, and Gaël Varoquaux. "The NumPy Array: A Structure for Efficient Numerical Computation." *Computing in Science & Engineering* 13:22–30 (2011), DOI:10.1109/MCSE.2011.37, 2011.

[WebGL] https://www.khronos.org/webgl/

[*15] 訳注: https://github.com/vispy/vispy.js/issues/13

第7章

WebGL を使用した
コンピュータグラフィックス
入門コース

Edward Angel

Dave Shreiner

7.1 はじめに

約 20 年間、コンピュータグラフィックスを教える標準的な API として OpenGL が使用されてきました。OpenGL の API は単純でハードウェアに近かったため、授業の進め方にかかわらず利用することができました。

OpenGL 3.1 で固定機能パイプラインが廃止されたことで、講師は授業にどのバージョンを使用するべきかという難しい選択を迫られました。*OpenGL Insights* [Angel 13] において、私たちは最初の授業から完全にシェーダーベースの手法を採用することの是非について議論しました。そして今、WebGL の興盛によって講師たちは授業で使用する API を別のバージョンに切り替えるべきか否かという決断を再び迫られています。

この章で私たちはコンピュータサイエンスとコンピュータエンジニアリングの学生にコンピュータグラフィックスの入門コースを教える手段として、WebGL には大きな長所があり短所はほとんどないということについて説明します。この結論は著者らの一人の 20 年以上に渡ってコンピュータグラフィックスの授業を受け持ってきた経験と両方の著者の SIGGRAPH コースで教えた経験、そして私たちの執筆したテキストブック [Angel 15] の最新版の内容から導かれました。以降のセクションは、まず WebGL を使用した基本的な 3D アプリケーションと、その対抗であるシェーダーベースのデスクトップ OpenGL を使用したアプリケーションとの比較から始まります。その後でこのアプリケーションをインタラクティブにして、さらにいくつかの機能を追加します。そこで追加される機能の中でも特にテクスチャマッピングは

最初の科目を教える手段としてデスクトップ OpenGL よりも WebGL が優れていることを示すよい例になるでしょう。

7.2 標準的なコース

コンピュータグラフィックスは 1970 年代以来、ほぼすべてのコンピュータサイエンス学部とコンピュータエンジニアリング学部で標準的なコースとして扱われてきました。コンピュータはハードウェアとソフトウェアの両面で大きく進歩しましたが、それでもこの 40 年の間、中心的なテーマはほとんど変わっていません。例えば次のようなテーマです。

- ジオメトリとモデリング
- 座標変換
- 画面表示
- ライティングとシェーディング
- テクスチャマッピングとピクセル処理
- ラスタライズ

ほとんどの授業で完全にシェーダーベースのバージョンの OpenGL を使用するようになりましたが、上記のテーマは標準的なコースの中心的な内容としていまだに残っています。本章でもこの流れを採用し、WebGL をこのような授業で使用するにはどういった調整が必要になるかに着目して説明します。最後に WebGL API を使用することでより魅力的になる他の選択肢をいくつか紹介します。

7.3 WebGL とデスクトップ OpenGL

本書の読者であれば御存知だとは思いますが、WebGL 1.0 は OpenGL ES 2.0 の JavaScript（JS）による実装です。完全にシェーダーベースで、固定機能パイプラインはなく、OpenGL 3.1 で廃止された関数はいっさい使用できません。デスクトップ OpenGL から OpenGL ES そして WebGL にアプリケーションを移植することは簡単なように思われますが、さまざまな理由によりこの作業は興味深いとはいえますが簡単とはいえません。

まず、OpenGL は主にレンダリングに関係する API なので、デスクトップ OpenGL の場合は、入力やウィンドウシステムを使用するにはプラットフォームに依存した関数を提供するか、GLUT や GLEW のようなライブラリを使用しなければいけませんでした。WebGL ではそのようなやり取りの相手がブラウザやウェブになります。コンピュータグラフィックスを教えるという観点では、この変化は望ましいものといえます。OpenGL が発展し機能が増えるに従って、生徒たちの使用するさまざまなプラットフォームやハードウェアをすべてサポートすることが次第に難しくなってきていました。OpenGL アプリケーション自体はプラットフォームから独立していて、どのようなプラットフォーム上でもほぼ再コンパイルすることができますが、その周辺のライブラリは必ずしもそうではなく、多く問題が発生するようになっていました。多くの講師が GLUT または freeglut，プラットフォームによっては GLEW

を使用していました。Windows, OS X, Linux のさまざまなバージョンで動作するライブラリ群を探すことは徐々に難しくなっています。ライブラリ群を見つけたと思ったら 32 ビットアーキテクチャでは動作しても、64 ビットアーキテクチャでは動作しないということに気付いた講師もいるでしょう。

さらに、`raster` 関数と `bitblt` 関数が廃止され、以前のバージョンの OpenGL で動作していたアプリケーションが最近のバージョンのコアプロファイルでは動作しないことも大きな問題です。例えば古いバージョンの OpenGL では GLUT を使用すれば簡単にメニューを追加できていましたが、その GLUT メニューは `raster` 関数と `bitblt` 関数を使用しています。このような問題がなくなり、簡単にアプリケーションをインタラクティブにできるのが WebGL を採用する大きな利点の 1 つです。この問題についてはセクション 7.10 で再び議論します。

C または C++ の利用者が JavaScript と HTML を学ぶのは少したいへんかもしれません。JavaScript のコードを C/C++ のコードとまったく同じように書くこともできますが、いくつか少しわかりにくいものの知っておいた方がいい重要な違いがあります。すでに高レベルな言語を知っている学生にとっては *The Good Parts* [Crockford 08] と *JavaScript: The Definitive Guide* [Flanagan 11] などの書籍が非常に参考になるでしょう。ウェブ上にも例えば McGuire [McGuire 14] によって数多くの素晴らしいチュートリアルが公開されています。より大きな問題として、コンピュータサイエンス学部とコンピュータエンジニアリング学部に存在する JS への嫌悪感というものがありえますが、ここで説明したとおりその利点は大きく、学生が JS を学んで利用すること自体に問題はほとんどありません。

ここまでは潜在的に問題となりうる部分を見てきました。次に、単純なサンプルについて細かい説明を始める前にまず WebGL を教育に利用する利点を簡単に検討しましょう。利点には以下のようなものが考えられます。

- ウェブとモバイルを含むクロスプラットフォーム
- 利用を始めるための障壁の低さ
- すばやいイテレーション
- 利用できるツールの多様性
- パフォーマンス
- モダンな API
- 他のウェブ API との統合

WebGL は最新スマートフォン上のブラウザも含め、すべてのモダンブラウザでサポートされています。これらのブラウザはすべて JavaScript のコードを解釈できるので、明示的なコンパイルは必要ありません。GLUT や GLEW のようにそれぞれのアーキテクチャ用にライブラリを再コンパイルする必要もありません。また xgl や wgl, agl のようなシステム独自のインターフェースもありません。オペレーティングシステムやそのライブラリのバージョン変更について気に掛ける必要もありません。生徒から見ると同じプロジェクトをコードをいっさい変更せずにさまざまなデバイスで実行できることになります。

コードはインタープリタで実行されるので、生徒は標準のテキストエディタなどの単純な環

境で作業できます。そのため必要があればすぐにコードを変更して再実行できます。さらにブラウザの開発者ツールに含まれるプロファイラやデバッガを使用すれば、WebGL コードはデスクトップ OpenGL よりもずっと簡単に開発できます。

WebGL のコードはコンパイルはされず、インタープリタで実行されますが、WebGL とデスクトップ OpenGL のパフォーマンスの違いは想像ほど大きくはありません。ブラウザの JavaScript エンジンは驚くほど進化しています。授業に使用する場合にはパフォーマンスが問題になる課題を出さないことも重要ですが、しかしいずれにしてもいったんデータを GPU に送ってしまえばどのようにデータが送られたかは GPU のパフォーマンスにほとんど影響を与えません。

WebGL は OpenGL のオリジナルバージョンから古いプログラミングモデルをさまざまな形である程度は継承していますが、機能がいくつか追加され API もよりモダンになっています。例えば後ほど紹介するように標準のウェブ画像フォーマットの画像をテクスチャとして利用できます。また JS を使用することでアプリケーションのコードをわかりやすく簡潔に書けることもよくあります。

しかしおそらく WebGL を教育に使用することにより得られる最大の利点は生徒がグラフィックスを作成するために HTML5 のさまざまな機能を利用できることでしょう。例えば、ページデザインには標準的な CSS を使用し、インタラクションには標準的な jQuery を使用することができます。コンピュータグラフィックスに関する知識をほとんど持たない生徒が授業に参加してきた場合にも、このようなウェブプログラミングの経験は持っていることが多いこともわかりました。このおかげでデスクトップ OpenGL の変更によりしばらく授業の内容から外していたコンピュータグラフィックスとのインタラクションを再び授業で扱うことができるようになりました。

7.4　アプリケーションの構成と基本原則

通常は WebGL アプリケーションは JS と HTML のコードを組み合わせて作成されます。加えて、ほとんどの実際のアプリケーションではページをデザインするために CSS を、そしてインタラクションを実現するために jQuery のようなパッケージを使用します。講師はどのパッケージを使用して、どのようにアプリケーションを構成するかについて重要な決定をしなければいけません。グラフィックスの授業に参加する生徒の多くがウェブの経験があり CSS と jQuery に馴染んでいますが、そうではない生徒も少なくはありません。そのため私たちは生徒が希望するのであれば CSS と jQuery を使うことは歓迎しますが、授業では JS と HTML だけを扱うことにしました。マウス入力、ボタン、スライダ、メニューを持つアプリケーションを作成するには HTML と JS だけで十分です。

次に問題になるのはどのようにコードを構成するかです。すべてのアプリケーションには最低でもグラフィックスとインタラクティブなツールを表示するウェブページの内容を記述するファイルと、グラフィックスと 2 つのシェーダーを記述する JS が必要です。4 つの要素をすべて 1 つの HTML ファイルの中に記述することもできますが、1 つのファイルにすべてを記述すると、構成要素ごとに担当する処理内容が異なるという事実が曖昧になり、アプリ

ケーションの開発によくない影響があります。そのためアプリケーションの JS ファイルは HTML ファイルとは分離しなければいけないことにしました。HTML ファイルにはページの構成物（描画内容が出力される canvas を含む）、シェーダー、その他に必要なファイルの場所が記述されます[*1]。JS ファイルにはジオメトリと描画コード（つまり、アプリケーションのグラフィックス部分）が記述されています

　最後に必要に応じて生徒たちにヘルパーコードを提供するかどうか、そしてもし提供するのであれば何を提供するかを決めなければいけません。*OpenGL Insights* で説明したとおり、私たちは生徒に 2 つのシェーダーの識別子を受け取って `program` オブジェクトを生成する `initShaders()` 関数を提供することにしました。

```
1  var program = initShaders(vertexShaderId, fragmentShaderId);
```

　この関数内で行っているシェーダーの読み込み、コンパイル、リンクなどの処理はコンピュータグラフィックスを理解するという目的にはほとんど意味がなく、コースの後半でも説明できることだからです[*2]。授業の初期には不要で後半に必要になる高レベルな関数が定義されたパッケージも用意されています。

7.5　立方体のモデリング

　色の付いた立方体をレンダリングする例を考えてみましょう。この例は単純ですが、どのような WebGL アプリケーションでも必要となる要素のほとんどが含まれています。頂点シェーダーとフラグメントシェーダーの両方を使用します。図 7.1 の表示例では回転とインタラクションも実現されていますが、この時点では座標を固定して頂点を指定し、立方体の面と座標軸を揃えて座標変換を避けてもかまいません。そうすれば頂点シェーダーは頂点座標を単純にそのまま返せばよく、フラグメントシェーダーも色を設定するだけになります。インタラクションと回転は後からでも追加できます。

　頂点のリストを使用する一般的な方法で立方体モデルを構築します。それぞれの頂点に図 7.2 で示されるような番号が付けられた立方体

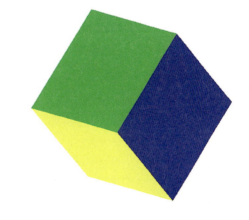

図 7.1: ボタンコントロールを使用した立方体の回転

[*1] シェーダーを別のファイルにすることもできますが、そうするとアプリケーションがウェブサーバーではなくローカルで実行されているときに、いくつかのブラウザでクロスオリジンリクエストに関するエラーになり、シェーダーの読み込みに失敗します。（訳注: つまり、アプリケーションを実行するためにウェブサーバーが必要になります。）

[*2] もう 1 つ別のバージョンのシェーダーをファイルから読み込む `initShaders` も利用できます。

を考えましょう。この立方体を構築する基本的なコードは次のようになります。

```
function colorCube() {
  quad(1, 0, 3, 2);
  quad(2, 3, 7, 6);
  quad(3, 0, 4, 7);
  quad(6, 5, 1, 2);
  quad(4, 5, 6, 7);
  quad(5, 4, 0, 1);
}
```

quad() 関数は GPU に送信される配列に頂点の位置を設定します。colorCube() 関数は WebGL でもデスクトップ OpenGL でも、JavaScript でも C/C++ でも、いずれも同じです。しかし WebGL 版の quad() の動作を確認すると、OpenGL との違いとコースを再設計するときに行った重要な決定に気付きます。最初に直面した大きな問題は、どのようにして配列を扱うかということです。

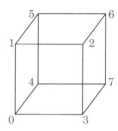

図 7.2: 立方体の表現

7.6 JavaScript の配列

JavaScript にはプリミティブ型が 3 つしかありません。数値型（64 ビット浮動小数点数）、文字列、真偽値です。それ以外はすべてオブジェクトになります。オブジェクトはプロトタイプを継承し、メソッドと属性を持っています。コード内で JS の配列を使用してデータを定義するとどうなるかを見てみましょう。

```
var vertices = [
  -0.5, -0.5,
  -0.5, 0.5,
  0.5, 0.5,
  0.5, -0.5
];
```

このデータを以下のように GPU に転送してみます。

```
gl.bufferData(gl.ARRAY_BUFFER, vertices, gl.STATIC_DRAW);
```

ここで gl は WebGL コンテキストです。すると、WebGL は浮動小数点数で構成された C のような単純な配列を期待しているため、エラーメッセージが返されます。

この問題を解決する方法は大きく 2 つです。1 つは次のコードのように JS の TypedArray を使用することです。TypedArray は C の配列とほぼ同じです。

```
var vertices = new Float32Array([
  -0.5, -0.5,
  -0.5, 0.5,
```

```
4    0.5, 0.5,
5    0.5, -0.5
6  ]);
```

　この方法で `gl.bufferData()` は動作します。`TypedArray` は通常の配列よりも効率よく
データを保持することができるため、JavaScript で数値計算の多いアプリケーションを作成
する場合に一般的に使用されています。`TypedArray` に対する基本的な線形代数操作を定義し
ている glMatrix.js[*3]のようなパッケージもあります。しかし `TypedArray` はコンピュータグ
ラフィックスの教育に向いたものではないと私たちは考えています。`TypedArray` を使用する
と C のコードのようにループを多用することになり、授業で教えようとしている本来の幾何
的な操作がわかりにくくなります。JS の配列を使用すれば、そのメソッドを使用してコード
をわかりやすく簡潔に記述できます。私たちはこのような GPU へのデータ転送に伴う問題
に対して次のとおり、入力として JS 配列を受け取り浮動小数点数の `TypedArray` を生成する
`flatten()` 関数を用意して対応しました。

```
1  gl.bufferData(gl.ARRAY_BUFFER, flatten(vertices), gl.STATIC_DRAW);
```

　それでは JS ファイル内の `quad()` 関数の実装を考えてみましょう。頂点と頂点カラーは次
のような JS 配列を使用して指定できます[*4]。

```
1  var vertices = [
2    [-0.5, -0.5, 0.5, 1.0],
3    [-0.5, 0.5, 0.5, 1.0],
4    [0.5, 0.5, 0.5, 1.0],
5    [0.5, -0.5, 0.5, 1.0],
6    [-0.5, -0.5, -0.5, 1.0],
7    [-0.5, 0.5, -0.5, 1.0],
8    [0.5, 0.5, -0.5, 1.0],
9    [0.5, -0.5, -0.5, 1.0]
10 ];
11 var vertexColors = [
12   [0.0, 0.0, 0.0, 1.0], // 黒
13   [1.0, 0.0, 0.0, 1.0], // 赤
14   [1.0, 1.0, 0.0, 1.0], // 黄
15   [0.0, 1.0, 0.0, 1.0], // 緑
16   [0.0, 0.0, 1.0, 1.0], // 青
17   [1.0, 0.0, 1.0, 1.0], // マゼンタ
18   [0.0, 1.0, 1.0, 1.0], // シアン
19   [1.0, 1.0, 1.0, 1.0] // 白
20 ];
```

ここで `points` と `colors` という変数が空の JS 配列として初期化されていて

[*3] https://github.com/toji/gl-matrix
[*4] `flatten()` 関数は以降の 2 つの例で見られるとおりネストしたデータにも対応しています。JS 配列はデータ
のネストが可能ですが、`TypedArray` はネストできません。

```
1  var points = [];
2  var colors = [];
```

quad() がそれぞれの四角形に対して 2 つのトライアングルを使用するとすると、quad() の
定義は次のようになります。

```
1  function quad(a, b, c, d)
2  {
3    var indices = [a, b, c, a, c, d];
4
5    for (var i = 0; i < indices.length; ++i) {
6      points.push(vertices[indices[i]]);
7      colors.push(vertexColors[a]);
8    }
9  }
```

gl.TRIANGLE_STRIP を使用すれば、より効率的に指定できます。

```
1  var indices = [b, c, a, d];
```

一般的には TypedArray を使用した方が効率的ですが、授業では JS 配列を使用した方がよ
いでしょう。入門コースであれば、通常は小さな例を使用し、データはそれほど頻繁に変更さ
れません。そのため一度データを GPU に転送すれば、データを生成するために TypedArray
を使用したか JS 配列を使用したかの違いが問題になることはありません。コンピュータグラ
フィックスを教えるという観点でいえば、JS 配列を使用する方が、デスクトップ OpenGL の
同等のコードや WebGL で TypedArray を使用しているコードよりもずっとわかりやすいも
のになります。

7.7 HTML ファイル

HTML ファイルは大きく 3 つの部分に分かれています。最初にシェーダーを定義します。
HTML ファイル内で script タグの type 属性を使用するとスクリプトのタイプを識別でき
ます。シェーダーを記述した script タグには ID を指定して JS ファイル内からそれらを参
照できるようにしておきます。OpenGL ES 2.0 の全実装、つまり WebGL 1.0 の実装でもフ
ラグメントシェーダー（第 8 章参照）は medium 精度でなければいけませんが、それにもかか
わらずフラグメントシェーダーには precision 宣言が必須です。

```
1  <!DOCTYPE html>
2  <html>
3  <head>
4
5  <script id="vertex-shader" type="x-shader/x-vertex">
6  attribute vec4 vPosition;
7  attribute vec4 vColor;
8  varying vec4 fColor;
```

```
 9
10  void main()
11  {
12    fColor = vColor;
13    gl_Position = vPosition;
14  }
15  </script>
16
17  <script id="fragment-shader" type="x-shader/x-fragment">
18  precision mediump float;
19
20  varying vec4 fColor;
21
22  void main()
23  {
24    gl_FragColor = fColor;
25  }
26  </script>
```

HTML の 2 番目の部分では 4 つのテキストファイルを読み込みます。1 つ目のファイルはウェブ[*5]上で公開されている WebGL コンテキストを準備するための標準的なユーティリティです。2 つ目のファイルでは 2 つのシェーダーを読み込んでコンパイルし、program オブジェクトにリンクする JS 関数が定義されています。3 つ目のファイルでは flatten() 関数が定義されています。4 つ目のファイルは JS アプリケーションの本体です。[*6]

```
1  <script src="../Common/webgl-utils.js"></script>
2  <script src="../Common/initShaders.js"></script>
3  <script src="../Common/flatten.js"></script>
4  <script src="cube.js"></script>
5  </head>
```

最後に HTML5 canvas を用意して、JS ファイル内から参照できるように ID を設定します。

```
1  <body>
2  <canvas id="gl-canvas" width="512" height="512">
3  残念...、あなたのブラウザはHTML5 の canvas 要素をサポートしていません。
4  </canvas>
5  </body>
6  </html>
```

[*5] https://www.khronos.org/registry/webgl/sdk/demos/common/webgl-utils.js

[*6] 訳注: ここで使用しているファイルはすべて著者のグラフィックスコースのサイトからダウンロードできます。
http://www.cs.unm.edu/~angel/BOOK/INTERACTIVE_COMPUTER_GRAPHICS/SEVENTH_EDITION/CODE/Common/

7.8 JS ファイル

再び JS ファイルに戻ってきました。JS ファイルの構成はデスクトップ OpenGL アプリケーションと非常によく似ています。つまりさまざまな初期化処理を行ってバッファを準備し、program オブジェクトを構築して、GPU にデータを送ります。これらが完了していればレンダリング関数は非常に簡単です。ここではデスクトップ OpenGL と異なる重要な部分に注目します。まずはじめは WebGL コンテキストを設定する部分です。

最初に行うのはユーティリティパッケージにある setupWebGL() 関数を使用して WebGL コンテキストを準備することです。この関数は HTML ファイル内で指定されている canvas の ID を引数として受け取ります。

```
1  var gl;//WebGL コンテキスト
2
3  window.onload = function init() {
4    var canvas = document.getElementById("gl-canvas");
5    gl = WebGLUtils.setupWebGL(canvas);
6    if (!gl) {alert("WebGL が利用できません");}
```

初期化関数はすべてのファイルの読み込みが完了したときに発生する onload イベントを受けて実行されます。WebGL コンテキスト（gl）は WebGL に関係する関数と識別子をすべて保持している JS オブジェクトです。また、window オブジェクトはグローバルであることに注意してください。

次に先ほどのセクションと同じく頂点座標データを追加します。標準の OpenGL/WebGL 関数を使用してビューポートとクリアカラーを指定していますが一点大きく異なるのが使用する関数とパラメーターがコンテキスト作成時に指定した名前（var gl）を持つ WebGL コンテキストのメンバーになっていることです。

```
1  gl.viewport(0, 0, canvas.width, canvas.height);
2  gl.clearColor(0.0, 0.0, 0.0, 1.0);
```

initShaders() 関数を使用して、program オブジェクトを作成します。

```
1  var program = initShaders(gl, "vertex-shader", "fragment-shader");
2  gl.useProgram(program);
```

デスクトップ OpenGL の場合と同じく、データを GPU に転送して JS 変数とシェーダー変数を関連付けます。

```
1  var bufferId = gl.createBuffer();
2  gl.bindBuffer(gl.ARRAY_BUFFER, bufferId);
3  gl.bufferData(gl.ARRAY_BUFFER, flatten(vertices), gl.STATIC_DRAW);
4
5  var vPosition = gl.getAttribLocation(program, "vPosition");
```

```
6   gl.vertexAttribPointer(vPosition, 4, gl.FLOAT, false, 0, 0);
7   gl.enableVertexAttribArray(vPosition);
```

頂点カラーについても同様です。準備が終われば最後に描画のための関数を呼び出します。

```
1    render();
2  };
3  function render() {
4    gl.clear(gl.COLOR_BUFFER_BIT);
5    gl.drawArrays(gl.TRIANGLES, 0, numVertices);
6    requestAnimationFrame(render);
7  }
```

今回の例には動きがないため、本来であれば `requestAnimationFrame()` を呼び出す必要はありませんが、実際にはほとんどのアプリケーションには何かしらの動きがあり `requestAnimationFrame()` を呼び出す必要があるので、ここでも呼び出しています。

7.9　MV.js

生徒には行列／ベクトルを扱うためのパッケージである MV.js を使うように指示しています。このファイルは HTML ファイルで次のようにして読み込まれています。

```
1  <script src="../Common/MV.js"></script>
```

MV.js では GLSL に含まれる標準的な型（vec2, vec3, vec4, mat2, mat3, mat4）と、それらを作成して操作するための関数が定義されています。それらを使用すると立方体を表示するためのプログラムで必要なデータは次のようにして作成できます。

```
1  var vertices = [
2    vec4(-0.5, -0.5, 0.5, 1.0),
3    vec4(-0.5, 0.5, 0.5, 1.0),
4    vec4( 0.5, 0.5, 0.5, 1.0),
5    vec4( 0.5, -0.5, 0.5, 1.0),
6    vec4(-0.5, -0.5, -0.5, 1.0),
7    vec4(-0.5, 0.5, -0.5, 1.0),
8    vec4( 0.5, 0.5, -0.5, 1.0),
9    vec4( 0.5, -0.5, -0.5, 1.0)
10 ];
```

`quad()` 関数はいっさい変更せず、以前と同じように GPU にデータを転送できます。

```
1  gl.bufferData(gl.ARRAY_BUFFER, flatten(vertices), gl.STATIC_DRAW);
```

この例は単純すぎて MV.js の利点を説明できていないかもしれませんが、この MV.js が幾何学的な情報を扱うための土台となります。後ほどさまざまなグラフィックス操作のアルゴリ

ズムについて議論する際に、どこでそのような操作を実行するかについて、いくつかの選択肢を検討します。例えば頂点ごとのライティングはアプリケーションでも、頂点シェーダーでも計算できます。また、フラグメントシェーダーでもフラグメントごとのライティングが実行できます。MV.js を使用すると、これら 3 つの場合すべてについて本質的には同一のコードを使用して動作を確認できます。

さらに MV.js には、変換関数（rotate(), translate(), scale()）、ビューイング関数（ortho(), frustum(), perspective(), lookAt()）など、固定機能パイプラインに含まれていた行列を生成する関数も定義されています。これらの関数で作成した行列は次のようにしてシェーダーに渡すことができます。

```
1  var modelViewMatrix = lookAt(eye, at, up);
2  var projectionMatrix = ortho(left, right, bottom, ytop, near, far);
3
4  gl.uniformMatrix4fv(modelViewMatrixLoc, false, flatten(modelViewMatrix));
5  gl.uniformMatrix4fv(projectionMatrixLoc, false, flatten(projectionMatrix));
```

もしくは次のようにして単位行列を元に行列を構築することもできます。

```
1  var instance = mat4();
2  instance = mult(instance, translate(displacement));
```

行列演算などのテーマを説明し終わるまでは MV.js の使用を控えさせたいと考える講師がいるかもしれませんが、MV.js を使用すると生徒はお決まりのコードを何度も繰り返し書かずに済みます。

7.10　入力とインタラクション

ここまでは、WebGL を使用することでブラウザ上でもデスクトップ OpenGL と非常によく似たコードを実行できることを示しただけでした。このこと自体もコンピュータグラフィックス教育に WebGL を使用する大きな利点ではありますが、WebGL を使用することで単に画面に何かを描画するだけではなく、デスクトップ OpenGL が進化するにつれてどんどん教育が難しくなっているインタラクティブなコンピュータグラフィックスを比較的容易に教えられることがそれ以上に重要です。

デスクトップ OpenGL でインタラクションをサポートしようとしたときについて回るのは、OpenGL とプラットフォームのウィンドウシステムをつなぐために別のライブラリが必要になるという問題です。そのようなライブラリは絶えずアップデートされ、標準化された仕様もなく、しかも OpenGL 3.1 の開始とともに多くの関数が廃止されるとこれまでのようには使えなくなります。WebGL ではウェブアプリケーション開発で標準となっている jQuery などの WebGL とは独立したさまざまなパッケージを利用してインタラクションを実現できます。

それどころか追加のパッケージを使用しなくても、メニューやスライダー、テキストボックスボタンなどの基本的なインタラクションであれば HTML と JS だけで非常に簡単に実現で

きます。例えば、トグルボタンは HTML ファイルに 1 行追加して

```
1  <button id="myButton">トグル</button>
```

JS ファイルで Boolean 変数 toggle の値を変更するだけで実現できます。

```
1  var a = document.getElementById("myButton");
2  a.addEventListener("click", function(event){toggle = !toggle;});
```

　実際のところボタンタグに直接イベント処理を記述すれば、HTML ファイルにほんの 1 行追加するだけで同様のことを実現できますが、ページのコンテンツとアクションは分離した方がよいでしょう。

　スライダも同様に簡単です。JS ファイル内で定義される speed 変数の範囲が 0 から 100 まで、最小幅 10 で変化し、初期値が 50 だとすると、HTML ファイルで次のように宣言できます。

```
1  <input id="slider" type="range" min="0" max="100" step="10" value="50"/>
```

そして JS ファイルは次のようになります。

```
1  document.getElementById("slider").onchange = function(event) {
2    speed = 100 - event.target.value;};
```

7.11　テクスチャ

　WebGL のテクスチャマッピング機能は ES の関数に由来しますが、1 つ重要な機能追加があります。それは標準のウェブフォーマット（GIF，JPEG，PNG）の画像を簡単にテクスチャとして使用できることです。例えば図 7.3 で立方体にマップされているテクスチャは HTML ファイル内の image タグで次のように指定した画像を使用しています。

```
1  <img id="texImage" src="SA2011_black.gif" hidden></img>
```

この画像をテクスチャに設定する JS のコードは次のようになります。

```
1  var image = document.getElementById ("texImage");
2  gl.texImage2D(gl.TEXTURE_2D, 0, gl.RGB, gl.RGB, gl.UNSIGNED_BYTE, image);
```

　ビデオフォーマットをサポートしているブラウザもあり、そのようなブラウザでは MPEG ファイルを使用してアニメーションするテクスチャマッピングを実現できます。また canvas 要素をテクスチャとして使用することも可能です。

　画像の取り込みが容易であることとオフスクリーンレンダリングを組み合わせると、特にテ

図 7.3: テクスチャマッピングされた立方体

クスチャへの描画を使用すると、初めての講義でもさまざまな課題やプロジェクトが可能になります。例えば、画像処理やシミュレーション、エージェントベースモデリング、GPGPU などが考えられるでしょう。

7.12 考察

　生徒からのフィードバックと必修の期末プロジェクトの質から判断すると、デスクトップ OpenGL を使用していたこれまでの 20 年間の教育と比べて、講座は大きな成功を収めているといってよいでしょう。例えば、小さな CAD システムを作成するといった「伝統的な」期末プロジェクトも GLUT と GLEW OpenGL ライブラリとユーザーインターフェースを組み合わせるのではなく jQuery のようなウェブパッケージを使用できることを考慮すると、より高度な内容を盛り込むことができます。さらに興味深かったのは生徒たちが画像処理やアルゴリズム設計のような分野で GPGPU を活用できるようになり、結果としてコンピュータサイエンスの基礎とモダン GPU の機能の両方の理解が進んだことです。講座の途中もしくは終了後に次のような検討の余地がある疑問がいくつか浮かびました。これらの問題のいくつかについては SIGGRAPH 14 [Cozzi 14] でも紹介しました。

7.12.1 標準カリキュラムを変更すべきか?

　入門コースのコアトピックスはよく確立されていますが、年月を経てより多くの課題が必要になってきているだけでなく、重点が置かれる内容も変わってきています。プログラマブル GPU を使用すると、以前はリアルタイムにはできないと考えられていた高度なトピックスの多くが、今では簡単にシェーダー内でプログラムできるようになっています。何人かの学生が伝統なコンピュータグラフィックスではなく GPGPU を利用したプロジェクトを作成したことは、私たちの授業の想定外の成果の 1 つでした。このプロジェクトにより学生は GPU の計算能力を理解しましたが、これは伝統的なプロジェクトを進めた学生が身につけたことよりも

ずっと高度な内容だといえるでしょう。この時点では私たちは伝統的なジオメトリ、シェーディング、ライティングに関する課題をほぼ終えていて、少し早く進んだのでインタラクションと離散要素法のための時間が少し残っていました。長期的には標準的なコースを、伝統的なコースに近いコースと GPU コンピューティングに関するコースの 2 つに分割するとよいでしょう。

7.12.2　まだ指摘していない他の JS の問題は何か?

WebGL に切り替える予定だとすると、最も大きな不安は C や C++ ではなく JavaScript を使わなければいけないということでしょう。JS はまだアカデミックなコンピュータサイエンス学部やコンピュータエンジニアリング学部であまり認められていません。残念ながら言語の初期バージョンの印象に基づいた多くの誤解があります。しかし実際のところ、少なくとも学生にとっては言語の選択はほとんど問題になりません（多くの講師にとってはそういうわけにはいきませんが!）。Java でプログラムをしてトランスレーターでコードを JS に変換することを選んだ学生は非効率な大量のコードが生成されてけっきょく苦しむことになるので気をつけましょう。

JS には説明が必要な「なるほど」がいくつかあります。まず 3 つの基本型以外はすべてオブジェクトで、オブジェクトはプロトタイプからプロパティを継承しています。それに関連する問題として、JS の仕様は非常に大きく、オブジェクトを構築する方法も大量にあります。これらのトピックスはおそらく JS のスコープの問題[*7]と併せて説明すべきです。これらの問題については *JavaScript: The Good Parts* [Crockford 08] で詳しく説明されています。この本はコースの参考文献または必須文献として採用してもよいでしょう。

7.12.3　他の種類のシェーダーについてはどうか?

WebGL は OpenGL ES 2.0 の実装の 1 つなので、ジオメトリシェーダーもテッセレーションシェーダーもコンピュートシェーダーも利用できません。WebGL 2.0 の仕様にもこれらのシェーダーは含まれていません。とはいえ、そもそもコンピュータグラフィックスの最初のコースで、これらのシェーダーを使用する講師はほとんどいないはずです。どうしても必要であれば、それらについて説明を行うことはでき、少し工夫したコードで置き換えることもできるでしょう。

今のところコンピュートシェーダーがなくても画像処理のようなアプリケーションのためのアルゴリズムをフラグメントシェーダーで実装し、テクスチャへの描画を利用して GPU コンピューティングの力を示すことはできています。

[*7] 訳注: JavaScript では var を使用して宣言された変数は関数スコープに属することになるため問題を引き起こしがちです。原著を尊重して本書全体では var を使用していますが、読者のアプリケーションでは let または const を使うようにしましょう。

7.12.4　なぜ three.js を使用しないのか?

three.js（`threejs.org`）は WebGL に基づいた強力なシーングラフで、グラフィックコースで使用できるもう 1 つの API 候補です[*8]。期末プロジェクトで three.js を使用する生徒もいますが、いくつかの理由でコンピュータサイエンスやコンピュータエンジニアリングの生徒を対象とするコンピュータグラフィックスコースでは最善の選択とはいえません。シーングラフ API は内部的なレンダリングのコンセプトを利用するものではなく、モデルの構築に主眼をおいています。結果として、three.js やその他のシーングラフ API はコンピュータ支援設計のようなコースやサーベイコースに適しています。

7.12.5　最後に

変化の激しい世界でコンピュータグラフィックスをどのように教えればよいのでしょうか?

この 3 年間で、私たちはまずシェーダーベースのデスクトップ OpenGL に移行し、その後でさらに WebGL に移行しました。これらの変更には多くの作業が必要でしたが、コースは大幅に改善されています。原理的にはすべてのプラットフォームやデバイスで同じアプリケーションを実行できるという WebGL の特性は変更を行う強力な動機になります。加えて、他のウェブアプリケーションと統合できることや、どのようなブラウザでもアプリケーションを開発できるということも同様に重要な特性です。

WebGL を採用することに対する障害となっている現 API の弱点のいくつかは、これから言語に導入される変更によって克服されることが期待されています。その 1 つが JavaScript の新しいバージョン（ES6）です。これにより JavaScript が他のプログラミング言語により近いものになります。もう 1 つがもうすぐ利用可能になる次の WebGL です。WebGL 2.0 は本書が発行されるころにはすでに利用できるはずです[*9]が、少し先に試してみたければ、すでにリリースされている OpenGL ES 3.1 を試してみましょう。その中の新しい機能の 1 つとしてコンピュートシェーダーもあります。ES6 と組み合わせると、WebGL はこれからの数年でコンピュータグラフィックスを教えるプラットフォームとしていっそう強力になっていくでしょう。

参考文献

[Angel 13] E. Angel, "Teaching Computer Graphics with Shader-Based OpenGL in OpenGL Insights." In *OpenGL Insights*, P. Cozzi and C. Riccio (Ed.), CRC Press, Boca Raton, FL, 2013, 3–16. 『OpenGL Insights 日本語版 (54 名のエンジニアが明かす最先端グラフィックス プログラミング)』, 加藤諒 編, 中本浩 訳, ボーンデジタル, 2013.

[Angel 15] E. Angel and D. Shreiner, *Interactive Computer Graphics* (7th ed.), Pearson Education, New York, 2015.

[*8] `www.udacity.com/course/interactive-3d-grphics--cs291`

[*9] 訳注: 翻訳時点では WebGL 2.0 は Chrome と Firefox でサポートされています。また Safari では「開発メニュー」の「実験的な機能」で WebGL 2.0 を有効にすることで利用できるようになります。

[Cozzi 14] https://github.com/pjcozzi/Articles/blob/master/SIGGRAPH/2014/Teaching-Intro-and-Advanced-Graphics-with-WebGL-Small.pptx

[Crockford 08] D. Crockford, *JavaScript: The Good Parts*, O'Reilly, Sebastopol, CA, 2008. 『JavaScript: The Good Parts ─「良いパーツ」によるベストプラクティス』, 水野貴明 訳, オライリージャパン, 2008.

[Flanagan 11] D. Flanagan, *JavaScript: The Definitive Guide*, O'Reilly, Sepastopol, CA, 2011. 『JavaScript 第 6 版』, 村上列 訳, オライリージャパン, 2012.

[McGuire 14] http://casual-effects.blogspot.com/2014/01/an-introduction-to-javascript-for.html.

第III部

モバイル

WebGL の最大の強みの 1 つはデスクトップと、iOS，Android，Windows Phone[10]を含むモバイルデバイスの両方で動作することです。これにより単一のコードベースで最大限、多くの人たちに見てもらうことができます。実際のところ、多くの場合は単にタッチイベントの処理を追加するかマウスイベントのエミュレーションを使用するだけでアプリケーションはモバイルデバイス上でも簡単に動きます。しかしモバイルでの WebGL を深く理解すれば、それだけ信頼性が高く高速なコードを書けるようになります。第 8 章「不具合のない高速なモバイル WebGL」では、Olli Etuaho が NVIDIA での経験からモバイルにおけるテスト、プロファイリング、デバッグに利用できるブラウザツール、シェーダーの精度とフレームバッファのカラーアタッチメントフォーマットに関する落とし穴、WebGL 呼び出しを削減してシェーダーを最適化し、バンド幅を削減することによるパフォーマンスと電力効率の向上、モバイルに適した WebGL エンジンの選択、などのモバイル WebGL 開発で有効なヒントを紹介してくれます。

---

[10] 訳注: Windows Phone は 2017 年 10 月に事実上の開発終了が発表されました。

第8章

不具合のない高速な
モバイル WebGL

Olli Etuaho

8.1　はじめに

　近年 WebGL を利用できるモバイルブラウザが大幅に拡大しています[*1]。主要なモバイルプラットフォームでの WebGL の機能やパフォーマンスはデスクトップアプリの移植ターゲットとすることを現実的に検討されるところにまで至っています。デスクトップ向けに記述されたコンテンツがそのままプラットフォームを越えて動作することも珍しいことではありません。とはいえ、通常は WebGL アプリケーションをモバイルデバイス上で期待どおりに動作させるには特別に注意しておくべきことがあります。WebGL 仕様にはデスクトッププラットフォームだけでテストしていると見落としがちな微妙な表現がいくつかあるだけでなく、CPU のパフォーマンスが限られているため、JavaScript や API の利用を最適化することの効果がデスクトップやハイエンドなノートブックと比べてずっと大きく現れます。またモバイル GPU アーキテクチャのバリエーションはデスクトップよりも多岐に渡るため、利用するにあたってパフォーマンス上の落とし穴も数多くあります（図 8.1）。

　この章では主にシェーダーの精度に注目します。シェーダーの精度はコミュニティではそれほど広く理解されておらず、プロフェッショナルな用途で開発されているはずの WebGL ライブラリやアプリケーションでも不具合の原因になることがよくあります。それ以外にもありがちな不具合の原因に触れ、さらにモバイルでアプリケーションを提供することを想定している際に特に効果的な最適化テクニックについても簡単に説明します。ARM SoC は最新の Tegra K1 Chromebook のようなノートブックに搭載されるようになってきているため、本章の内容はマウスとキーボードの利用だけを考えているアプリケーションにとっても無視できないものになるでしょう。

[*1] 訳注: 翻訳時点では Opera mini を除くすべての主要モバイルブラウザで WebGL が利用できます。

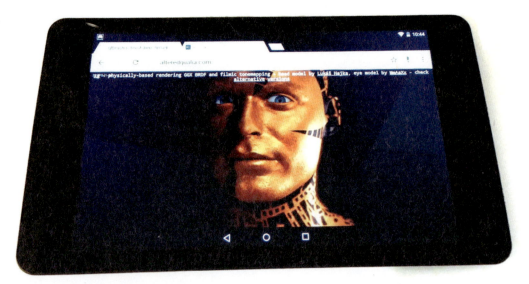

図 8.1: モバイルプラットフォーム上の WebGL で可能になることの例: NVIDIA Shield Tablet (Tegra K1 32-bit) の Chrome 上で 30fps で動作する物理ベースレンダリングのデモ

8.1.1 開発者ツール

　モダンブラウザには WebGL アプリのモバイル互換性とパフォーマンスの改善に利用できるさまざまな開発者ツールが付属しています。Chrome では JavaScript CPU プロファイル、デバイスモード、Capture Canvas Frame ツールがモバイル WebGL の開発で特に便利です。Firefox にもそれらと同等の機能があり、開発ツールのパフォーマンスタブやレスポンシブデザインモード、Canvas タブもしくは WebGL Inspector 拡張機能を利用できます。Internet Explorer の F12 開発者ツールと Safari の Web Inspector にも同様のツールがいくつかあります。この章全体で利用することになるので、好みの開発環境のツールに馴染んでおくようにしましょう。例として Chrome のツールを使用しますが、基本的なプロセスの大部分は他のブラウザのツールにも一般化できるはずです。

　デバイスモードツールを使用するとビューポートをモバイルプラットフォームに合わせて設定でき、さらにユーザーインターフェースとしてタッチが正しく動作することを確認できるので、多くのウェブアプリケーション開発の役に立ちます。デバイスごとの GPU の振る舞いまではエミュレートできないので、実際のハードウェアでの確認がいっさい不要になるわけではありませんが、モバイル開発を始めた直後であれば便利でしょう。

　JavaScript CPU プロファイルと Capture Canvas Frame ツールはアプリケーションのボトルネックと最適化の対象を発見するために利用できます。これらを Inspect Devices ツール[*2]の中で実行すると、開発機に USB 接続した Android デバイス上のウェブアプリケーションもプロファイリングできます。

[*2] chrome://inspect

Chrome のツールと完全に対応するわけではありませんが、Firefox にもいくつか便利な
ツールがあります。Firefox の about:config 設定ページの中に特に便利な WebGL フラグが 2
つあります。その 1 つが `webgl.min_capability_mode` です。このフラグを有効にすると、
最大テクスチャサイズや uniform 変数の最大数のような WebGL のパラメーターすべてが
WebGL が利用できるプラットフォームすべての中での最小値に設定されます。これは古いデ
バイスとの互換性を確認する際に非常に便利です。互換性についての情報は他にもこの章の
「8.2.3 `getParameter` で確認できる機能」セクションにあります。

Firefox にはもう 1 つ `webgl.disable-extensions` という興味深いフラグもあります。こ
れについては名前を見れば一目瞭然でしょう。アプリケーションが WebGL の拡張機能を利
用しているときに、それらがサポートされていない場合のフォールバック動作を確認するため
に利用できます。

8.2　機能互換性

8.2.1　シェーダーの精度

シェーダーの精度はデスクトップで開発された WebGL コンテンツをモバイルに移植した
ときに発生する問題の原因の中で最も一般的なものです。リスト 8.1 の GLSL の例を考えま
す。これは図 8.2 のとおりランダムに点滅する円形のグリッドを描画するように実装されてい
ます。

リスト 8.1: precision に問題があるシェーダーの例

```glsl
1  #ifdef GL_ES
2  precision mediump float;
3  #endif
4
5  uniform float time;
6
7  float rand(vec2 co) {
8    return fract(sin(dot(co.xy, vec2(12.9898, 78.233))) * 43758.5453);
9  }
10
11 void main (void) {
12   // 座標を四角のグリッドに分割
13   vec2 v = gl_FragCoord.xy / 20.0;
14   // そのグリッドの明るさを擬似乱数を使用して計算
15   float brightness = fract(rand(floor(v)) + time);
16   // グリッドの中心からピクセルまでの距離に応じて明るさを減少
17   brightness *= 0.5 - length(fract(v) - vec2(0.5, 0.5));
18   gl_FragColor = vec4(brightness * 4.0, 0.0, 0.0, 1.0);
19 }
```

この開発者は一部のモバイルデバイスではフラグメントシェーダーで `highp` 精度がサポー
トされていない[3]ことは把握しているようで、最初の 3 行を追加してモバイルデバイスで実

---

[3] ESSL 仕様書 [ESSL100] §4.5.2

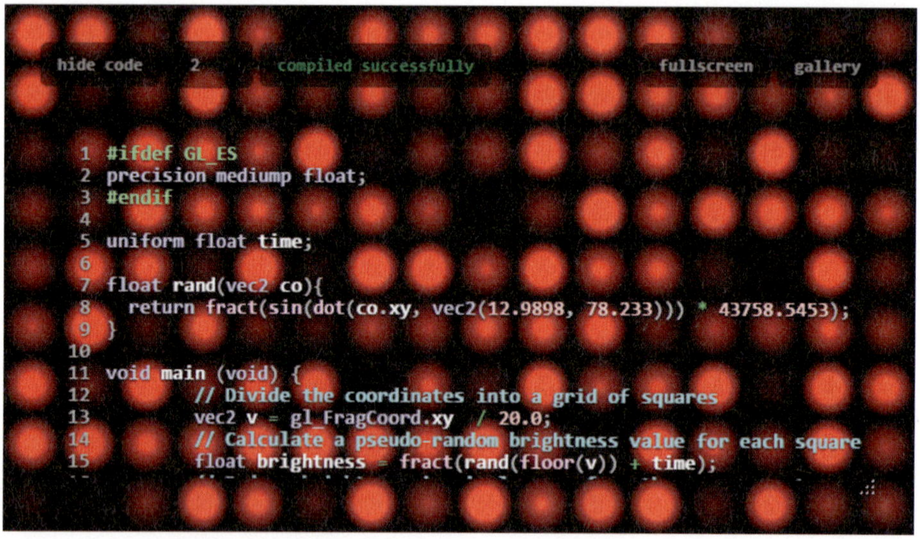

図 8.2: リスト 8.2 で意図している効果（NVIDIA GeForce GPU 搭載のノートブックでキャプチャ）

行されているときには mediump 精度に設定するようにしています。しかしここにすでに最初の小さな誤りがあります。WebGL では GL_ES マクロは常に定義済みなので、#ifdef GL_ES を記述する必要はありません。この指定はシェーダーが OpenGL 環境と WebGL 環境の両方で直接実行される場合にだけ意味があります。

しかし致命的なエラーはそれよりももっと気付きにくい部分にあります。多くのモバイルデバイスでこの疑似乱数生成器がまったく動作しないと聞くと驚くでしょうか。図 8.3 は、あるモバイルチップ上でこのシェーダーを実行した結果です。

レンダリング結果が異なる理由は、ハードウェアに実装されているデスクトップ GPU の多くで浮動小数点演算の最小精度は 32 ビットで、GLSL の精度指定にかかわらず浮動小数点数の計算はすべて同じ 32 ビットハードウェアで実行されるためです。一方、図 8.3 に見られるようにモバイルデバイスには 32 ビット浮動小数点演算ハードウェアと 16 ビット浮動小数点演算ハードウェアの両方があり、lowp または mediump が指定されると電力効率のよい 16 ビットハードウェアで計算が実行されます。

モバイル GPU 間の違いはこれだけでなくさらに多様で、他のデバイスではまた違った形で期待とは異なるレンダリング結果になることもありえます。モバイル GPU の浮動小数点数表現ではビット数や丸め規則、非正規化数の扱いなどが異なることがあります [Olson 13]。これらはすべて仕様で定義されています。つまりモバイルデバイスはより最適化された方法で計算を実行しているだけで、何も間違ったことをしているわけではありません。単に WebGL の仕様が浮動小数点演算の精度に関して非常に曖昧なのです。

今回計算がうまくいっていないのは 8 行目です。$sin(x)$ の結果は $[-1, 1]$ の範囲に含まれるので、$sin(x) \times 43758.5453$ は $[-43758.5453, 43758.5453]$ の範囲内にあります。mediump 精度で最低限要求される float 値の範囲は $[-16384, 16384]$ なので、その範囲外の値は切り詰められます。レンダリングの問題が発生するとまず疑うべきはこのことです。さらに問題になる

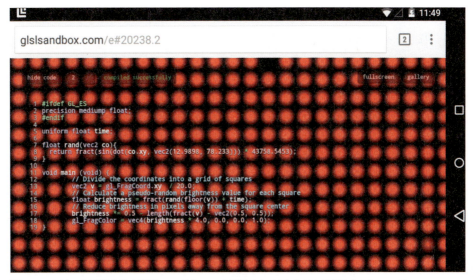

図 8.3: 16 ビット浮動小数点演算ハードウェアを搭載されたデバイスで実行中のシェーダー

のは、mediump の浮動小数点演算に最低限必要な相対精度は 2^{-10} になることです。つまり 10 進数であれば最初の 4 桁だけが考慮されます。例えば、mediump の最低限の精度では 1024.5 に最も近い表現は 1024.0 になります。そのため mediump 精度では fract(1024.5) の計算結果は 0.5 ではなく 0.0 です。lower 精度での浮動小数点数の動作をより深く理解するには、低精度浮動小数点演算シミュレーターを試してみましょう[*4]。

リスト 8.1 を修正する方法は 2 つあります。最も簡単な方法は始めの 3 行を次のように変更することです。

```
1  precision highp float;
```

これだけです。結果としてシェーダは可能であれば一般のデスクトップ GPU とまったく同じように動作しますし、フラグメントシェーダーが highp をサポートしないプラットフォームであればコンパイルに失敗します。古いデバイスを使用している潜在的なユーザーを切り捨ててしまう恐れはありますが、WebGL を適切にサポートしているモバイルデバイスの大部分は highp もサポートしています。つまり Qualcomm, NVIDIA, Apple の最新の SoC ではサポートされています。特に OpenGL ES 3.0 をサポートしているデバイスはすべて highp もサポートしています[*5]。それより古いデバイスであっても highp をサポートしているデバイスは少なくありません。2014 年 12 月の初めに WebGL Stats によって集められたデータでは、モバイルクライアントの 85% がフラグメントシェーダーで highp をサポートしていると報告されています。

頂点シェーダーでは highp が必ずサポートされていて、フラグメントシェーダーと比べる

[*4] http://oletus.github.io/float16-simulator.js/
[*5] ESSL 仕様書 [ESSL300] §4.5.3

と頂点シェーダーがボトルネックになることは少ないので、highp の使用がむしろ推奨されています。特定のマイナーなモバイル GPU で特に頂点数の多いアプリケーションを実行したときに、頂点シェーダーで mediump を使用することでパフォーマンスが向上することもありますが、それにより不具合が発生する可能性もあることを考えるとあえて採用する理由はありません。

先ほど必ず highp を使用するように修正しましたが、この修正にはデバイス互換性の問題だけでなく、パフォーマンスと電力使用量をいくらか犠牲にするという問題もあります。そのため可能であれば擬似乱数関数を修正する方がよいでしょう。そうした場合、修正結果はより低い精度の浮動小数点数を用いた計算をサポートしているプラットフォームで検証する必要があります。そのために適切なモバイルハードウェアを使用するのも 1 つの選択肢です。自分の持っているハードウェアがどのようなものかを知るには、Khronos の WebGL Information ページの Shader Precision のセクションを参照してください[6]。

もう 1 つの選択肢としてより低い精度の浮動小数点数をソフトウェアエミュレーションすることもできます。ANGLE ライブラリは WebGL に渡される GLSL シェーダーを変換するためにそのようなエミュレーションを実装しています。変換されたシェーダーを実行すると、多くのモバイルデバイス上での表示と非常によく似た結果を確認できます。エミュレーションはパフォーマンスの面で大きなコストがかかる上に、シェーダーが非常に複雑な場合にはコンパイルに失敗することもありますが、通常はモバイルプラットフォームをターゲットとしたコンテンツをデスクトップ上でインタラクション可能な速さで実行するには十分です。Chrome 41 はこのようなエミュレーションをコマンドラインフラグ、--emulate-shader-precision で利用可能にした最初のブラウザでした。WebGL Insights の GitHub リポジトリで精度のエミュレーションに関するより詳しい情報を見ることができます[7]。

今回のコードの場合は、単に擬似乱数関数の最後の係数を小さくすれば、シェーダーを mediump 精度で適切に動作させることができます。リスト 8.2 が修正後のコードです。

リスト 8.2: precision に関係する問題が修正されたシェーダー

```
 1  precision mediump float;
 2
 3  uniform float time;
 4
 5  float rand(vec2 co) {
 6    return fract(sin(dot(co.xy, vec2(12.9898, 78.233))) * 137.5453);
 7  }
 8
 9  void main (void) {
10    // 座標を四角のグリッドに分割
11    vec2 v = gl_FragCoord.xy / 20.0;
12    // そのグリッドの明るさを擬似乱数を使用して計算
13    float brightness = fract(rand(floor(v)) + time);
14    // グリッドの中心からピクセルまでの距離に応じて明るさを減少
15    brightness *= 0.5 - length(fract(v) - vec2(0.5, 0.5));
16    gl_FragColor = vec4(brightness * 4.0, 0.0, 0.0, 1.0);
17  }
```

---

[6] https://www.khronos.org/registry/webgl/sdk/tests/extra/webgl-info.html

[7] https://github.com/WebGLInsights/WebGLInsights-1

OpenGL ES Shading Language の仕様では頂点シェーダーとフラグメントシェーダーが同じ uniform 変数を参照している場合には uniform 宣言の精度は一致しなければいけないことになっています。この仕様が原因で、特に WebGL シェーダーのコードを直接作成しているのではなく別のツールで生成している場合に、精度を変更することが困難になることがあります。

プロジェクトで uniform 変数の精度が不一致であるというコンパイラエラーに遭遇したときには、uniform 変数を 2 つに分けてそれぞれに精度を設定することで問題を回避するのではなく、可能であればどうにかして 2 つの uniform 変数の精度を同じにするのが最もよい解決策です。uniform 変数を 2 つにするとコードのメンテナンスが複雑になり、CPU のオーバーヘッドも増加します。これはモバイルプラットフォームでは避けなければいけません。シェーダーを生成するツールを選択するときにはこの問題について忘れないようにしましょう。ESSL で記述されたコードであれば他の言語に変換することも、他の言語から変換することも非常に簡単です。そのため ESSL を第一のシェーダー言語にするという決定も悪くありません。

ヒント: フラグメントシェーダーで `mediump` 精度を使用すればデバイスの互換性という意味では最も広く対応できますが、シェーダーの動作確認が適切でなければレンダリング結果が崩れる可能性があります。

ヒント: `highp` 精度だけを使用するようにすればレンダリングが壊れることはありませんが、パフォーマンスが悪くなりデバイスの互換性も損なわれることがあります。ただし頂点シェーダーでは基本的に `highp` を使用しましょう。

ヒント: より低い精度をソフトウェアエミュレーションすれば、`mediump` 精度や `lowp` 精度を使用しているシェーダーのデバイス互換性をテストできます。

ヒント: `fract()` は低い精度で実行するには特にリスクがある関数です。

ヒント: 浮動小数点テクスチャからサンプリングするときに、サンプラの精度を定義することを忘れないようにしましょう。

8.2.2 Render Target サポート

もう 1 つモバイルプラットフォームで WebGL コンテンツを実行する際によくある不具合の原因は、サポートされていないカラーバッファーフォーマットでレンダリングしようとしてしまうことです。デスクトッププラットフォームは一般的にフレームバッファのカラーアタッチメントとして多くのフォーマットをサポートしていますが、WebGL ではレンダーターゲットとしてサポートされ ていることが厳密に保証されているのは 8 ビット RGBA フォーマットだけです [WebGL]。モバイルの世界では、仕様が要求する最低限の内容だけを実装している GLES 2.0 デバイスもありえます。GLES 3.0 をサポートしているデバイスでは状況は改善されていて、8 ビット RGBA と RGB の両方をサポートしていることが仕様により保証されています[8]。

`OES_texture_float` と `WEBGL_color_buffer_float` を指定することで WebGL でも浮動

---

[8] GLES3.0 仕様 [GLES3.0] §3.8.3

小数点数レンダーターゲットが利用可能になりますが、こちらついてはより慎重に扱う必要があります。レンダーターゲットのサポートの可能性を暗黙的に指定する `OES_texture_float`拡張機能には恣意的に解釈できる部分があり、実際にサポートされるレンダーターゲットのレベルに幅があります。浮動小数点テクスチャへの描画をいっさいサポートしていないモバイルデバイスもあれば、部分的にサポートしているものもあります。OpenGL ES 3.0 をサポートしているデバイスにはデスクトップブラウザとまったく同じように、描画結果を 16 ビット浮動小数点数 RGBA や 16 ビット浮動小数点数 RGB，32 ビット浮動小数点数 RGBA で書き出すことができるものもあります。32 ビット浮動小数点数 RGB テクスチャへのレンダリングについてはプラットフォームを一元化するために最近 WebGL 仕様から取り除かれサポートされなくなりましたが、デスクトップブラウザの中にはまだこの古い機能が利用できるものもいくつかあることに注意してください。

さまざまなプラットフォームの重要度の高いフォーマットに関するレンダーターゲットサポートのレベルが次の表にまとめられています。この表はさまざまなプラットフォーム上の WebGL 実装がバックエンドとして使用するネイティブ API によって分類されています。2013 年以前の古いモバイルデバイスで通常サポートされている API は OpenGL ES 2.0 です。2013 年後半以降のモバイルデバイスでは通常 OpenGL ES 3.0 以上の API がサポートされています。Apple のコンピュータでは 2007 年モデルの一部と最新の Linux PC でサポートしている API は OpenGL 3.3 以上です。Windows ではブラウザは通常は DirectX 9 か DirectX 11 をバックエンドとして使用して WebGL を実装しています。この表にある Windows のレンダーターゲットのサポートに関するデータは ANGLE が使用されるようになってからのものです。ANGLE は Windows 上で WebGL を実装するためのバックエンドライブラリとして最も一般的です。

自分のデバイスでフレームバッファのカラーアタッチメントとして使用できるテクスチャフォーマットが何かを調べるには Khronos の WebGL Information ページを参照してくださ

フォーマット／プラットフォーム	OpenGL ES 2.0	OpenGL ES 3.0/3.1	OpenGL 3.3 以上	ANGLE DirectX
8 ビット RGB	不確実	利用可	利用可	利用可
8 ビット RGBA (1)	利用可	利用可	利用可	利用可
16 ビット浮動小数点数 RGB	不確実 (3)	不確実 (3)	不確実	利用可 (5)
16 ビット浮動小数点数 RGBA	不確実 (3)	不確実 (3, 4)	利用可	利用可
32 ビット浮動小数点数 RGB (2)	利用不可	利用不可 (6)	不確実	不確実 (5)
32 ビット浮動小数点数 RGBA	利用不可	不確実 (4)	利用可	利用可

注意:
1. GLES2 の仕様には含まれていませんが、WebGL の仕様には含まれます。
2. `WEBGL_color_buffer_float` のサポートは最近外されました。
3. `EXT_color_buffer_half_float` を使用すると実装が可能です。
4. `EXT_color_buffer_float` を使用すると実装が可能です。
5. 内部的には対応する RGBA フォーマットを使用して実装されています。
6. 内部的には RGBA を使用すると実装が可能なはずですが、ブラウザはそのように実装していません。

い[*9]。

ヒント: RGB フレームバッファを使用する場合は、RGB フォーマットがサポートされていないこともあるので、必ず RGBA へのフォールバックを実装してください。サポート状況を確認するには `checkFramebufferStatus` が利用できます。

8.2.3 `getParameter` で確認できる機能

WebGL の `getParameter` 関数を使用すると内部的なグラフィックスタックの機能を判定できます。例えばフラグメントシェーダーや頂点シェーダーの最大のテクスチャサイズ、uniform 変数、varying 変数、attribute 変数をいくつ利用できるか、テクスチャユニットをいくつ利用できるか、などを知ることができます。最も重要なのは頂点シェーダーでのテクスチャのサンプリングがまったくサポートされていない、つまり `MAX_VERTEX_TEXTURE_IMAGE_UNITS` の値がゼロになるモバイルデバイスも数多くあるということです。

Firefox の `webgl.min_capability_mode` フラグを使用すると WebGL の最低限の機能しかサポートされていない場合でもアプリケーションが正しく動作するかどうかを確認できます。仕様上の最小値は現実ではありえないほど低い値に設定されている場合がありますが、このモードはその非現実的な仕様上の最小値を使用するわけでないことに注意してください。例えば、テクスチャサイズの仕様上の最小値はわずか 64×64 ですが、WebGL を利用できるすべてのデバイスは最低でも 1024×1024 のテクスチャサイズをサポートしています。また OpenGL ES 3.0 デバイスは少なくとも大きさが 2048×2048 ピクセルまでのテクスチャをサポートしなければいけません。

8.3　パフォーマンス

パフォーマンスに関していえば、特に SoC の CPU コアとも共有されるメインメモリのバンド幅が限定的であるため、モバイル GPU のパフォーマンスはデスクトップのそれと大きく異なります [Pranckevičius 11][Merry 12]。このような事情により、Imagination やクアルコム、ARM はタイルレンダリングというソリューションをハードウェアで実装しました。これはフレームバッファの一部をチップ内にキャッシュすることでメインメモリのバンド幅の使用量を削減するものです [Merry 12]。しかしこの方法には欠点もあり、フレームバッファやブレンディング状態の変更にコストがかかるようになります。NVIDIA の Tegra ファミリーのプロセッサはデスクトップに近い GPU アーキテクチャを持っているため、それほど驚くようなことではありませんが、結果的に Tegra GPU はバンド幅が限られていることによる影響が他のものよりも大きく現れることがあります。

ARM ベースのモバイルデバイスで WebGL を使用すると CPU がボトルネックになることもよくあります。JavaScript でアプリケーションロジックを実行すると、ネイティブコードで同じ処理を実装するよりもコストがかかり、さらにブラウザによる WebGL の呼び出しのパラメーターとデータの検証にも CPU サイクルが使用されます。さらに残念なことに、WebGL

[*9] https://www.khronos.org/registry/webgl/sdk/tests/extra/webgl-info.html

の処理は通常は最大でも 2〜3 個の CPU コア上にしか展開できず、しかもシングルコアのパフォーマンスの向上は並列処理のパフォーマンスの向上と比べると緩やかです。デスクトッププロセッサのシングルコアのパフォーマンス向上率は約 10 年前から鈍化し始めていますが [Sutter 09]、最近のモバイル CPU も同様の傾向になりつつあります。

ここ数年の間、モバイル GPU のパフォーマンスの成長はモバイル CPU のそれよりも大きいものでした。Apple が iPhone のマーケティングで使用したパフォーマンスの図を例に上げると、グラフィックスのパフォーマンスは平均で年に約 90% 成長しています。一方 CPU のパフォーマンスは平均で年に 60% しか成長していません。つまり CPU をターゲットとした最適化は、新しいハードウェア時代の到来においてさらに重要になってきています。

8.3.1 パフォーマンス改善の第一歩

パフォーマンス改善は必ずプロファイリングによってボトルネックを見つけることから始めなければいけません。そのために、私たちはいくつかのツールと手法を組み合わせて使用します。ブラウザの開発者ツールを使用してターゲットデバイスで JavaScript CPU プロファイルを取得することから始めるとよいでしょう。複数のデバイスでプロファイリングを行うことも有益です。特にデバイスによって CPU がボトルネックになる場合と GPU がボトルネックになる場合の両方のケースがあるアプリケーションに対しては複数デバイスを使用するとよいでしょう。デスクトップで測定されたプロファイルはそれほど役には立ちません。通常は CPU と GPU のバランスがまったく異なり、CPU ボトルネックも異なることがあります。

プロファイルにアイドルタイムがほとんどないようなら、JavaScript の実行がボトルネックである可能性があります。アプリケーションロジックと API の呼び出しを最適化し、その結果がパフォーマンスに反映されるかどうかを確認することから始めましょう。アプリケーションロジックはアプリケーションごとに独特ですが、同じ API の利用パターンは多くの WebGL アプリケーションで共通なので、次のセクションでどういうことに注意するべきなのかを確認してください。CPU プロファイルの結果、確実に WebGL 関数がボトルネックだと判明したのであれば次のセクションの内容が特に役に立ちます。例として図 8.4 を見てください。CPU バウンドなアプリケーションでは、以降のセクションで細かく説明する最適化のそれぞれが 10% 以上パフォーマンスを改善することさえあります。

WebGL Insights の GitHub リポジトリに含まれている CPU バウンドな描画テストでそのような最適化の効果をいくつか確認できます。テストではアプリケーションロジックによる CPU 負荷を模擬するために人為的に CPU に負荷をかけ、その後でさまざまな最適化オプションを設定した WebGL ドローコールを発行します。この章の後半で実行する最適化のテスト結果はそれぞれ Nexus 5（2013 年発売の Qualcomm Snapdragon 800 搭載の携帯電話）と Shield Tablet（2014 年発売の NVIDIA Tegra K1 32 ビット搭載のタブレット）で測定されたものです。

JavaScript を実行している CPU に大量のアイドルタイムが確認できれば、アプリケーションはおそらく GPU バウンドかメインメモリのバンド幅バウンドです。この場合は、シェーダーの最適化を検討するか、求めるレンダリング結果を達成する別の方法を考えるかをした方

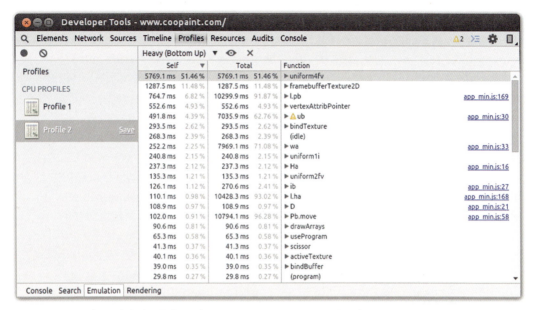

図 8.4: Nexus 5（2013 年発売の携帯電話）で WebGL のペインティングアプリケーション CodePaint の重たい操作をしながら測定された JavaScript CPU プロファイルの例。いくつかの WebGL 関数が CPU 時間の大きな割合を占めています。このアプリケーションは uniform4fv 呼び出し数の削減などの API 利用の最適化を行うと大きな効果が期待できそうです

がよいでしょう。フルスクリーンエフェクトを使用している場所があれば、そこから最適化を始めることをお勧めします。

8.3.2　API 利用の最適化

すべての WebGL 呼び出しには関連する CPU オーバーヘッドがある程度存在します。グラフィックスドライバスタックは内部的にすべてのコマンドのエラーを検証し、リソースを管理し、場合によってはスレッド間でデータを同期しなければいけません [Hillaire 12]。その上で WebGL は異なるドライバ間の非互換をなくし、より厳密なセキュリティを保証するために多くの検証を繰り返します。いくつかのプラットフォームでは WebGL 呼び出しを完全に異なる API に変換することによるオーバーヘッドもありますが、モバイルプラットフォームの内部 API は通常は WebGL の元となった OpenGL ES なので API 変換のコストについてはあまり考える必要はありません。より詳細な情報を知りたければ第 2 章を参照してください。

すべての API 呼び出しにはオーバーヘッドがあるので、API 呼び出しの回数を減らすだけでパフォーマンスが向上することもよくあります。基本は非常に単純で、どのような種類のアプリケーションであっても `getError` などの不要な「get」呼び出しや、`readPixels`, `flush`, `finish` などの同期が必要となる呼び出しを頻繁に行うべきではありません。WebGL でジオメトリ群を描画するには必ず 2 段階の処理が必要です。まずはじめに描画に必要な GL ステートを設定し、それから `drawElements` か `drawArrays` を呼び出します。

GL ステートの設定はさらに、シェーダープログラムを選択するための `useProgram` を呼び出し、各種フラグと uniform 変数の設定、テクスチャや頂点バッファオブジェクトのようなリソースのバインドという処理に分解できます。最適なシステムであれば、すべてのドローコールで同じ値になるステート群があればそれらを無駄に何度も設定せず、最小回数の API 呼び出しで適切なステートに設定するでしょう。簡単な例をあげると、もしアプリケーションのすべてのドローコールでブレンディングを無効にするのであれば、ドローコールのたびに `gl.disable(gl.BLEND)` を繰り返し呼び出すのではなく最初の描画の際に一度だけ呼び出すようにすべきです。

リソースのバインドに関しては、API 呼び出しを減らすために利用できる特別な方法がいくつかあります。最も簡単な方法は頂点配列オブジェクト（Vertex Array Object）つまり VAO を使用することです。これによりモバイルデバイスでのパフォーマンスが大幅に向上します。これは特に最適化を可能にするために開発された API 群で、頂点バッファオブジェクト（Vertex Buffer Object）つまり VBO とは異なりますので、混同しないように気をつけてください。CPU バウンドな描画テストでは、VAO を使用することで FPS が 10〜13% 向上しました。さらに情報が必要な場合は [Sellers 13] を参照してください。

VAO はバインドされた頂点配列に関係するステート、つまり `bindBuffer`, `enable/disableVertexAttribArray`, `vertexAttribPointer` で設定されるステートをカプセル化します。VAO を使用すると、先ほどあげた関数の呼び出しを、単一の `bindVertexArrayOES` 呼び出しで置き換えられます。VAO は `OES_vertex_array_object` 拡張機能を有効にした WebGL 1.0 で利用できます。この拡張機能は多くのモバイルデバイスでサポートされていて、2015 年初めの WebGL Stats[10]のデータでは、スマートフォンやタブレットクライアントの 80% 以上で拡張機能が利用できます[11]。

VAO をサポートしないデバイスのためのフォールバックも簡単に実装できます。バッファをバインドして、特定のメッシュと紐付いた頂点属性ポインタを**バインディングブロック**に設定するコードを呼び出しましょう。VAO がサポートされていれば、バインディングブロックを使用してそれぞれのメッシュの VAO が初期化されるはずです。そしてそのメッシュが描画されると、VAO がサポートされていれば VAO がバインドされ、VAO がサポートされていなければバインディングブロックが実行されます。メッシュごとに有効な頂点属性配列の数が異なる場合だけは少し状況が複雑になり、コード内の適切な場所で `disableVertexAttribArray` を呼び出す必要があります。実際に動作するサンプルコードが必要であれば、VAO の説明[12]を読むか、SceneJS のフォールバックパスの実装[13]を参照してください。

何らかの理由で VAO の利用が難しいコードの場合は、頂点バッファの数を減らすと CPU 使用量を減らすことができます。頂点バッファの数は同じオブジェクトに属するさまざまな型の頂点データを交互に配置することで削減できます。例えばそれぞれの頂点に座標、テクスチャ座標、法線がある場合は、同じ頂点バッファの中に交互にそれらを配置すれば頂点バッ

---

[10] http://webglstats.com/
[11] 訳注: 翻訳時点（2018 年 2 月）ではスマートフォンやタブレットのほぼ 100% で拡張機能を利用できます。
[12] http://blog.tojicode.com/2012/10/oesvertexarrayobject-extension.html
[13] https://github.com/xeolabs/scenejs/blob/v4.0/src/core/display/chunks/geometryChunk.js

ファは1つで済みます。CPU バウンドな描画テストでは、4つの頂点属性を交互に配置した頂点バッファを使用すると FPS がおよそ4%向上しました。欠点はコンテンツ作成パイプラインか、コンテンツの読み込み時に交互に配置されたデータを扱う必要があることです。特に後者の場合は読み込み速度が極端に遅くなることがあります。それぞれ3属性を持つ100万頂点データを、JS のループで交互に配置し直すには Nexus 5（2013年に発売された携帯電話）でおよそ200ms かかりました。

　ジオメトリのインスタンシングが利用できる特別な状況もありますが、VAO の利用と比べると、通常はこの機能を汎用エンジンに組み込むことは非常に困難です。汎用エンジンで扱うことができるのは、描画するオブジェクトがアプリケーションロジックから確実に分離されている場合だけです。リソースをバインドするオーバーヘッドを削減する他の方法としては、複数のオブジェクトのテクスチャを巨大な1つのテクスチャアトラスにまとめて、バインドしているテクスチャを変更する必要性を減らすという方法もあります。こちらもコンテンツパイプラインとエンジンのサポートが必要になり、実際に実装するのは非常に面倒です。

　uniform 変数の値はシェーダープログラムのステートの一部です。複数のオブジェクトの描画に同じシェーダープログラムを使用している場合は、複数のオブジェクトで同じ uniform 変数の値を共有することができます。この場合、uniform 変数に同じ値を何度も設定することは当然避けるべきです。それぞれの uniform 変数の値をすべて JavaScript 内で個別にキャッシュしてもパフォーマンスがそれほど向上するとは思えませんが、例えばライティングに関連する uniform 変数の値をまとめてグループ化して、シェーダーがそれらを使用して描画を行うかライティングを変更するときにだけ実際にそれらを更新するようにすれば、大きなパフォーマンス改善が見込めます。CPU バウンドな描画テストでは、vec3 型の uniform 変数を1つ更新するために、確認に使用したモバイルデバイスで1ミリ秒オーダーの時間がかかっていました。uniform 変数の不要な更新が大量に行われれば、パフォーマンスが大幅に悪化する可能性があります。

　ドローコールを並び替えて同じプログラムを使用するものをグループ化することで、useProgram 呼び出しの回数が減らせることもよくあります。これにより不要な uniform 変数の更新をなくすこともできます。ドローコールを並び替える基準として uniform 変数の値を使用することでパフォーマンスの向上が図れる場合もあります。

　ソフトウェアによる遅延レンダリングはまだほとんどのモバイルデバイスにとって見果てぬ夢ですが、WEBGL_draw_buffers を使用すると実現の可能性が少し上がります。WEBGL_draw_buffers によるパフォーマンスの改善には幅がありますが、ドローコールを一度しか発行する必要がなくなり、頂点シェーダーの読み込みと深度バッファへのアクセスの回数も減るため、CPU の利用量が削減できます。これは少なくともシーンが複雑な場合には大きな利点があるはずです [Tian 14]。

　ここで紹介した最適化のどれが有効かを調べるために、Chrome の Capture Canvas Frame ツールを使用してアプリケーション全体で API がどのように利用されているかを把握しておくとよいでしょう。このツールを使用するとアプリケーション内で1フレーム描画するために実行された WebGL 呼び出しを時系列で一覧できます。この一覧を使用して、GL ステートを設定するコマンドの中で複数のドローコール間で共通の値を設定しているものがどれかと、頂

点配列を設定するためにコマンドが何回呼び出されていて、それは VAO を使用すると改善できるのかを確認することができます。

ヒント: シェーダープログラムのステートに合わせてドローコールを並び替えることで不要な useProgram の呼び出しと uniform 変数の更新を省略してパフォーマンスを改善しましょう。

ヒント: 頂点配列オブジェクト（VAO）を使用して、静的な頂点データを交互に配置しましょう。API の呼び出し回数を大幅に削減できます。

8.3.3　シェーダー実行の最適化

アプリケーションがシェーダーバウンドである可能性があるなら、本当にそうなのかを確かめられる簡単なテストがあります。すべてのシェーダーをわかりやすい単色を描画する単純なものと置き換えて、パフォーマンスを測定しましょう。その結果、パフォーマンスが大幅に改善すれば、アプリケーションはシェーダーバウンドである可能性があります。おそらく GPU での計算か、シェーダーで実行しているテクスチャのフェッチに原因があるのでしょう。

シェーダーバウンドなアプリケーションを最適化する方法はいくつかあります。ここで紹介する最適化の多くは SIGGRAPH で行われた Pranckevičius の素晴らしい講演 [Pranckevičius 11] で議論されたものです。この講演はマイクロ最適化について詳細に説明するものでしたが、本章では一般的なガイドラインに焦点を当てます。

ジオメトリがランダムな順序で描画されているのであれば、最終的にシーン内の他のもので隠される不要なフラグメントに対してもフラグメントシェーダーが実行されているかもしれません。これは一般的に「オーバードロー」と呼ばれる問題で、GPU のハードウェアに組み込まれた Early Z テストという機能を使用すると回避できます。この機能を利用するには他のもので隠れるフラグメントが最後に実行されるように不透明なジオメトリが手前から奥に並んでいる必要があります [McCaffrey 12]。並び替えに時間がかかりすぎるとボトルネックが CPU 側に移ってしまうので、そうならないように比較的粗く並び替えなければいけません。粒度の細かすぎる深度ソートはシーンの描画に必要なシェーダーのステート変更の頻度が増える原因にもなるので、シェーダーのステートによるソートと深度によるソートの間でバランスの調整が必要になることもあります。これについては第 10 章も参照してください。

Imagination の GPU である PowerVR シリーズは遅延フラグメントシェーディングをハードウェアで実装していますが、それ以外のすべての GPU では手前から奥へジオメトリを並び替えておくとパフォーマンスによい影響があります。シェーダーにフラグメントの深度の値を変更したり無視するような内容が含まれていると、Eary Z テストハードウェアが役に立たなくなることに注意してください。他にも Z–PrePass を使用するというテクニックがありますが、これは通常そのオーバーヘッドほどの価値はありません [McGuire 13]。

最適化のために簡単なライティングモデルに切り替えるという方法もあります。レンダリングの品質が少し犠牲になる場合もありますが、例えばシェーダーで計算する代わりにルックアップテクスチャを使用するような手段であればほぼ同じような結果を得られることもあります。しかしモバイル GPU は通常は計算バウンドではなくバンド幅バウンドである場合がほとんどなので、このような変更で常にパフォーマンスが向上するという結果にはならないでしょ

う。最近はモバイル GPU がさらに高い計算力を持つようになっているため、バンド幅が基本的な制限になってきています [McCaffrey 12]。特に最近の Tegra プロセッサはシェーダーの計算力が突出しているので、他のモバイル GPU と比較しても簡単にテクスチャバンド幅バウンドになります。

最後に、パフォーマンスを限界まで上げたい場合はシェーダー計算の精度を下げるという選択肢もあります。ただし `mediump` や `lowp` を使用したシェーダーは動作を注意深く確認することを忘れないようにしてください。この変更によってどの程度パフォーマンスが向上するかはプラットフォームによって大きく異なります。NVIDIA Tegra K1 では、精度の違いはパフォーマンスにまったく影響しません。Qualcomm Adreno GPU ラインでは、精度の違いはパフォーマンスに小さな影響しか与えません。それ以外のモバイル GPU ではパフォーマンスが大幅に向上するものもあるという報告があります。

8.3.4　バンド幅使用量の削減

WebGL アプリのバンド幅の利用量を減らす方法はいくつかあり、中には WebGL 独自なものもあります。いずれにしてもまずは WebGL canvas を合成するときに、無駄なコピーが発生していないかどうかを確認すべきです。コンテキスト作成時の `preserveDrawingBuffer` 属性はデフォルト値である `false` のままにしておきましょう。ブラウザによってはコンテキスト作成属性 `alpha` を `false` に設定した方がオクルージョンカリングが効率的に実行されます。これは canvas 要素が不透明であればページの裏側になる要素と合成する必要がないことをブラウザのコンポジタが知ることができるからです。しかし、WebGL コンテンツの背景として単色ではなく静的な画像が必要な場合には、`alpha` は `true` のままにして、canvas の裏側にある他の HTML 要素を使用して背景を描画するのもよいでしょう。そうすればメインの WebGL canvas 上では毎フレーム更新される部分だけを描画することができます。

バンド幅を削減するわかりやすい方法はテクスチャとフレームバッファの解像度を減らすことです。特に低周波成分の多いテクスチャであれば、テクスチャの解像度を落としても見た目の品質をほとんど変えずに済むことがあります [McCaffrey 12]。最近の多くのモバイルデバイスのディスプレイの画素は極端に高密度です。そのためパフォーマンスの悪化を受け入れてネイティブ解像度で描画するか、それとも他の方法を使用してビジュアル品質を落とすかは検討の余地があります。これについては第 14 章も参照してください。

全画面エフェクトの実装を効率化することや、そもそもそのようなエフェクトを使用しないようにすると大幅にバンド幅を節約できます [McCaffrey 12][Pranckevičius 11]。複数のポストプロセッシングフィルタを 1 つのシェーダーに集約したり、ジオメトリのレンダリングに使用するシェーダーに簡単なポストプロセッシングエフェクトを直接組み込むことはとりわけ有効です。

タイルアーキテクチャではそれぞれのタイルで個別に頂点データにアクセスする必要があるため、小さなポリゴンを大量に使用するとパフォーマンスが悪化します [Merry 12]。そのような GPU ではモデルを最適化して頂点とトライアングルの数を削減すると高い効果が得られます。

8.3.5　モバイルのための WebGL エンジンの選択

WebGL API を直接使用する代わりに、高レベルのライブラリやエンジンを使用すると開発を効率的に行うことができるようになります。これはモバイルアプリケーションの場合でも同じです。欠点はライブラリを使用することによるオーバーヘッドが存在し、ライブラリとコンテンツの相性が悪ければ、モバイルプラットフォームのパフォーマンスに致命的な悪影響を与える場合もあるということです。WebGL には 3D のシーンを描画する以外の用途もありますが、ここでは特に 3D 描画をターゲットとしたライブラリの簡単な概要についてモバイルアプリケーションという観点から紹介します。

Three.js は最も有名な WebGL ライブラリの 1 つです。しかし、一般的にこのライブラリはモバイルアプリケーションを開発するのに最適なものだとは考えられていません。Three.js の API は非常に柔軟ですが、その柔軟性を実現するためにはコストがかかります。ライブラリに動的な振る舞いが多いことで結果として CPU のオーバーヘッドが大幅に増しています。執筆時点では本章で説明された最適化はごく一部しか実装されていません。GL のステート、特に uniform 変数の更新については冗長なものや非効率なものがあります。それらは構造に由来するものなので、大幅な改善を求めるのであれば、非常に大きな修正が必要です。とはいえ、もしオブジェクトの数が少なく比較的単純なシーンを描画するだけでよいのなら、Three.js でも十分なパフォーマンスを発揮することはでき、そのような条件であれば組み込みのシェーダーやカスタムシェーダーを使用して高度なエフェクトを簡単に実現できます。オーバードローを避けるための深度ソートは実装されています。また Three.js では、パフォーマンスとメモリ使用量を改善するために、`Geometry` クラスではなく `BufferGeometry` クラスを使用することが推奨されています。

描画したいコンテンツ次第では、Three.js ほどはメジャーではないライブラリの中にも開発しようとしているアプリケーションに適したものがあるかもしれません。Babylon.js（第 9 章）と Turbulenz（第 10 章）はいずれも ARM SoC 環境で比較的複雑な 3D ゲームコンテンツを実行できることを実際に示すデモがあります。Babylon.js は頑強なフレームワークで、CPU 時間を大幅に節約するために GL ステートを追跡して、実際に必要な更新だけを実行できます。Turbulenz も同様のことを行った上で、さらに VAO も使用してパフォーマンスを改善しています。しかし不具合に注意する必要があります。古いバージョンの Babylon.js を使用しているデモは、新しいバージョンを使用しているものと同じようには動きません。モバイルプラットフォームで発生する問題も少なくありません。その多くはすでに修正されていますが、Turbulenz には特にモバイルで影響のある未修正の問題がまだいくつか存在していて、完全なプロダクトを公開するために使用しようとすると余分な労力が必要になります[*14]。

SceneJS は実際に製品でも使用されているまた別の WebGL ライブラリで、バージョン 4.0 で大幅な最適化がなされました。競合と比較すると少し柔軟性に欠け、利用に適さない 3D シーンもあります。しかし、VAO を使用したり状態を追跡するなど、パフォーマンスには留意しています。アプリケーションのコンテンツが大量の静的ジオメトリで構成されている場合

[*14] 訳注: Turbulenz は 2015 年以降 OSS の更新が止まっています。

は、SceneJS は素晴らしい選択肢の 1 つになるでしょう。

　残念ながら、モバイルデバイスをターゲットにする場合は、Emscripten で JavaScript にコンパイルした（第 5 章）ネイティブのエンジンは現実的な選択肢ではありません。メモリが 4GB に満たないデバイスではメモリの使用量が多すぎ、実行時のオーバーヘッドも小さくはありません。次世代のハードウェアや、TypedArray の使用、JavaScript エンジンや 3D エンジン自体の改善などによりいずれ状況が変わるかもしれませんが、現在のところは直接 JavaScript で記述されたものの方がほぼ間違いなくよい結果が得られます。

8.4　参考資料

　WebGL Insights GitHub リポジトリのこの章に関係する部分ではさらに以下のような資料を参照できます。

- 低精度での浮動小数点数の振る舞いを確認できる JavaScript 製の計算機
- デスクトップで lowp と mediump の計算をエミュレートするためのツール
- CPU 最適化をデモするための WebGL テスト

謝辞

　この章で利用したデータを提供してくれた Shannon Woods, Florian Bösch, Dean Jackson に感謝します。

参考文献

[ESSL100] Robert J. Simpson. "The OpenGL ES Shading Language, Version 1.00.17." Khronos Group, 2009.

[ESSL300] Robert J. Simpson. "The OpenGL ES Shading Language, Version 3.00.4." Khronos Group, 2013.

[GLES3.0] Benj Lipchak. "OpenGL ES, Version 3.0.4." Khronos Group, 2014.

[Hillaire 12] Sébastien Hillaire. "Improving Performance by Reducing Calls to the Driver." In *OpenGL Insights*. Edited by Patrick Cozzi and Christophe Riccio. Boca Raton, FL: CRC Press, 2012. 『OpenGL Insights 日本語版 (54 名のエンジニアが明かす最先端グラフィックス プログラミング)』, 加藤諒 編, 中本浩 訳, ボーンデジタル, 2013.

[McCaffrey 12] Jon McCaffrey. "Exploring Mobile vs. Desktop OpenGL Performance." In *OpenGL Insights*. Edited by Patrick Cozzi and Christophe Riccio. Boca Raton, FL: CRC Press, 2012. 前掲同書.

[McGuire 13] Morgan McGuire. "Z-Prepass Considered Irrelevant." Casual Effects Blog. http://casual-effects.blogspot.fi/2013/08/z-prepass-considered-irrelevant.html, 2013.

[Merry 12] Bruce Merry. "Performance Tuning for Tile-Based Architectures." In *OpenGL Insights*. Edited by Patrick Cozzi and Christophe Riccio. Boca Raton, FL: CRC Press, 2012. 前掲同書.

[Olson 13] "Benchmarking Floating Point Precision in Mobile GPUs." http://community.arm.com/groups/arm-mali-graphics/blog/2013/05/29/benchmarking-floating-point-precision-in-mobile-gpus, 2013.

[Pranckevičius 11] Aras Pranckevičius. "Fast Mobile Shaders." http://aras-p.info/blog/2011/08/17/fast-mobile-shaders-or-i-did-a-talk-at-siggraph/, 2011.

[Resig 13] John Resig. "ASM.js: The JavaScript Compile Target." http://ejohn.org/blog/asmjs-javascript-compile-target/, 2013.

[Sellers 13] Graham Sellers. "Vertex Array Performance." OpenGL SuperBible Blog. http://www.openglsuperbible.com/2013/12/09/vertex-array-performance/, 2013.

[Sutter 09] Herb Sutter. "The Free Lunch Is Over: A Fundamental Turn toward Concurrency in Software." Originally appeared in *Dr. Dobb's Journal* 30(3), 2005. http://www.gotw.ca/publications/concurrency-ddj.htm, 2009.

[Tian 14] Sijie Tian, Yuqin Shao, and Patrick Cozzi. "WebGL Deferred Shading." Mozilla Hacks Blog. https://hacks.mozilla.org/2014/01/webgl-deferred-shading/, 2014.

[WebGL] Khronos WebGL Working Group. "WebGL Specification." https://www.khronos.org/registry/webgl/specs/latest/1.0/, 2014.

第IV部

エンジン設計

グラフィックス開発者の大部分は（大部分の WebGL ユーザーもそうだと私は信じています
が）アプリケーションを開発するために、グラフィックス API の詳細を隠蔽して、モデルの
読み込み、マテリアルの作成、カリング、LOD，カメラ操作などの便利な機能を抽象化してく
れるゲームエンジンやグラフィックスエンジンを使用します。このようなツールにより開発者
は例えばシェーダーやモデルローダーを自分で作成する必要がなくなり、特定の問題領域に集
中できます。

エンジンを使用している開発者の数を考えると、エンジン開発者が WebGL API を効率的
に使用して、わかりやすく柔軟な抽象化を実現することの重要さがわかります。このセクショ
ンでは有名な WebGL エンジンと WebGL プラットフォームの開発者の何人かがエンジンの
設計と最適化について紹介します。

このセクションの全体的な共通テーマはレンダリングの状態や uniform 変数の設定などの
さまざまな WebGL API 関数の CPU と GPU のオーバーヘッド、CPU のオーバーヘッドが
大きくなりすぎないようにしつつコストを最小化するための戦略、マテリアルのハイレベルな
記述とシェーダーライブラリから GLSL を生成するシェーダーパイプラインなどを理解する
ことです。さまざまなユースケースの紹介を通じて、オフライン・オンライン、もしくはそれ
らの混合型のシェーダーパイプラインに加えて、ウーバーシェーダー（Ubershader）とシェー
ダーグラフを紹介します。

Babylon.js は Microsoft によって開発されたオープンソースの WebGL エンジンで、単純
な構造と高いパフォーマンスを実現することを目標としています。例えば私はこのエンジンを
使用して UbiSoft の Assassin's Creed Pirates Race を開発しました。第 9 章「Babylon.js の
WebGL エンジン設計」ではエンジンのリード開発者である David Catuhe が設計哲学や、公
開 API，レンダリングループ、ウーバーシェーダーを使用したシェーダー生成、最適化された
シェーダーとローエンドなハードウェア用のフォールバック、行列やステート、プログラムの
キャッシュなどを内部的にどのように実装しているかについて説明します。

私は WebGL Camp Europe 2012 で初めてオープンソース WebGL ゲームエンジンであ
る Turbulenz について知りました。そのカンファレンスで David Galeano がカリングやス
テートのソートなどを含むさまざまな最適化を使用して Quake 4 アセットを描画するという
Turbulenz の衝撃的なデモを紹介したのでした。第 10 章「Turbulenz エンジンのレンダリン
グ最適化」では David がエンジンの最適化について詳しく述べます。Oort Online ゲームを
例として使用して、カリング、レンダリング最適化、WebGL の実装とオーバードローによる
オーバーヘッドを最小化するためのドローコールの効果的なソートについて説明します。

3D モデリングとアニメーションツールとしての Blender の人気の高さを考えると、
Blender のコンテンツを簡単にウェブ上で利用することを目指して、WebGL エンジンで
ある Blend4Web がオープンソースで開発されたことは必然といえるでしょう。第 11 章
「Blend4Web のパフォーマンスとレンダリングアルゴリズム」では、Alexander Kovelenov,
Evgeny Rodygin，Ivan Lyubovnikov が Blend4Web の実装の重要な部分を紹介します。は
じめにパフォーマンスに関係する内容としてランタイムバッチ処理、カリング、LOD，Web
Worker を使用したタイミングの同期を伴う物理シミュレーションの実行が説明されます。そ
の次に Blend4Web のシェーダーパイプラインについて紹介します。特にディレクティブを

新しく定義してコードを再利用できるようにする独自のプリプロセッサについて説明します。最後に海面のシミュレーションとそのためのシェーディングが取り上げられます。そこでは LOD や波、さらに屈折や集光、反射、泡、表面化散乱などを実現する高速なシェーディングテクニックについて触れられます。

　3D モデルをウェブ上で公開する手段として、Sketchfab が注目を集めています。Sketchfab ではさまざまなモデルフォーマットを汎用の独自 3D シーンフォーマットに変換して独自の WebGL ビューアーで表示できます。第 12 章「Sketchfab マテリアルパイプライン: 各種ファイルの読み込みからシェーダー生成まで」では、Cedric Pinson と Paul Cheyrou-Lagrèze が Sketchfab ではどのようにマテリアルが扱われているかについて説明します。さまざまな 3D モデルフォーマットにおけるマテリアルの安定的なサポートを実現するという挑戦について説明し、その後で Sketchfab のマテリアルパイプラインとその最適化を紹介します。そしてビューアーにシーンを配信する方法と、シェーダーグラフを元にシェーダーを実行時に生成する方法について説明します。シェーダーグラフはシェーダーのパーツを表すノードで構成され、それらは最終的にコンパイルされて 1 つのシェーダーに統合されます。この方式のおかげで、開発者はノードを開発するだけでアーティストに柔軟なマテリアルを提供できます。

　シェーダーは大きくなるにつれて管理が難しくなります。第 13 章「glslify: GLSL のためのモジュールシステム」では、Hugh Kennedy, Mikola Lysenko, Matt DesLauriers, Chris Dickinson が glslify というその問題の見事な解決策を紹介します。まず Node.js のパッケージマネージャである npm をサーバー上、もしくはビルドプロセスに組み込んで GLSL コードの再利用と変換のための明瞭で柔軟なシステムと利用できるようにします。その後でどのようにモデリングを行うかを説明します。

　一般的に 1 フレームの描画に使用できる時間は 16 ミリ秒もしくは 33 ミリ秒で、これは特にエンジンが 1 フレーム内で大きな処理を行おうとすると簡単に使い切ってしまいます。第 14 章「フレームタイムの見積もり」では Philip Rideout がすべての WebGL 呼び出しを `requestAnimationFrame` 内で行うという設計を含む、パフォーマンス向上に利用できるテクニックを紹介します。この章では、ECMAScript 6 で利用できる `yield` という新しいキーワードの利用、CPU に負荷のかかる処理の Web Worker への委譲、低解像度 canvas の使用によるフィルレートの最適化、長い処理を分割して複数フレームで実行するという戦略について見ていきます。

第9章

Babylon.js の
WebGL エンジン設計

David Catuhe

9.1 はじめに

　およそ一年前[*1]，私は空いた時間をすべてずっとやりたいと思っていたプロジェクト、つまり WebGL を使用した JavaScript 製の 3D エンジン作成に費やすことに決めました。WebGL をサポートした初めての IE である IE11 がちょうどそのときリリースされ、すべてのメジャーなモダンブラウザでついに GPU で高速化された 3D コンテンツを描画できるようになったばかりでした。私は 18 歳のころから 3D エンジンを作成してきました。初期のものはすべてをC/C++ で記述し、描画は CPU で行いました。その後、（3DFX の）Glide SDK に切り替えました。ハードウェアにより高速化された 3D レンダリングに触れたのはこれが初めてでしたが、どれほどの力が自分に与えられたのかを理解して非常に興奮しました!

　Windows 95 が登場して、自作のエンジンを DirectX に移植することにしました。2002 年にこの（Nova と名付けられた）エンジンを扱う Vertice という会社を設立し、CTO 兼主任開発者として 9 年間そこに勤めました。そして 2012 年に Microsoft に移り、Silverlight 5 とXNA を使用して Babylon という新しいエンジンを作成しました。このエンジンが、描画にWebGL を使用するピュア JavaScript エンジンである Babylon.js[*2]の土台として用いられています。

　3D レンダリングにかかわってきたこれまでの経験に基づいて、作成するエンジンでは次の2 つを重視することにしました。

- 簡単さ
- パフォーマンス

[*1] 訳注: IE11 がリリースされた年だとすると 2013 年です。

[*2] http://www.babylonjs.com

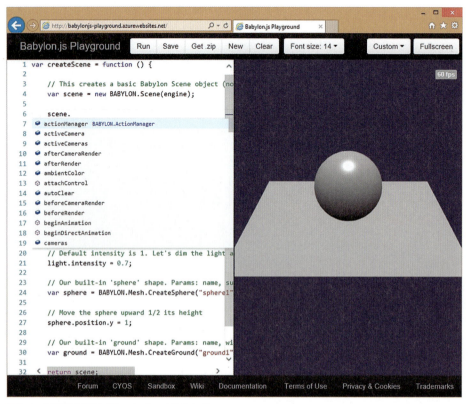

図 9.1: 自動補完画面の開いたプレイグランド

　私にとって成功したフレームワークとはそのコードが美しいことでもなければ、何かすごいものを実現しているということでもありません。成功したフレームワークに求められるのは、簡単に利用できること、それだけです。ユーザーが「これはわかりやすくて簡単に利用できる」といってくれれば、私はBabylon.jsは成功したと感じられるでしょう。もちろんリアルタイムレンダリングを扱っているので、パフォーマンスについても忘れてはいけません。

　これら2つの原則を心において、利用の容易さとパフォーマンスを両立するアーキテクチャの構築を目指しました。ウェブ開発者がドキュメントを読まなくても（少なくともそれほど真剣に読み込まなくても!）利用できることを本当に望んでいます。エンジンだけではなく合わせて次のような周辺ツールがリリースされているのはそのためです。

- プレイグランド[3]: プレイグランドを使用するとブラウザ内でBabylon.jsを直接試してみることができます。公開されているデモには入力を補助してくれるオートコンプリート機能とライブドキュメントシステムが付属しています（図9.1参照）。
- CYOS[4]: CYOS（Create Your Own Shader）はBabylon.jsで使用できるシェーダーを実験的に作成できるツールです（図9.2参照）。

---

[3] http://www.babylonjs.com/playground
[4] http://www.babylonjs.com/cyos

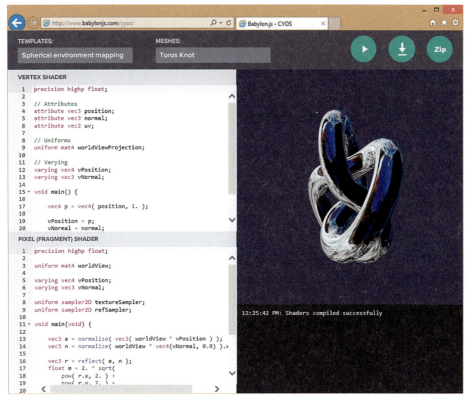

図 9.2: CYOS 画面

- サンドボックス[*5]: サンドボックスは Blender 3D エクスポーターや 3DS Max エクスポーターで作成した 3D シーンをドラッグ&ドロップで表示できるウェブページです。

この章では内部動作を説明します。エンジンを作成するには単にトライアングルやシェーダーをレンダリングすればよいわけではありません。ここでは読みやすく簡潔な内容になるように WebGL に関係する部分のコードを集中して紹介します。

ヒント: この章で使用したコード例はプレイグランドを使用して自由に実際の結果を確認できます。

[*5] http://www.babylonjs.com/sandbox

9.2 エンジンアーキテクチャの全体像

Babylon.js の内部について深く掘り進む前に、まずは一歩引いて図 9.3 で全体像を見てみましょう。エンジンの外側から見える部分も広大で、それぞれの要素がどのように関連しているかを理解するには、関係するアクター全体の構造をつかんでおくことが重要です。

Babylon.js のすべて要素のルートは `Engine` オブジェクトです。`Engine` オブジェクトはオブジェクトモデルと WebGL をつなぐもので、WebGL に送るすべての命令はいったんエンジンに集約されます。このオブジェクトを取得するには描画対象の canvas を引数としてインスタンス化するだけです。

```
1  var engine = new BABYLON.Engine(canvas);
```

`Scene` オブジェクトはその次に重要なオブジェクトです。シーンはユーザーが必要な数だけ利用できます。`Scene` オブジェクトはそれ以外のすべてのオブジェクト（メッシュ、ライト、カメラ、テクスチャ、マテリアルなど）のコンテナです。

```
1  var scene = new BABYLON.Scene(engine);
```

シーンを作成すれば、そこにカメラのようなコンポーネント（つまりユーザーの視点）を追加できます。

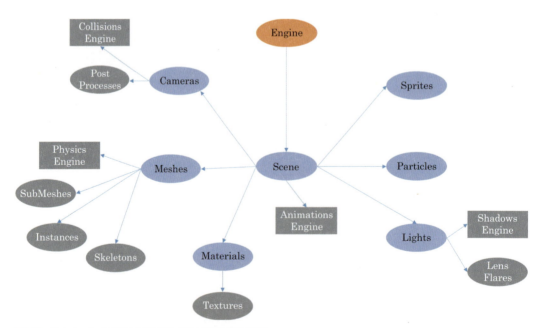

図 9.3: Babylon.js のクラス群とエンジン内部全体の概要

```
1  var camera = new BABYLON.ArcRotateCamera("Camera", 0, 0, 10,
2    new BABYLON.Vector3(0, 0, 0), scene);
```

カメラのコンストラクタには対象となるシーンを渡す必要があります。これは `Engine` を除くすべてのアクターで同様です。

メッシュはワールド行列に加えてジオメトリの情報（頂点とインデックスバッファ）を保持しています。

```
1  var sphere = BABYLON.Mesh.CreateSphere("sphere1", 16, 2, scene);
```

シェーダーはマテリアルが管理します。最も一般的なマテリアルは `StandardMaterial` です。

```
1  var materialSphere3 = new BABYLON.StandardMaterial("texture3", scene);
2  materialSphere3.diffuseTexture = new BABYLON.Texture("textures/misc.jpg",
3    scene);
```

後ほどセクション 9.4 で、マテリアルがどのようにしてシェーダーを管理しているかを説明します。リスト 9.1 は小さい立方体とマテリアルを使用して構築される単純なシーンを表示します。

リスト 9.1: 単純なシーンの作成

```
 1  var scene = new BABYLON.Scene(engine);
 2
 3  var camera = new BABYLON.FreeCamera("camera1",
 4    new BABYLON.Vector3(0, 5, -10), scene);
 5  camera.setTarget(BABYLON.Vector3.Zero());
 6  camera.attachControl(canvas, false);
 7
 8  var light = new BABYLON.HemisphericLight("light1",
 9    new BABYLON.Vector3(0, 1, 0), scene);
10
11  var sphere = BABYLON.Mesh.CreateSphere("sphere1", 16, 2, scene);
12
13  sphere.position.y = 1;
14
15  sphere.material = new BABYLON.StandardMaterial("red", scene);
16  sphere.material.diffuseColor = BABYLON.Color3.Red();
```

図 9.4 はリスト 9.1 のコードの実行結果です。

これらのオブジェクトがフレームワークの根幹で、さらにそれ以外のオブジェクト（例：ポストプロセス、シャドウ、衝突検知、物理エンジン、シリアライゼーションなど）のいくつかをさまざまなシナリオに応じて組み合わせて使用します。

シェーダーや WebGL の複雑さは API の内側に隠され、ユー

図 9.4: 単純なシーン

ザーの視点からはまったく見えません。

`scene.render()` を呼び出すと、次の順番で処理が実行されます。

- （もし有効化されていれば）八分木（Octree）と視錐台によるクリッピングを使用して、シーンの表示対象となるメッシュのリストを準備します。
- シーンは表示対象のメッシュをすべて走査して、次の 3 種類の処理を実行します。
  - 不透明なメッシュ。手前から奥に向かってソートされる。
  - アルファテストされたメッシュ。手前から奥に向かってソートされる。
  - 透明なメッシュ。奥から手前に向かってソートされる。
- それぞれのグループはアルファブレンディングなどの関連するエンジンステートを使用してレンダリングされます。個々のメッシュは以下の手順でレンダリングされます。
  - メッシュのマテリアルが有効化されます。内部シェーダー、サンプラ、uniform 変数が WebGL に送信されます。
  - メッシュのインデックスバッファと頂点バッファが WebGL に送信されます。
- ドローコマンド（`gl.drawElements`）が実行されます。

これでエンジンの全体的な構造が理解できました。それでは内部アーキテクチャについてと、そこで実現されている最適化についての議論を始めましょう[*6]。

9.3　アクセスを集約するエンジン

描画プロセス全体を通して WebGL に関係するすべてのことは `Engine` オブジェクトが処理します。このような設計になっているのはキャッシュと WebGL のステートの管理を 1 か所にまとめるためです。

エンジンは `WebGLContext` オブジェクト（`gl`）の参照を保持しています。`gl.xxxxx` 関数呼び出しに関するコードの大部分は GitHub の次の URL で確認することができます。

https://github.com/BabylonJS/Babylon.js/blob/master/Babylon/babylon.engine.js

エンジンは次のような WebGL の機能のサポートを担当します。

- 頂点とインデックスバッファの作成と更新
- テクスチャ（静的、動的、ビデオ、レンダーターゲット）の作成
- シェーダーの作成、コンパイル、プログラムへのリンク
- バッファとテクスチャのバインド
- ステートの管理
- キャッシュの管理
- 全 WebGL リソースの削除
- フルスクリーン管理

[*6] コードの全体は GitHub で確認できます。
https://github.com/BabylonJS/Babylon.js

フレーム描画を定期的に実行するために、`runRenderLoop` という簡単な関数が利用できます。この関数はフレームを描画するために内部的に `requestAnimationFrame` を使用しています。

```
1 engine.runRenderLoop(function () {
2   scene.render();
3 });
```

特定の拡張機能が利用できるかどうかを問い合わせる簡単な API もあります。

```
1 if (engine.getCaps().s3tc) {...}
```

コンパイル済みプログラムとシーンはすべて追跡されていて、`engine.dispose()` を実行するとそれらをまとめて削除できます。

9.4　スマートなシェーダーエンジン

描画性能を最大限高めるために、Babylon.js には与えられたタスクの実行には不要となる部分をシェーダーからできる限り取り除いてからコンパイルしようとするシステムが組み込まれています。

ディフューズカラー（拡散色）しか使用していないマテリアルを利用する場合を考えてみましょう。ユーザーとしては、以下のコードでそのようなマテリアルを実現できます。

```
1 mesh.material = new BABYLON.StandardMaterial("red", scene);
2 mesh.material.diffuseColor = new BABYLON.Color3(1.0, 0, 0);
```

内部的には、`StandardMaterial` オブジェクトはシェーダーとプログラムに関係するすべての処理を実行する `BABYLON.Effect` オブジェクトを作成します。そのエフェクトオブジェクトはエンジンと接続され、頂点シェーダーとフラグメントシェーダーをコンパイルし、プログラムとリンクします。

`StandardMaterial` オブジェクトはすべての機能（例えば拡散光、発光、バンプマップ、環境光、透明度、フォグ、ボーン、アルファ、フレネル反射など）をサポートするウーバーシェーダー（Ubershader）と呼ばれる単一の巨大なシェーダーを使用します。これは、特定タスクそれぞれのために複数の小さなシェーダーを用意するよりも、すべてのタスクをサポートする大きなシェーダーを 1 つだけ使用する方が容易だったためです。

すべての機能がひとかたまりになったコードを使用する際に問題になるのは、不要な機能を除去することです。先ほどの例では、コード内の拡散光に関係する部分だけが必要でそれ以外は不要です。uniform 変数と条件文によって機能を切り替えることもできますが、GPU 内の処理のパフォーマンスが悪化することを考えると WebGL ではそのような手段は選択できません。

9.4.1 コンパイルされるプログラムから条件文を削除

そのため私たちは `#define` を使用してコンパイラのプリプロセッサに頼ることにしました。
リスト 9.2 は StandardMaterial が使用しているフラグメントシェーダーの一部です。

リスト 9.2: StandardMaterial に使用されているフラグメントシェーダーのスニペット[7]

```
1  // ライティング
2  vec3 diffuseBase = vec3(0., 0., 0.);
3  vec3 specularBase = vec3(0., 0., 0.);
4  float shadow = 1.;
5
6  #ifdef LIGHT0
7  #ifdef SPOTLIGHT0
8      lightingInfo info = computeSpotLighting(viewDirectionW, normalW,
9        vLightData0, vLightDirection0, vLightDiffuse0.rgb,
10       vLightSpecular0, vLightDiffuse0.a);
11 #endif
12 #ifdef HEMILIGHT0
13     lightingInfo info = computeHemisphericLighting(viewDirectionW,
14       normalW, vLightData0, vLightDiffuse0.rgb, vLightSpecular0,
15       vLightGround0);
16 #endif
17 #ifdef POINTDIRLIGHT0
18     lightingInfo info = computeLighting(viewDirectionW, normalW,
19       vLightData0, vLightDiffuse0.rgb, vLightSpecular0,
20       vLightDiffuse0.a);
21 #endif
22 #ifdef SHADOW0
23 #ifdef SHADOWVSM0
24     shadow = computeShadowWithVSM(vPositionFromLight0,
25       shadowSampler0);
26 #else
27     #ifdef SHADOWPCF0
28     shadow = computeShadowWithPCF(vPositionFromLight0,
29       shadowSampler0);
30     #else
31     shadow = computeShadow(vPositionFromLight0, shadowSampler0,
32       darkness0);
33     #endif
34 #endif
35 #else
36     shadow = 1.;
37 #endif
38     diffuseBase += info.diffuse * shadow;
39     specularBase += info.specular * shadow;
40 #endif
```

---

[7] シェーダーのソースコード全体は GitHub で確認できます。
https://github.com/BabylonJS/Babylon.js/blob/master/Babylon/Shaders/default.fragment.
fx

利用されている機能に応じて、対応するプリプロセッサ識別子がすべて収集され、StandardMaterial が使用するエフェクトがコンパイルされます。リスト 9.3 はマテリアルが識別子の定義リストをどのように設定しているかを示しています。

リスト 9.3: define のリストを準備

```
1 if (this.diffuseTexture && BABYLON.StandardMaterial.DiffuseTextureEnabled) {
2   if (!this.diffuseTexture.isReady()) {
3     return false;
4   } else {
5     defines.push("#define␣DIFFUSE");
6   }
7 }
```

エフェクトをコンパイルする前に、識別子の定義がすべて集められてエフェクト作成用のメソッドに渡されます（リスト 9.4）。

リスト 9.4: エフェクトのコンパイル

```
1 var join = defines.join("\n");
2 this._effect = engine.createEffect(shaderName, attribs, [...], [...],
3                   join, fallbacks, this.onCompiled, this.onError);
```

エフェクトは指定された識別子のリストを使用してエンジンとやり取りしながら最終的なプログラムを作成します（リスト 9.5）。

リスト 9.5: define のリストを使用した program のコンパイルとリンク

```
1 var vertexShader = compileShader(this._gl, vertexCode, "vertex", defines);
2 var fragmentShader = compileShader(this._gl, fragmentCode, "fragment",
3   defines);
4
5 var shaderProgram = this._gl.createProgram();
6 this._gl.attachShader(shaderProgram, vertexShader);
7 this._gl.attachShader(shaderProgram, fragmentShader);
8
9 this._gl.linkProgram(shaderProgram);
```

この処理が完了すると、最終的なプログラムから余分な条件文が取り除かれ、中には実際に使用されるコードだけが残るようになります。

9.4.2　フォールバックを通じたローエンドなデバイスのサポート

最終的なプログラムを制御する方法として #define を使用すると、パフォーマンス上の利点もありますが、それだけでなく特定のハードウェアにとってシェーダーが複雑すぎる場合にフォールバックを用意する手段にもなります。

Babylon.js は純粋な JavaScript 製ライブラリなので、デスクトップよりも GPU が貧弱なモバイルデバイスで使用されることもあります。単純さを重視しているので、利用される環境をユーザーが意識せずに済むようにしたいと考えました。

Effect オブジェクトでフォールバックのリストを定義できるようにしたのはこのためです。アイデアは非常に単純です。コンパイルに使用する識別子の定義リストを設定するだけではなく、シェーダーが正しくコンパイルできなければ無視できるオプショナルな定義リストも開発者が設定できるようにします。

動作するはずのシェーダーが特定のハードウェアでコンパイルできない主な原因はシェーダーが複雑すぎることです。つまり実行に必要な命令の数が現在のハードウェアの限界を超えたためです。フォールバックシステムは必要に応じていくつかの識別子定義を取り除いてより単純なシェーダーを生成します。これにより自動的にシェーダーが動作するようになるまでレンダリングを劣化させることができます。

省略可能な機能の一覧は開発者が定義します。フォールバックシステムは多段階のシステムで、開発者は優先度も定義できます（リスト 9.6）。

リスト 9.6: フレネル反射をオプショナルな機能として設定する方法

```
 1 var fresnelRank = 1;
 2
 3 if (this.diffuseFresnelParameters &&
 4     this.diffuseFresnelParameters.isEnabled) {
 5     defines.push("#define DIFFUSEFRESNEL");
 6     fallbacks.addFallback(fresnelRank, "DIFFUSEFRESNEL");
 7     fresnelRank++;
 8 }
 9
10 if (this.opacityFresnelParameters &&
11     this.opacityFresnelParameters.isEnabled) {
12     defines.push("#define OPACITYFRESNEL");
13     fallbacks.addFallback(fresnelRank, "OPACITYFRESNEL");
14     fresnelRank++;
15 }
16
17 if (this.reflectionFresnelParameters &&
18     this.reflectionFresnelParameters.isEnabled) {
19     defines.push("#define REFLECTIONFRESNEL");
20     fallbacks.addFallback(fresnelRank, "REFLECTIONFRESNEL");
21     fresnelRank++;
22 }
23
24 if (this.emissiveFresnelParameters &&
25     this.emissiveFresnelParameters.isEnabled) {
26     defines.push("#define EMISSIVEFRESNEL");
27     fallbacks.addFallback(fresnelRank, "EMISSIVEFRESNEL");
28     fresnelRank++;
29 }
```

開発者はフォールバックを作成するときに合わせてランクを定義できます。Engine オブジェクトはまずすべてのオプションを有効にしてシェーダーをコンパイルし、失敗するとランキングに基づいてオプションを順に取り除きながら再コンパイルします（リスト 9.7）。

リスト 9.7: フォールバックシステムを使用してプログラムをコンパイルするコード[*8]

```
1  try {
2    var engine = this._engine;
3    this._program = engine.createShaderProgram(vertexSourceCode,
4      fragmentSourceCode, defines);
5  } catch (e) {
6    if (fallbacks && fallbacks.isMoreFallbacks) {
7      defines = fallbacks.reduce(defines);
8      this._prepareEffect(vertexSourceCode, fragmentSourceCode,
9        attributesNames, defines, fallbacks);
10   } else {
11     Tools.Error("Unable␣to␣compile␣effect:␣" + this.name);
12     Tools.Error("Defines:␣" + defines);
13     Tools.Error("Error:␣" + e.message);
14   }
15 }
```

　最高のシェーダーを作成したとしても、最高のパフォーマンスを得るにはさらに必要なコマンドだけが WebGL に送信されることを保証する必要があります。キャッシュシステムはそのために存在します。

9.5　キャッシュ

　Babylon.js にはさまざまなキャッシュシステムがあります。これらのシステムの目的はすでに行ったことを再作成したり再設定することによるオーバーヘッドを減らすことです。実際にいろいろと確認した結果、以下をキャッシュすることが有効であるとわかりました。

- ワールド行列計算
- WebGL のステート
- テクスチャ
- プログラム
- uniform 変数

9.5.1　ワールド行列

　ワールド行列は現在の位置／向き／スケールを得るためにメッシュごとに計算されます。これらの行列はメッシュ自身に依存するだけでなくその階層にも依存します。メッシュを描画するにはこの特殊な行列を計算しなければいけません。Babylon.js ではこの行列を毎フレーム計算するのではなくキャッシュしておき、必要なときにだけ計算することとしました。ワールド行列の構築は以下のような手順で行われるため、そのコストと比較するとキャッシュのオー

[*8] **Effect** クラスと **Engine** クラスのコード全体は GitHub で確認できます。
https://github.com/BabylonJS/Babylon.js/blob/master/Babylon/babylon.engine.js
https://github.com/BabylonJS/Babylon.js/blob/master/Babylon/Materials/babylon.effect.js

バーヘッドは問題にはなりません。

- 回転行列を計算
- 拡大縮小行列を計算
- 平行移動行列を計算
- 置換行列を計算
- 親のワールド行列を取得
- 有効であれば、ビルボーディングを計算
- すべての行列を積算

ヒント: コード全体は次の場所で確認できます。

https://github.com/BabylonJS/Babylon.js/blob/master/Babylon/Mesh/
babylon.abstractMesh.js#L321

このような長いコードを実行する代わりに、Babylon.js ではキャッシュされた値とプロパティの値を比較できます（リスト 9.8）。

リスト 9.8: 現在の値とキャッシュ値を比較

```
 1  Mesh.prototype._isSynchronized = function () {
 2    if (this.billboardMode !== AbstractMesh.BILLBOARDMODE_NONE) {
 3      return false;
 4    }
 5
 6    if (this._cache.pivotMatrixUpdated) {
 7      return false;
 8    }
 9
10    if (this.infiniteDistance) {
11      return false;
12    }
13
14    if (!this._cache.position.equals(this.position)) {
15      return false;
16    }
17
18    if (this.rotationQuaternion) {
19      if (!this._cache.rotationQuaternion.equals(this.rotationQuaternion)) {
20        return false;
21      }
22    } else {
23      if (!this._cache.rotation.equals(this.rotation)) {
24        return false;
25      }
26    }
27
28    if (!this._cache.scaling.equals(this.scaling)) {
29      return false;
30    }
31
32    return true;
33  };
```

9.5.2　WebGL ステートをキャッシュ

　低品質のデバイスでは、WebGL ステートマシンの内部的な特性が原因で WebGL ステートの変更に大きなコストがかかる場合があります。Babylon.js では State オブジェクトにステートの管理を集約します。つまりエンジンは WebGL ステートを直接変更せずに、State オブジェクトの対応する値を変更します。後で実際にレンダリングを行う直前にこの State オブジェクトを使用して実際のステートを更新することで、効率的にステートが設定されます。これにより、例えば特定のステートが同じ値でなければいけないメッシュのリストを操作する場合に、不要なステート更新を大幅に削減できます。すでに設定されている値を同じ値で上書きしないようにしてくれるブラウザもありますが、そういった動作は例えばモバイルデバイスではめったに見られません。

　リスト 9.9 はアルファ管理用の State オブジェクトがどのように動作するかを示しています。常に最新の状況を管理するダーティフラグを内部に持ち、内部のステートを実際に反映する必要があるかどうかの判定に使用されます。

リスト 9.9: アルファステート管理の一部

```
 1  function _AlphaState() {
 2    this._isAlphaBlendDirty = false;
 3    this._alphaBlend = false;
 4  }
 5
 6  Object.defineProperty(_AlphaState.prototype, "isDirty", {
 7    get: function () {
 8      return this._isAlphaBlendDirty;
 9    },
10    enumerable: true,
11    configurable: true
12  });
13
14  Object.defineProperty(_AlphaState.prototype, "alphaBlend", {
15    get: function () {
16      return this._alphaBlend;
17    },
18    set: function (value) {
19      if (this._alphaBlend === value) {
20        return;
21      }
22      this._alphaBlend = value;
23      this._isAlphaBlendDirty = true;
24    },
25    enumerable: true,
26    configurable: true
27  });
28
29  _AlphaState.prototype.apply = function (gl) {
30    if (!this.isDirty) {
31      return;
32    }
33
```

```
34    // アルファ合成
35    if (this._isAlphaBlendDirty) {
36      if (this._alphaBlend === true) {
37        gl.enable(gl.BLEND);
38      } else if (this._alphaBlend === false) {
39        gl.disable(gl.BLEND);
40      }
41
42      this._isAlphaBlendDirty = false;
43    }
44  };
```

リスト 9.10 のとおり drawElements を呼び出す前にエンジンオブジェクトが必要に応じて
この State オブジェクトのステートを適用します。

リスト 9.10: drawElements 呼び出し直前に適用される State オブジェクト

```
 1  Engine.prototype.applyStates = function () {
 2    this._depthCullingState.apply(this._gl);
 3    this._alphaState.apply(this._gl);
 4  };
 5
 6  Engine.prototype.draw = function (indexStart, indexCount) {
 7    this.applyStates();
 8
 9    this._gl.drawElements(this._gl.TRIANGLES, indexCount,
10      this._gl.UNSIGNED_SHORT, indexStart * 2);
11  };
```

9.5.3　プログラム、テクスチャ、uniform 変数のキャッシュ

Babylon.js には WebGL に関係するさまざまなデータのためのキャッシュシステムがあり
ます。例えば Engine オブジェクトには有効なプログラムの一覧があり、Effect オブジェク
トがプログラムをコンパイルしようとすると、実際の処理を実行する前にプログラムがすでに
コンパイルされているかどうかを確認します。

テクスチャも同様です。Texture オブジェクトが新しくインスタンス化されると、Engine
はリソースを共有するためにすでに特定の URL が読み込まれていないかどうかを確認し
ます。

リスト 9.11 のとおり、uniform 変数も同様の方針で扱われます。

リスト 9.11: Effect オブジェクトを通じて color3 uniform 変数を設定

```
 1  Effect.prototype.setColor3 = function (uniformName, color3) {
 2    if (this._valueCache[uniformName] &&
 3        this._valueCache[uniformName][0] == color3.r &&
 4        this._valueCache[uniformName][1] == color3.g &&
 5        this._valueCache[uniformName][2] == color3.b)
 6      return this;
 7
 8    this._cacheFloat3(uniformName, color3.r, color3.g, color3.b);
 9    this._engine.setColor3(this.getUniform(uniformName), color3);
10
11    return this;
12  };
```

this.getUniform もキャッシュされます。プログラムをコンパイルしてリンクするときに uniform 変数のロケーションをすべて集めることで、uniform 変数へのアクセスも最適化されます。

9.6 結論

エンドユーザーのためにさまざまな最適化が自動的に適用されることを目指したこのアーキテクチャによって、UbiSoft の Assassin's Creed Pirates Race の素晴らしいデモ（図 9.5）や

図 9.5: UbiSoft の Assassin's Creed Pirates Race

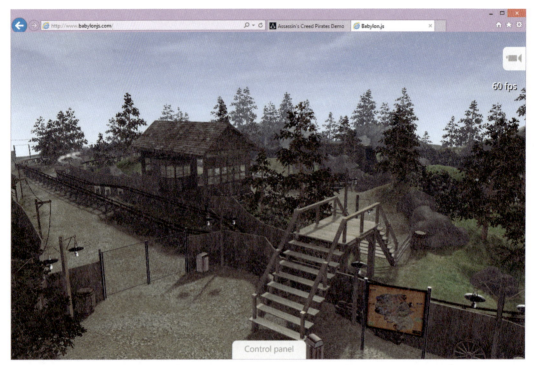

図 9.6: 電車シミュレーター

完全な電車アトラクション（図 9.6）を実現できました。www.babylonjs.com ではそれ以外にもさまざまなデモが公開されています。

この章について私と議論したければ、気軽に Twitter 上（@deltakosh）で話しかけてください。よろこんで返事をします。また、Babylon.js はオープンソースのエンジンなので、何か貢献したいと思っていただけるなら、ぜひそうしてください！　GitHub リポジトリは次の場所にあります。

https://github.com/BabylonJS/Babylon.js

第10章

Turbulenz エンジンの
レンダリング最適化

David Galeano

10.1　はじめに

Turbulenz エンジンは JavaScript もしくは TypeScript を使用して高品質な 2D や 3D の
ゲームを開発できるハイパフォーマンスなオープンソースゲームエンジンです。

CPU と GPU の両方を活用して JavaScript と WebGL から最高のパフォーマンスを引き出
すために Turbulenz エンジンはできる限り無駄をなくすことを目標にしています。この章で
はレンダリンググループでの処理と冗長であったり無意味なステートの変更から生じる無駄の排
除に焦点を当てて説明します。エンジンは無駄を最大限排除するために、高レベルなものでは
ジオメトリのグループ化やソートを使用したオクルージョンカリングから、低レベルなものでは
ステート変更のフィルタリングまで、さまざまな粒度の手法を採用しています。

本章では私たちが作成した Oort Online（図 10.1）というゲームを例として取り上げます。
Oort Online はお互いに接続されたボクセルで構築された世界を舞台とする多人数同時参加型
ゲームです。

10.2　不要な処理

JavaScript は今ではハイパフォーマンスな言語であるといえるでしょう。まだ他の静的型
付けの言語ほど高速ではありませんが、WebGL を効果的に利用すればインタラクティブなフ
レームレートで高品質な 3D グラフィックスの実現が可能なほどに高速です。JavaScript と
WebGL はいずれも GPU に完全に処理を任せることができます。ネイティブ実装を比較対象
とした WebGL と JavaScript のパフォーマンスの解析については [Echterhoff 14] を参照して
ください。

図 10.1: Oort Online ゲーム

しかし、CPU や GPU に無駄もしくは無意味な処理を依頼してはリソースの無駄遣いでしかありません。ここでは不要な処理を特定して取り除くことについて説明します。

私たちは不要な処理をいくつかの種類に分類しました。

1. 意味のない処理: 目に見える効果のない何かを行うもの
2. 繰り返される処理: 1 フレーム内で処理コストのかかるステート変更を 2 度以上行うもの
3. 冗長な処理: まったく同じことを連続して 2 度以上行うもの

それぞれの項目に順番に取り組みますが、まずは不要な作業を取り除くこと自体のコストについて議論しましょう。

10.3 不要な処理の回避

不要な処理の回避とは単純に生成物が無駄になることを避けるということです。これは処理の効果を最大化するには同じ結果を保ちつつリソースの利用を減らすか、まったく利用しないようにするとよいという原則に基づきます。

無駄の排除にも常にトレードオフがあります。CPU 時間と GPU 時間を節約するにはまずそのために CPU 時間をいくらか消費しなければいけません。これは常にトレードオフになります。不要な処理をフィルタリングするために CPU 時間を使いすぎれば、まったくフィルタリングしない場合よりも実際にはアプリケーションの動作が遅くなってしまうかもしれません。もちろんその逆もまた真なりです。

Turbulenz エンジンはデータ指向であり、ほとんどデータ駆動であるともいえます。いく

つかの特殊なレンダリングエフェクトはパフォーマンス上の理由で低レベルなレンダリング API を直接呼び出す必要があるため、手動で書かれているものもありますが、大部分の処理は読み込んだデータに基づいて実行時に定義されます。

　一般に高レベルで無駄を回避する方が、低レベルで行うよりもずっと効率的です。高レベルではさまざまなコンテキスト情報を利用でき大規模な冗長性を検知できますが、低レベルではその瞬間に存在する情報しか扱えません。例えば、高レベルではシーン階層と空間マップの両方を利用できるので、すべてのオブジェクトの可視性を個別に確認するのではなくグループとして確認して不可視のオブジェクトのグループをまとめてカリングできます。

　Turbulenz エンジンはさまざまなレベルで不要な処理を回避して、できる限りさらに低レベルな層で行う処理を減らそうとします。これからそれぞれのレベルで使用されているさまざまな戦略について説明します。

10.4　高レベルフィルタリング

　このレベルではシーンを管理して、中レベルのレンダラに情報を渡します。

　このレベルで行われる戦略の大部分では使用されない結果を出力する処理を取り除くことに注力します。そのような不要な処理の例として、次のリストのようなさまざまな理由で画面に表示されないジオメトリがあります。

- 視錐台の外にある
- 他のジオメトリの後ろに完全に隠れている
- 対象としている解像度には遠すぎる、または小さすぎる
- 完全に透明

　これらの条件は、例えばシーンに影響を与えるライトやスキンメッシュのアニメーション、エンティティの AI、3D サウンドの発信源など、通常のジオメトリ以外のゲーム要素にも適用されます。

　それぞれの条件に基づいたジオメトリの除去を効率的に行うには、例えば次のような高レベルだけで利用できる追加情報が必要になります。

- 視錐台
- ジオメトリの AABB（Axis Aligned Bounding Box）
- レンダリングターゲットの大きさ
- 透明度

　Turbulenz エンジンは 2 段階の視錐台カリングシステムを使用して、表示されない要素をフィルタリングします。つまりまずシーンノードをカリングし、次にそのノード内のコンテンツをカリングします。シーン階層のノードが保持できるライトやレンダリング対象ジオメトリの数に制限はなく、それぞれのノードが AABB を持ちます。図 10.2 はシーンの例です。これらのシーンノードの AABB は 2 つの空間マップに追加されます。1 つは静的オブジェクトのためのマップ、もう 1 つは動的オブジェクトのためのマップです。これらは更新の頻度が

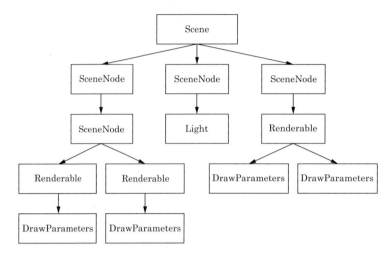

図 10.2: シーンの例

異なり、それぞれに対して実装の異なる空間マップを使用できるようにするため、別々に管理されます。すぐに利用できるようにはじめから用意されている空間マップには次のものがあります。

- 静的オブジェクト用と動的オブジェクト用で異なるトップダウン構築ヒューリスティクスが使用される AABB ツリー
- 密なグリッド
- 疎なグリッド

例えば、私たちのゲーム、Oort Online では静的なオブジェクトには AABB ツリーを、動的なオブジェクトには密なグリッドを使用しています。図 10.3 はバウンディングボックスを表示状態にして撮影したスクリーンキャプチャです。

　ノードが見える範囲にあると判断されると、次にそこに含まれるレンダリング対象とライトの可視性チェックに進みます。ノードにオブジェクトが 1 つしかなければ、他に何も確認する必要はなく、そのオブジェクトは可視オブジェクトの一覧に追加されます。ノードに複数のオブジェクトがあれば、はじめにノード全体が視錐台に含まれているかどうかを確認し、もしそうなら、そこに含まれているオブジェクトもすべて可視です。そうでなければ、それぞれのオブジェクトの可視性を個別に確認します。ライトについては、実際に照らされるピクセルがいくつあるかを計算するためにバウンディングボックスをスクリーンに投影し、画面への影響の度合いによってはライトを廃棄するかシャドウマップを無効化するという追加の処理が必要になります。しかし、ここで行われるすべての作業で取り除くことができるのは視錐台の外側にあるオブジェクトだけです。他のオブジェクトに視線を遮られて見えないオブジェクトについては何も行われません。

　オクルージョンカリングについては CPU で処理を行うと非常に負荷が大きくなることが多く、そのため非常に限られた場合にしかそのような手法は採用されません。私たちのゲー

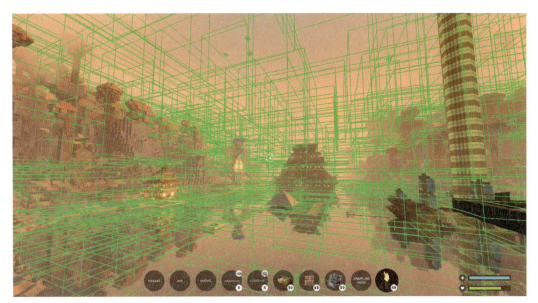

図 10.3: 表示要素のバウンディングボックス

ム、Oort Online は立方体で構成されているため、複雑な非凸状のジオメトリを使用するようなゲームと比べると非常に簡単に遮蔽物背後の表示されない錐台領域を計算できます。しかしこの条件においてさえ、カメラに近い不透明な $16 \times 16 \times 16$ の立方体ブロックの塊による遮蔽しか考慮していません。残念なことにこれは、例えば麓から山を眺めていて、山の内部のボクセルの大部分が破棄されるといったような非常に限られた状況でしか役に立ちません。他のゲームでは、私たちは特定のカメラ視点から見える可能性がある要素群を判定するためにポータルカリングを導入しました。

不要な処理を可能な限り取り除いたらそれ以上時間をかけず、その情報をより低レベルの層に受け渡しましょう。ここでの出力は一連の可視オブジェクトの集合です。この集合にはノード、レンダリング対象物、ライト、エンティティなどが含まれますが、ひとまずレンダリング対象物だけに注目することにします。

10.5 中間レベルのレンダリング構造

可視のレンダリング対象物はそれぞれ複数のレンダリングジオメトリで構成され、レンダリングジオメトリは `DrawParameters` オブジェクトで定義されます。このレベルは処理を最適化するために可視のレンダリングジオメトリの集合を管理することを担当しています。

`DrawParameter` は特定のジオメトリを特定のシェーディングテクニックで描画するために必要となる情報をすべて保持しています。

- 頂点バッファ: 1 つ以上の場合もある
- 頂点オフセット: 頂点バッファの使用範囲の開始点

- **頂点セマンティクス**: 特定の頂点コンポーネントを特定のシェーダーへの入力と一致させるため
- **インデックスバッファ**: オプション。インデックス化されたプリミティブのため
- **インデックスバッファオフセット**: インデックスバッファの使用範囲の開始点
- **プリミティブ数**: レンダリングするプリミティブの数
- **プリミティブタイプ**: トライアングルリスト、トライアングルストリップなど
- **テクニック**: このジオメトリをレンダリングするために使用されるシェーディングテクニック
- **テクニックパラメーター**: このジオメトリが使用する独自シェーディングのパラメーターを含む辞書。例えばワールド内位置、マテリアル色、ディフューズテクスチャなど
- **ユーザーデータオブジェクト**: ジオメトリをフレームバッファや不透明度に応じてグループ化するために使用される
- **ソートキー**: 同じグループに属するジオメトリをソートするために使用される

ユーザーデータとソートキーがこのレベルでの不要な処理をフィルタリングして取り除く鍵となる要素です。

10.5.1　ユーザーデータオブジェクトのグループインデックス

ユーザーデータオブジェクトはゲームがジオメトリの特定のインスタンスに関する任意の情報を保持するために利用します。このオブジェクトは、ゲームがジオメトリの属しているグループをレンダラに伝えるために使用できるという意味でこの章の内容と関係があります。

今さらですが、このプロパティは違う名前にして、異なる要素は異なるコンポーネントに分割すべきだったと私たちは考えています。グループ情報はレンダラが管理するグループ配列の整数インデックスとして保持されます。グループをどのように分割するかはゲームやレンダラによって異なります。

例えば、私たちのゲーム、**Oort Online** で利用されているグループは以下のようなものです。

- プレパス（Prepass）：カメラに近いジオメトリのスクリーン空間上での法線をスムージングするため
- 不透明（Opaque）：不透明ボクセル、エンティティ、木の幹のような不透明な植物のため
- アルファカットアウト（Alpha cutout）、デカール（Decal）：ガラスや葉っぱなどのため
- 透明（Transparent）：透明なボクセルやエンティティのため
- エフェクト（Effect）：松明からの煙や炎のようなパーティクルシステムのため
- 水（Water）
- 溶岩（Lava）
- 雲（Cloud）

透明度の設定されたさまざまなジオメトリグループ（水、溶岩、透明、雲など）はアルファ

ブレンディングする必要があり、よりよい合成結果を得るためにカメラの向きや垂直方向の位置によって異なる順序で描画されます。そうしなければ、さまざまなレイヤーがお互いに間違った順序で描画される場合があります。

　ゲームによってより多くのグループを使用するレンダラもあれば、より少ないグループを使用するレンダラもあるでしょう。例えばシャドウマッピングによって実装される動的シャドウを使用するゲームはそれぞれのシャドウマップに対して 1 つ以上のグループを使用するかもしれません。

10.5.2　ソートキー

　`DrawParameters` のソートキーは同じグループに属するジオメトリをソートするために使用される JavaScript の数値です。JavaScript ではよくあることですが、値は浮動小数点数でも整数でもどちらでもかまいません。ゲームのレンダラが解釈できるかどうかだけが問題です。この値を使用して `DrawParameters` オブジェクトを、特定のレンダリンググループにとって何か意味のある順序で、降順あるいは昇順にソートすることができます。

　例えばここで使用しているゲーム、Oort Online では、キーは次のようにして求めます。

- 不透明もしくは加算ブレンディングのみのジオメトリについては、ソートキーは次のようにして求めます。

```
1  (distance << 24) |
2  (techniqueIndex << 14) |
3  (materialIndex << 8) |
4  (vbIndex & 255)
```

　distance の値はカメラの近平面までの距離を 64 を底とする対数スケールのバケットに量子化したものです。techniqueIndex の値は一意なシェーディングテクニック ID です。materialIndex の値は一意なマテリアル ID です。vbIndex の値は一意な頂点バッファ ID です。

- 透明なジオメトリでは、ソートキーは次のようにして求めます。

```
1  (distance * 1024 * 16) | 0
```

　distance の値はカメラの近平面までの距離をワールド単位で表したものです。

　不透明なジオメトリをソートする理由は主にパフォーマンスのためです。同じテクニック、マテリアル、頂点バッファを持つジオメトリがソートされたリスト内で連続して並ぶようにソートキーは設計されています。完全にソートするにはバケットを複数階層にする必要がありますが、そのような構造の構築にはコストがかかりすぎます。一方、このソートキーであれば、キーの生成もソート処理自体も十分に高速で実装も簡単です。キーの高位のビットは最適化のために最も重要なステート変化のソートに使用され、下位ビットはそれよりも影響の少ない変更のために使用されます。ステート変化の重要度は通常、シーンの複雑さに依存します。

もしオーバードローが重大な問題になるならカメラまでの距離をより上位のビットに使用する
とよいでしょう。そうではなくシェーディングテクニックが最適化にとって重要でオーバード
ローは重要ではない場合、例えばタイルベースの遅延レンダリング GPU が組み込まれていて
ハードウェアで効率的に扱うことができる場合もあります。

透明なジオメトリをソートする理由は主に描画の正確さのためです。透明なジオメトリは正
しい描画結果を得るために距離を基準にして遠方から近隣に向かってソートされます。しか
し加算合成のみの場合にはこの処理は必要ありません。私たちのゲーム、Oort Online の「エ
フェクト」パスには加算合成されるジオメトリしか存在しないので描画順序にかかわらず正確
な結果が得られます。したがってこのグループに関してはより効率的なソートを適用できま
す。しかし残念ながらレンダリングエフェクトの多くはこのカテゴリから外れています。私
たちのゲーム、Oort Online では、例えば松明から飛び散る火の粉などの、ほんの一部のパー
ティクルシステムだけが加算合成を使用します。

通常、Turbulenz エンジンは JavaScript の JIT コンパイラが浮動小数点演算ではなく整数
演算を使用してソートできるように、30 ビット以下の整数を使用しようとします。整数の比
較は浮動小数点数の比較よりも圧倒的に計算コストがかかりません。JIT コンパイラは整数に
対しても浮動小数点数に対しても最適化を施しますが、あらゆる場所で常に同じ型が使用され
ていればパフォーマンスが予想しやすくなります。低レベルな JavaScript の最適化について
さらに興味がある場合は「Performance Tips for JavaScript in V8 [Wilson 12]」を参照して
ください。

10.6　中間レベルフィルタリング

ここでは低レベルなレンダリング関数に情報を受け渡すためにレンダラが `DrawParameters`
のグループ化とソートを行います。

このレベルでは連続して行われるかどうかにかかわらず複数回実行される処理を取り除くこ
とに焦点が当てられます。この類の無駄には次のようなものがあります。

- 同じフレームバッファに 2 回以上バインドする
- ブレンディングを 2 回以上有効にする

このような無駄を取り除くにはゲームとレンダラが提供する情報が必要です。その情報を使
用して `DrawParameters` を効率的にグループ化してソートし、ステート変化の回数をできる
限り減らします。

しかしまずはここで WebGL 呼び出しの実際のコストについて説明しておくべきでしょう。

10.6.1　WebGL コスト

関数呼び出しの負荷は決してゼロにはなりませんが、とはいえ一部の関数の負荷が他の関数
と比較して非常に大きいということはありえます。また、場合によっては関数呼び出しの実際
の影響が即座に現れないこともあるだけでなく、他の関数呼び出しと組み合わせて初めてパ

フォーマンスの上で大きな副作用が現れることもあります。実際、ほとんどの WebGL 呼び出しにはそのような特性があります。D3D9 や（WebGL の元となった）OpenGL ES 2 のような古いレンダリング API には最近の GPU の機能が反映されていません。内部ではステートの設定や命令の変換や検証の多くが遅延実行されます。例えばステートの変更ではひとまず新しい値を保持しダーティフラグを立てるだけにしておき、ドローコールが発行されたときに初めて値がチェックされ変更が実行されるのかもしれません。

　この遅延評価のコストはハードウェアとそれを実行するソフトウェア層の違いに大きく依存し、環境ごとに大幅な違いがあります。例えば、ブレンド関数を使用して不透明な描画を半透明な描画へ、もしくはその逆へ頻繁に変更すると、特にタイルベースの遅延レンダリング（Tile–Based Deferred Rendering, TBDR）アーキテクチャ[*1]では、値が変更されるたびにレンダリングパイプラインが強制的にフラッシュされることになるので非常に大きな負荷がかかります。大量のオーバードローがあれば、これは非常に大きな無駄を生むことになります。ハードウェアのそれぞれのパーツについて、特定の処理の変更コストを確認することは困難ですが、多くのハードウェアでうまく動作するとされている一般的なルールはいくつかあります。

　次のリストは変更のコストの高いものから低いものへと順番に並べています。

1. フレームバッファ
2. ブレンドステート
3. シェーダープログラム
4. 深度ステート
5. その他の描画ステート
6. テクスチャ
7. 頂点バッファ
8. インデックスバッファ
9. シェーダーパラメーター（uniform 変数）

　ハードウェアが異なればこの順序も大幅に変わるかもしれませんが、一般的なルールとして検討を始めるには十分によい開始点でしょう。ただしこのリストを元にプラットフォームごとにプロファイルを取得して調整しなければいけません。より詳細な情報は「Renderstate change costs」[Forsyth 08] を参照してください。

　ジオメトリを正しい順序でレンダリングしてステート変更の回数を最小限にできたとしても、このレベルで取り除ける可能性がある GPU オーバーヘッドの大きな原因がまだあります。それがオーバードローです。

10.6.2　オーバードロー

　オーバードローは複雑な 3D 環境で不要な処理が発生する主な原因の 1 つです。これは意味のない処理に分類されます。レンダリングされるピクセルのいくつかは他のピクセルがさらに

[*1] 訳注: タイルベースの遅延レンダリングは PowerVR 搭載の iPhone などで採用されています。

その上にレンダリングされるため画面には決して表示されません。けっきょく、その表示されないピクセルのためにアプリとグラフィックスパイプラインを移動したデータはすべて無駄になります。

理論的にはこのような無駄は高レベルで早期に取り除けばより計算コストを節約できます。遮蔽物を検知して、遮蔽されるものをすべてをレンダリングリストから取り除くべきです。しかしこの処理は CPU 上で行うには重すぎます。遮蔽されている物体のほとんどは一部だけが隠されています。つまり理論的にはトライアングルを見えている部分と見えていない部分に分割する必要があるということです。実際にその方法を採用すれば、CPU 時間の大部分が遮蔽部分の計算に浪費され、GPU はその処理が完了するまで待ち続けることになるでしょう。

ここではその代わりに、不透明なジオメトリをカメラの近平面からの距離を元にグループ化し、ソートした結果をレンダリングで利用します。不透明なジオメトリをカメラに近い方から描画することで、深度テストを使用して遮蔽されるピクセルのシェーディングを省略できます。これにより頂点の変換とポリゴンのラスタライズの無駄がすべて回避できるわけではありませんが、少なくとも CPU にあまり負荷をかけずにシェーディングのコストを減らすことができます。これは最近の GPU の超並列処理を利用できる環境の CPU 向け最適化の一例です。

この最適化は遮蔽されたフラグメントを事前にレンダリングパスから高速に取り除くことができる Early Z カリングを採用しているハードウェア実装で有効です。階層型深度バッファが実装されているハードウェアであれば、遮蔽されたフラグメントを複数同時に取り除くこともできます。この最適化はレンダリングの最後に必要に応じて可視フラグメントだけを描画するタイルベースの遅延アーキテクチャでは有効ではありません。

もしゲームでドローコールの数が CPU の限界に到達しているのでなければ、Z–Only パスがオーバードローによる無駄の大部分を取り除くにはよい方法かもしれません。深度バッファだけにレンダリングすることに最適化することにより大幅に高速化できる場合も多いのですが、複雑なゲームでは基準を超える量のドローコールが発行されることが一般的で、その場合は単に不透明なオブジェクトを近くから遠くに向かってソートするやり方と比較して、それほど優れているわけではありません。Z–Only パスでさえ、ネイティブコードと比較すると JavaScript ／ WebGL には余分なオーバーヘッドがあり不利な部分があります。また先ほどと同様にタイルベースの遅延アーキテクチャでは、この方法はハードウェアで行われる最適化と衝突し、逆に GPU のオーバーヘッドが増す結果になるかもしれません。

10.6.3　グループ化の利点

`DrawParameters` を異なるバケットにグループ化する理由はいくつかあります。

1. 異なるフレームバッファにレンダリングするため
   - 例えば、次に続くグループが利用できるようにスクリーン深度やビュー空間でのピクセルごとの法線情報をテクスチャとして収集します。
2. 正確さのために特定の順序でレンダリングする必要があるため
   - 例えば、透明なジオメトリはすべての不透明なジオメトリよりも後にレンダリング

しなければいけません。そうしなければ誤ったピクセルの上に合成されることがあります。

3. パフォーマンスのために特定の順序でレンダリングする必要があるため
- 例えば、カメラに近い不透明なジオメトリを同グループ内のカメラから離れているジオメトリよりも先に描画することができます。
- 例えば、特定のハードウェアではブレンディングの有効化／無効化の負荷が大きいかもしれません。そのため1フレーム内で一度しか設定しないようにします。

項目2と3には説明が必要でしょう。ソートキーとグループインデックスの間には少しオーバーラップしている部分があります。理論的には DrawParameters のソートに必要な情報すべてをソートキー内にエンコードできるはずですが、パフォーマンス上の理由でキーの大きさに制限があります。必要な情報をすべてキーに詰め込むとすぐに31ビットを超えてしまい、大きな集合をソートしなければならなくなり負荷が増します。キー情報の一部をグループインデックスに移すと、特に不利益もなく有効なキーサイズを増やすことができます。これはある種の高レベルバケットソートとみなすことができます。

すべての DrawParameters をグループ化して効果的なソートが終わると、レンダリングのために低レベル API に受け渡されます。

ドローコールの順序付けについて詳細が知りたければ、「Order your graphics draw calls around!」[Ericson 08] を参照してください。

10.7　低レベルフィルタリング

ここでは DrawParameters の変更内容が WebGL に送られます。そのため DrawParameters オブジェクトの大きな配列が低レベルレンダリング関数に渡されます。

このレベルでは連続して複数回行われる冗長な処理を取り除くことに焦点が当てられます。そのような無駄の例としては次のようなものが考えられます。

- 同じ頂点バッファを繰り返しバインドすること
- 同じスロットに同じテクスチャを繰り返しバインドすること
- 同じシェーディングテクニックを繰り返しバインドすること

ここであげられた冗長な処理を避けるためには、シェーダープログラムで使用する uniform 変数を含む内部的な WebGL ステートをすべてコピーして保持し、値が変更されていない更新を実行しないようにします。WebGL ステートのコピーを維持するにはメモリ使用量と CPU コストの面で負担もありますが、レンダリングがすでにソートされていて、冗長な変更がお互いにすぐ近くにあることが保証されていれば、余分な処理のチェックにかかる時間は WebGL 実装内部の大きなオーバーヘッドのある処理が多数省略されることで十分に報われます。

ステートの変更を確認するコストをできる限り減らすには、レンダリングデータを理想的な方法で保持しなければいけません。このレベルの中心となるレンダリング構造は Technique です。

10.8 Technique オブジェクト

Technique オブジェクトは与えられたジオメトリを描画するために必要な情報を保持しています。

- 頂点シェーダーとフラグメントシェーダー
  - 頂点シェーダーとフラグメントシェーダーのそれぞれとリンクされた一意のプログラムがキャッシュされて、テクニック間で共有されます。
- レンダリングのためのステート
  - レンダリングステートの事前に定義されたデフォルト値からの差分だけを保持します。
    * DepthTestEnable: true
    * DepthFunc: LEQUAL
    * DepthMask: true
    * BlendEnable: false
    * BlendFunc: SRC_ALPHA, ONE_MINUS_SRC_ALPHA
    * CullFaceEnable: true
    * CullFace: BACK
    * FrontFace: CCW
    * ColorMask: 0xffffffff
    * StencilTestEnable: false
    * StencilFunc: ALWAYS, 0, 0xffffffff
    * StencilOp: KEEP, KEEP, KEEP
    * PolygonOffsetFillEnable: false
    * PolygonOffset: 0, 0
    * LineWidth: 1
- サンプラ
  - シェーダーが使用するテクスチャサンプラ
  - DrawParameters オブジェクト内の technique パラメーターオブジェクトとテクスチャは名前を使用して対応付けられます。
  - サンプラオブジェクトの事前に定義されたサンプリングステートからの差分だけを保持します。
    * MinFilter: LINEAR_MIPMAP_LINEAR
    * MagFilter: LINEAR
    * WrapS: REPEAT
    * WrapT: REPEAT
    * MaxAnisotropy: 1

- セマンティクス
  - 頂点シェーダーが使用する頂点インデックスです。
  - 事前に定義されたセマンティクスのいずれかの値を取ります。
    * `POSITION`
    * `NORMAL`
    * `BLENDWEIGHT`
    * `TEXCOORD0`
- uniform 変数
  - プログラムが使用とする uniform 変数の入力値です。
  - `DrawParameters` オブジェクト内の `technique` パラメーターの値と名前によって対応付けられます。

`Technique` オブジェクトは不変です。そのため同じプログラムを別のレンダリングステートで使用するには、`Technique` を新しく作成しなければいけません。これはスケーラビリティの観点では潜在的な問題になりますが、実際のところ私たちのゲームで 2〜30 を超えるテクニックが必要となることはありませんでした。非常に大量のテクニックが必要になることがあるとすると、その主な理由は例えば反射する水面／反射しない水面といったトグル可能なレンダリング設定を大量にサポートする必要があることですが、そのような場合には単に実際に必要なテクニックだけを読み込むようにすることで対処できます。

`Technique` オブジェクトでは多くの情報が保持されています。シェーディングテクニックを変更すると、実際には数多くの内部的な WebGL ステートが変更されます。テクニックをソート条件に使用することが重要になる場合が多いのはこれが理由です。もちろんそれでもまだできる限り最適化する必要はあります。

10.9 Technique の反映

新しい `Technique` の内容を実際に反映させる際に、さらにステートの変更が最低限になるように調整する必要があります。そのためには前回反映した `Technique` を追跡しておき、前回と今回で値が異なる部分だけを更新します。

- プログラム: 前回と内容が異なる場合にだけ変更されます。
- レンダリングステート: 前回設定された値と異なる場合にだけ新しいステートの値が適用されます。また、前回のテクニックでは設定されていて今回のテクニックには存在しないレンダリングステートは、それぞれデフォルト値にリセットされます。
- サンプラ: 前回設定された値と異なる場合にだけ新しいサンプリング値が適用されます。前回のテクニックでは設定されていて今回のテクニックには存在しないサンプリングステートは、それぞれデフォルト値にリセットされます。

主なステートが更新されたので、残る変更はバッファと uniform 変数だけです。

10.10 バッファの反映

頂点バッファとインデックスバッファは前回の DrawParameters オブジェクトによって設定された値と現在の値が異なっている場合にだけ GPU に転送されます。Turbulenz エンジンは複数のジオメトリが共有する巨大なバッファを使用します。これはバッファを変更する回数を減らすことが目的です。

インデックスバッファについては簡単です。現在のバッファが前回のものと違っていれば変更します。インデックス付けされていないプリミティブをレンダリングしていて DrawParameters にインデックスバッファがなければ、将来再び必要になる場合のために古いバッファをそのまま有効にしておきます。

頂点バッファはインデックスバッファよりも複雑です。それぞれの頂点バッファについてそれぞれの頂点コンポーネントと対応する頂点シェーダーセマンティクスを取得して、以前と同じ頂点バッファを使用しているかどうかを確認します。同じ頂点バッファを使用している場合は何もしません。もしそうでなければ、そのセマンティクスの頂点属性ポインタを更新する必要があります。

シェーダーセマンティクスは特定の頂点属性と対応するようにハードコーディングされています。例えば、POSITION は常に属性 0 になります。こうすることで同じセマンティクスは常に同じ属性に設定され、より簡単かつ高速に反映できます。つまり複数のテクニックを使用して同じ頂点バッファをレンダリングするときに、頂点属性ポインタを再び設定する必要がなくなる場合が多くなります。プログラムがリンクされるときにセマンティクステーブルと一致するように属性の入力を再度マッピングします。つまりセマンティクスと属性の関連付けは WebGL コンテキストの作成直後にだけ行われ、それ以降は決して変更されません。これは（モバイルデバイスなどで）頂点シェーダーで利用できる属性の数が非常に限られているときに問題になることがありえます。

頂点配列オブジェクト（Vertex Array Object, VAO）がサポートされているときには、DrawPrameters オブジェクト内の頂点バッファとインデックスバッファの組み合わせそれぞれに対して VAO を構築します。バッファは多くのジオメトリで共有されているので、実際の組み合わせの数は通常であれば非常に少なくなります。これにより、反映時に行うバッファのチェックが、現在の VAO と以前のそれとの同値比較を一度行うだけで簡単に終わらせられます。VAO が異なっていたとしても、CPU 上で異なるバッファと頂点ポインタ属性をすべて設定するよりも、WebGL でそれらを設定する方が安価です。これは特にシーンが複雑な場合に非常に有効です。

10.11 テクスチャの反映

WebGL にはステートがあるため、テクスチャの設定はそれほど単純ではありません。読み込み時にシェーダーが使用するサンプラのそれぞれに対して特定のテクスチャユニットを割り当てます。これらのユニットはすべてのシェーダーで共有されます。それぞれのシェーダー

の初めのサンプラはユニット 0 を使用し、2 番目のサンプラはユニット 1 を使用するといっ
た形です。テクスチャをサンプラに設定する場合、（まだ有効になっていなかった場合のみ）
まず必要なテクスチャユニットを有効化し、次にテクスチャを必要なターゲット（2D または
CUBE_MAP）にバインドしなければいけません。テクニックを変更する場合は、有効なユニッ
トとバインドされたテクスチャが頻繁に変更されることを避けるために少し面倒な処理を行う
必要があります。今回のソートキーにはマテリアル ID が含まれていて、この ID は特定のレ
ンダリング対象物に適用されるテクスチャの集合から得ることができます。これはテクスチャ
をひとまとまりのグループにして、バインドする回数をできる限り減らすことが目的です。

　読み込み時にすべてのテクスチャを異なるユニットにバインドし、変更を反映する際にそれ
ぞれのレンダリング対象物がどのテクスチャユニットを使用するかをシェーダーに伝えるとい
う方式も考えられます。しかしサポートされているテクスチャユニットの最大数はビデオカー
ドによって大きく異なり、いくつかのビデオカードでは 32 以下に制限されています。つまり
その制限よりも多くのテクスチャを使用しているとテクスチャが何度も別のユニットにバイン
ドされることになります。実際に試してみたところ、読み込み時にテクスチャユニットをハー
ドコードしている現在のシステムと比べてこの方式は非常に時間がかかるということがわかり
ました。

10.12　uniform 変数の反映

　それぞれのレンダリング対象物が必要とする uniform 変数の反映は、累積すればゲーム内で
行われる処理の中で最も時間がかかる処理です。これは uniform 変数を変更するコストが高
いからではなく、その回数が非常に多いからです。WebGL 呼び出しの回数を減らすために内
部的にレンダリング対象物ごとに大きな uniform 配列を 1 つ用意していますが、これはつま
り配列の違いがどんなにささいなものであっても（無駄ですが）配列全体を反映する必要があ
るということです。そのため、私たちは uniform 変数を変更の頻度によってグループ化して
います。レンダリング対象物ごとにほとんど変更されないシェーディングパラメーターは 1 つ
の uniform 配列にまとめて設定され、変更の多いパラメーターは個別の uniform 変数に分割
されています。この構造化は変更の数を最小化するという意味では非常に効果的ですが、これ
により 1 つのテクニックが数十のパラメーターを持つ場合もあります。

　uniform 変数のそれぞれの値は反映時に DrawParameters オブジェクトのテクニック内の
パラメーター辞書から取り出され、そのときに有効なプログラムの uniform 変数に設定されて
いる値と再び比較されます。そして値が異なるときにだけ uniform 変数が更新されます。

　同じ値を複数回設定することを避けるため、2 段階のフィルタリングシステムを採用してい
ます。最後に uniform 変数に設定した JS 配列を保持しておき、それを使用してすばやく同値
チェックすることで、同じオブジェクトを同じ uniform 変数に連続して 2 回設定することが
避けられます。マテリアルをソートキーに使用することで、同じ種類のデータに同じタイプの
配列をできる限り再利用しているため、これは実際非常に効果的です。もちろんこの情報は
DrawParameters の配列を反映する関数内でのみ有効で、完了後はリセットする必要がありま
す。単一の値で構成されている uniform 変数では、この処理は省略されます。

JS 配列自体が前回設定されたものと異なることが確認できれば、次に配列内の値をそれぞれ個別に確認します。デフォルトでは uniform 変数それぞれの値に対して同値チェックを使用します。時間がかかるように感じるかもしれませんが、その必要もないのに uniform 変数の値を実際に変更してしまうことと比べると非常に高速です。しかし単一の浮動小数点数を保持している uniform 変数に対しては、同値チェックは使用しません。この場合は新しい値と古い値の差の絶対値を確認して、0.000001 よりも大きい場合にだけ更新します。値に要求される精度がこの閾値よりも小さい場合には、潜在的なリスクになるかもしれませんが、実際にそういった問題に遭遇したことは私たちにはありません。より大胆に、すべての uniform 変数に対して更新の条件として閾値を設定することや、いっそさらに低い閾値を設定することも考えられますが、実際にそれらを試してみるとレンダリングに問題が起きることがわかりました。特に行列にエンコードされた回転要素は正確な動作のために非常に高精度が要求されます。しかしプロジェクトによってはそのような緩い閾値を採用できる場合もあるでしょう。オブジェクトの動きが本来の値と 10 分の 1 ミリメートル違ったとしても、それに気付くユーザーはほとんどいません。

10.12.1 パフォーマンス評価

ゲーム Oort Online の通常のフレームは以下のようなメトリクスを持っています。

- 9.60ms: 全反映時間
- 3,316 回: uniform 変数の変更
- 2,074 回: ドローコール
- 68 回: テクニックの変更
- 670 回: 頂点配列オブジェクトの変更
- 3 回: インデックスバッファの変更
- 19 回: 頂点バッファの変更
- 23 回: 頂点属性の変更
- 78 回: レンダリングのステート変更
- 181 回: テクスチャの変更
- 32 回: フレームバッファの変更

これらの数値は以下のスペックのマシンで取得されました。

- NVIDIA GeForce GTX 750 Ti
- Intel Core i5-4690 CPU 3.50 GHz
- Ubuntu 14.10
- Google Chrome version 39

低レベルな同値チェックを無効にするとメトリクスは次のように変わります。

- 10.53ms: 全反映時間
- 7,477 回: uniform 変数の変更

高レベルの JS 配列の同値チェックも無効にするとメトリクスはさらに次のように変わります。

- 11.56ms: 全反映時間
- 16,242 回: uniform 変数の変更

これらの数値は今回のような非常に動的なゲームではカメラ位置によって大幅に変化しますが、どのような状況でも変化の割合は大きく変わりません。フィルタリングレベルのそれぞれで uniform 変数の変更の数が約 50% 減り、反映時間全体として約 10% 削減できます。

10.13 参考資料

Turbulenz エンジンはオープンソースで、`https://github.com/turbulenz/turbulenz_engine` でソースコードを取得できます。Turbulenz エンジンのドキュメントはオンラインで利用でき、`http://docs.turbulenz.com/` にあります。

参考文献

[Echterhoff 14] Jonas Echterhoff. "Benchmarking unity performance in WebGL." `http://blogs.unity3d.com/2014/10/07/benchmarking-unity-performance-in-webgl/`, 2014.

[Ericson 08] Christer Ericson. "Order your graphics draw calls around!" `http://realtimecollisiondetection.net/blog/?p=86`, 2008.

[Forsyth 08] Tom Forsyth. "Renderstate change costs." `http://home.comcast.net/~tom_forsyth/blog.wiki.html#[[Renderstate%20change%20costs]]`, 2008.

[Wilson 12] Chris Wilson. "Performance Tips for JavaScript in V8." `http://www.html5rocks.com/en/tutorials/speed/v8/`, 2012.

第11章

Blend4Web の
パフォーマンスと
レンダリングアルゴリズム

Alexander Kovelenov

Evgeny Rodygin

Ivan Lyubovnikov

11.1　はじめに

　Blend4Web はオーサリングツールとして主に Blender 3D を使用するオープンソースの WebGL フレームワークです。Adobe Flash を置き換えるためのプロジェクトとして実験的に開発が開始され、今ではどのような 3D ウェブ開発にでも使用できる機能豊富なプラットフォームに発展しました。この章では私たちのエンジンに導入した先進的な技術に関する知見、つまりエンジン全体のパフォーマンスを向上させる CPU 上でのプリレンダラ最適化や、ワーカーベースの物理エンジン、リアルな海をレンダリングするための高速なシェーダーテクニック、機能豊富なシェーダーコンパイルパイプラインなどについて紹介します。

11.2　プリレンダラ最適化

　レンダリングを最適化するための基本的な方針は常にドローコールの回数を減らすことです。OpenGL API の進化の歴史も明らかにこの傾向を示しています。新しいバージョンでは必ず以前のバージョンに新しい呼び出しが追加され、その新しい機能をたった一度呼び出すだけで、より多くのことが実現できるようになります。そのような機能の大部分は WebGL 1 では利用できませんが、`OES_vertex_array_object`, `ANGLE_instanced_arrays`, `OES_element_index_uint` など拡張機能を使用することで利用できるようになる機能もあり

ます。しかしエンジンを利用するためにそういった拡張機能を必須にしてしまうと互換性の維持にコストがかかるようになる可能性があるため、それらはあくまでも補助的なものとして、もしプラットフォームがサポートしていればパフォーマンスがより向上するという程度の扱いにとどめるべきです。

11.2.1 バッチ処理

Blend4Web は JavaScript で実装されているため、実装が容易で高速なバッチ処理が必要でした。これは数千のオブジェクトで構成される巨大なシーンをレンダリングしなければいけないという状況で特に重要になります。NVIDIA が行った有名なプレゼンテーション「Batch, Batch, Batch」[Wloka 03] で紹介されているとおり、バッチにはレンダリングパイプラインで同じステートを共有するすべてのオブジェクトのジオメトリが含まれています。バッチを実装するために、Blend4Web では Blender のマテリアルからステートを取り出して、個別のオブジェクト（Blender の用語ではメッシュ）のジオメトリと対応付け、オブジェクトを基準にバッチを構成して、最後にそのオブジェクトごとのバッチをグローバルバッチに統合します。このグローバルバッチがシーン内で描画されます。

当初はリソースを準備する段階でバッチの構築を行い、エクスポートされたリソースファイル内にいわゆる「静的な」ジオメトリが含まれるようにしていました。この方法にはシーンをロードする際にジオメトリを処理する時間が少なくなるというわかりやすい利点がありますが、大きな問題もあります。はじめに（例えば、ターゲットプラットフォームについての情報を得たり、ユーザー設定が変更されたとしても）一度構築したバッチは変更できません。また、さらに重大な問題としてシーンにインスタンス化されたオブジェクトが含まれているときにファイルサイズが大幅に増加します。例えばもしシーンに 5 本の木と 5 つの切り株があると、最終的なジオメトリは元のサイズよりも 5 倍大きくなり、特に低帯域なモバイル接続で読み込み時間が増加することになります。これらの問題を検討した結果、私たちは事前にバッチを構築するのではなく、シーンを読み込む際にバッチを構築することとしました。しかしそのためには高速なアルゴリズムが必要です。

図 11.1 にあるように、オブジェクトのバッチを構築した後でそれらをさらに統合するにはバッチ同士を比較する手段が必要です。私たちは単純なハッシュアルゴリズムを使用しました。はじめにそれぞれのオブジェクトバッチのハッシュを計算し、次にそのハッシュを比較して等しければバッチを統合します。パフォーマンスを維持するために重要なのはバッチを表現している JavaScript オブジェクトの（内部的な）静的型を維持するこ

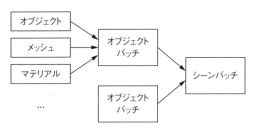

図 11.1: バッチの構造

とです。そうすればモダンな JavaScript エンジンはコードを最適化できます。またこれにより Java の `hashCode()` 関数と同じ方法で、すべての型で利用できる高速なハッシュ化関数を開発できます。このようなハッシュは非常に高速に計算できますが、長さが 32 ビットしかな

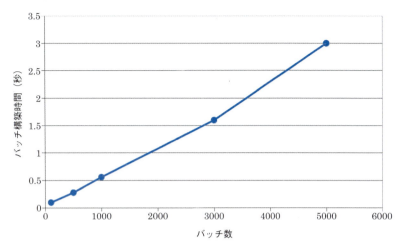

図 11.2: バッチ構築のパフォーマンス

いため衝突が発生しやすく（つまり、2 つの異なる JavaScript オブジェクトが同じハッシュ値を持つ可能性が高い）、100% 信頼できるものではありません。そのためバッチ構築の最終確認としてオブジェクトバッチ自身を比較する必要があります。オブジェクトバッチ同士の比較はすべてのプロパティを走査することで行います。

私たちは i7–3770K 3.50 GHz CPU と GeForce GTX 680 GPU を搭載したマシン上の Chrome 39 を使用してこのバッチ構築処理のパフォーマンスを計測しました。バッチはそれぞれ 1,000 トライアングルで構成されるローポリゴンオブジェクトから作成されました。最悪の場合（1 つに統合される中間バッチの数が最大になる場合）をテストするためにすべてのオブジェクトに紐付けられているマテリアルは同じです。マテリアルのサイズと複雑さはハッシュ計算の実行に必要な時間にしか影響を与えず、ハッシュ計算はバッチ構築処理時間全体の 10% を超えることはありません。つまりバッチ構築に必要な時間の 90% はその後で行われるバッチ内でのジオメトリのコピーや再配置などの処理に費やされます。図 11.2 からわかるとおり、使用しているアルゴリズムの計算量は線形オーダーになります（つまり、計算が完了するまでの時間はバッチの数に比例します）。したがって現実的に扱う可能性のある大きさのシーンとして 500 万トライアングルで構成される 5,000 バッチ程度の規模を考えたとしても、十分なパフォーマンスを発揮できることがわかります。

11.2.2 視錐台カリングと LOD

シーン内には静的なジオメトリだけでなく、自由に移動する動的なオブジェクトもあります。これらについては、視錐台カリングと LOD (Level of Detail) アルゴリズムを使用します。

私たちの視錐台カリングの実装では、オブジェクト境界の表現としてバウンディング楕円体を使用します。この方法で妥協したのは、処理が十分に高速で一方向または二方向に長いオブジェクトの境界を効率的に指定できるからです。特に人間の体は上下に長い楕円体を使用するとうまく表現できます。アルゴリズム自体は通常の球と平面の交差を単純に拡張したもので

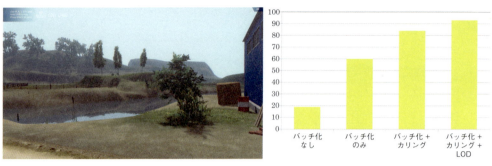

図 11.3: プリレンダー最適化のパフォーマンス: スクリーンショットとデモの FPS

す。つまりカメラの視錐台を構成する 6 つの平面のそれぞれの方向に対して有効な半径を計算します。

　LOD アルゴリズムは非常に単純です。アーティストが LOD を個別のモデルとして作成し、さらにそれらが有効化される距離を定義します。そしてレンダリングの直前にアルゴリズムがモデルの中心位置とカメラの距離を測定して必要な LOD を選択します。

　結果は図 11.3 で確認できます。スクリーンショットは典型的な画面の見た目を示しています。これはシーン全体のパフォーマンスを解析するために使用したもので、スクリーンショットの隣りにある FPS グラフはこのシーンを元に作成されました。バッチ化はこのシーンでは最も効果の大きかった機能です。2 番目に効果があったのはカリングですが、ハードウェアに対しては LOD が最も大きな影響がありました。LOD のパフォーマンスは GPU に強く依存します。現在のアルゴリズムは CPU にとっては比較的に低負荷です（例えば、スクリーンショットに使用したデモシーンには 1,000 以上のオブジェクトあります）。視錐台カリングと LOD の計算にはブラウザのメイン実行スレッドが利用できる全時間の最大 2% 程度が使用されます。

11.3　物理シミュレーションのスレッド化

　物理シミュレーションは動きの単純な制約や衝突判定のアルゴリズムにはとどまらない広大な分野です。通常、リアルタイム物理エンジンは高速で複雑なアルゴリズムを実装して、最小の計算オーバーヘッドで適切な品質を達成することを目指します。私たちは独自に実装するよりも既存のソリューションを利用すべきだと強く感じていました。幸い、オープンソースの物理エンジンである Bullet を直接 JavaScript にコンパイルした ammo.js という素晴らしいプロジェクトがありました。Emscripten コンパイラを用いて中間 LLVM バイトコードを JavaScript のサブセットである asm.js（第 5 章を参照）に変換することで、素晴らしい成果が得られていました。

　しかし ammo.js には私たちのプロジェクトで必要な機能のいくつかがありません。まず私たちは空中に浮かぶオブジェクトや乗り物を必要としていました。また処理を完全に非同期に行うことが可能な設計が求められていましたが、そういった要求は ammo.js のようなクラスベースのアーキテクチャにはあまり向いていません。最後に物理シミュレーションの結果を補

間する必要もあり、Bullet 組み込みの Motion State に基づいた実装以外に独自の機構が必要でした。このような理由から uranium.js プロジェクトが始まりました。

　私たちは物理エンジンの計算を単一の独立した Web Worker プロセスで行うようにしました。これによりメインスレッドで物理エンジンを実行する必要がなくなり、レンダリングやアニメーション、視錐台カリングなどに処理時間を費やせるようになりました。この方法の最も難しい部分は、高速なワーカー間通信（Interworker Communication: IWC）の機構と 2 つのスレッド間の同期でした。

　メッセージパッシングにはブラウザ固有のオーバーヘッドがあるため、大量のオブジェクトで構成されているシーンには高速な IWC が必要です。私たちの IWC の実装では TypedArray とキャッシュ機構を多用しています。これは実行スレッド間で頻繁に受け渡されるデータをすべてシリアライズして TypedArray（浮動小数点数もしくは符号なし整数）にするという形で実現されました。一度シリアライズされた結果はキャッシュに保存され、JavaScript のガーベジコレクションによるオーバーヘッドの影響をできる限り抑えています。この方法はすべてのメジャーなブラウザでまったく問題なく利用することができ、送信後に毎回配列を再作成する必要もないので、Transferable オブジェクト[1]を使用するよりも合理的です。詳細については第 4 章も参照してください。

　IWC メッセージは以下のような単純なフォーマットで構成されます。送信される配列の最初の要素はメッセージ識別子（メッセージ ID）で、2 番目から最後までの要素はメッセージペイロードが収められています。例えば複数オブジェクトの物理シーン内の位置を設定するには、OUT_SET_TRANSFORM メッセージをワーカープロセスに送信します。OUT_SET_TRANSFORM はメッセージ ID で、送信される配列の 1 番目に格納されます。メッセージ配列の 2 番目の位置は物理ボディの ID を表す数値が格納されます。その後ろにオブジェクトの位置を表す X, Y, Z 座標が続き、さらにオブジェクトの回転を表すクォータニオンベクトルの X, Y, Z, W の値が続きます。図 11.4 はこの構造を図示しています。

MSG ID	BODY ID	X POS	Y POS	Z POS	X QUAT	Y QUAT	Z QUAT	W QUAT

図 11.4: OUT_SET_TRANSFORM メッセージ

　スレッドの使用するクロックが異なるので、タイミングの同期が必要になります。メインスレッドのクロックティックはブラウザによって制御され、ブラウザ内のレンダリングプロセスと関連しています。ワーカープロセスのクロックにはそのような制約はないので、ターゲットプラットフォームで実現できる最速のパフォーマンスでティックが生成されるかもしれません。

　例えばヘリコプターが 250km/h つまり 70m/s ほどで飛行しているとします。その場合、60fps であれば 1 フレームに 1 メートル以上移動します。タイミングが同期されていなかったり誤差が大きければ、飛行するオブジェクトの見た目が壊れます。高速に移動するオブジェクトのためには、フレーム間隔の 1/10 程度、つまり数ミリ秒間隔で時間を認識できる精度が

---

[1] http://www.w3.org/html/wg/drafts/html/master/infrastructure.html#transferable-objects

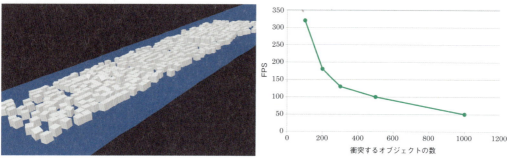

図 11.5: 物理エンジンのパフォーマンス

必要になります。`performance.now()` はさまざまな環境でサポートされているメソッドで、結果を浮動小数点数で返し、ミリ秒精度の時間が得られます。Dedicated Web Worker[*2]は実行を開始したメインスレッドと同じ起点時間を使用するので、非常に簡単に同期できます。Dedicated Web Worker での高精度タイマーがサポートされているかどうかはブラウザによるので、サポートされていないブラウザでは旧来の `Date` オブジェクトを使用してワーカーの起動時に明示的に時間の同期を取る必要があります。

簡単なベンチマークを目的として、お互いに衝突する指定された数の立方体と、8,192 トライアングルで構成される地形メッシュのあるシーンを作成しました。それぞれの立方体には永続的に加えられる重力と、それぞれの接触点に対して一時的に、しかし何度も加えられる衝突による力（押す力と摩擦力）というさまざまな力が加えられます。

図 11.5 にシーン内の衝突物の数に対するそのシーンの FPS の関係を表したパフォーマンスグラフと、その測定に使用されたシーンのスクリーンショットがあります。動的なオブジェクトが大量にあると IWC メッセージの数も大量になり、それにつれてパフォーマンスも悪化します [Priour 14]。しかし現実的な利用シナリオでは、そこまで大量のオブジェクトの衝突を同時に計算する必要はなく（通常は 100 以下）、形状の表現には多角形メッシュを使用することから、この結果はそれほど悪くはありません。

11.4　海面のレンダリング

「Capri」という非常に巨大な WebGL のデモに取り組んでいるときに、多くの視覚効果を伴う海面を実現するという難しい問題に直面しました。そのデモではこれまでブラウザでは再現が難しかった次のような視覚効果を実現しています。

- ポリゴン数を減らすための LOD システム
- 単一ドローコールでの水オブジェクトの実現
- 打ち寄せる波の影響を受ける海岸線
- 反射と水面下の物体へのコースティクス

[*2] 訳注: 特定のスクリプト専用のウェブワーカー。逆に複数のブラウザコンテキストからアクセスできるものは SharedWorker と呼ばれます。

- 動的な反射
- 泡
- 疑似表面下散乱
- リアルな挙動の浮遊物

11.4.1 メッシュの準備

　WebGLではできる限り多くの計算をGPUで行うことが重要です。しかし利用できるシェーダーは頂点シェーダーとフラグメントシェーダーの2種類しかありません。つまり必要なジオメトリはCPU上で準備する必要があるということです[*3]。

　私たちの手法はジオメトリクリップマップという手法に基づいています。この手法はハイトマップによって形作られた地形（第18章も参照してください）のような静的なメッシュのレンダリングに非常に向いていることがわかっていますが、動的な表面に使用されることはほとんどありません。考え方としては、異なるポリゴン密度を持つ複数の四角い輪で静的なメッシュを構築するというものです。このメッシュ分割はカメラの移動に合わせて移動する必要があります。この手法はカメラに近い範囲では非常に高精度なシミュレーションを実現できるだけでなく、使用されるポリゴンの量も妥当な範囲に収まります。今回の手法が一般的なジオクリップマッピング法 [Hoppe et al. 04] と比較して、大きく異なるのはLODレベル間に継ぎ目がないことです。メッシュは図11.6のような見た目になります。この図では異なるLODレベルが3つの色で塗り分けられています。

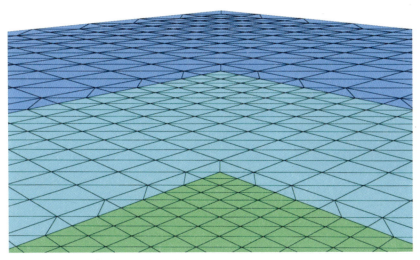

図11.6: CPUで生成したシームレスなメッシュ

[*3] 訳注: OpenGL 3.2 以降にはジオメトリシェーダーがあり、シェーダー内でプリミティブの作成が可能です。

11.4.2　海岸のパラメーター

　寄せてくる波と水の色のグラデーションを再現するには、海岸からの距離と最も近い海岸線への向きが必要です。私たちは地形メッシュと水面を表す平面を受け取り RGBA 画像を生成する Blender 用の Python スクリプトを作成しました。画像上のピクセルすべてに対して最も近い地形の頂点を見つけ、そこまでの距離と向きを保存します。したがってすべての計算はシーンをエクスポートする前に CPU 上で実行され、シーンを読み込むときには複雑な計算は必要ありません。なお、向きは赤と緑のチャンネルに、距離は青とアルファチャンネルに埋め込まれています（図 11.7）。

図 11.7: RGBA 画像に焼き付けられた海岸までの向きと距離

11.4.3　波

水面に適用される波には 3 種類あります。

- 海岸から離れるほど影響の大きくなる長距離波
- 表面全体に渡って平均的に分布するさざ波
- 海岸に打ち寄せる波

長距離波とさざ波

長距離波とさざ波はいくつかのノイズ関数を合成して生成します（図11.8）。それぞれのノイズには、異なる移動速度と振幅を設定します。長距離波はシンプレックスノイズ [McEwan 11] を 2 つ組み合わせ、さざ波はセルラーノイズ関数 [Gustavson 11] を 2 つ組み合わせます。実際に計算を行う GLSL のソースコードはリスト 11.1 にあります。

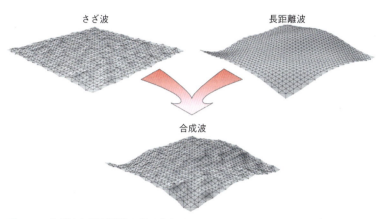

図 11.8: さざ波と長距離波の組み合わせ

リスト 11.1: 波の生成

```
1  // 海岸線から遠い波
2  float dist_waves =
3    snoise(DST_NOISE_SCALE_0 * (pos.xz + DST_NOISE_FREQ_0 * time)) *
4    snoise(DST_NOISE_SCALE_1 * (pos.zx - DST_NOISE_FREQ_1 * time));
5
6  // 高解像度の幾何学的ノイズ波
7  float cel_coord1 = 20.0/WAVES_LENGTH * (pos.xz - 0.25 * time);
8  float cel_coord2 = 17.0/WAVES_LENGTH * (pos.zx + 0.1 * time);
9  float small_waves = cellular2x2(cel_coord1).x +
10                     cellular2x2(cel_coord2).x - 1.0;
```

これらの関数を足し合わせると、外洋のレンダリングに非常に適した動的な波が得られます [Mátyás 06]。

海岸に打ち寄せる波

海岸に近いところでは、波の長さと高さは小さくならなければいけません。また水面下は流れが逆向きなので、波は海岸に向かって少し傾いています。これらを誇張した形状が図 11.9 にあります。

海岸に打ち寄せる波を生成するために、準備した RGBA テクスチャから海岸までの距離や角度などのパラメーターが取り出されます。距離は青チャンネルとアルファチャンネルに埋め込まれているので、テクスチャの青チャンネルを 255 で割り、アルファチャンネルの値に足し合わせる必要があります。つまり、大きくて精度の低い部分（アルファチャンネル）と小さく

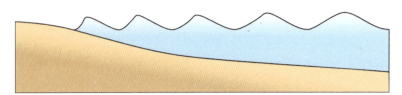

図 11.9: 打ち寄せる波

てより精度の高い部分（青チャンネル）という 2 つの部分から元の値を再構成します。この実装には `bit_shift` 定数ベクトルが使用されます。実際のところ、これは画像の複数のチャンネルを使用して正確な値を埋め込むための一般的なテクニックです。実際の計算はリスト 11.2 で確認できます。

リスト 11.2: 海岸線パラメーターの取り出し

```
1  // ワールド座標から海岸線情報テクスチャ座標を取得
2  vec2 shore_coords = 0.5 +
3    vec2((pos.x - SHORE_MAP_CENTER_X)/SHORE_MAP_SIZE_X,
4       - (pos.y + SHORE_MAP_CENTER_Y)/SHORE_MAP_SIZE_Y);
5
6  // テクスチャから海岸線の情報を取得
7  vec4 shore_params = texture2D(u_shore_dist_map,shore_coords);
8
9  const vec2 bit_shift = vec2(1.0/255.0, 1.0);
10 float shore_dist = dot(shore_params.ba, bit_shift);
11 vec2 dir_to_shore = normalize(shore_params.rg * 2.0 - 1.0);
```

海岸までの距離と向きが得られれば、リスト 11.3 のようにして海岸に向かって移動する正弦波を計算できます。定数 `WAVES_LENGTH` はメートルで定義されているため、波長を正しく計算するには変換が必要です。そのため `shore_waves_length` 変数の値を得る際に PI で割っています。

リスト 11.3: 海岸に打ち寄せる波

```
1  float shore_waves_length = WAVES_LENGTH/MAX_SHORE_DIST/M_PI;
2  float dist_fact = sqrt(shore_dist);
3
4  float shore_dir_waves = max(shore_dist, DIR_MIN_SHR_FAC)
5    * sin(dist_fact/shore_waves_length + DIR_FREQ*time)
6    * max(snoise(DIR_NOISE_SCALE*(pos.xz + DIR_NOISE_FREQ*time)),
7        DIR_MIN_NOISE_FAC);
```

より自然な海岸に打ち寄せる波に見えるように、計算結果にさらにもう一度 snoise 関数の値が掛け合わされます。

リスト 11.4: 海岸に打ち寄せる波

```
1  float dir_noise = max(snoise(DIR_NOISE_SCALE * (pos.xz + DIR_NOISE_FREQ
2    * time)), DIR_MIN_NOISE_FAC);
3  shore_dir_waves *= dir_noise;
```

波の合成

最終的な垂直方向の移動量を得るために、リスト 11.5 のとおり、すべての種類の波が合成されます。

リスト 11.5: すべての波を 1 つに合成

```
1 float waves_height = WAVES_HEIGHT * mix(shore_dir_waves, dist_waves,
2  max(dist_fact, DST_MIN_FAC));
3 waves_height += SMALL_WAVES_FAC * small_waves;
```

波の傾き

高い位置にある頂点ほど、最も近い海岸線に向かってより強く傾いています。

リスト 11.6: 波の傾斜のための水平方向のオフセット

```
1 float wave_factor = WAVES_HOR_FAC * shore_dir_waves * max(MAX_SHORE_DIST
2  / 35.0 * (0.05 - shore_dist), 0.0);
3 vec2 hor_offset = wave_factor * dir_to_shore;
```

法線計算

さらにシェーディングを進めるには、法線を頂点シェーダーで計算する必要があります。そのため x 方向と y 方向に移動しながら隣接した 3 つの頂点に対して「offset」関数が呼び出されます。この結果は頂点の y 座標に保存されます。この情報を利用することで従接線ベクトル（bitangent）、接線ベクトル（tangent）、法線ベクトル（normal）を計算できます。

リスト 11.7: 法線計算

```
1 vec3 bitangent = normalize(neighbour1 - world.position);
2 vec3 tangent = normalize(neighbour2 - world.position);
3 vec3 normal = normalize(cross(tangent, bitangent));
```

11.4.4　マテリアルシェーディング

水の色は図 11.10（a ～ d）に示されている要素で構成されます。

反射はカメラの位置を垂直方向に反転し、パフォーマンスを高めるために解像度を下げて必要なオブジェクトを新しくフレームバッファにレンダリングすることで実現できます。表面化散乱のシミュレーションはライトとカメラの相対的な向きと表面の法線を使用します [Seymour 12]。これにより驚くほどリアルな結果を簡単な計算で得られます。

泡は主に以下の 3 つの要素の影響を考慮して元の色を変化させることで実現します。

1. 高波
2. 海岸への向きに近い法線を持つ打ち寄せる波
3. 水面に近いオブジェクトの上にできる深さに応じた泡

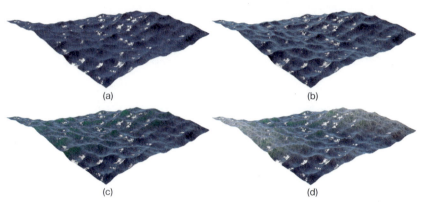

図 11.10: 海岸に打ち寄せる波。(a) ランバートシェーディング、異方性ウォードスペキュラ ＋ (b) フレネル反射 ＋ (c) 表面化散乱 （Subsurface scattering: SSS） ＋ (d) 泡

波の高さに応じた泡

水面メッシュの頂点が特定の高さに達すると、泡の混入が始まり、波の色が影響を受け始めます。この種類の泡のためのマスクは図 11.11 のようになるはずです。白い領域にはより多くの泡が発生します。

海岸に打ち寄せる波の泡

波の法線ベクトルと海岸への向きが近いほど泡の量が増します。これにより海岸に面した領域で泡の量が増し、海岸に寄せる波がよりリアルになります。GLSL の式では次のように表されます。

```
1  float foam_shore = 1.25 * dot(normal, shore_dir) - 0.1;
2  foam_shore = max(foam_shore, 0.0);
```

図 11.12 に見られるように、マスクの境界線は先ほどの泡と比較するとよりはっきりとしています。

図 11.11: 泡の高波要素

図 11.12: 泡の海岸に打ち寄せる波要素

216　第11章　Blend4Webのパフォーマンスとレンダリングアルゴリズム

図11.13: 泡の深さ要素

図11.14: 泡の最終的な見た目

深さに応じた泡

泡の最後の要素は深さに応じた泡です。数学的にはこのような現象のマスクは水面下のオブジェクトのピクセルの深度を水面のピクセルの深度から差し引くことによって計算できます。その結果がゼロに近いほど、泡の要素は大きくなります（図 11.13）。

泡の最終的な見た目

これらの 3 種類の泡を組み合わせることで、それらしい波を実現できます。最終的な結果は図 11.14 で確認できます。

11.4.5　屈折とコースティクス

屈折

屈折は専用のフレームバッファに先ほど使用された水面下のオブジェクトを描画し、水面の法線ベクトルに応じてそれらを歪めることで実現できます（図 11.15a，b）。

図 11.15: 水の屈折: (a) 屈折なし (b) 屈折あり

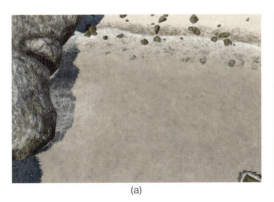
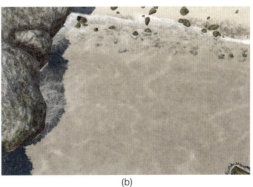

図 11.16: 水の屈折: (a) コースティクスなし (b) コースティクスあり

コースティクス

　テクスチャメモリの利用量を節約するために、コースティクスはセルラーノイズでテクスチャ座標を変形させて近似します（図 11.16a，b）。

11.4.6　浮遊物の物理

　Blend4Web では浮遊するオブジェクトには制御点を何点か定義しなければいけません。これらのメタオブジェクトは「浮き（Bob）」と呼ばれます。浮きが水面下に入ると、その中心に浮力が適用され、浮遊物に力が加わります。図 11.17 では、浮きが黄色い球として表示されています。特定の場所での波の高さを計算するにはセクション 11.4.3 で示した式を少し単純化して物理エンジンスレッド内で実装する必要があります。

図 11.17: 浮力をシミュレートするためにヨットオブジェクトに取り付けられた浮き

11.5　Blend4Web のシェーダー

　モダンなグラフィックスアプリケーションではさまざまなエフェクトを作成してレンダリング全体の品質を向上させるために、大量のシェーダーが必要になることがよくあります。このような状況は WebGL アプリケーションであっても例外ではありませんが、ウェブプラットフォームには特有の制限（例: データの読み込みに時間がかかり、さらにシェーダーをアプリケーション開始時にコンパイルする必要がある）があります。

　GLSL コードは例えば `script` タグを使用すれば HTML ページ内に直接記述できますが、この書き方はモジュール化の原則に反しますし、コードが膨らみがちです。Blend4Web ではその代わりにシェーダー生成システムを作成しました。シェーダーのソースコードは別のテキストファイルで保持され、独自のプリプロセッサでエラーチェックや最適化、難読化などが実行されます。

11.5.1 ディレクティブ

標準の GLSL プリプロセッサはさまざまなディレクティブを使用してシェーダーのコンパイルを制御します。マクロコードによる分岐を使用するとコードの再利用性が高まります。例えば以下のようになります。

リスト 11.8: ディレクティブを使用した分岐

```
1 #if TEXTURE_COLOR
2 float alpha = (texture2D(u_sampler, v_texcoord)).a;
3 #else
4 float alpha = u_diffuse_color.a;
5 #endif
```

このようにさまざまなマクロを組み合わせることで、ソースコードの量を大幅に削減できます。しかし WebGL API ではコンパイラディレクティブが利用できないため、シェーダーコードに何らかの操作しなければいけません。つまり実質的に即席のプリプロセッシングのようなものが必要になります。

まず思いつく比較的簡単な方法は、コンパイル前にマクロの値を含む #define ディレクティブをシェーダーコードに追加し、標準の GLSL プリプロセッサを利用することです。この方法は非常に効率的ですが、私たちが求めるレベルの柔軟性は実現できません。シェーダーが大きくなるにつれて、ライティングや屈折のような特定の機能の実装を別ファイルに分離して必要に応じてインクルードできるようにして、コードを構造化し再利用性を高めることが必要になってくるでしょう。しかし標準の GLSL プリプロセッサには #include ディレクティブが存在しません。そのため私たちはより高度なシェーダープロセッシングユーティリティを作成しました。このユーティリティでは標準のマクロ以外にも特殊なディレクティブを新しくサポートしています。

パーサーが必要になったため、プリプロセッサディレクティブ文法に基づいて、PEG.js[4]と呼ばれるパーサージェネレーターを用いて生成しました。このパーサーは GLSL とプリプロセッサトークンを含んだ JavaScript オブジェクトという形式で抽象構文木（Abstract Syntax Tree: AST）を生成します。このオブジェクトを解析してマクロの値を置換します。結果として #define ディレクティブを使用する必要性は少なくなります。その後で AST からシェーダーのテキストコードを生成します。#include ディレクティブがあれば対応するファイルから AST を構築し現在のツリーに挿入しておきます。最後に標準の WebGL API を使用してシェーダーをコンパイルします。すべてのシェーダーの AST をオフラインで生成しておき、アプリケーション起動時に JSON オブジェクトとして読み込むように最適化してもよいでしょう。

---

[4] http://pegjs.majda.cz/

11.5.2 ノードエディタ

ノードエディタはシェーダーをビジュアルにプログラミングできる簡単ですが効果的な手段で、これにより鮮やかでリアルな表面を作成できるようになります。ノードエディタはBlenderやAutodesk Maya, UnrealEdなど、多くの3Dモデリングツールや開発者ツールで採用されています。Blend4WebはBlenderを元に開発されているため、そのノードマテリアルシステムを受け継いでいます。

Blenderのノードマテリアルは有向グラフです。ノードはすべてのピクセルに対する変換を表しています。したがってグラフ全体としてもそのような変換を実行するシェーダーを表します（図11.18）。

Blend4Webではマテリアルが使用している各ノードには対応するフラグメントシェーダーと頂点シェーダーがあり、それらのコードブロックからシェーダーが生成されます。このツールキットはBlenderのビジュアルシェーダープログラミングシステムと似せて作られています。

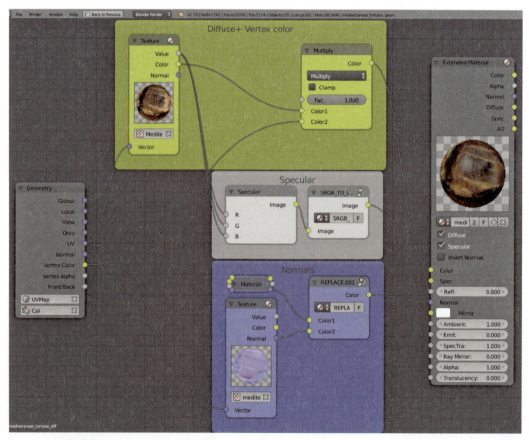

図 11.18: 処理結果がGLSLに変換される複雑なノード構造

独自のプリプロセッサによってこのノードシステムでは新しく専用のディレクティブを使用
できるようになっています。例えば以下のようなものです。

リスト 11.9: ノードの例

```
 1  #node TEXTURE_COLOR
 2    #node_in vec3 uv
 3    #node_out vec3 color
 4    #node_out float value
 5    #node_param uniform sampler2D texture
 6  {
 7    vec4 texval = texture2D(texture, vec_to_uv(uv));
 8    color = texval.xyz;
 9    srgb_to_lin(color);
10    value = texval.w;
11  }
12  #endnode
```

ノードに対応するコードは #node ディレクティブと #endnode ディレクティブの間に記述
されます。ノードに必要なパラメーターは以下のようなディレクティブで指定されます。

- #node_in — ノードの入力パラメーター
- #node_out — ノードの出力パラメーター
- #node_param — attribute 変数や uniform 変数のような追加のパラメーター

シェーダーの構築手順は次のとおりです。まず Blender のマテリアルデータをパースし、
ノードグラフオブジェクトに読み込みます。次に先ほど生成した AST を使用してプリプロ
セッシングを実行します。プリプロセッシングでは、ノードグラフを走査してそのノードに対
応するコードブロックを作成し、そのコードブロックをターゲットとなるシェーダーコードの
適切な場所に挿入します。シェーダーにはソースマテリアルのレンダリングに必要なコマンド
だけが含まれています。最後に完成したシェーダーを WebGL に渡し、コンパイルとリンク
を行います。この方法を使用するとシーンのすべてのノードマテリアルに対して個別にシェー
ダーを構築することが可能です。

11.5.3　難読化と検証

プリプロセッサを使用するとディレクティブを実現するだけでなく、シェーダーコードの難
読化（ミニファイ）や検証を行うための補助ツールも実現できます。

難読化

私たちの難読化ツールも他の有名な難読化ツールと同様に、AST 内の識別子の大部分を自
動生成した短い名前で置き換えます。また無駄な空白やコメントも削除され、より短いコード
が得られます。

最も難しいのは単なる GLSL コードではなく、GLSL コードとディレクティブを組み合わ
せるプロセスが必要になる部分です。実際のところ今回の GLSL パーサーはまるでプリプロ

セッサディレクティブが存在しないかのように扱います。結果として意味的にも構文的にも不正なコードを処理できてしまいます。例えば次のようなコードです。

リスト 11.10: 難読化の観点から見た不正なコードの例

```
1  main_bend(vertex_position, object_center, au_wind_bending_amp,
2    au_wind_bending_freq, u_time, wind,
3  #if MAIN_BEND_COL
4    a_bending_col_main);
5  #else
6    1.0);
7  #endif
```

AST を構築するときにはセマンティクスは考慮されません。しかし構文解析がパーサーによって実行されることで、入力データにさらに制約が加えられます。つまり GLSL コードは構文的に妥当でなければいけません。難読化の後で AST はシェーダーコードに変換されて、次のプリプロセッシングで使用されます。

難読化の利点はコードの量が減ることです。Blend4Web が使用している通常のシェーダーであれば元のサイズから 32〜49% ほど小さくなります。そしてもちろん難読化は読みやすさを大幅に低下させます。そのためこの機能を利用して Blend4Web をプロプライエタリな用途に使用することもできます。

検証

GLSL パーサーを使用することでシェーダーの検証ユーティリティも実装できました。このユーティリティは使用されない変数や関数が存在するかどうかや、予約されている識別子や宣言されていない識別子が使用されていないかどうかを確認します。この検証器は WebGL 実装によっては見つけることができないエラーも一部見つけることができます。そのためシェーダーの予備的なデバッガとして利用できます。

検証によってシェーダーコード全体の構造を改善できました。特にファイルが外部に依存しているときにファイルをインクルードする #import ディレクティブと #export ディレクティブが導入されたことで、コードの読みやすさが改善されました。

- #import — インクルードしたファイル内でどの公開変数と関数を利用するかを指定し、それらが外部で宣言されていることを保証します。

- #export — インクルードされるファイルで宣言されている変数と関数の中で外部利用できるものを指定します。

GLSL パーサーの開発がさらに進めば、デバッガやシェーダー複雑性解析、さらに高度なコード最適化などの他にも有益なアプリケーションを実現するために利用できるかもしれません。

11.6 リソース

Blend4Web のソースコードはすべて以下の GitHub リポジトリで確認できます。

`https://github.com/TriumphLLC/Blend4Web`

参考文献

[Gustavson 11] Stefan Gustavson. "Cellular Noise in GLSL." `http://webstaff.itn.liu.se/~stegu/GLSL-cellular/`, 2011.

[Hoppe *et al.* 04] *GPU Gems 2* Chapter 2, "Terrain Rendering Using GPU-Based Geometry Clipmaps." `http://developer.nvidia.com/GPUGems2/gpugems2_chapter02.html`, 2004. 『GPU Gems 2 日本語版 — ハイパフォーマンス グラフィックスと GPGPU のためのプログラミング テクニック —』, 中本浩 監訳, ワークスコーポレーション, 2005.

[Mátyás 06] Zsolt Mátyás. "Water Surface Rendering Using Shader Technologies." `http://shiba.hpe.sh.cn/jiaoyanzu/wuli/soft/Water/thesis.pdf`, 2006

[McEwan 11] Ian McEwan. "Ashima Arts. Array and textureless GLSL 2D simplex noise function." `https://github.com/ashima/webgl-noise/blob/master/src/noise2D.glsl`, 2011.

[Priour 14] Matt Priour. "Making Workers Work for You." `http://mpriour.github.io/workers-f4g14`.

[Seymour 12] Mike Seymour. Assassin's Creed III: The Tech Behind (or Beneath) the Action." `http://www.fxguide.com/featured/assassins-creed-iii-the-tech-behind-or-beneath-the-action/`, 2012.

[Wloka 03] Matthias Wloka. "Batch, Batch, Batch: Presentation at Game Developers Conference 2003." `http://developer.nvidia.com/docs/IO/8230/BatchBatchBatch.pdf`.

第12章

Sketchfab マテリアルパイプライン: 各種ファイルの読み込みから シェーダー生成まで

Cedric Pinson
Paul Cheyrou-Lagrèze

12.1　はじめに

　Sketchfab はインタラクティブな 3D コンテンツの公開や共有、他サイトへの組み込みを支援するオンラインプラットフォームです。Sketchfab のリアルタイムビューアー（図 12.1）を使用すれば、ユーザーはあらゆる種類の 3D モデルをアップロードして操作できます。もちろんそのためには私たちのアーキテクチャが FBX や COLLADA, Blender, PLY, STL, OBJ のような非常にさまざまファイルタイプを扱えなければいけません。それぞれのフォーマットはさまざまな技術を使用して 3D データ、つまりジオメトリやマテリアルのプロパティについての情報を記述しています。ジオメトリの扱いは単純です。標準とされる要素（位置、テクスチャ座標、法線、接線）の定義が付与された頂点情報はファイルフォーマットが異なったとしても簡単に理解でき、他のフォーマットに変換できます。

　一方マテリアルは、ジオメトリと比較すると問題の原因になりがちです。ファイルフォーマットのドキュメントがよく整備されていたとしても、3D オーサリングツールによるマテリアルの記述の解釈は一定ではなく、エクスポートされた結果もツールによって異なることがあります。エクスポートされたファイルにさまざまな亜種があるため、仮に同じフォーマットのファイルであったとしても、マテリアルデータの扱いには特に注意が必要です。

　この章では Sketchfab の開発で直面したマテリアルに関係する問題の概要を紹介します。その後でマテリアルパイプラインの開発とそのパイプラインがシェーダーを生成する方法について説明します。最後に現行のシステムの長所と短所を述べ、将来実装するかもしれない効果的

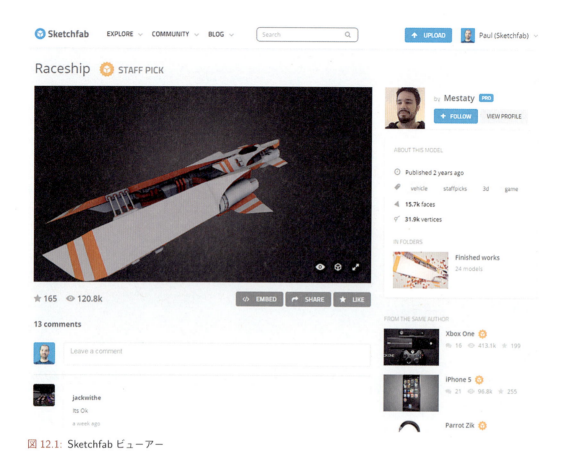

図 12.1: Sketchfab ビューアー

なマテリアルの問題に対応する手段について説明します。

12.1.1 マテリアルの悪夢

3D 業界ではマテリアルが悪夢になることがあります。3D フォーマット間の違いによりマテリアルデータは非常に混乱しています。建築家や 3D スキャナ、ビデオゲームデザイナーからキャラクターモデラーまでさまざまな 3D クリエイターをユーザーとして想定する Sketchfab のようなプラットフォームでは、そのようなフォーマットの違いが非常に難しい問題を引き起こします。フォーマットのドキュメントがよく整備されていたとしても、そのフォーマットに亜種があることもあり、その扱いは簡単ではありません。

次にファイルフォーマットとその亜種の例について概要をいくつか紹介します。

COLLADA

COLLADA は拡張性が高いことでよく知られています。既存の COLLADA 要素を拡張して独自のデータを追加できるという便利な特徴があり、オーサリングツールによく利用されています。このような柔軟性はモデルを読み込む際に問題を引き起こすことがあります。通常は

カスタマイズした内容は無視され、標準のデータセットだけが適用されます。

STL

STL（ネイティブ CAD フォーマット）はラピッドプロトタイピング用のソフトウェアとコンピュータ支援製造ソフトウェア（CAM）で標準的に採用されています。STL ファイルは最も古い 3D フォーマットの 1 つですが、コンシューマー向けの 3D プリンタで一般的なので今でもよく目にすることがあるでしょう。少なくともバイナリ STL には頂点に色情報を追加するための非標準の拡張があります。通常、ほとんどのインポーターはこのフォーマットの 80 文字のヘッダーを無視しますが、このヘッダを利用して独自のカスタムデータを挿入する 3D ソフトウェアアプリケーションもいくつか存在します。例えば Materialize Magics ソフトウェアは色（デフォルトの全体色）とマテリアル情報（拡散光、スペキュラハイライト、環境光のためのチャンネル）の両方を保持するためにヘッダーを利用しています。

WAVEFRONT OBJ

私たちのプラットフォームで最もよく利用されるフォーマットの 1 つが OBJ です。OBJ は単純で、枯れていて、ドキュメントがよく整備されています。ほとんどすべてのオーサリングツールが OBJ をインポート／エクスポートできるにもかかわらず、それらのマテリアルデータの扱いは（しばしばジオメトリデータの扱いも）統一されていません。例えば一部のソフトウェアアプリケーションは拡散光チャンネルを `ka_map` スロットと `kd_map` スロットの両方に出力しますが、ほとんどのアプリケーションは `kd_map` スロットにしか出力しません。

さらに XYZ 座標の後ろに RGB カラーを追加することで頂点カラーを使用できるように OBJ を拡張している 3D ツールもあります。頂点カラーは本来 OBJ の標準仕様には含まれていませんが、使用しているユーザーが多いため（またこのフォーマット自体も人気があるため）、他のオーサーリングツールやインポーターもこの追加要素を実装せざるをえません。それによって 3D ファイルフォーマットの亜種（とインポーターにとっての新たな障害）が生まれます。

Sketchfab は現在 20 以上のファイルフォーマットをサポートしています。したがって、ここにあげた例は私たちがさまざまな種類の 3D ファイルをパースする際に遭遇した問題のごく一部です。

12.2　マテリアルパイプライン

Sketchfab ではユーザーは 2 種類のやり方でモデルをアップロードできます。ウェブサイトから直接アップロードするか、いずれかの独自エクスポーターを使用するかです。ソフトウェアエクスポーターを使用すればモデルを作成するために使用したツールの種類とそのソフトウェアバージョンのような、ファイルに関する追加の情報をモデルに含めることができます。これらの情報はマテリアルのデータを解釈するときに非常に役に立ちます。

OSG[*1]フレームワークは Sketchfab の WebGL ビューアーの根幹です。OSG.JS は OpenSceneGraph のコンセプトに基づいた WebGL フレームワークで、このフレームワークを使用すると開発者は JavaScript でも「OpenSceneGraph のような」なツールボックスを通して WebGL を利用できます。一方、次に説明するマテリアルパイプラインは Sketchfab のコードベース独自のものです。

パイプラインでは初めに 3D モデルをサーバー上で処理し、さまざまなフィルタを使用して整理し、最適化して、汎用 3D シーンファイルの生成を行います（図 12.2）。生成された OSG.JS には初期処理の段階で抽出されたジオメトリとマテリアル両方のメタデータが含まれています。次にどのプロセッサを適用するか決定してから、元のマテリアルデータを私たち独自のマテリアルシステムに変換します。

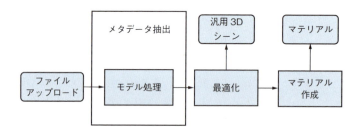

図 12.2: マテリアルと汎用 3D シーンの作成

リスト 12.1: 汎用 3D シーンに保存される（それぞれのマテリアルに対応する）メタデータの例

```
 1  [
 2    {"Name": "source", "Value": "wavefront"},
 3    {"Name": "ka", "Value": "[0, 0, 0]"},
 4    {"Name": "kd", "Value": "[0.5, 0.5, 0.5]"},
 5    {"Name": "ks", "Value": "[0, 0, 0]"},
 6    {"Name": "ns", "Value": "0"},
 7    {"Name": "sharpness", "Value": "0"},
 8    {"Name": "emissive", "Value": "[0, 0, 0]"},
 9    {"Name": "tr", "Value": "1"},
10    {"Name": "UniqueID", "Value": "1"}
11  ]
```

Sketchfab ユーザーは 3D モデルをマテリアルエディタで編集できるので、汎用の 3D シーンファイルに完全に最適化してはいません。編集後にレンダリングのためにさらに最適化した 3D シーンを生成します。最後に行われるモデルの最適化には頂点の統合、頂点キャッシュ最適化、トライアングルストリップの生成、インデックスの再配置、そして最終的なメッシュ圧縮などの処理が含まれています。

[*1] OSG は OpenSceneGraph の C++ 版です。

12.2.1 さまざまなマテリアルの処理

フォーマット間の違いを吸収すると元のファイルのメタデータは使用されなくなります。そのため最初に処理を行う段階で元のメタデータを抜き出し、OSG.JS ファイルにコピーします。この情報により元のファイルフォーマット（と、それに対応するオーサーリングツール）が識別でき、最適なプロセッサを選択できます（図 12.3）。

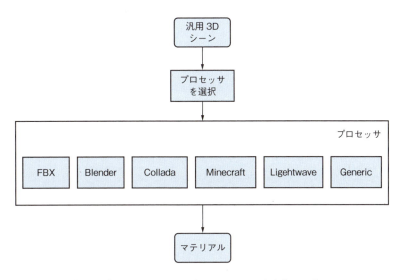

図 12.3: フォーマット専用のプロセッサはより正確にマテリアルを変換します

特定のフォーマット専用のプロセッサを使用すると、3D シーンを私たちのネイティブフォーマットに変換するときに必要となるすべての変更をより正確に実装できます。同一のファイルフォーマットを処理していたとしても、オーサリングツールが異なればマテリアルデータの書き出し方が異なります。例えば、COLLADA ファイルでは透明度の解釈にコンテキスト情報が必要です。SketchUp と Google Earth は透明度を合成するための `A_ONE` プロパティを反転します。Adobe Photoshop は「`alpha_mask`」という独自のメタデータを追加するので、透明度の解釈がさらに複雑です。ファイルタイプとオーサリングツールに応じた専用プロセッサであれば適切なコードを生成できますが、フォーマットのメタデータが利用できなければ、汎用のプロセッサを使うしかありません。

12.2.2 独自マテリアルモデル

私たちのマテリアルシステムには次のようなチャンネルがあります。

- ディフューズ
- ライトマップ
- スペキュラ

- スペキュラ強度
- 法線マップ
- バンプマップ
- 不透明度
- エミッション

さらに反射と放射照度には HDR 環境が利用できます。HDR についてより深く知りたければ第 16 章を参照してください。

それぞれのチャンネルはテクスチャ（または色）と対応するスケール因子で構成されています。一部のチャンネルで他のチャンネルにはない特別な属性や振る舞いが追加で公開されている場合もあります。例えば不透明度チャンネルは色を実装できません。スケール因子は不透明度のレベルかテクスチャを拡大縮小するために使用されます。

12.2.3　ユーザー独自のマテリアル

Sketchfab マテリアルエディタ（図 12.4）を使用すると、ユーザーはアップロードした 3D モデルのマテリアルを編集し、その結果を保存できます。マテリアルを保存するとサーバーはその通知を受け取り、変更されたマテリアル専用の 3D シーンを新しく生成します（図 12.5）。

汎用の 3D シーンファイルと保存された新しいマテリアルで構成される新しい 3D シーンファイルに対して、より高速にレンダリングするための最適化の一覧の中に適用できるものがあるかどうかを確認します。ここでは次のような積極的な最適化が可能になります。

- 重複するマテリアルの削除
- ジオメトリの結合（結果としてドローコールの数が削減されます）
- シーングラフの単純化と複数の変換の統合
- 使用していない頂点属性の削除

12.2.4　WebGL ビューアー

WebGL ビューアーは図 12.6 に示されている順に処理を行って 3D シーンを読み込みます。

まずリソースマネージャー（リソースの同時ダウンロードの制御に使用される先入先出キュー（FIFO））がアセットの読み込みをスケジューリングします。データロードに使用するスレッド数はブラウザ実装の制限の影響を避けるためにアプリケーション側で制限します[2]。リソースが読み込まれると、次のリソースダウンロードのためにスロットが開放されます。マテリアルのデータとシーンの情報はすぐにビューアーで利用可能になります。その後で次の順番でデータがプッシュされます。

1. デバイスに応じた LOD を使用した 3D ジオメトリ（バイナリ配列）

---

[2] さまざまな設定を試した結果、同時ダウンロード数には 5 を採用しました。

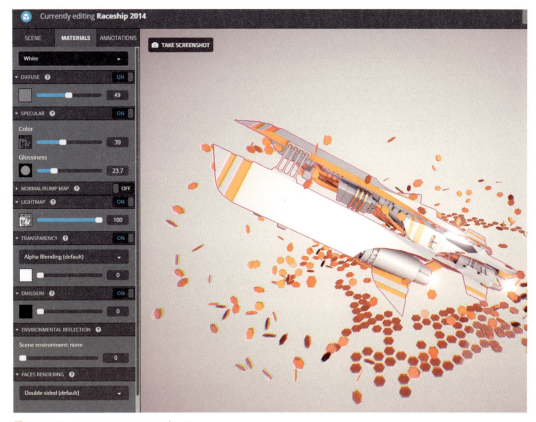

図 12.4: Sketchfab マテリアルエディタ

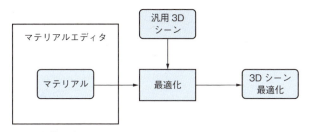

図 12.5: ユーザーがマテリアルを修正するワークフロー

2. 低解像度テクスチャ[*3]
3. 高解像度テクスチャ[*4]

最初のフレームを描画するために必要となるすべての 3D ジオメトリと低解像度テクスチャが準備できると `Promise` を解決します。最初のフレームが描画された後で高解像度テクスチャがダウンロードされ、順次低解像度のテクスチャと置き換えられます。

[*3] 低解像度のテクスチャのサイズは 16×16 です。
[*4] 高解像度テクスチャのサイズはデバイス（モバイル／デスクトップ）と WebGL の実装に依存します。

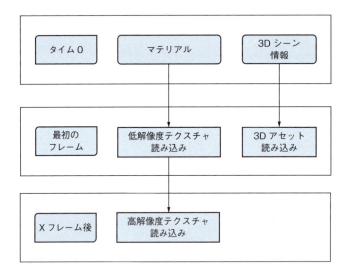

図 12.6: シーンをレンダリングするためにデータをロードする順番

　ビューアーは効果のないテクスチャ、つまりチャンネルの設定値が不正で描画に反映されないマテリアルを無視します。例えば設定値が `diffuse time 0.0` であればディフューズテクスチャはダウンロードされません。このような省略を行うことでシェーダーが単純になり、不要なデータダウンロードを避けられます。

　最後にユーザー体験を考慮してテクスチャの読み込み順序を工夫することでビューアーのちらつきを抑えました。テクスチャは不透明度、ディフューズ、スペキュラ、ライトマップ、法線マップ、バンプマップ、エミッションの順に読み込まれます。

12.3 シェーダー生成

　最初に開発された時点では Sketchfab はウーバーシェーダー（Ubershader）を使っていましたが、すぐに複雑なスパゲッティコードになり、大量のコンパイル時の組み換えが発生しました。ウーバーシェーダーとは環境マップ、法線マップ、スペキュラマップ、バンプマップなどのマテリアルの全特性の実装を含む巨大で静的なシェーダーです。シェーダーを設定するには、`#define` でプリプロセッサシンボルを指定し、必要に応じて機能を有効化もしくは無効化します。

　ウーバーシェーダーは設定可能なチャンネルの組み合わせが膨大で、（インクリメンタルにシェーダーコードを作成していたこともあり）私たちのチームは定期的にデバッグして新しいマテリアルとメタデータの組み合わせを扱うためのコードを追加する必要がありました。このシェーダーアーキテクチャがうまくいっていないことは明らかでした。

　ウーバーシェーダーとは異なり、シェーダーグラフはシェーダーのコードスニペットを構成要素としてシェーダーを動的に構築するシステムです[5]。組み合わせ可能なマテリアル群が入

---

[5] http://www.cs.cmu.edu/afs/cs/academic/class/15869-f11/www/readings/cook84_shadetrees.pdf

力されるとシェーダーグラフに変換され、最終的にシェーダーコードにコンパイルされます。シェーダーグラフは Maya HyperShade や Unreal Engine Material Editor のようなグラフィカルエディタでよく使用されます。

シェーダーグラフシステムは Sketchfab のそれ以前のアーキテクチャにあった制約をすべて取り除くことを目標にしています。例えば（トランジションノードを使用して 2 つのマテリアルの間を遷移するような）シェーダーエフェクトの追加はウーバーシェーダーでは実装が非常に難しくなることがありました。

マテリアルとチャンネルはシェーダージェネレーターシステムに渡す前に低レベルなプリミティブに変換されます。これらのプリミティブは OSG.JS の `StateAttribute` を継承しています。`StateSet` は WebGL のグラフィックスステートを表すもので、シーングラフ内のノードと対応し、シーン／マテリアルプロパティを記述している複数の `StateAttribute` をまとめて保持しています。Sketchfab が使用する OSG.JS の `StateAttribute` は、`TextureMaterial`、`Environment`、`Light` の 3 つです。

`Environment` ステート属性はスペキュラマップや背景、放射照度マップなど周囲の環境を表すシーンデータを保持します。`Light` はライティングに関する情報（点光源、平行光源、スポットライト）を保持します。保持される値はシーンから読み込まれるか、もしくはデフォルトのライティングスキームが読み込まれます。最後の `TextureMaterial` はマテリアルテクスチャデータのためのもので、セクション 12.2 で説明したとおり、テクスチャのタイプ（拡散反射、スペキュラ反射など）のようなマテリアルのチャンネル情報を保持します。

マテリアルチャンネルにはテクスチャ（もしくは色）とスケール因子が含まれています。低レベルなコードを単純化するために、色のデータは 1 ピクセルのテクスチャに変換してこの `TextureMaterial` 状態属性で保持しています。しかし今になって考えると、この色の扱い方はあまり賢明ではありませんでした。パフォーマンスが問題にならなければ、WebGL で保証されているのは 8 つのテクスチャユニットだけですが、現在のやり方では WebGL のこの制限を最大まで利用することができません。

`StateAttribute` の変更が検知されると、シェーダージェネレーターはシェーダーを新しくコンパイルします。しかし読み込みの際に最も大切なことは、最初のフレームをできる限り早く表示することです。テクスチャが `TextureMaterial` を作成してシェーダーを生成するのを待っていては、初期フレームの表示が遅くなります。そのため 3D アセットとテクスチャをフェッチする前にできる限り必要な要素を準備しておきます。シェーダーはアセットをダウンロードしている間に事前計算されます。例えば実際のテクスチャが読み込み終わるのを待つのではなく、プレースホルダーとして 1 ピクセルの大きさのテクスチャをシェーダージェネレーターに渡します。実際のテクスチャが取得できれば、それらをプレースホルダーと入れ替えます。この方法により最初のフレームを高速に表示できます。

12.3.1　入力からシェーダーまでの概要

図 12.7 は入力からシェーダーコードを生成する流れの概要です。

1. ステート属性（`TextureMaterial`、`Environment`、`Light`）がシェーダーノードに変換

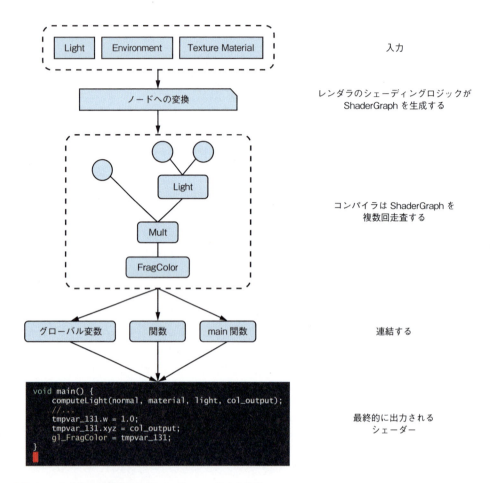

図 12.7: 入力値から最終的なシェーダーコードへの変換

されます。
2. 生成されたシェーダーグラフは複数回走査されます。シェーダーノードの走査を繰り返して次のようなさまざまなシェーダーコードブロックが出力されます。
    (a) グローバル変数定義: uniform 変数、varying 変数など
    (b) 関数
    (c) main 関数内で使用されるコード
3. 先ほどのコード出力を結合して最終的なシェーダーコードのテキストとします。

12.3.2　シェーダーノードの割り当て

シェーダーグラフシステムの開発を開始したときに目標としたのはレンダラに依存しない再利用可能なシェーダーノードを使用してグラフをできる限り柔軟にすることでした。そのためマテリアルの入力 (TextureMaterial, Environment, Light などの状態属性) とシェー

表 12.1: Sketchfab で使用されているシェーダーノード

データ	テクスチャ	操作	関数	ライト
Sampler	TextureRGB	Blend	sRGB2Linear	Light
Variable	TextureRGBA	MultVector	Linear2sRGB	Lambert
Varying	TextureAlpha	AddVector	DotClamp	SpheremapReflection
Uniform	TextureCubemapRGB	InlineCode	NormalTangentSpace	CookTorrance
InlineConstant	TextureSpheremap	ReflectionVector	EnvironmentTransform	
FragColor	TextureSpheremapHDR	SetAlpha	TonemapHDR	
	TextureTranslucency	PassValue	Bumpmap	
	TextureIntensity	Vec3ToVec4	NormalAndEyeVector	
	TextureNormal	Vec4ToVec3	NormalMatcap	
	TextureGradient	DotVector	FrontNormal	
		PreMultAlpha		

ダーノードは直接には関係していません。その代わりにシェーダーグラフを生成するコードで（コンパイラを通じて）関係付けられます。シェーダーロジックはすべてシェーダーグラフ生成中に決定されます。このような方法を取ることで、シェーダーノード（表 12.1 を参照）ライブラリを最終的なレンダラのタイプから独立させることができ、再利用性が維持できます。

例えば Light 状態は Cook–Torrance ライトノードまたは Phong ライトノードに与えることができます。コンパイラは入力値を割り当て、コードをリンクしてシェーダーグラフを構築します。レンダラへの指示（例: ポストプロセスエフェクトや追加するシェーディングのタイプに応じた独自シェーダーロジック）は対応する入力を元に選択されたノードそれぞれに対して設定されます。

12.3.3　シェーダーグラフの走査とコンパイル

シェーダーグラフは有向非巡回グラフで内部的に単純なコンパイル機構を持っています。パスを走査しながらそれぞれのノードの出力をつなげていきます。前のノードの出力はグラフ内の次のノードの入力になります。シェーダーノードをコンパイルしているので、最後には gl_FragColor を走査しなければいけません（図 12.8 を参照）。走査を通してフラグメントシェーダーのさまざまなパーツが集められます。最後のノードの出力はフラグメントシェーダーの gl_FragColor になり、走査の最終的な結果として main() 関数が生成されます。これにより main() が必ず妥当な結果を返すことが保証されます。

グラフの走査は複数回行われ、それぞれの走査でシェーダーコードの一部を生成します（リスト 12.2 を参照）。その結果シェーダーのソースコードは「整列されて」います。（varying 変数や uniform 変数などの）グローバル変数は初めに宣言され、次にグローバル関数が宣言されます。そして最後に main() 関数のコードが生成されます。

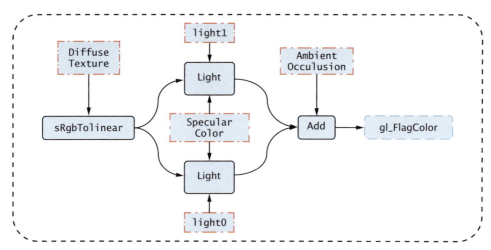

図 12.8: シェーダーグラフ。赤い点線の四角が入力です。gl_FragColor はグラフの最後にあります

リスト 12.2: コンパイラの複数回の走査

```
1  // ステートから現在のジオメトリのために有効な属性をすべて集め
2  // 興味のあるMaterial Attribute をフィルタする
3  var attributes = collectMaterialAttributes();
4  // キャッシュされているかどうかを確認するために
5  // すべての有効なMaterial Attribute からハッシュを取得
6  var hash = attributes.getHash();
7  if (caches[hash]) return caches[hash];
8
9  // シェーダーの生成をここで開始
10 // シェーダーノードからシェーダーグラフを生成
11 var shaderGraph = createShaderGraph(attributes);
12 var fragmentShader = '';
13
14 // シェーダーグラフを評価してグローバル変数を定義
15 fragmentShader += traverseGraph(shaderGraph, defineGlobalVariableFunctor);
16
17 // シェーダーグラフを評価して関数を宣言
18 fragmentShader += traverseGraph(shaderGraph, defineFunctionFunctor);
19
20 // シェーダーグラフを評価してmain()の変数とコードを設定
21 fragmentShader += [
22   "void main()",
23     traverseGraph(shaderGraph, declareVariableFunctor),
24     traverseGraph(shaderGraph, computeNodeFragmentFunctor),
25   "}"].join('\n');
26 // コンテンツに対するポストプロセス(精度、ファイルのインクルード、
27 // その他独自ポストプロセス)
28 var finalFragment = shaderProcessor(fragmentShader);
29 cache[hash] = finalFragment;
30 return finalFragment;
```

先ほどのシェーダーグラフの実装は（main 関数内に GLSL コードを出力するだけの）単純なシェーダーノードと（varying 変数／ uniform 変数／関数などを新しく追加する「ライト」のような）複雑なシェーダーノードの両方で利用できます。複数ノード間で同一の宣言がある場合も問題なく扱うことができ、シェーダーコードでは宣言が二重にならないように構築されます。コンパイラが走査するために必要となる出力リンクはシェーダーノード内で実際に使用されるコードだけです。実装が簡単なのでコードが小さく、カスタマイズ[6]できる場所も多くなります。

12.3.4　シェーダーグラフの独自利用: コードサンプル

このシステムを実際にどのように使用できるのか、例を見てみましょう[7]。以下では基本的なカスタムシェーダーノードを 2 つとカスタムシェーダーコンパイラを 1 つ実装しました。2 つのノード、RampNode（ライティングの幅に応じて異なる色を使用します）と NegatifNode（色を 1.0 に変更します）は専用の StateAttributes を使用して有効化もしくは無効化できます。これらの設定用状態属性はそれぞれ RampAttribute[8] や NegatifAttribute[9] として宣言されています。

StateAttributes とシェーダーノード、これら 2 つがシェーダーコンパイラが必要とする基本的な入力です。加えて createFragmentShaderGraph 関数も独自に実装しました。この関数は元の OSG.JS の createShaderGraph メソッドとまったく同じ方法でシェーダーロジックを処理して、入力値を元にシェーダーコードを構築します[10]。

リスト 12.3: 専用の StateAttributes とシェーダーノードの利用例（独自コンパイラの擬似コード）

```
1  createFragmentShaderGraph: function() {
2    if (!MaterialAttribute) return;
3
4    var fragColor = createFragColorAsRootNode();
5    var diffuse = Material.diffuse || firstTextureFound() * Material.diffuse;
6
7    if (LightsAttributes) {
8      var color = createLights(diffuse);//diffuse as input
9
10     if (RampAttribute && RampAttribute.isEnable())
11       color = createRampNode(color);//connect color as input
12
13     if (NegatifAttribute)
14       color = createNegatifNode(color);//connect color as input
15
16     fragColor = emission + color;
17   } else {
```

[6] https://github.com/cedricpinson/osgjs/blob/develop/sources/osgShader/Compiler.js
[7] https://github.com/cedricpinson/osgjs/tree/develop/examples/shader-generator
[8] https://github.com/cedricpinson/osgjs/tree/develop/examples/shader-generator/ramp.js
[9] https://github.com/cedricpinson/osgjs/tree/develop/examples/shader-generator/negatif.js
[10] https://github.com/cedricpinson/osgjs/blob/develop/examples/shader-generator/CustomCompiler.js

```
18    fragColor = diffuse;
19  }
```

12.3.5 シェーダーコードの出力: 比較

コンパイラの走査が完了し、最終的なコンパイル結果として完成したコードは読みやすくデバッグも容易です。コードの読みやすさの点で唯一問題となるのはシェーダーノード間の接続が一時変数「links」として生成されることです。残念ながら、この links は main 関数の中に長大な tmp_X という名前の変数リストとして現れます（リスト 12.4 参照）。これは GLSL のコンパイラベンダーによってはレジスタがあふれるという副作用を引き起こす可能性があります。「手作業で作成された」シェーダーであれば間違いなく一時変数の数はこれより少なく、したがって使用するレジスタも少なくて済むでしょう。

とはいえ、複雑なノードであってもインラインコードではなく関数を使用しているので（リスト 12.4 の computeSunLightShading を参照）、生成されるコードは驚くほど読みやすく感じるはずです。

リスト 12.4: シェーダーグラフコンパイル結果のサンプル出力

```
1  ... グローバル変数、関数などの定義 ...
2  void main() {
3    vec3 frontNormal; vec3 normal; vec3 eyeVector; vec4 tmp_22; float tmp_23;
4    vec4 lightOutput; vec4 lightTempOutput; vec4 tmp_26; vec4 tmp_27;
5
6    tmp_22.rgb = MaterialDiffuse.rgb;
7    if (ArrayColorEnabled == 1.0) {
8      tmp_22 *= VertexColor.rgba;
9    }
10   frontNormal = gl_FrontFacing ? FragNormal : -FragNormal ;
11   normalizeNormalAndEyeVector(frontNormal, FragEyeVector, normal, eyeVector);
12
13   lightTempOutput = computeSunLightShading(normal, eyeVector,
14                                            MaterialAmbient,
15                                            tmp_22, MaterialSpecular,
16                                            MaterialShininess,
17                                            Light0_uniform_ambient,
18                                            Light0_uniform_diffuse,
19                                            Light0_uniform_specular,
20                                            Light0_uniform_position,
21                                            Light0_uniform_matrix,
22                                            Light0_uniform_invMatrix);
23   lightOutput = lightTempOutput.rgba;
24   tmp_26 = MaterialEmission.rgba+lightOutput.rgba;
25   tmp_23 = MaterialDiffuse.a;
26   tmp_27.rgb = tmp_26.rgb * tmp_23;
27
28   gl_FragColor = vec4(tmp_27.rgb, tmp_23);
29 }
```

12.4 結論

Sketchfab の（困難ですが）絶対的に重要な要件はさまざまな 3D ファイルフォーマットとその亜種をシームレスにサポートすることです。中でもそれぞれに独自のパラメーターを持つマテリアルデータを受け取ってさまざまに組み合わせる際に発生する面倒な作業をできる限り減らすことを目指しました。マテリアルパイプラインでは現在サポートされているマテリアルは継続して処理が可能でなければならず、同時に新しいマテリアルを簡単に導入できなければいけません。

どのようなマテリアルが入力されても可能な限り柔軟に対応できるように、Sketchfab はシェーダーグラフアーキテクチャを採用しています。最初期の Sketchfab の巨大で静的なシェーダーには大量の使用されないコードがありました。しかしシェーダーグラフでは単純で独立したノードを操作することによってコードを作成します。コード全体の複雑さが解消され、結果としてコードは読みやすくしかもデバッグも簡単になりました。

シェーダーグラフシステムは簡単に拡張でき、新しく追加された（もしくは数の増えた）入力を効果的に処理できます。カスタマイズするにはノードを新しく追加して、シェーダー生成のコードを修正する（適切な入力を集めて新しいノードをシェーダーとリンクする）だけです。システムの最大の目標は、マテリアルの入力をできる限り柔軟に受け付けることと、現在のコードベースへの影響を最小限にとどめること、そして最終的に生成されるシェーダーコードのデバッグが容易であることであり、これらはすでに達成できています。

このマテリアルシステムの将来的な改善点として走査の最適化があります。これにより GPU の制限（レジスタ、uniform 変数、テクスチャフェッチの数）を克服してシェーダーコードのパフォーマンスを改善できる可能性があります。しかしそのような修正を行うとしても、コードの複雑さへの影響は最小限に抑えるべきでしょう。

今のところ JavaScript のコードは少し冗長なので、システムの振る舞いをカスタマイズするための API はもう少し簡略にしたいと考えています。そして（シェーダーグラフのリアルタイム表示、ノードの不正利用の検知、入出力接続の短絡などを実現して）シェーダーグラフをさらに簡単にデバッグできるようになれば、シェーダーの開発プロセスがさらによいものになるでしょう。

第13章

glslify:
GLSL のためのモジュールシステム

Hugh Kennedy

Mikola Lysenko

Matt DesLauriers

Chris Dickinson

13.1　はじめに

　2009 年に Ryan Dahl が JavaScript でアプリケーションを記述するためのプラットフォームとして Node.js[*1]をリリースしました。その後、Mikeal Rogers が npm[*2]をリリースすると、Node はすぐに npm を公式のパッケージマネージャーとして採用し、レジストリを公開しました。それ以来、npm は Node.js のエコシステムを機能的にも概念的にも支える重要な役割を果たしてきました。npm はセマンティックバージョニングやネストした依存性をサポートしていて「小さいモジュール」を特に推奨しています。ある 1 つのことだけに専念する粒度の細かいモジュールがお互いに依存しあうようにすることで、それらをさまざまに組み合わせることや再利用が容易になるためです[*3]。

　glslify は Node.js から着想を受け、GLSL に単純なモジュールシステムを導入し、そのモジュールの配布に既存の npm エコシステムを利用することで、Node.js と同様の機能と概念を GLSL に適用しようとしています。これによりプロジェクト間でシェーダーコードを共有して直接利用することで生産性を向上できるだけではなく、GLSL と WebGL の初期の学習曲線も改善できます。

　この章では、CommonJS，セマンティックバージョニング、npm，そしてもちろん glslify

[*1] http://nodejs.org/

[*2] https://www.npmjs.com/

[*3] http://substack.net/node_aesthetic

242 第 13 章 glslify: GLSL のためのモジュールシステム

などの利用に基づいた glslify ワークフローの全体像を紹介します。

13.2 Node.js のモジュラープログラミング

glslify の基礎となる重要なアイデアは Node.js のモジュラープログラミングの手法を GLSL
シェーダーに適用するということです。モジュラープログラミングの目的は、製造業を参考に
して交換可能なパーツの組み合わせで機能を実現し、プログラムを減らすことです。そのパー
ツ自体も再帰的にさらに単純なコンポーネントの組み合わせにすると、究極的にはコンポーネ
ントが小さな汎用構造物（製造業でいうねじやワッシャーのような）になるまで分割されま
す。これらのコンポーネントは同じ作者によって作られている必要さえなく、さまざまなプロ
ジェクトで共有し再利用することが可能です。

Node.js コミュニティには、npm によって推奨されてきたモジュラープログラミングとい
う強い文化があります。npm の手法には実績と人気の両方があり、80,000 以上[4]の公開パッ
ケージが利用できます[5]。browserify[6]のようなツールを使用するとそれらのパッケージを
ブラウザ上でも使用できます。名前から推測できるように、glslify は npm を用いてシェー
ダーコードを配布し、利用できるようにするものです。

npm にはいくつかの規約があり、それらが npm の成功に寄与してきました。これらの規約
に従うと JavaScript を使用するときに巨大な依存性ツリーの扱いが問題にならなくなるだけ
でなく、多くの場合はむしろ望ましく感じられるようにすらなります。

13.2.1 CommonJS

Node.js は CommonJS[7]の一実装を使用して、モジュールの取り込みと公開を実現します。
その利用は簡単です。

Node のモジュールは単一の JavaScript ファイルとして表され、その中の `module.exports`
オブジェクトの値が「公開」されて他のモジュールで利用できます。エクスポートされる値は
どのような型でもかまいません。一般には単一の関数かクラスであることがほとんどですが、
オブジェクト、関数、数値、文字列などはすべて利用できます。

```
1  //sum.js
2  module.exports = function sum(a, b) {
3    return a + b;
4  };
```

グローバルな `require()` 関数にモジュールのパスを渡せば、どこでもそれらの値を取り込
むことができます。

---

[4] 訳注: 翻訳時点では 580,000 近くのパッケージが公開されています。
    http://www.modulecounts.com/
[5] http://alexandros.resin.io/npm-now-the-largest-module-repository/
[6] http://browserify.org/
[7] http://wiki.commonjs.org/wiki/CommonJS

```
1  //index.js
2  var sum = require('./sum.js');
3
4  sum(1, 2);//3
```

モジュールのスコープはそのモジュール内に閉じています。あるファイル内で宣言された変数は module.exports を使用して公開しない限り、他の場所では利用できません。

ヒント: Node の CommonJS 実装についてより詳細に知りたければ、以下のドキュメントを参照してください。

http://nodejs.org/api/modules.html

13.2.2　node_modules

Node のモジュール解決アルゴリズムは node_modules ディレクトリ内のディレクトリを特別扱いします。npm を使用してインストールしたパッケージは node_modules ディレクトリに配置され、そこまでの相対パスを指定する必要はありません。

例えば browserify パッケージと gulp パッケージをインストールすると、自身のコードの中で次のようにしてそれらを require できます。

```
1  var browserify = require('browserify');
2  var gulp = require('gulp');
```

npm でパッケージをインストールするには npm install コマンドをターミナルで実行します。例えば browserify と gulp は次のようにしてインストールします。

```
1  npm install browserify gulp
```

上記のコマンドを実行するとそれぞれが依存しているパッケージも合わせて npm レジストリからダウンロードされ、node_modules ディレクトリ内に展開されます。

node_modules の依存性は平坦なリストではないということに気をつけてください。Node パッケージにはすべて依存性のツリーがあります。つまり、図 13.1 のとおりそれぞれのパッケージは内部に node_modules ディレクトリを持ち、ローカルスコープの依存パッケージをそこで保持することができます。このような階層構造は npm が依存性を処理する際に処理されるので、利用者はプロジェクトのトップレベルの依存性を意識するだけで済みます。

13.2.3　セマンティックバージョニング

かつて**依存性地獄**と呼ばれていたように、依存するパッケージが多ければ多いほどバージョン管理に伴う困難も増加します。

図 13.1: 入れ子になった依存性を持つプロジェクトを npm でインストールした後のディレクトリ構造の例

npm ではセマンティックバージョニング（Semantic Versioning: SemVer）[*8]を使用することで、できる限りこの問題の発生を抑えようとしています。パッケージを公開するたびに、以前のものからインクリメントされた一意なバージョン番号が与えられます。このバージョンは以下のルールに従います [Preston-Werner 11]。

バージョン番号を MAJOR.MINOR.PATCH とすると、それぞれがインクリメントされる条件は以下のとおりです。

1. MAJOR バージョンは API に以前のバージョンとは互換性のない変更があった場合
2. MINOR バージョンは後方互換性を保ったまま機能が追加された場合
3. PATCH バージョンは後方互換性を保った不具合修正の場合

依存性の指定には静的な一意のバージョン番号ではなく、その範囲を使用します。この方法によりツリー構造の奥深くにあるパッケージを安全に更新できるだけでなく、作者の希望を満たす最新バージョンの依存パッケージをインストールできます。

npm にはバージョンの範囲を指定するための標準の「演算子」がいくつかあります。

- * は >= 0.0.0 もしくは利用可能な任意のバージョンという意味です

[*8] http://semver.org/

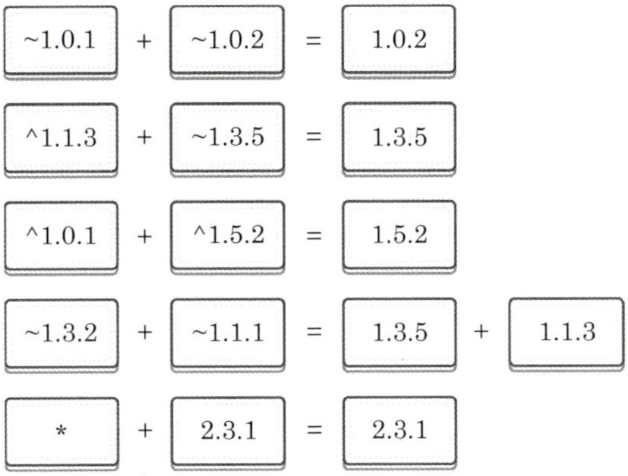

~1.0.1	+ ~1.0.2	=	1.0.2
^1.1.3	+ ~1.3.5	=	1.3.5
^1.0.1	+ ^1.5.2	=	1.5.2
~1.3.2	+ ~1.1.1	=	1.3.5 + 1.1.3
*	+ 2.3.1	=	2.3.1

図 13.2: 2 つの依存パッケージから要求されるあるパッケージの SemVer の組み合わせ例。この図は依存パッケージによって共有される最終的なバージョンを示したものです

- $\sim a.b.c$ は $>= a.b.c < a.(b+1).0$ という意味です
- $\hat{}\, a.b.c$ は $>= a.b.c < (a+1).0.0$ という意味です

いくつかの例が図 13.2 にあります。パッケージの依存性はそのパッケージの安定性とそれらに依存しているパッケージ作者の好みによって、通常は ～ 演算子または ^ 演算子で指定されます。npm のセマンティックバージョニングで使用する範囲指定の詳細な説明は GitHub の **npm/node-semver** リポジトリ[*9]にあります。

もし 2 つのパッケージがあるパッケージに依存していて、それぞれが指定するバージョン範囲に重なる部分があれば、共通で利用できるバージョンの中で最新バージョンを取得し、そのコピーが共有されます。もし指定される 2 つのバージョン範囲に重なる部分がなければ、それぞれのパッケージのために利用可能な最新のバージョンが取得されます。

結果として、可能な限り透過的に更新され、依存グラフの中で 2 つのバージョンが衝突するという問題もできる限り避けられます。

13.2.4　package.json

npm で公開されているすべてのパッケージと npm の依存性解決を使用するすべてのプロジェクトには `package.json` というファイルがあります。このファイルを使用して、依存性と Node や他のツールが使用できる任意のメタデータを指定できます。通常はそれら以外にも `main` フィールドを使用して `require` 関数によってインポートされたときにパッケージから自動的に読み込むファイルを指定したり、`description` フィールドでパッケージの説明を記述します。

```
1 {
2   "name": "my-package",
3   "version": "1.0.0",
```

[*9] https://github.com/npm/node-semver

```
    4      "main": "lib/my-package.js",
    5      "description": "初めての npm パッケージ"
    6    }
```

上記以外にも `package.json` ファイルで指定できるさまざまなフィールドがあります。これらのフィールドの完全なドキュメントが必要であれば npm のウェブサイト[*10]を参照してください。

13.3 glslify とは何か?

glslify は Node.js を使用して、GLSL シェーダーコードの静的解析や、変換、作成などを行うことを目的としたツールです。主要な目的は開発者が npm の Node モジュールと同様の方針に基づいてシェーダープログラムをモジュール化したり作成できるようにすることです。glslify を使用すると、シェーダーの再利用可能な部分をそれ以外のアプリケーション専用のコードから分離し、npm のセマンティックバージョニングを使用して公開できます。Node の `require` 文と同じファイル検索アルゴリズムを使用して、再利用可能な GLSL スニペットに安全に呼び出せるようになり、自身が作成しているシェーダーを変更せずにアップストリームからパッチを受け取ることもできるようになります。

これは図 13.3 のような流れで、シェーダーソースをパースして変換を適用し、WebGL で実行できる整合性の取れた GLSL コードに書き直すことで実現されています。glslify は Node.js で作成されているので、サーバー上で利用するだけでなく、browserify や require.js のようなツールを使用することでクライアントサイド JavaScript ソースのビルド手順の一部に組み込むこともできます。コマンドラインインターフェースを使用すれば、JavaScript や WebGL のスコープ外でより一般的な目的で GLSL のソースを変換することもできるでしょう。

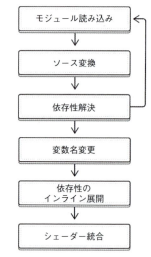

図 13.3: glslify は依存性ツリー全体を走査してシェーダーを再帰的に読み込み、変換し、インライン展開して、最終的に単一のシェーダーソースを生成します

13.3.1 構文: モジュールのエクスポート

glslify が提供している `#pragma` コマンドを使用すると、「import」シンボルでモジュールを取り込み、「export」シンボルでモジュールとして公開することができます。Node と同じように、glslify のモジュールもファイルと一対一に対応しています。それぞれのファイルは単

[*10] https://docs.npmjs.com/files/package.json

一のシンボルを公開するモジュールでもあります。これによりシェーダーを複数のファイルに
分割してわかりやすく構造化することができます。

　例としてシェーダー内のライティング計算を実装している部分をそれ以外の部分から分離す
ることを考えましょう。話を単純にするために、Blinn–Phong ライティングモデルを使用し
ます。まずはじめにライトのデータ型を考えます。

```
1  //File: light.glsl
2  struct PointLight {
3    vec3 position;
4    vec3 diffuse;
5    vec3 ambient;
6  };
7
8  #pragma glslify: export(PointLight)
```

　#pragma glslify: export(PointLight) という行で、このファイルを取り込んだモ
ジュールすべてで PointLight 構造体を利用できることを glslify に対して宣言しています。
マテリアルデータ型の定義についても同様に定義できます。

```
1  //File: material.glsl
2  struct Material {
3    vec3 color;
4    float kAmbient, kDiffuse, kSpecular;
5    float phongExponent;
6  };
7
8  #pragma glslify: export(Material)
```

　次に、サーフェスジオメトリと視界に関する情報を入力として受け取り、先ほどの 2 つの
データ型を使用してそれぞれのチャンネルでのライトの輝度を計算するサブルーチンを作成し
ます。

```
1  #pragma glslify: Material = require(./material.glsl)
2  #pragma glslify: PointLight = require(./light.glsl)
3
4  vec3 blinnPhong(
5    Material material,
6    PointLight light,
7    vec3 surfaceNormal,
8    vec3 surfacePosition,
9    vec3 viewDirection) {
10
11   vec3 L = normalize(light.position - surfacePosition);
12   vec3 H = normalize(viewDirection + surfaceNormal);
13
14   vec3 ambient = light.ambient * material.color;
15   vec3 diffuse = max(0.0, dot(L, surfaceNormal)) * light.diffuse *
16     material.color;
17   float specular = pow(max(0.0, dot(L, H)), material.phongExponent);
18
```

```
19    return material.kAmbient * ambient +
20      material.kDiffuse * diffuse +
21      material.kSpecular * specular;
22  }
23
24  #pragma glslify: export(blinnPhong)
```

13.3.2　構文: モジュールの利用

モジュールを宣言して公開すると、他のプログラムでそのモジュールを取り込んで利用できるようになります。例えば次のようにすると、先ほどの Blinn–Phong ライティングモデルのモジュールを取り込んでフラグメントシェーダーを作成できます（図 13.4 参照）。

```
1  precision mediump float;
2
3  #pragma glslify: Material = require(./material.glsl)
4  #pragma glslify: Light = require(./light.glsl)
5  #pragma glslify: computeColor = require(./blinnPhong.glsl)
6
7  #define NUM_LIGHTS 16
8
9  varying vec3 normal, position, viewDirection;
10
11  uniform Material material;
12  uniform Light lights[NUM_LIGHTS];
13
14  void main() {
15    vec3 color = vec3(0,0,0);
16    for(int i = 0; i < NUM_LIGHTS; ++i) {
17      color += computeColor(
18        material,
19        lights[i],
20        normal,
21        position,
22        viewDirection);
23    }
24
25    gl_FragColor = vec4(color, 1.0);
26  }
```

ここでは require を使用して blinnPhong 関数を取り込み、computeColor という名前のローカル変数に代入しています。require 文は Node の require と同じモジュール検索アルゴリズムを使用します。

- スラッシュ（/）で始まる require パスは glslify モジュールへの絶対パスだとみなされます。
- ドットとスラッシュ（./）で始まる require パスは require() を呼び出したファイルからの相対パスにある glslify モジュールを指しているとみなされます。

図 13.4: Blinn–Phong シェーダーのレンダリング例

- スラッシュやドットスラッシュ以外の文字で始まる require パスは `node_modules` フォルダ内のモジュール名とみなして検索し、見つかるまで再帰的にディレクトリ階層をさかのぼります。

Node の `require` とは異なり、glslify の `require` 文では引用符は必須ではありません。これは GLSL 自身に文字列という概念がなく、引用符で始まるシェーダーを処理しようとしてクラッシュするパーサーがあるからです。

13.3.3 npm モジュールの利用

ユーザーがモジュールをインストールして利用できるようにすることが glslify の最も重要な機能の 1 つです。npm パッケージマネージャーを使用すれば、誰でもモジュールを作成して公開できます。依存モジュールを npm でインストールすると、glslify は Node と同じモジュール解決アルゴリズムを使用して簡単にそれらを読み込めます。

例えば次のフラグメントシェーダーでは glslify で作成して npm で公開したモジュールの関数をインポートしています。glsl–noise[11]モジュールを使用すると、Ashima Arts と Stefan Gustavson による古典的で有名な Simplex Noise[12]を利用できるようになります。

---

[11] https://github.com/hughsk/glsl-noise
[12] https://github.com/ashima/webgl-noise

```
1  varying vec2 vUv;
2
3  #pragma glslify: snoise2d = require(glsl-noise/simplex/2d.glsl)
4
5  void main(void) {
6    float n = snoise2d(vUv);
7    gl_FragColor = vec4(vec3(n), 1.0);
8  }
```

前のスニペットの例では、モジュールの検索アルゴリズムにより node_modules にインストールされた glsl-noise フォルダが見つかり、さらにその中の simplex/2d.glsl ファイルが取得されます。ファイル拡張子が .glsl であれば省略してかまわないので、先ほどの require 文はより簡潔に次のように書くこともできます。

```
1  #pragma glslify: snoise2d = require(glsl-noise/simplex/2d)
```

require 文がディレクトリを指していた場合は、代わりにディレクトリ内の GLSL ファイルを探します。はじめにそのディレクトリ内の package.json ファイルを探し、もしあればパッケージの main フィールドで指定されているファイルを選択します。package.json が存在しないか、あったとしてもその中に main フィールドがなければ、指定されたディレクトリの index.glsl ファイルを使用します。

ファイルは常にディレクトリよりも優先的にインポートされます。例えば先ほどの例で、glsl-noise/simplex/2d/index.glsl と glsl-noise/simplex/2d.glsl の両方が存在する場合には常に後者が使用されます。

有効な require 文の例が以下にいくつかあります。

```
1  // npm で node_modules にインストールされたモジュール
2  #pragma glslify: random = require(glsl-random)
3
4  // 相対パスで指定したファイル
5  #pragma glslify: bar = require(../foo/bar.glsl)
6
7  // 相対パスで指定したディレクトリ内のindex.glsl エントリポイント
8  #pragma glslify: blend = require(./blend-color-dodge)
9
10 // モジュール内の相対パス
11 #pragma glslify: snoise2d = require(glsl-noise/simplex/2d)
```

13.3.4　構文: ローカル変数

glslify はモジュール間で名前を受け渡す手段も提供しています。この機能を利用すると高階関数が実現できます。例えば derivative（微分）関数を実装するつもりだとしましょう。その場合は次のようにするとその機能を実現するモジュールを作成できます。

```
1  //File: derviative.glsl
2  float func(float);
3
4  float derivative(float t, float epsilon) {
5    return 0.5 * (func(t+epsilon) - func(t-epsilon));
6  }
7
8  #pragma export(derivative)
```

このモジュールを使用するには、ローカル変数 func だけを微分したい何か独自の関数と置き換えて、これまでと同じように require します。

```
1  float position(float t) {
2    return 0.5 * t * t - t + 1.0;
3  }
4
5  #pragma glslify: velocity = require(./derivative, func=position)
```

この機能の他の使い方として、符号付き距離関数を使用したレイマーチングや空間領域構成法（Constructive Solid Geometry, CSG）などもあります。

13.3.5　モジュールのインストール

まず package.json ファイルがプロジェクトのルートディレクトリに作成されていることを確認しましょう。このファイルは name フィールドと version フィールドを含む妥当な JSON でなければいけません。以下は有効な package.json の例です。

```
1  {
2    "name": "glsl-project",
3    "version": "1.0.0"
4  }
```

パッケージとその npm 上での名前があれば、次のようにしてパッケージをインストールしてローカル環境で使用できるはずです。

```
1  npm install --save <package-names...>
```

例えば glsl-noise をインストールするには、以下のようにします。

```
1  npm install --save glsl-noise
```

ここで使用されている --save フラグは最も近くにある有効な package.json ファイルに自動的にパッケージを追加するためのものです。そのような package.json ファイルはほとんどの Node プロジェクトではプロジェクトのルートディレクトリにあるはずです。package.json ファイルをもう一度見てみましょう。新しく dependencies フィールドが追

加されて、次のようになっているはずです。

```
1  {
2    "name": "glsl-project",
3    "version": "1.0.0",
4    "dependencies": {
5      "glsl-noise": "0.0.0"
6    }
7  }
```

ここでもし他の誰かが私たちのプロジェクトを使用したいと考えたとすれば、次のコマンドを実行するだけで依存プロジェクトが再インストールされます。

```
1  npm install
```

これは node_modules ディレクトリを削除してもう一度依存プロジェクトをインストールすると、自分でも実際に動作することを確認できます。

```
1  rm -rf node_modules
2  npm install
```

13.3.6　コマンドラインインターフェース（CLI）の利用

glslify を使用してシェーダーを構築するコマンドの最も単純な形式は次のとおりです。

```
1  glslify input.glsl --output output.glsl
```

このコマンドでは input.glsl を読み込んで glslify を使用してビルドし、出力を output.glsl に書き出しています。他にも次のようなフラグが利用できます。

- --transform <tr> はインクルードしたシェーダーにローカル変換を適用します（セクション 13.4 参照）。
- --global-transform <tr> はインクルードしたシェーダーにグローバル変換を適用します（セクション 13.4 参照）。
- --list は依存性グラフにあるすべてのファイルの一覧を表示します。これは Makefile を作成する際に便利です。
- --deps は依存性グラフを JSON 形式でメタデータを加えて一覧表示します。

glslify をコマンドラインで利用するには、npm を使用してローカルではなくグローバルにインストールします。

```
1  sudo npm install --global glslify
```

13.3.7　シェーダーの公開

　プロジェクトの準備が完了していれば、npm に公開することはそれほど難しくはありません。

　公開作業を始める前に、CLI を使用して npm にログインするためのアカウントを作成しておく必要があります。

```
1 $ npm login
2 Username: your-username
3 Password: **********
4 Email: your@email.com
```

次にプロジェクトの package.json ファイルを新しく作成します。

```
1 {
2   "name": "glsl-example-sum",
3   "version": "1.0.0",
4   "description": "glslify シェーダーの例: 2つの値を足し合わせる"
5 }
```

　npm に公開されるパッケージの名前空間は 1 つしかないので、name フィールドの値は一意でなければいけません。すでに使用されている名前かどうかがわからなければ、http://npmjs.org/package/<name> を確認してください。version フィールドについては説明の必要はないでしょう。description フィールドは npm を使用してパッケージ検索したときに表示される付加的な情報を設定できるフィールドです。

　それでは index.glsl ファイルを作成してみましょう。パッケージの利用者がrequire(glsl-example-sum) を呼び出すとデフォルトではこのファイルが読み込まれます。

```
1 float sum(float a, float b) {return a + b}
2 float sum(vec2 a, vec2 b) {return a + b}
3 float sum(vec3 a, vec3 b) {return a + b}
4 float sum(vec4 a, vec4 b) {return a + b}
5
6 #pragma export(sum)
```

　プロジェクトには必要に応じてどのような種類のファイルでも（例: パッケージをどのように使うかを示すための実行可能なデモアプリなど）含めることができます。パッケージを使用する際に必要となるさまざまな関連情報を Markdown 形式で README.md ファイルに記述しておくとよいでしょう。

　他に含めるファイルがなければ、npm にパッケージを公開するために必要な作業は以上で完了です。プロジェクトディレクトリで以下のコマンドを実行しましょう。

```
1 npm publish
```

これでパッケージが公開され、すぐに npm でインストールして利用できるようになります。npm で何を公開すべきか、もしくはすべきではないかを規定する明確なルールはありませんが、一般に「ベストプラクティス」と考えられていることについて Matt DesLaurier の GitHub の `module-best-practices` リポジトリ、https://github.com/mattdesl/module-best-practices で説明されています。

13.4　ソースコード変換

GLSL は想定されたドメインには非常によく適した単純な言語です。しかし他の言語と同じように特定の問題の扱いに限定すれば、常に改善の余地はあります。つまりシェーダーのコードをより短く、より効率的、より論理的に簡潔にできるようにできます。

これは JavaScript コミュニティでは自明とされています。その証拠として「JS にコンパイルされる」言語が大量にあり、それらではわかりやすさやパフォーマンス、生産性などの機能が向上しています。ブラウザに対する JavaScript のように WebGL を使用するときには GLSL が唯一のシェーダー言語です。したがって同じような機能を提供できる新しい改良言語が登場する余地があります。

glslify はソースコードの変換をサポートしているため、アプリケーションレベルでも、個別のシェーダーモジュール単位でも、簡単に言語を拡張もしくは変更できます。変換処理は JavaScript で記述でき、npm で公開・ダウンロードできる Node.js モジュールとして作成されます。

変換はそれぞれ 3 つのスコープのいずれかに適用でき、それぞれスコープごとに異なるユースケースがあります。

1. **ローカル変換**はデフォルトの変換で、アプリケーションレベルのシェーダーファイルにだけ適用されます。つまり、`node_modules` 内のシェーダーは無視されます。
2. **グローバル変換**には上記のような制限はなく、すべてのシェーダーファイルに対して適用されます。
3. **ポスト変換**はビルドが完了したときに完成したシェーダー全体に対して適用されます。特にシェーダーを最適化する際に便利です。

13.4.1　glslify-hex

glslify-hex は単純で実践的なソースコード変換の例です。このモジュールを使用すると色ベクトルを 16 進数で指定できるようになり、ウェブ開発者が CSS とシェーダーの間で同じ色を簡単に使用できるようになります。

この変換を有効にすると、シェーダーファイルの中で以下のように記述できます。

```
1  void main() {
2    gl_FragColor = vec4(#FF0066, 1);
3  }
```

シェーダーのビルドプロセスを通過すると先ほどのコードは次のように変換されます。

```
1  void main() {
2    gl_FragColor = vec4(vec3(1.0, 0.0, 0.4), 1);
3  }
```

この変換の実現に必要なコードは非常に単純です。

```
1  var hexArray = require('hex-array');
2  var hexFloat = require('hex-float');
3
4  module.exports = transform;
5
6  function transform(file, source, options, done) {
7    // 元のシェーダーのソースコードを更新して
8    // 16進数をvec3 と vec4 に変換
9    var hexExpression =/\#([0-9a-f]{6}|[0-9a-f]{8}?)/gi;
10
11   source = source.replace(hexExpression, function(hex) {
12     var channels = hexArray(hex).map(function(n) {
13       return hexFloat(n);
14     });
15
16     return channels.length === 3
17       ? 'vec3(' + channels.join(',') + ')'
18       : 'vec4(' + channels.join(',') + ')';
19   });
20
21   // 更新されたソースコードをglslify に返して
22   // シェーダーのビルドを継続
23   done(null, source);
24 }
```

通常のよくあるシチュエーションでは書き換えを行う前にシェーダー全体をパースして抽象構文木（Abstract Syntax Tree: AST）を構築しておきたいと考えるかもしれません。しかし幸いなことに 16 進数が意図せずにシェーダーコード内に現れることはほとんどありません。このような場合には生のソースコードに対して単純に検索／置換操作を実行したとしても比較的安全です。とはいえたいていの場合には、事前に GLSL のコードをパースして書き換えを安全に行えるようにした方がよいでしょう。そのためには npm で取得できる、glsl–parser ライブラリ[13]と glsl–deparser ライブラリ[14]が便利です。glslify はこれらを使用して独自のソースコード変換を実現しています。

---

[13] https://github.com/stackgl/glsl-parser
[14] https://github.com/stackgl/glsl-deparser

13.4.2　ソースコード変換の利用

ソースコード変換はシェーダーモジュールのインストールと同じようなやり方で追加できます。はじめに依存ライブラリとしてソースコード変換をインストールします。

```
1  npm install --save glslify-hex
```

インストール完了後に、`package.json` ファイルの `glslify.transforms` 配列にソースコード変換を追加すれば glslify はその変換を使用できるようになります。

```
1  "glslify": {
2    "transforms": ["glslify-hex"]
3  }
```

最終的に `package.json` ファイルは次のような内容になっているはずです。

```
1  {
2    "name": "glsl-project",
3    "version": "1.0.0",
4    "dependencies": {
5      "glsl-noise": "0.0.0",
6      "glslify-hex": "^2.0.0"
7    },
8    "glslify": {
9      "transforms": ["glslify-hex"]
10   }
11 }
```

これで同じディレクトリに `index.glsl` という名前で次のようなシェーダーファイルを作成できます。

```
1  precision mediump float;
2
3  void main() {
4    gl_FragColor = vec4(#FF0000, 1.0);
5  }
```

glslify でビルドすると、16 進数が自動的に変換されて次のようになります。

```
1  $ glslify index.glsl
2
3  precision mediump float;
4
5  void main() {
6    gl_FragColor = vec4(vec3(1.0, 0.0, 0.0), 1.0);
7  }
```

13.5　欠点

　glslify は npm とそのファイルシステムに依存しているので、利用するためにはプリプロセッシングのような手順が必要になります。このような手順をなくそうとしている同様のツール[15]もありますが、実装は簡単ではなく、npm レジストリへのネットワーク接続が必須となってしまいます。プロジェクトにとってこの手順が問題になるかどうかは、その時点での WebGL アプリケーションをデプロイするためのワークフローに依存します。すでに browserify や webpack のようなビルドツールを使用しているプロジェクトではこの手順は問題にならないことの方が多いはずです。ビルドプロセスはウェブのフロントエンド開発コミュニティでは次第に一般的なプラクティスになってきています。とはいえ、このようなツールを使用することによるオーバーヘッドを嫌うチームもいくらか存在します。

　glslify にはプリプロセッシングが必要なので、実行時にブラウザでシェーダーを生成することには向いていません。（第 12 章「Sketchfab マテリアルパイプライン：各種ファイルの読み込みからシェーダー生成まで」で説明しているように）実行時にシェーダーを生成することで開発者の生産性を改善できる場合もあります。glslify–deps[16]のようなツールを使用すると、シェーダーソースを事前に処理したり、シェーダーモジュールを実行時に書き換えることもできますが、文字列を直接操作することと比較するとやはり柔軟性の面で劣ります。

　本書執筆時点では、glslify が公式にサポートしているのは GLSL の WebGL 互換バージョンだけです。将来的には OpenGL もしくは OpenGL ES 互換になるように変更される可能性もあります。GLSL にはさまざまなバージョンがありますが、中心となる構文は大きく変わりません。サポートしているかどうかは新しいキーワードとコア関数が考慮されているかどうかだけの問題であることも多く、例えば WebGL 2 はすでにサポートされ、利用可能であるはずです。

13.6　貢献

　glslify はまだ開発中です。ドキュメント修正、バグ修正、機能追加のいずれであれ、可能な範囲で協力してくれる新しいコントリビューターをいつでも歓迎しています。もう 1 つ、フレームワークの相互運用性に興味がある人も待っています。glslify をさまざまな 3D フレームワークや WebGL，もしくはそれ以外の環境で動作させてください。

　コアコードベースへの貢献以外にも、もちろん glslify パッケージを作成して npm で公開するという貢献もありえます!

　プロジェクトは http://github.com/stackgl/glslify/ で公開されており、MIT ライセンスに則って利用できます。glslify は WebGL を使用した小さな独立パッケージを巨大なフレームワークを使わずに作成するという目的を持つ「Open Open Source」プロジェクト[17]を

---

[15] https://github.com/mafintosh/browserify-browserify と http://requirebin.com
[16] https://github.com/stackgl/glslify-deps
[17] http://openopensource.org/

運営する stack.gl コミュニティによって管理されています。

参考文献

[Preston-Werner 11] "Semantic Versioning 2.0.0" https://github.com/mojombo/semver/blob/
a2769c455b57e7e5e7e91d81cc0a61acad68122a/semver.md#summary, 2013.

第14章

フレームタイムの見積もり

Philip Rideout

14.1　はじめに

　この章では WebGL グラフィックスエンジンを最適化するための一般的なテクニックを紹介します。大まかにまとめると、このようなテクニックはすべて次の 2 つの問いに集約されます。「いつ実行されるのか」と「どのくらいかかるのか」です。WebGL 呼び出しを発行する最高のタイミングはいつなのでしょうか？　WebGL 関係の一連のタスクの処理時間はどのくらいかかるのでしょうか？

　はじめに GL 呼び出しを発行する適切なタイミングについて議論します。`request AnimationFrame` エントリポイントの外で GL 関数呼び出すと、パフォーマンスに悪影響を与える場合があります。`onload` がスタックのいちばん上にあるときに一見問題のない `uniform1f` 呼び出しを実行したときでさえ、フレームの実行が阻害されたことがあります。この要件を自然な方法で容易に満たすための設計上のテクニックについて議論します。

　この章の後半ではそれぞれのアニメーションフレームでグラフィックス処理にどのくらい時間がかかるかに注目します。Chrome やその他のモダンブラウザは DOM 要素をおよそ秒間 60 フレーム（FPS）で描画するので、グラフィックス処理は 16ms を絶対に超えないようにすることが理想です。この制限時間内に処理を収めるためのテクニックをいくつか紹介します。

ヒント: 開発中はパフォーマンス測定のために Chrome に `disable-gpu-vsync` を設定して 60fps 制限をいったん無効化できます。Firefox で同様なことを実現するための詳細な情報が必要であれば第 5 章を参照してください。

14.2　描画周期まで遅延する

　WebGL シーンの再描画を起動するには `requestAnimationFrame`（rAF）API の使用が推奨されています。大部分の WebGL アプリケーションはこの API を使用してゲームループを

開始しています。setInterval や setTimeout とは異なり、rAF はアニメーションを駆動することに特化しているので、ブラウザは定期処理をよりスマートに呼び出すことができます。例えばアプリがバックグラウンドにある場合や負荷が高すぎる場合には、rAF は呼び出されません。

すでに setInterval ではなく rAF を使用している? それは素晴らしいことですが、そこで立ち止まらないでください! 例えばあるマウスアクションに応じてエンジンが bufferSubData を呼び出してメッシュを変更するのであれば、そのマウスアクションはすぐに処理をせず、次の rAF まで処理を遅らせた方がよい結果が得られることが多いでしょう。rAF イベントの間にマウスイベントが複数回発生していることがあり、その場合は最後のものだけを考慮すれば済むということもよくあります。さらに、rAF エントリポイントの外で GL 呼び出しを実行するとコンテキストスイッチが発生するブラウザもあります。次のセクションでは GL に関係する処理を遅延させるよく知られた例を紹介します。

14.2.1 例: テクスチャラッパー

グラフィックスエンジンがクライアントに単純な Texture クラスを提供していると考えてください。Texture クラスが行うことはそれほど多くありません。URL から画像を読み込み、その画像から WebGL テクスチャオブジェクトを作成するだけです。このクラスは次のようにして利用できます。

```
1 var mytexture = new MyEngine.Texture();
2 mytexture.load("http://lorempixel.com/g/1920/1080/");
3 // それから少し後で
4 gl.bindTexture(gl.TEXTURE_2D, mytexture.webgl_texture);
```

単純でしょう。このクラスのネイティブ実装はリスト 14.1 のようになります。

リスト 14.1: ネイティブのテクスチャラッパークラス

```
 1 MyEngine.Texture = function() {
 2   this.webgl_texture = gl.createTexture();
 3   this.image_element = new Image();
 4   this.image_element.addEventListener('load',
 5     this.loaded.bind(this));
 6 };
 7
 8 MyEngine.Texture.prototype.load = function(url) {
 9   this.image_element.src = url;
10 };
11
12 MyEngine.Texture.prototype.loaded = function() {
13   gl.bindTexture(gl.TEXTURE_2D, this.webgl_texture);
14   gl.texImage2D(gl.TEXTURE_2D, 0, gl.RGBA, gl.RGBA,
15     gl.UNSIGNED_BYTE, this.image_element);
16   gl.texParameteri(gl.TEXTURE_2D, gl.TEXTURE_MIN_FILTER,
17     gl.LINEAR);
18   gl.bindTexture(gl.TEXTURE_2D, null);
19 };
```

サンプルプログラムなのでエラー処理がないということには目を閉じるとしても、リスト 14.1 の WebGL 呼び出しのいくつが rAF エントリポイントの外側にあり、代わりに loaded ハンドラの中で呼び出していることは問題です。リスト 14.2 ではこれを修正し、MyEngine が rAF サイクル内で呼び出す update メソッドの中にすべての WebGL 呼び出しを移動しています。

リスト 14.2: 改善したテクスチャラッパークラス

```
 1  MyEngine.Texture = function() {
 2    this.webgl_texture = null;
 3    this.image_element = null;
 4  };
 5
 6  MyEngine.Texture.prototype.load = function(url) {
 7    this.image_element = new Image();
 8    this.image_element.src = url;
 9  };
10
11  MyEngine.Texture.prototype.update = function() {
12    var img = this.image_element;
13    if (img && img.src && img.complete) {
14      this.webgl_texture = gl.createTexture();
15      gl.bindTexture(gl.TEXTURE_2D, this.webgl_texture);
16      gl.texImage2D(gl.TEXTURE_2D, 0, gl.RGBA, gl.RGBA,
17        gl.UNSIGNED_BYTE, img);
18      gl.texParameteri(gl.TEXTURE_2D, gl.TEXTURE_MIN_FILTER,
19        gl.LINEAR);
20      gl.bindTexture(gl.TEXTURE_2D, null);
21      this.image_element = null;
22    }
23  };
```

リスト 14.2 の新しい実装では、load イベントハンドラ内で WebGL を処理することを止めただけでなく、クラスコンストラクタ内で WebGL 呼び出しを行うことも止めています。これによりクライアントはオブジェクトの初期化を好きなときに行えます。

すべての WebGL 呼び出しを明確に定義された小さなメソッド内に収めることで、今回のグラフィックスエンジンは rAF を一貫した方法で扱うようになりました。これによりデバッグや他のグラフィックスエンジンとの相互運用も容易になります。

余談: 私たちが想定しているグラフィックスエンジンの基準となる GL ステートでは TEXTURE0 をアクティブに設定していることと、この段階ではテクスチャのバインドはないということに触れるべきでした。「基準となるステート」とは、他のエンティティに意図しない影響を与えることがないように、エンジン内のすべての更新メソッドは GL のステートマシンを以前とほとんど同じステートに保つことが期待されているということです。

14.3　複数のフレームに渡って処理を分割実行する

WebGL 呼び出しをいつ発行すべきかについて議論しました。次にその呼び出しがどのくらいかかるのかについて議論しましょう。アプリケーションが与えられたアニメーションフレームの中で 16ms 以上時間のかかる処理を実行すると、ブラウザがガーベジコレクションやイベント処理などの通常の動作を維持できなくなります。またブラウザのリフレッシュレートは 16.6ms 程度ですが、ブラウザ自身の処理に 2～4ms 使えるようにしておくために、実際に利用可能な時間は 12ms 程度だと考えておくべきです [Thompson 12]。

余談: WebGL フレームの解析に素晴らしい能力を発揮するツールの 1 つが Google のオープンソースである Web Tracing Framework です。このフレームワークの詳細な情報についてはウェブサイトを参照してください。

　　　http://google.github.io/tracing-framework/index.html

利用可能時間を超えるフレームがいくつかあると、WebGL の場合はブラウザのスケジューラーがフレームレートを継続的に調整しようとするので、他のグラフィックス環境よりも滑らかさで劣ることがあります。ベストケースではブラウザのスケジューラーは rAF を 60fps で呼び出しますが、フレームに長い時間かかることが予想されれば、より低い頻度で呼び出すように調整します。利用可能時間内に処理が終わるように維持することが重要なのはこのためです。

この章で紹介するテクニックを使用した後でもアプリケーションが 16ms を超える場合があるなら、代替案の 1 つは [Thompson 12] で提案されているように、レートが確実に 30fps で安定するように抑えることです。これは偶数番目のフレームでだけレンダリングするようにすれば実現できます。スケジューラーはこの更新頻度に適応して、少なくともフレームレートが不安定になることはありません。

14.3.1　分割テクニック 1: 更新可能オブジェクトのキュー

グラフィックスエンジンでは描画や表示内容の更新、特定のイベントへの反応などのさまざまなメソッドを提供する基本クラスを定義することが一般的で、ここではそれを Entity と呼ぶことにします。更新（もしくは初期化）と実際のレンダリングを明確に区別することで、更新タスクだけに時間制限を導入できます。

例えばこのエンジンデザインに従うのであれば、texImage2D や bufferSubData などの GPU へのデータの送信を伴う WebGL 呼び出しは比較的時間のかかる操作なので「更新時」に実行しなければいけません。bindVertexArrayOES や drawElements のような呼び出しはフレームのレンダリングが必須なので、「描画時」に実行すべきです。このざっくりとした方針に従うと、更新タスクは分割できますが描画タスクは分割できないということになります。リスト 14.3 は更新パスと描画パスを区別するゲームループの最初の設計です。後ほど修正しますが、このコードには大きな問題がいくつかあります。

14.3 複数のフレームに渡って処理を分割実行する 263

リスト 14.3: 改善が必要なトップレベルのゲームループ

```
1  MyEngine = function() {
2    this.entities = [];// 描画可能オブジェクト
3  };
4
5  MyEngine.prototype.tick = function() {
6    var MAX_FRAME_TIME = 12,// ミリ秒
7      i, ilen = this.entities.length,
8      now = window.performance.now,
9      start = now(), elapsed = 0;
10
11   // はじめに、オブジェクトの更新もしくは初期化を実行
12   for (i = 0; i < ilen && elapsed < MAX_FRAME_TIME; i++) {
13     this.entities[i].update();
14     elapsed = now() - start;
15   }
16
17   // 次に、シーンをレンダリング
18   for (i = 0; i < ilen; i++) {
19     this.entities[i].draw();
20   }
21 }
```

リスト 14.3 にはいくつか問題があります。

- リストの最初の方にあるオブジェクトは最後の方にあるオブジェクトよりも頻繁に更新されます。
- update メソッドで何もしないオブジェクトが多ければ、2 つのパスの実行は無駄になります。
- 1 つのタスクが時間のかかる処理を実行すれば、いずれにしても MAX_FRAME_TIME を超えてしまいます。

リスト 14.4 のように、更新が必要なエンティティのために先入れ先出しリスト（FIFO）を作成することで上記の問題のいくつかに対処します。

リスト 14.4: 改善されたゲームループ

```
1  MyEngine = function() {
2    this.entities = [];// 描画可能オブジェクト
3    this.queue = []; // 更新が必要なオブジェクト
4  };
5
6  MyEngine.prototype.requestUpdate = function(entity) {
7    this.queue.push(entity);
8  };
9
10 MyEngine.prototype.tick = function() {
11   var MAX_FRAME_TIME = 12,// ミリ秒
12     i, ilen = this.entities.length,
13     now = window.performance.now,
14     start = now(), elapsed = 0;
15
```

```
16    // FIFO キューの更新を実行
17    while (this.queue.length && elapsed < MAX_FRAME_TIME) {
18      this.queue.shift().update();
19      elapsed = now() - start;
20    }
21
22    // シーンをレンダリング
23    for (i = 0; i < ilen; i++) {
24      this.entities[i].draw();
25    }
26  }
```

リスト 14.4 では、描画対象 (`this.entities`) のリストは更新対象 (`this.queue`) の FIFO キューとは分離されています。あるエンティティを更新する必要があれば、つまり例えばテクスチャを置換したり VBO に再書き込みする必要があれば、明示的に FIFO に追加しなければいけません。

余談: 描画対象をソートしましょう! 順序は重要です。半透明オブジェクトを正しく合成するにはリストの最後に置かなければいけません。大きな遮蔽物はリストの最初の方に置き、その後ろに隠れるエンティティ群が深度テストにすぐに失敗してフラグメントシェーダーには送られないようにする必要があります。

14.3.2　分割テクニック 2: タスクマネージャー

先ほどのテクニックのバリエーションとして、更新可能なオブジェクトの指すものを一般化してタスク自身の FIFO を考えることができます [Olmstead 14]。ひとまず動作する簡単なタスクマネージャーの実装は次のようになります。

```
1  // 次のフレームに残されるタスクのリストを返す
2  MyEngine.prototype.runTasks = function(tasks) {
3    var now = window.performance.now,
4      start = now(), elapsed = 0;
5    while (tasks.length && elapsed < MAX_FRAME_TIME) {
6      this.runTask(tasks.shift());
7      elapsed = now() - start;
8    }
9    return tasks;
10 };
```

エンジンは `requestAnimationFrame` を実行するたびに一度 `runTasks` を呼びます。実行されなかったタスクは次のフレームでもう一度関数に渡すことができるように、すべて記録しておかなければいけません。

14.3.3 分割テクニック 3: Yield でタスクを分割

リスト 14.3 の問題の 1 つを思い出してください。

- 1 つのタスクが時間のかかる処理を実行すれば、いずれにしても `MAX_FRAME_TIME` を超えてしまいます。

例えば、アプリケーションで時間のかかる画像処理シークエンスを含んだタスクを実行しなければいけないと考えてください。距離情報（Distance Field）を生成するために交互に使用される 2 つのフレームバッファーオブジェクト（FBO）を使用しているとしましょう [Tan 06]。もしこの画像処理全体が 1 つのタスクとして最高の実装をされているにもかかわらず、16ms よりもずっと長く時間がかかる場合には、どうすればよいのでしょう?

ECMAScript 6 で新しく追加された `yield` キーワードはこのような状況で役に立ちます。はじめにジェネレーター関数を定義します。アスタリスクの位置に注意してください。

```
1 function* imageProcessingTask() {
2   // テクスチャB をバインドして、FBO A にレンダリング
3   yield;
4   // テクスチャA をバインドして、FBO B にレンダリング
5   yield;
6   // 繰り返し...
7 }
```

ジェネレーター関数は実際には `next` メソッドを提供しているイテレーターオブジェクトのファクトリ関数です。先に進み、イテレーターを使用するようにタスクスケジューラーを修正しましょう。if 文の中でどのように `next` を使っているかに注意しながらリスト 14.5 を見てください。

リスト 14.5: タスクを分割するために ECMAScript 6 イテレーターを利用

```
1  // 次のフレームに残されるタスクのリストを返す
2  MyEngine.prototype.runTasks = function(tasks) {
3    var now = window.performance.now, elapsed = 0,
4      start = now(), task, incompleteTasks = [];
5
6    // このフレームでできる限りのタスクを実行する
7    while (tasks.length && elapsed < MAX_FRAME_TIME) {
8      task = tasks.shift();
9
10     // 次のyield までタスクを実行する
11     if (!task.next().done) {
12       incompleteTasks.push(task);
13     }
14     elapsed = now() - start;
15   }
16   return tasks.concat(incompleteTasks);
17 };
```

もちろん yeild はこのように多くのタスクを少しずつ進めることに向いているのですが、それぞれのタスクは完了までにより長く時間がかかることになります。これはタスクを分割することによる古典的なトレードオフで、利用する場合は注意深く検討しなければいけません。

ジェネレーターについてより詳細な情報は "Generators: The Gnarly Bits" [Posnick 14] という記事を参考にしてください。

14.4　Web Worker を使用したスレッド化

先ほどのセクションでは比較的粒度の細かいタスクを扱いました。ある CPU 負荷の高いジョブがアプリケーションの他の部分から独立しているなら、並列化することで大幅に高速化できることがあります。それには Web Worker を利用します。

Web Worker について詳細な情報が必要であれば第 4 章を参照してください。ワーカーには `TypedArray` をコピーせずに受け渡すことができるので、手続き的に定義されているジオメトリのテッセレーションを実行する場所として利用できます。

例えば図 14.1 のようにユーザーがさまざまな数学的な結び目（左）を表示して、さらに特定の結び目を拡大して詳細に見ることもできる結び目閲覧用のアプリケーションを考えてみましょう。結び目の数は実質的に無限にあるので、読み込み時間の短縮が非常に重要です。サーバーから完全なメッシュを送信するのではなく、スプライン曲線のコントロールポイントだけを送信するようにすると読み込みに必要な時間を短縮できます。ただしその場合はクライアント側で結び目をポリゴンにテッセレートすることになります。テッセレーションは CPU 上で実行される数学的で負荷の大きい処理なので、Web Worker に向いています。

14.4.1　例 1: CPU ボトルネック: 結び目のテッセレーション

Web Worker とやり取りができるのは文字列、`TypedArray`, 単純な辞書だけです。今回テッセレーションを行うために通信で利用したいのは `TypedArray` で、これはデータの大きなまとまりを表現する最も効率的な方法です。コマンドと呼ばれる文字列型のプロパティを持つ小さな JSON 辞書を使用する簡単なワーカーメッセージングプロトコルを設計しましょう。リスト 14.6 は `do-tessellation`, `mesh-data`, `console-message` という 3 つのコマンドを

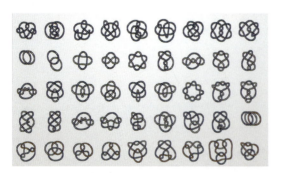

図 14.1: 数学的な結び目のビューアー。テッセレーションはブラウザ内で実行

持つ簡単なプロトコルの構造を示しています。ワーカーはコンソールに直接出力できないので、最後のものは動作を解析するために使用します。

リスト 14.6: テッセレーションワーカーのための単純な JSON メッセージプロトコル

```
 1  // ———————————————————
 2  // command: 'do-tessellation'
 3  // type: client to worker
 4  // url: string
 5  // ———————————————————
 6  // command: 'mesh-data'
 7  // type: worker to client
 8  // points: Float32Array
 9  // triangles: Uint16Array
10  // ———————————————————
11  // command: 'console-message'
12  // type: worker to client
13  // text: string
14  // ———————————————————
```

ワーカースレッドでは実際の GL 呼び出しはいっさい発行しません。単に数学的な処理だけを行います。do-tessellation コマンドを受け取ると、中心線のデータをダウンロードして、チューブ形状をテッセレートし、mesh-data コマンドをクライアントに送り返します。クライアントは TypedArray をいったん保持しておき、次のアニメーションサイクルでそれらを頂点バッファオブジェクトに転送します。

14.5　アイドル時にワーカーを実行

もしフレームの利用可能時間内に必要な画面品質のレベルをまったく達成できなければ、カメラが動いていないときや、ユーザー入力の受付が一瞬停止しているときにだけ再現度の高い「低速モード」に切り替えるという対策もあります。このテクニックは非ゲームアプリケーションやプラットフォームでテクセル描画速度に問題がある場合に特に有用です。テクセル描画速度は 4K モニターや Apple の Retina ディスプレイのような高 DPI ディスプレイの進化に伴って次第に重要な検討事項になっています。

14.5.1　例 2: GPU ボトルネック: ガラス効果

図 14.2 にあるガラスのようなエフェクトを考えてみましょう。これは加算合成（Additive Blending）モードで浮動小数点 FBO にレンダリングされています。結果は単一の全画面トライアングルを使用して canvas に描画されます。ユーザーがタッチインターフェースでターンテーブル上のモデルを回転しているときには、低解像度フレームバッファ（左）にレンダリングして滑らかなフレームレートを実現します。ユーザーが指を離すとモデルを高解像度（右）で描画し直します。

Retina ディスプレイを持つ 13–inch, 2014 MacBook Pro では、ネイティブの解像度のままフルスクリーン canvas でこの効果を実現するとフレームの利用可能時間を超えてしまい、フ

図 14.2: フィルレートの厳しいガラス効果: インタラクション中（左）とそれ以外（右）

レームレートが 40fps 程度になります。解像度を半分にすると十分に利用可能時間内に収まり、60fps で描画できます。

概念的にはこのデモで使用している描画ループはリスト 14.7 のようになります。引数として受け取る `turntable` オブジェクトにはユーザーが現在モデルを回転しているのか、そのままにしているのかを確認できる `state` プロパティがあります。

リスト 14.7: ガラス効果の低忠実度モードと高忠実度モード

```
 1  MyEngine.Buddha = function() {
 2    this.framebuffers = {lo: null, hi: null};
 3    this.textures = {lo: null, hi: null};
 4  };
 5
 6  MyEngine.Buddha.draw = function(gl, turntable) {
 7    var texture, canvas = gl.canvas;
 8
 9    if (turntable.state == turntable.states.Resting) {
10      // 通常解像度のフレームバッファを使用
11      texture = this.textures.hi;
12      gl.bindFramebuffer(gl.FRAMEBUFFER, this.framebuffers.hi);
13      gl.viewport(0, 0, canvas.width, canvas.height);
14    } else {
15      // 半解像度のフレームバッファを使用
16      texture = this.textures.lo;
17      gl.bindFramebuffer(gl.FRAMEBUFFER, this.framebuffers.lo);
18      gl.viewport(0, 0, canvas.width/2, canvas.height/2);
19    }
20
```

```
21    // ...仏像をオフスクリーンサーフェスに描画...
22
23    gl.viewport(0, 0, canvas.width, canvas.height);
24    gl.bindFramebuffer(gl.FRAMEBUFFER, null);
25    gl.bindTexture(gl.TEXTURE_2D, texture);
26
27    // ...フルスクリーントライアングルをcanvas に描画...
28
29    gl.bindTexture(gl.TEXTURE_2D, null);
30  };
```

参考文献

[Olmstead 14] Don Olmstead. "Optimizing WebGL Applications." SFHTML5 2014.

[Posnick 14] Jeff Posnick. "Generators: The Gnarly Bits." http://updates.html5rocks.com/2014/10/Generators-the-Gnarly-Bits, 2014.

[Tan 06] Guodong Rong and Tiow-Seng Tan. "Jump Flooding in GPU with Applications to Voronoi Diagram and Distance Transform." I3D '06 Proceedings of the 2006 Symposium on Interactive 3D graphics and games.

[Thompson 12] Lilli Thompson. "From Console to Chrome." GDC 2012. (49:30)

第Ⅴ部

レンダリング

レンダリングとはジオメトリやマテリアル、ライト、カメラなどの情報を含むシーンを受け取り、それらの情報を元に画像を生成することです。具体的にはカメラに映る表面を見つけることと陰影を決定すること（シェーディング）という2つの処理で構成されます。シェーディングはこのパートの各章の主要なテーマでマテリアルとライトのシミュレーションによって色を決定する処理を指します。

このパート全体で共通しているテーマは、機能豊富なデスクトップグラフィックスAPIで昔から実装されてきたアルゴリズムをWebGLで実装することと、その実装のパフォーマンスを改善する方法についてです。中にはビット演算子が存在しない環境でGLSLを使用してデータをパッキングする方法や、八面体環境マッピングで `EXT_shader_texture_lod` をシミュレートして3Dテクスチャを使わずにボリュームレンダリングを行う方法などのような単純なものもあります。

遅延シェーディングはポストプロセッシングの段階でライティングを行うことで、ライティングからジオメトリの複雑さを分離するテクニックです。これにより大量の動的な光源を実現できるだけでなく、マテリアルごととライトタイプごとに1つのシェーダーを用意するだけで済むのでエンジンの設計が単純になります。遅延シェーディングはデスクトップグラフィックスAPIでは2008年ごろからよく使用されるようになりました。ここではWebGLでの遅延シェーディングについて見ていきます。第15章「Lumaでの遅延シェーディング」では、Nicholas Brancaccioが建築物の内部空間を表示することを主目的とした物理ベースレンダラであるLumaについて説明します。彼は複数のレンダリングターゲットを使用せずに従来の浮動小数点レンダーターゲットの中でクロマサブサンプリングされたライティングとG–Bufferパラメーターの独創的なパッキングを使用して遅延レンダリングを実現する方法を検討しました。

イメージベースドライティング（Image–Based Lighting, IBL）はライティングの計算に必要な広範囲の輝度を正確に表現しているハイダイナミックレンジ（HDR）で保存された処理画像データを使用します。第16章「WebでのHDRイメージベースドライティング」では、Jeff RussellがWebGLの持つ制約の下でIBLを実装する方法を説明します。説明される内容にはメモリやパフォーマンスの他にもGLSLでのHDRのデコードやサーバーからクライアントへHDRを転送する際の負荷と描画品質のトレードオフなどが含まれます。環境マップについては、`EXT_shader_texture_lod` を使用せずにミップマップのLOD選択を実現するため、八面体環境マップを使用して2Dテクスチャで保持します。

多くのデータセット、特に医用生体イメージングに関係するデータセットは3次元ボリュームを使用すると自然に表現できます。第17章「WebGLでのリアルタイムボリューメトリックライティング」では、Muhammad Mobeen MovaniaとFeng Linが `OES_texture_float`, `OES_texture_float_linear`, `WEBGL_draw_buffers` を有効にしたWebGLという制約の下で、ハーフアングルスライシングを使用したボリュームレンダリングを実装する方法について説明します。この章には理論的な概要、JavaScriptとGLSLコードの全体的な説明、直接法のボリュームレンダリングとハーフアングルスライシングの詳細なパフォーマンス解析、CPUとGPUを使った手法の比較などが含まれます。

地形のレンダリングは実際の世界やゲームにおいて数多くのユースケースがあり一般的な分

野です。地形のレンダリングには幾何的な LOD への挑戦とシェーディングにおける工夫が必要です。第 18 章「Terrain ジオメトリ ── LOD に応じた同心輪」では、Florian Bösch が大部分の処理を GPU に任せることで CPU 負荷を大幅に軽減する WebGL に適した地形のレンダリング手法を紹介します。このセクションで説明される内容には、入れ子になったグリッドの LOD と地形変化、微分マップと詳細マップの組み合わせを使用したシェーディングが含まれます。学習には併せてオンラインデモも参照してください。

第15章

Lumaでの遅延シェーディング

Nicholas Brancaccio

15.1　はじめに

　Lumaは Floored 社による建物内部のインテリアをレンダリングするためのブラウザベースのソリューションです。インテリアを建築業界での用途向けに可視化するには、リアルで洗練されたさまざまな素材を大量のはっきりとした局所光源で照らすという難しい課題に対応する必要があります。多くの競合ソリューションと同じく、Luma でもこれらの課題に対応するために物理ベースシェーディング [Hill 13] と遅延シェーディング [Geldreich 04] を組み合わせて使用しています。Luma の実装は柔軟で通常の写真のようにリアルなレンダリングと図案化されたようなレンダリングの両方で利用できます [Wei 14]。

　遅延シェーディングではジオメトリとマテリアルのパラメーターをピクセルごとにオフスクリーンメモリにキャッシュすることで、形状のラスタライズと表面の明るさの計算を分離します。このジオメトリバッファ（G–Buffer）は通常であればシェーディングに必要な多くのパラメーターを扱うために複数の描画バッファを使用して実装されます。物理ベースシェーディングを実現するにはさまざまなライティング条件の下で妥当で一貫していると感じられるようにマテリアルをパラメーター化する必要があります。G–Buffer に物理ベースシェーディングのパラメーターをエンコーディングするという手法によってレンダリング上の課題すべてが完全に満たされるわけではありませんが、通常のマテリアルのシェーディングを高速化するための開始点としては十分です。

　遅延シェーディングという手法はもともとリアルタイムレンダリングのコミュニティでモダンな OpenGL や Direct3D などの機能豊富な API を使用して開発されました。この章ではこの手法をより多くの環境で利用できるように WebGL で実装する方法を探ります。

　Luma は JavaScript と WebGL で実装されています。WebGL はどのような環境でも利用できる API の基準となることを目指しているため、複数の描画バッファを利用するには拡張機能を使用する必要があります。本書執筆時点では、その機能を有効化する `WEBGL_draw_buffers`

276　第 15 章　Luma での遅延シェーディング

拡張機能のサポート状況は Floored 社のユースケースを満たせるほどではありません[1][2]。それどころか、バンド幅を効率よく使用するために必要となる細かな量子化が可能なテクスチャデータ型もほとんど利用できません。Luma では特殊な形式で従来の浮動小数点描画バッファに G–Buffer パラメーターを工夫して詰め込む（パッキング）ことでどうにか複数描画バッファを使用せずに遅延シェーディングを実現しました。

15.2　パッキング

　WebGL の GLSL はビット演算をいっさいサポートしていませんが、整数演算を使用すればビット操作を模擬することができます。ビットの左シフトと右シフトはそれぞれ掛け算と割り算を使用して模擬できます。特定のビットの状態を得るために便利な AND 演算と OR 演算は掛け算、剰余演算、足し算で模擬できます。実際のところ、リアルタイムにシミュレーションを行わなければいけないというパフォーマンス上の制限がある状況で特定のビットの値を取得することは数学的にみても実行が困難で、整数に 32 個のユニークなビットフラグを保持するような実装は、デコードに多大なコストがかかるため避けなければいけません。

　WebGL がサポートしている整数の範囲は限られているので、浮動小数点フォーマットを使用する必要があります。幸い、IEEE–754 の 32 ビット浮動小数点 [Goldberg 91] は -2^{24} から 2^{24} までの整数であれば正確に表現できます。これ以上の絶対値を持つ値も表現はできますが、その範囲では値の間隔が 1 よりも大きくなり、整数のパッキングには適しません。16 ビットの半精度浮動小数点でもさらに制限された範囲内、-2^{11} から 2^{11} までの間であれば同様の特性があります。

　簡単のために、パッキングするデータは 0 から $2^{24}-1$ までの範囲にある符号なしの 24 ビットに限られるものとします。符号ビットは sign() 呼び出しによって簡単にフラグとしてアクセスできます。リスト 15.1 とリスト 15.2 を参照してください。

リスト 15.1: パッキングに使用するコードの例。色深度 24 ビットの色データを浮動小数点数として保存。整数の範囲指定の端点が含まれる部分と含まれない部分に注意してください

```
 1  float normalizedFloat_to_uint8(const in float raw) {
 2    return floor(raw * 255.0);
 3  }
 4
 5  float uint8_8_8_to_uint24(const in vec3 raw) {
 6    const float SHIFT_LEFT_16 = 256.0 * 256.0;
 7    const float SHIFT_LEFT_8 = 256.0;
 8
 9    return raw.x * SHIFT_LEFT_16 + (raw.y * SHIFT_LEFT_8 + raw.z);
10  }
11
12  float packcolor(const in vec3 color) {
13    vec3 color888;
14    color888.r = normalizedFloat_to_uint8(color.r);
15    color888.g = normalizedFloat_to_uint8(color.g);
```

---

[1] WebGL Stats: www.webglstats.com
[2] 訳注: 翻訳時点でもデスクトップで 76% 程度、それ以外の環境ではほとんどサポートされていません。

```
16    color888.b = normalizedFloat_to_uint8(color.b);
17
18    return uint8_8_8_to_uint24(color888);
19  }
```

リスト 15.2: アンパックするコードの例。浮動小数点数から色深度 24 ビットの色データをデコード

```
 1  float uint8_to_normalizedFloat(const in float uint8) {
 2    return uint8/255.0;
 3  }
 4
 5  vec3 uint24_to_uint8_8_8(const in float raw) {
 6    const float SHIFT_RIGHT_16 = 1.0/(256.0 * 256.0);
 7    const float SHIFT_RIGHT_8 = 1.0/256.0;
 8    const float SHIFT_LEFT_8 = 256.0;
 9
10    vec3 res;
11    res.x = floor(raw * SHIFT_RIGHT_16);
12    float temp = floor(raw * SHIFT_RIGHT_8);
13    res.y = -res.x * SHIFT_LEFT_8 + temp;
14    res.z = -temp * SHIFT_LEFT_8 + raw;
15    return res;
16  }
17
18  float unpackcolor(const in float colorPacked) {
19    vec3 color888 = uint24_to_uint8_8_8(colorPacked);
20
21    return vec3(
22      uint8_to_normalizedFloat(color888.r),
23      uint8_to_normalizedFloat(color888.g),
24      uint8_to_normalizedFloat(color888.b)
25    );
26  }
```

15.2.1 ユニットテスト

　ユニットテストはパッキング関数を開発する際には欠かせません。新しく作成したパッキング関数を直接アプリケーションに組み込んで簡単に確認するだけでは、精度の問題や、値の衝突、その他のこまごまとした内容の確認がすぐに漏れてしまいます。さらに本来デバイスのサポート状況は統一されていて拡張機能を通して問い合わせが可能なはずですが、仕様に沿わない動作が見つかることもあります（図 15.1）。このような苦労を実際に経験したこともあり、私たちは開発の最初の段階からパッキング関数のユニットテストを実装しておくことを強く推奨します。

　幸い 2^{24} は比較的小さな数なので、4096 × 4096 サイズの描画バッファをひとつだけ使用すればこの範囲の符号なし整数すべてを網羅的に確認できます。リスト 15.3 は、このようなユニットテストを実行するフラグメントシェーダーの例です。

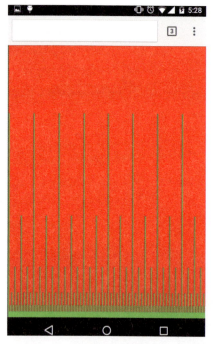

図 15.1: ユニットテストを使用してデバイスのサポート状況を確認できます。この Android スマートフォンでは oes_texture_float 拡張機能を取得するのに成功したにもかかわらず、0 から $2^{24} - 1$ の範囲のすべての整数を浮動小数レンダーターゲットに保存することはできませんでした。0 から 2^{11} の範囲の整数はグリーンになっていますが、それよりも大きな数では 2 の累乗の倍数の一部だけがグリーンに見えます。この結果からこのデバイスは内部では半精度の浮動小数点数を使用しているに違いありません

リスト 15.3: シングルパスのパッキングユニットテストを実行するフラグメントシェーダー

```
void main() {
  vec2 pixelCoord = floor(vUV * pass_uViewportResolution);
  float expected = pixelCoord.y * pass_uViewportResolution.x +
    pixelCoord.x;

  vec3 encoded = uint8_8_8_to_sample(uint24_to_uint8_8_8(expected));
  float decoded = uint8_8_8_to_uint24(sample_to_uint8_8_8(encoded));

  if (decoded == expected) {
    // パッキングに成功。緑を表示
    gl_Fragcolor = vec4(0.0, 1.0, 0.0, 1.0);
  } else {
    // パッキングに失敗。赤を表示
    gl_Fragcolor = vec4(1.0, 0.0, 0.0, 1.0);
  }
}
```

ヒント: 大きなテクスチャをレンダリングするときには gl_FragCoord を利用しないようにしましょう。gl_FragCoord は mediump が指定されています。ハードウェア内で精度修飾子を設定するプラットフォームでは 2048 より大きな位置にあるピクセルを扱うことができません。

最初の例ではデータをパッキングしてからアンパックし、その後で期待する値と比較するという処理のすべてを1つのシェーダー内で行いました。このユニットテストではパッキング関数が数学的に正しいことと、単精度浮動小数点数の精度が維持されているときに正しく評価できることを確認できます。

アプリケーション内で、パッキング手法は複数の値をテクスチャにエンコードする手段として使用されます。書き込む値をどのように離散化するかは書き込むテクスチャの精度だけでなく、実行するパッキング関数とも関係します。例えば半精度浮動小数点数や符号なしバイトテクスチャにレンダリングすると単精度浮動小数点の精度は維持できません。

そのため本当に実用的なテストであれば離散化の処理も確認の対象に含めるべきです。リスト 15.4 とリスト 15.5 はそのような実用的なユニットテストを実行するフラグメントシェーダーの例です。

リスト 15.4: 2パスパッキングユニットテストの1番目のパスのフラグメントシェーダー

```
1  void main() {
2    vec2 pixelCoord = floor(vUV * pass_uViewportResolution);
3    float expected = pixelCoord.y * pass_uViewportResolution.x + pixelCoord.x;
4
5    gl_Fragcolor.rgb = uint8_8_8_to_sample(uint24_to_uint8_8_8(expected));
6  }
```

リスト 15.5: 2パスパッキングユニットテストの2番目のパスのフラグメントシェーダー

```
1  void main() {
2    vec2 pixelCoord = floor(vUV * pass_uViewportResolution);
3    float expected = pixelCoord.y * pass_uViewportResolution.x +
4      pixelCoord.x;
5
6    vec3 encoded = texture2D(encodedSampler, vUV).xyz;
7    float decoded = uint8_8_8_to_uint24(sample_to_uint8_8_8(encoded));
8
9    if (decoded == expected) {
10     // パッキングに成功
11     gl_Fragcolor = vec4(0.0, 1.0, 0.0, 1.0);
12   } else {
13     // パッキングに失敗
14     gl_Fragcolor = vec4(1.0, 0.0, 0.0, 1.0);
15   }
16 }
```

今回のテストでは2パスが必要になります。最初のパスでデータがパッキングされ、指定された型で描画バッファに書き込まれます。続くパスでターゲットがサンプリングされて、デコード後に期待される値と比較されます。そして最後に比較の結果を表すステータスカラーがオンスクリーンキャンバスに描画されます。

浮動小数点数を符号なしバイトテクスチャの RGBA にパッキングする不正確なパッキング関数 [Pranckevicius 09] が使われることもあります。残念ながら結果が二値で表されるユニットテストではこのようなパッキング関数の正確さの程度を直接調べることはできません。そのような確認が必要になる場合は、次のようにステータスカラーを少し変更して誤差を表現でき

るようにします。

```
1  gl_Fragcolor.rgb = abs(decoded - expected) * SCALE;
```

将来的に見た目を改善できるように、ヒートマップのような出力が得られるカラーグラデーション指定用テクスチャをひとまず設定することもできます。

```
1  gl_Fragcolor.rgb = texture2D(colorLUTSampler,
2    vec2(abs(decoded - expected) * SCALE, 0.5)).rgb;
```

これでパッキング関数が安定して動作することを検証できたので、この関数を G–Buffer のエンコードに利用できます。

15.3　G-Buffer パラメーター

Luma では、単位法線ベクトルは 2 次元の八面体空間 [Cigolle 14] にエンコードされます。これによりエンコード／デコードにかかるコストを比較的低く抑えながら単位球全体に渡ってほぼ一様な離散化を実行できます。

Burley [Burley 12] と Karis [Karis 13] の説明に従って、アルベド色とスペキュラ色を color と metallic というパラメーターに変換します。現実のマテリアルではアルベド色とスペキュラ色は連動しています。非金属表面は無彩色のフレネル反射を生じることが多く、それらはすべて妥当な狭い範囲内に収まっています。一方、金属表面はさまざまな有色のフレネル反射を生じます。さらに完全な金属表面であれば反射されたエネルギーはすべて熱など不可視な波長に変換され、その結果として拡散反射がなくなります。このパラメーターの組み合わせを使用する場合、color は条件に応じて解釈が変わり、真偽値 metallic の値によってアルベド色になることもあればスペキュラ色になることもあります。金属表面ではアルベドはゼロにハードコーディングされています。非金属表面ではスペキュラ色は妥当な結果を返すとされる範囲内にある標準的な値 [Hoffman 10][Lagarde 11] である (0.04, 0.04, 0.04) にハードコーディングされています。固定の値を設定するということで表現の自由度は少し下がりますが、G–Buffer を節約できるという利点の方が大きいと判断されました。さらにこの組み合わせを使用することで、アーティストが物理ベースシェーディングの基礎原則に照らしておかしな見た目のマテリアルを作成してしまうことを避けられます。

「The Rendering Technologies of Crysis 3.」[Sousa 13] と同様に、今回の color パラメーターは色度と輝度を分離して人の知覚に沿うように変換したものです。Mavridis [Mavridis 12] に従い、人間の視覚が輝度の変化と比較して色度の変化に対して敏感ではないという特性を利用して、ピクセルごとに単一の色度係数だけを書き込み、格子模様パターンで書き込む色度係数を切り替えることで、周波数を落としてデータを保存します（図 15.2 と 15.3 を参照）。

図 15.2: (a) Luma 内の完全なライティングのシーン

図 15.3: (b) G–Buffe, 色

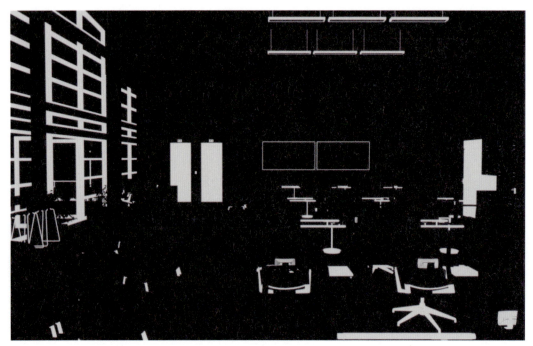

図 15.3: 続き：(c) G-Buffer，メタリック

図 15.3: 続き：(d) G-Buffer，光沢

図 15.3: 続き：(e) G–Buffer，法線

図 15.3: 続き：(f) G–Buffer，深度

図 15.3: 続き：(g) G–Buffer，速度。Luma では、モーションブラーで使用する速度と一時的な再投影法のために使用します

15.3.1　G-Buffer フォーマット

各ピクセルが 128 ビットで構成される RGBA 浮動小数点描画バッファは以下のように使用されます。

- R: 色 Y 8 ビット、色 C 8 ビット、光沢 8 ビット
- G: 速度 X 14 ビット、法線 X 10 ビット
- B: 速度 Y 14 ビット、法線 Y 10 ビット
- A: 深度 31 ビット、メタリックフラグ 1 ビット

完全な遅延シェーディングでは、G–Buffer をデコードする際に光源ごとに各ピクセルに対する color パラメーターの存在しない色度係数を再構築しなければいけません。この処理には、G–Buffer ピクセルの上下左右をサンプリングする際にそれらがテクスチャのキャッシュから外れているとバンド幅を消費してしまうという潜在的なコストがあるだけでなく、重み付けされた再構築関数を計算するコストも必要です。以降のセクションで、色度の再構築を遅延させてレンダリングパイプラインの後半で行うことでこのコストを取り除くテクニックを 2 種類紹介します。

15.4　ライトプリパス

　遅延ライティングとも呼ばれるライトプリパスは実際の製品で初めて使用された遅延シェーディング [Geldreich 04] の一種で、ライトを累積する際のバンド幅の使用量が少なくなるように設計されています。

　バンド幅を削減するために、レンダリング方程式をリファクタリングしてアルベド色とスペキュラ色を累積フェーズから外し [Hoffman 09]、ライトの累積が完了した後でそれらの値を一度だけサンプリングします。

　多くの実装がアルベド色とスペキュラ色のサンプリングに先ほどの手法を採用して、シーンのラスタライゼーションパスが 2 度必要になるコストを払う代わりに G–Buffer のサイズを節約しています [Shishkovtsov 05][Mittring 09]。その他の実装としてこれらのデータを G–Buffer に保存し、フルスクリーンのビューポートに位置を合わせた四角ポリゴン（いわゆるビルボード）パスにポストライト累積をサンプリングするものもあります [Lobanchikov 09][Sousa 13]。

　ライトプリパスをこのように最適化するとシェーディング結果は少し劣化します。

　拡散反射と鏡面反射は個別に累積しなければならないため、RGB 値を 2 つ保持する必要があります。6 チャンネルのレンダーターゲットか、3 チャンネルのレンダーターゲットを 2 つ使用して累積するのが理想ですが、実際には鏡面反射の保持には 4 チャンネルのレンダーターゲットを使用し、鏡面反射の色度は拡散反射の色度を使用して近似的に求めます。その他にも Mittring [Mittring 09] と Mavridis [Mavridis 12] の二人が、累積した輝度と単一の色差コンポーネントを拡散反射と鏡面反射の両方で使用するという手法を提案しています。保存する係数を市松模様のようにピクセルごとに交互に入れ替えることで、G–Buffer にエンコードした color コンポーネントと同じやり方で、周辺のサンプリングから近似的に色度を再構築できます。

　ライトの累積中にスペキュラ色が利用できないので、表面法線とハーフベクトルではなく、表面法線とビューベクトルを使用してこの累積処理の外側でフレネルを評価することになります [Hoffman 09]。この粗い近似を使用すると物理ベースのパイプラインをそれほど利用せずにライトプリパスを計算できます [Pranckevicius 13]（図 15.4）。

　単一の近似的なライトベクトルを仮定できる場合もあります。室内では物体表面は主に上方から照らされます。そのため図 15.5 のようにライトベクトルを累積処理の外部でハードコーディングされた up ベクトルで近似することが合理的な場合もあります。残念ながらこの方法では天井のような下向きの面で誤差が大きくなりますが、これは次のようにして面が上を向いているか下を向いているかでライトベクトルを切り替えることで対応できます。

```
1  vec3 lightVector = vec3(0.0, 0.0, sign(surfaceNormal.z));
```

図 15.4: 単一の点光源によって照らされる金色の金属球とイメージベースレンダリング。上の行: nDotH（左）、nDotV（右）でパラメーター化されたフレネルを垂直に画面を分割して比較。下の行: nDotH（左）、疑似 nDotH（ハードコードされた上向きのライトベクトルを使用して計算される）でパラメーター化されたフレネルを垂直に画面を分割して比較。特に球の縁で目立ちますが、nDotV が 1.0 に近い値を取る場所では反射率が少し過大に評価されます

図 15.5: 100% 解像度の RGB 空間で評価される直接光

幸い、非金属表面については Luma にハードコーディングされているスペキュラ色 $(0.04, 0.04, 0.04)$ を使用すると、より正確なハーフベクトルをパラメーター化して、ライトの累積中にフレネルを評価できます。金属表面はスペキュラ色を得るためにテクスチャを検索する必要があるので、この近似ではまだ問題がありますが、物理的に妥当な金属のフレネル曲線 [Hoffman 10] のコントラストが低い場合には、それだけ誤差が小さくなり認識されにくくなります。

残念ながら単独の描画バッファに G–Buffer をパッキングし、パラメーターのサブセットをサンプリングしたとしても、その分のバンド幅のコストは必要です。複数のビルボードパスを使用して G–Buffer を複数のより狭いビット幅の描画バッファにコード変換することも可能です。しかしそうするとシーンのライトのリグにかかわらずメモリとバンド幅が余分に必要になります。したがってこの手法が有効かどうかはアプリケーションごとに検討が必要です。

Luma ではオーバーラップする光源が大量にある場合に、上記のようなコード変換はその基準コストに見合う価値が十分にあると判断されました。またこの変換によってさらにアンビエントオクルージョンなどのパイプライン上に存在する他のスクリーン空間テクニックを高速化できます。

コード変換の出力例は以下です:

型	R	G	B	A
RGBA 符号なしバイト	法線 X (8 ビット)	法線 X (4 ビット), 法線 Y (4 ビット)	法線 Y (8 ビット)	光沢 (8 ビット)
RGBA 符号なしバイト	深度 (8 ビット)	深度 (8 ビット)	深度 (8 ビット)	メタリック (1 ビット)

15.4.1　クロマサブサンプリングを使用した遅延シェーディング

Mavridis [Mavridis 12] はライトプリパスパイプラインで使用するために、拡散光とスペキュラ光を単一の 4 チャンネル描画バッファに累積する手段としてクロマサブサンプルライティングを提案しました。ここではこのアイデアを、クロマサブサンプリングされた G–Buffer と組み合わせて完全な遅延パイプラインで使用します。

クロマサブサンプルライティングは内部ライト累積の総和を使用した G–Buffer の色再構築、大幅なデコードの省略、サンプリング、ライトのピクセルごとの重み付けロジックという要素に分けられます。名前から想像できるように、この要素分割は G–Buffer の色が圧縮されているクロマサブサンプリングされた同じ空間から外向きの放射輝度を計算することによって実現されます。人間の認知システムの欠陥を利用して、G–Buffer に保存しなかった色差コンポーネントの反射の計算は直接には行いません。ここで失われる色差コンポーネントはライトを累積した後で、近傍のピクセルを使用して近似されます。その手順の概要は次のとおりです。

1. 格子パターンになるように交互に単一の色度係数を保存することで代表的な色度をサブサンプリングしながら、YCoCg 空間から出て行く放射を計算して累積します。

2. フルスクリーンビルボードパスで、それぞれのピクセルの上下左右の類似度の重みから存在しない色差コンポーネントの近似値を再構築します。

ここでのライティングと BRDF コードの大部分は輝度のスカラ量を扱っているので、YC 色空間の外向きの放射輝度の計算をサポートするために大きく変更してはいけません。BRDF 内のフレネル式に 1 つだけ大きく変更されている部分があります。リスト 15.6 と 15.7 を見てください。

リスト 15.6: RGB 色空間内でのフレネルの Schlick 近似

```
1 vec3 fresnelSchlickRGB(const in float vDotH, const in vec3 specularcolor) {
2   float power = pow(1.0 - vDotH, 5.0);
3
4   return (1.0 - specularcolor) * power + specularcolor;
5 }
```

リスト 15.7: YC 色空間内でのフレネルの Schlick 近似

```
1 vec2 fresnelSchlickYC(const in float vDotH, const in vec2 specularcolor) {
2   float power = pow(1.0 - vDotH, 5.0);
3
4   return vec2(
5     (1.0 - specularcolor.x) * power + specularcolor.x,
6     specularcolor.y * -power + specularcolor.y
7   );
8 }
```

RGB コンポーネントのスケーリングは輝度の間接的な変更と解釈できるので、輝度関数はオリジナルのシュリックの反射モデルとまったく同じです。逆に色度関数は垂直なときにゼロに近づくように反転されています。シュリックによるフレネル近似は単純に反射色と白の間で補間する関数です。RGB 色空間では白は (1.0, 1.0, 1.0) と表されますが、YC 色空間では白は (1.0, 0.0) と表されます。

ありがたいことに、新しく採用した YC 色空間用のフレネル関数は元の RGB 用の関数よりも低コストです。計算を非ベクトル化したことでソースコードは長くなりましたが、モダンな GPU はもともとベクトルよりもむしろ近傍のフラグメントを SIMD (Single Instruction, Multiple Data) で処理する方が得意です。スカラ命令も 3 つ省略しました。チャンネルを減らしたことで、"1.0 −" がなくなって ADD と MADD を省略でき、さらに反転された色度関数を使用することで ADD が省略できます。power 変数を反転したことで代入もなくなるはずです。

最後にリスト 15.8 を見るとわかるとおり、色度の再構築フィルタは Mavridis の Edge-Directed フィルタ [Mavridis 12] を少し変更したものです。調整がしやすいので私たちはステップ関数よりも分散の小さいガウス関数の方が好みです。加えて色差コンポーネントを 2 つとも返し、重みが非常に小さい場合に完全にゼロになるようなフォールバックもサポートします。

リスト 15.8: 存在しない色差コンポーネントを上下左右の値から近似的に再構築するフィルタ。sensitivity は輝度の差によるペナルティを制御します。引数 a1 から a4 は上下左右の輝度と色度のペアです。(図 15.6 から図 15.9 を参照)

```glsl
vec2 reconstructChromaHDR(const in float sensitivity, const in vec2 center,
  const in vec2 a1, const in vec2 a2, const in vec2 a3, const in vec2 a4) {
    vec4 luminance = vec4(a1.x, a2.x, a3.x, a4.x);
    vec4 chroma = vec4(a1.y, a2.y, a3.y, a4.y);

    vec4 lumaDelta = abs(luminance - vec4(center.x));

    vec4 weight = exp2(-sensitivity * lumaDelta);

    // サンプリング結果が黒の場合に対応
    weight *= step(1e-5, luminance);

    float totalWeight = weight.x + weight.y + weight.z + weight.w;

    // すべての weight が 0 の場合に対応
    return totalWeight > 1e-5 ? vec2(center.y, dot(chroma, weight) /
        totalWeight) : vec2(0.0);
}
```

図 15.6: クロマサブサンプリングされた 100% 解像度の YC 色空間で評価された直接光

図 15.7: 25% 解像度の RGB 色空間で評価された直接光

図 15.8: クロマサブサンプリングされた 25% 解像度の YC 色空間で評価された直接光

15.4 ライトプリパス 291

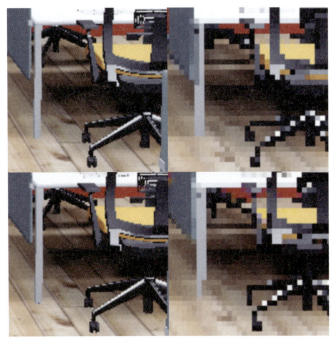

図 15.9: 左上: RGB 100%, 右上: RGB 25%, 左下: YC 100%, 右下: YC 25%

図 15.9: 続き：左上: RGB 100%, 右上: RGB 25%, 左下: YC 100%, 右下: YC 25%

参考文献

[Burley 12] Brent Burley. "Physically Based Shading at Disney." `http://disney-animation.s3.amazonaws.com/library/s2012_pbs_disney_brdf_notes_v2.pdf`, 2012.

[Cigolle 14] Zina H. Cigolle, Sam Donow, Daniel Evangelakos, Michael Mara, Morgan McGuire, and Quirin Meyer. "A Survey of Efficient Representations for Independent Unit Vectors." `http://jcgt.org/published/0003/02/01/`, 2014.

[Geldreich 04] Rich Geldreich, Matt Pritchard, and John Brooks. "Deferred Lighting and Shading." `https://sites.google.com/site/richgel99/home`, 2004.

[Goldberg 91] David Goldberg. "What Every Computer Scientist Should Know about Floating-Point Arithmetic." `http://docs.oracle.com/cd/E19957-01/806-3568/ncg_goldberg.html`, 1991.

[Hill 13] Stephen Hill, Naty Hoffman, Dimitar Lazarov, Brian Karis, David Neubelt, Matt Pettineo, Zap Andersson, Adam Martinez, Christophe Hery, and Ryusuke Villemin. "Siggraph 2013 Course: Physically Based Shading in Theory and Practice." `http://blog.selfshadow.com/publications/s2013-shading-course/`, 2013.

[Hoffman 09] Naty Hoffman. "Deferred Lighting Approaches." `http://www.realtimerendering.com/blog/deferred-lighting-approaches`, 2009.

[Hoffman 10] Naty Hoffman. "Physically Based Shading Models in Film and Game Production." `http://renderwonk.com/publications/s2010-shading-course/hoffman/s2010_physically_based_shading_hoffman_a_notes.pdf`, Siggraph, 2010.

[Karis 13] Brian Karis. "Real Shading in Unreal Engine 4." `http://blog.selfshadow.com/publications/s2013-shading-course/karis/s2013_pbs_epic_notes_v2.pdf`, 2013.

[Lagarde 11] Sébastien Lagarde. "Feeding a Physically Based Shading Model." `http://seblagarde.wordpress.com/2011/08/17/feeding-a-physical-based-lighting-mode/`, 2011.

[Lobanchikov 09] Igor A. Lobanchikov and Holger Gruen. "GSC Game World's S.T.A.L.K.E.R: Clear Sky — A Showcase for Direct3D 10.0/1." `http://amd-dev.wpengine.netdna-cdn.com/wordpress/media/2012/10/01GDC09AD3DDStalkerClearSky210309.ppt`, Game Developers Conference, 2009.

[Mavridis 12] Pavlos Mavridis and Georgios Papaioannou. "The Compact YCoCg Frame Buffer." `http://jcgt.org/published/0001/01/02/`, *Journal of Computer Graphics Techniques*, 2012.

[Mittring 09] Martin Mittring. "A Bit More Deferred — CryEngine 3." `http://www.crytek.com/cryengine/cryengine3/presentations/a-bit-more-deferred-cryengine3`, 2009.

[Pranckevicius 09] Aras Pranckevičius. "Encoding Floats to RGBA — The final?" `http://aras-p.info/blog/2009/07/30/encoding-floats-to-rgba-the-final`, 2009.

[Pranckevicius 13] Aras Pranckevičius. "Physically Based Shading in Unity." `http://aras-p.info/texts/files/201403-GDC_UnityPhysicallyBasedShading_notes.pdf`, Game Developers Conference, 2013.

[Shishkovtsov 05] Oles Shishkovtsov. "Deferred Shading in S.T.A.L.K.E.R." `http://developer.nvidia.com/GPUGems2/gpugems2_chapter09.html`, 2005.

[Sousa 13] Tiago Sousa. "The Rendering Technologies of Crysis 3." `http://www.crytek.com/cryengine/presentations/the-rendering-technologies-of-crysis-3`, 2013.

[Walter 07] Bruce Walter, Stephen R. Marschner, Hongsong Li, and Kenneth E. Torrance. "Microfacet Models for Refraction through Rough Surfaces." `http://www.cs.cornell.edu/`

~srm/publications/egsr07-btdf.pdf, 2007.

[Waveren 07] J. M. P. van Waveren and Ignacio Castaño. "Real–Time YCoCg–DXT Compression." http://developer.download.nvidia.com/whitepapers/2007/Real-Time-YCoCg-DXT-Compression/Real-Time%20YCoCg-DXT%20Compression.pdf, 2007.

[Wei 14] Implementing a "Sketch" Style of Rendering in WebGL. http://www.floored.com/blog/2014/sketch-rendering, Angela Wei, Emma Carlson, Nicholas Brancaccio, Won Chun, 2014.

第16章

Web での
HDR イメージベースド
ライティング

Jeff Russell

16.1　はじめに

　イメージベースドライティング（Image–based lighting, IBL）は処理済みの画像データを使用して物体表面を照らすテクニックの一種です。使用される画像データはプリレンダリングされているものでも、実行時にキャプチャされるものでも、写真を元に得られるものでも何でもかまいません。周囲のシーンからの直接的または間接的な照明の取り込みに限らず、どこから得られた画像であっても、それらの画像をライティングに使用することで、レンダリング品質をある程度向上できます。

　イメージベースドライティングは新しいものではありません。実際のところ、今日ではすでにゲームやビジュアルシミュレーションなどでよく使用されるレンダリングテクニックの 1 つになっています。ウェブでのグラフィックスにおいても、特に WebGL であれば少し修正を加えるだけで、この新しいプラットフォーム上で大部分の IBL テクニックを実現可能だということが示されつつあります。

　この章では、他のプラットフォームとは異なる部分があるかもしれませんが、WebGL での IBL の実装に焦点を当てます。特にモバイルデバイスで顕著ですが、今日ではさまざまなハードウェア上でウェブが閲覧されます。このような状況を踏まえて、本章では主に互換性とパフォーマンスに関連する問題に取り組みます。このセクションはイメージベースドライティングの基本的な部分についてはすでに知識がある読者を想定しています。この内容について全体的に学ぶ必要がある場合は Debevec [Debevec 02] を参照してください。

16.2　ハイダイナミックレンジエンコーディング

　イメージベースドライティングでは、与えられた画像に存在する輝度の全域を適切に表現するためにハイダイナミックレンジ（High Dynamic Range, HDR）のテクスチャデータを使用する必要があります。そのような値は通常のディスプレイ技術で表現できる範囲から外れることもよくあり、範囲と精度の両方を増やす必要があります。この要件に対応するためのエンコーディングはいくつか存在しますが、この文章を執筆している時点では、ウェブ開発に適したものはほとんどありません。

　多くの WebGL 実装で、32 ビットと 16 ビットの浮動小数点数のサポートを提供するためにそれぞれ `OES_texture_float` や `OES_texture_half_float` のような拡張機能を提供しています。一見これらのフォーマットは HDR データを保存する理想的な手段であるように思われますし、実際に大部分はまさにその目的のために利用できます。しかし問題もいくつかあります。これらはオプショナルな拡張機能なので、機能を提供していない実装も数多くあり、提供していたとしてもリニアフィルタリングをサポートしていないということもよくあります。さらにこれらのフォーマットは通常の 8 ビットフォーマットと比べて、2 倍から 4 倍のメモリとバンド幅を必要とします。これはモバイルデバイスでパフォーマンス上の問題になるだけでなく、ページの読み込み時間も長くなる場合があります。

　HDR データをより小さなメモリフットプリントに詰め込む方法は数多く存在します。RGBE（Red/Green/Blue/Exponent）エンコーディングは 32 ビット画像の 4 番目のカラーチャンネルに共通の指数部を保持します [Ward 97]。これにより広範囲の明度を小さくまとめて表現できるようになりますが、シェーダー内で指数部を適用して展開するという追加の処理が必要になります。CIE LUV 色空間を使用する同様のエンコーディングが「LogLUV」です [Ward 98]。

　アルファチャンネルにスケール値を保存し、シェーダー内でデコードするときに単にそのスケール値をこの RGBM（Red/Green/Blue/Multiplier）の各チャンネルに掛け合わせるという簡易な手法もあります [Karis 09]。この方法にはいくつか利点があります。まず RGBE や LogLUV のような指数部が不要です。そのため WebGL の基本仕様をサポートするすべてのプラットフォームで動作します。次にほとんどの浮動小数点フォーマットよりも、レンダリング時のメモリの使用量とそれに伴うバンド幅が大幅に少なく済みます。最後にエンコードとデコードが非常に単純で、演算装置の負荷が非常に小さくなります。

リスト 16.1: 基本的な RGBM のデコード

```
1  mediump vec3 decodeRGBM(mediump vec4 rgbm) {
2    return rgbm.rgb * rgbm.a * maxRange;
3  }
```

　テクスチャサンプリング中に行われる RGBM 値のような線形の外挿は技術的には不正確で、リスト 16.1 のようにネイティブでデコードを行うとバンディングアーティファクトが発生することがよくあります。この場合フィルタリングの精度が重要な要素になります。テクス

図 16.1: RGBM エンコーディングを使用したテクスチャフィルタリング結果の比較。最大範囲 255 での線形 RGBM（左カラム）と最大範囲 49 での非線形 RGBM（右カラム）の比較。上の行は 8 ビットフィルタ精度のモバイル GPU でレンダリングされたもの

チャフィルタリングを 8 ビットの精度で実行してしまうことが原因でバンディングが極端に悪化するデバイスもあります。組み込みのテクスチャフィルタリングを使用することによるパフォーマンス上の利点は無視できないので、RGBM テクスチャを使用するのであればこの副作用を最小化する方法を探る必要があります。

バンディングを修正する方法の 1 つは乗数「M」（Multiplier）の範囲を狭めることです。8 ビット値は原理的には [0, 255] の範囲の線形乗数とみなすことができます。この範囲を実現できるデバイスもいくつかありますが、そうでなければテクスチャフィルタリング精度の限界を超えてしまうことが多くなります。この M をマッピングする範囲を [0, 7] まで減らせばフィルタリングアーティファクトの発生を大幅に減らせることがわかりました。

ここではカラーコンポーネント内のカラーバンディングを減らすために、さらに非線形変換の一種をガンマ曲線に適用します。原理はガンマ圧縮と似ていますが、今回は非線形変換を適用することでダイナミックレンジが大幅に拡大されるというメリットも追加されます。多くの GPU で利用できる sRGB 色空間の変換はこの目的で使用するために最適ですが、WebGL ではこの機能が利用できないので、代わりにより簡単な指数曲線を使用することにしました。指数として 2 を採用して上限を 7 から 49 に引き上げることで、バンディングが最も発生しやすい（図 16.1）ゼロに近い値でも精度を改善できました。

リスト 16.2: フィルタリングアーティファクトを減らすための非線形性と範囲の削減を組み込んだ
RGBM エンコードとデコード

```
 1  highp vec4 encodeRGBM(highp vec3 rgb) {
 2    highp vec4 r;
 3    r.xyz = (1.0/7.0) * sqrt(rgb);
 4    r.a = max(max(r.x, r.y), r.z);
 5    r.a = clamp(r.a, 1.0/255.0, 1.0);
 6    r.a = ceil(r.a * 255.0)/255.0;
 7    r.xyz /= r.a;
 8    return r;
 9  }
10
11  mediump vec3 decodeRGBM(mediump vec4 rgbm) {
12    mediump vec3 r = rgbm.rgb * (7.0 * rgbm.a);
13    return r * r;
14  }
```

リスト 16.2 からわかるとおりどちらの操作も比較的単純ですが、デコードと比較すると RGBM 値のエンコードにはいくつか追加の処理が必要になります。IBL 画像データを実行時に準備することはそれほどないか、もしくはまったくないので、このことはほとんど問題になりません。しかし RGBM エンコーディングをレンダーターゲットに使用する場合、特に合成が必要であれば、必要に応じて浮動小数点テクスチャフォーマットを利用することが望ましいでしょう。

RGBM 値の範囲が比較的限定的であることが問題になる場合もありますが、ほとんどの状況では事前に畳み込み焼き込まれたライトデータはこの適度な範囲内に収まることがわかっています。畳み込みの結果として元画像の強いハイライトはそのエネルギーを「周囲に広げる」傾向があるので、拡散光や反射光に使用されるような畳み込まれた画像に向いていることが多いようです。場合によってはトーンマッピングフィルタを使用することで範囲が狭いことをごまかせる場合もあります。しかし非常に高輝度な値を正確に表現する必要があるアプリケーションは、RGBE や浮動小数点テクスチャなどの広範囲を表現できるハイダイナミックレンジフォーマットを使用する必要があるかもしれません。

RGBE テクスチャデータはウェブ上をコンパクトに通信できます。理論上は 32 ビットカラー値はすべてのブラウザがサポートしている PNG（Portable Network Graphics）画像フォーマットにマッピングできます。PNG 画像は可逆圧縮ですが、これは RGBM データとして扱う場合は必須の要件です。JPEG などの不可逆フォーマットを使用すると再構築の際に重大な問題が発生します。

実際には、人気のあるブラウザのいくつかは PNG デコードの後でアルファ値を事前に掛け合わせることがわかりました。これにより RGBM カラーデータに顕著なカラーバンディングが発生します（これは "UNPACK_PREMULTIPLY_ALPHA_WEBGL" ストレージセッティングの値にかかわらず発生します）。そのため私たちは RGBM データを独自に圧縮するという対策を採用しました。色平面をそれぞれ個別に保存すると、gzip のようなすぐに利用できるコンテンツエンコーディングを使用して PNG に匹敵する圧縮率を実現できます。クライアント側での解凍とカラーチャンネルデータの再配置が必要になりますが、転送時間が節約できるため採用

する価値があります。DirectDraw Surface（DDS）やカスタムレイアウトなど、どのような画像コンテナフォーマットでも転送に使用できるでしょう。

16.3 環境マップ

あらゆる画像ベースのライティングシステムで鍵となるのは環境画像自体のレイアウトです。画像をライティングに使用するには、その画像が視線を送りうる球面全体を覆うものでなければいけません。このような特性を持つレイアウトはもちろん数多くありますが、中でも圧倒的に人気があるのはキューブマップです。WebGL は基本仕様でキューブマップをサポートしていて、さまざまなテクスチャフォーマットやフィルタリングを利用できます。

IBL システムではテクスチャアーティストがラフネス値の変化を指定できる機能を提供することも重要です。これには通常グレースケールマスクが使用されます。このような機能によりスペキュラハイライトの大きさと反射に影響を与える表面の「光沢」の見た目を制御できます。これはよく「グロスマッピング」や「ラフネスマッピング」と呼ばれ、現実感のある表面を実現するためにはほとんど必須と呼べるツールです。

一般的にはラフネスマッピングはラフネス値に応じて異なるミップマップレベルを使用するシェーダーを手動で選択することでキューブマップによる反射を制御します。環境キューブマップは通常はミップマップの次元が下がるにつれて強いブラーがかかるように見えるため、ミップマップレベルに合わせて元の画像のさまざまな畳み込みを保持するように特別に用意されています。この手法により、シェーダーは環境反射の見た目を解析的な光源

図 16.2: キューブマップを使用した環境反射と組み合わせたラフネスマッピング

に合わせて簡単に制御できます（図 16.2）。このような畳み込みを準備するために利用可能なサードパーティツールもあります。www.hdrshop.com や www.knaldtech.com/lys/、code.google.com/p/cubemapgen/ を参照してください。

　WebGL のコア仕様ではミップマップの LOD 選択がサポートされていないので、この部分の実装は単純ではありません。`EXT_shader_texture_lod` 拡張機能がこの欠陥を補うものですが、本章執筆時点では、広くサポートされているとはいえません[*1]。ラフネスマッピングを現時点の WebGL で広く利用するためには、事前に畳み込まれた環境マップを保持する別の手段が必要です。

　複数のマップを 2 次元のテクスチャアトラスに詰め込めば、ミップマップ選択を使用しなくても単純なテクスチャ座標変換でそれらにアクセスできます。しかしキューブマップはこの方法で簡単に 1 枚のテクスチャに詰め込むことはできません。環境球を平面にマッピングするという古典的な問題が再び発生します。この問題はマップ作成と同じくらい古くからあるものですが、今回はさらに歪みが少なく高速で単純な定式化が必要だという制限が追加されています。

　緯度と経度を直接使用する球面投影を使用すると直感的なマッピングを実現できます。しかしこのマッピングには極が不連続になるという重大な欠陥があります。この欠陥によりフィルタリング時に発生するアーティファクトに加えて、極でテクセルが不規則に大きく歪みます。この歪みを完全に隠すことは簡単ではありません。双放物面マッピング（Dual Paraboloid Mapping）[Heidrich 98] であれば小さな不連続が生じるだけで、極での歪みは発生しません。しかしやや不規則なテクセルの歪みを生じ、円形の境界の外側の部分が利用されないためテクスチャ空間の利用も非効率的です。

　八面体環境マッピング [Engelhardt 08] は実装の単純さ、歪み、処理速度などの面でバランスが良く、キューブマッピングと非常に近いパフォーマンスと見た目が得られます。さらに 2 次元に展開すると表面が正方形に完全に収まります。つまりアトラスレイアウトで未使用の空間がいっさいありません。このテクニックでは 3 次元ベクトルを八面体もしくは「ダブルピラミッド」の表面上にマッピングします（図 16.3）。

図 16.3: 2D 座標の八面体環境マップレイアウト（左）と 3 次元になるように折り曲げたもの（中央と右）

[*1] 訳注: 翻訳時点でのサポート率は 51% 程度です。

単位八面体の 3 次元表面は $|x|+|y|+|z|=1$ で定義できます。この関係から非正規化した
ベクトルを八面体を 2 次元に展開した平面上に簡単に射影できます。Y が正の値を取る座標
はそのまま XZ 平面上に「平板化」され、反対側の半球上の値は空いた角を埋めるように展開
されます（より詳細な説明については [Engelhardt 08] を参照してください）。リスト 16.3 は
このマッピングを実現するためのコードです。

リスト 16.3: 非正規化された 3D ベクトルから八面体 UV 座標への射影

```
1  mediump vec2 octahedralProjection(mediump vec3 dir) {
2      dir /= dot(vec3(1.0), abs(dir));
3      mediump vec2 rev = abs(dir.zx) - vec2(1.0,1.0);
4      mediump vec2 neg = vec2(dir.x < 0.0 ? rev.x : -rev.x,
5                              dir.z < 0.0 ? rev.y : -rev.y);
6      mediump vec2 uv = dir.y < 0.0 ? neg : dir.xz;
7      return 0.5*uv + vec2(0.5,0.5);
8  }
```

この環境射影を独自に実装したことで、任意の数の畳み込みを持つ完全なアトラスを構築できるようになりました。いくつかの画像を垂直に並べて構成されるアトラスは単純なメモリ結合で簡単に構築でき、畳み込みの選択も単純なシェーダーロジックで実現できます。このようなアトラスを利用すれば、複数の畳み込みからサンプルを取得し、それらを合成してラフネスをスムーズに変更するシェーダーも簡単に実現できます。

八面体マップはテクスチャフィルタリングに少し難しい部分があります。特にタイルでは使用できません。テクスチャのラップパラメーターが "REPEAT" に設定されていると、その境界上を適切にフィルタできません。八面体マップのテクスチャアトラスを使用するときにも、隣り合うマップが境界でお互いをフィルタに含めることが原因で同様の問題が発生します。この問題にはアトラス内のそれぞれのマップの周囲に 1 ピクセルのパディングを追加し、シェーダーコードを修正してサンプル座標を適切に調節することで対応するとよいでしょう。

八面体環境マップ（図 16.4）を採用すると互換性が改善される代わりに少しパフォーマンス上の問題が生じます。ハードウェア特性やコンパイラによって差がありますが、通常のキューブマップと比較すると 6 命令ほど増える傾向がありました。このコストはサンプリングされる方向ごとに発生しますが、（グロスマッピングの場合と同じように）同じ方向ベクトルを使用するサンプリングをまとめてならすことができます。

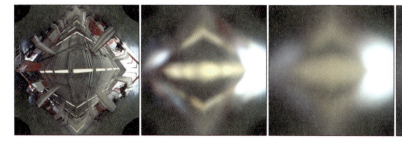

図 16.4: さまざまなレベルの表面ラフネスを持つ Phong BRDF のために畳み込まれた八面体環境マップの例

レンダーターゲットで直接八面体レイアウトを使用することは難しいかもしれません。Engelhardt [Engelhardt 08] は描画されるトライアングルを 8 つの面上に射影して分割することで適切な見た目を保証するという手法について簡単に説明しています。実際問題としては単純にキューブレンダーターゲットをポストプロセスで八面体レイアウトに再マッピングするとよい結果が得られると気付きました。これはそれぞれの頂点に割り当てられるキューブマップテクスチャ座標を使用して八面体ジオメトリを平面にレンダリングすると高速に実行できます。

拡散 IBL データセットは一般に複数の畳み込みが不要なため、鏡面反射で八面体マップが必要となった原因の制約が存在しません。そのため拡散光の畳み込みにはキューブマップやその他の使いやすいマッピングを使用します。またそのような畳み込みには低周波成分の多い画像データを大幅にコンパクトに表現できる球面調和基底関数 [Ramamoorthi 01] を使用するように変更することもできます。今回は柔軟性、単純さ、メモリフットプリントの小ささなどを考慮して、拡散ライティングについては球面調和形式の画像が適していると判断しました。

16.4　結論

ここで議論した改良を採用することで、ウェブを利用するあらゆるデバイスやプラットフォームで WebGL を使用してイメージベースドライティングを実現できるようになりました。HDR テクスチャのエンコーディング形式を注意深く選択することで、浮動小数点フォーマットの欠点の多くを克服して、有効なダイナミックレンジを維持することができます。八面体環境マッピングを使用すると、デバイス独自の拡張機能に依存せずに機能が十分な IBL レンダラを作成できます。

WebGL 標準が進化するにつれて、この章で簡単に説明した制約のいくつかは何らかの方法で取り除かれ他の環境と同じようになり、特別な処理は必要なくなることを期待しています。イメージベースドライティングが有用なレンダリングテクニックであることはおそらくこれから何年も変わることはなく、いずれ間違いなくウェブでもその確実な実装の成果を目にするようになるでしょう。

参考文献

[Debevec 02] Paul Debevec. "Image-Based Lighting." USC Institute for Creative Technologies, http://ict.usc.edu/pubs/Image-Based%20Lighting.pdf, 2002.

[Engelhardt 08] Thomas Engelhardt and Carsten Dachsbacher. "Octahedron Environment Maps." Vision, Modeling and Visualization, http://www.vis.uni-stuttgart.de/~dachsbcn/download/vmvOctaMaps.pdf, 2008.

[Heidrich 98] Wolfgang Heidrich and Hans-Peter Seidel. "View-Independent Environment Maps." Eurographics Workshop on Graphics Hardware. http://www.cs.ubc.ca/~heidrich/Papers/GH.98.pdf, 1998.

[Karis 09] Brian Karis. "RGBM Color Encoding." http://graphicrants.blogspot.com/2009/04/rgbm-color-encoding.html, 2009.

[Ramamoorthi 01] Ravi Ramamoorthi and Pat Hanrahan. "An Efficient Representation for Irradiance Environment Maps." http://graphics.stanford.edu/papers/envmap/envmap.pdf,

2001.

[Ward 97] Gregory Ward Larson. "Radiance File Formats." http://radsite.lbl.gov/radiance/refer/filefmts.pdf, 1997.

[Ward 98] Gregory Ward Larson. "The LogLuv Encoding for Full Gamut, High Dynamic Range Images." *Journal of Graphics Tools*, 3(1):15–31, 1998.

第17章

WebGLでの
リアルタイムボリューメトリック
ライティング

Muhammad Mobeen Movania

Feng Lin

17.1　はじめに

　ボリュームレンダリングは医用生体イメージングや計算流体力学などの分野で利用されています。ボリュームレンダリングを使用すると大量のデータを特別なアルゴリズムを用いて可視化できます。空間的広がりを持つデータセットの可視化についてはテクスチャスライシング、シアーワープ（Shear Warp）、サーフェススプラッティング（Splatting）、ポリゴン化、セルプロジェクションなどいくつかの手法が提案されています [Engel 06][Preim and Botha 13]。

　一方で、可視化の専門家たちはリアルで物理的に説得力のあるレンダリングを常に求めています。近年そのようなレンダリングを実現する物理ベースの手法が提案され [Kroes 12]、中でもオープンソースプロジェクトである Exposure Render [Exposure 14] がよく使われています。しかしそのような物理ベースの手法は大量の計算を必要とします。そのため、これまでのところ WebGL のような計算資源の限られたプラットフォームではこれらのアルゴリズムは実装されていません。比較的単純なライティングを反映しない（unlit）ボリュームレンダリングであれば WebGL で実装されることもよくありますが、空間的な情報が欠けているため近い領域と遠い領域を区別できません。高品質で物理的にも説得力のあるボリュームレンダリングの実現はまだ WebGL では挑戦的な領域です。

　ここでは「ハーフアングルスライシング」[Ikits 04] というよく知られた可視化手法を使用してこれらの問題を回避することを提案します。事前調査ではこのメソッドはリソースの限られたプラットフォームでも簡単に実装できることがわかりました。しかもリアルタイムレンダリ

ング可能なパフォーマンスを実現できるので、ゲームや科学的なアプリケーションのようなインタラクティブな WebGL アプリケーションで使用する手法として理想的な候補になりえます。本章では私たちがこの手法を実装した経験とその際に使用した手法、そしてシェーダーの詳細について説明します。今回の手法を使用したスナップショットは図 17.1 で確認できます。

　説明は次のような順序で行います。まずアルゴリズムとレンダリングテクニックを紹介します。次にアルゴリズムを理解するために必要となる数学的な基礎を詳細に説明します。その議論に続いて、WebGL で実装するために必要な最適化をいくつか紹介し、さらにクライアント

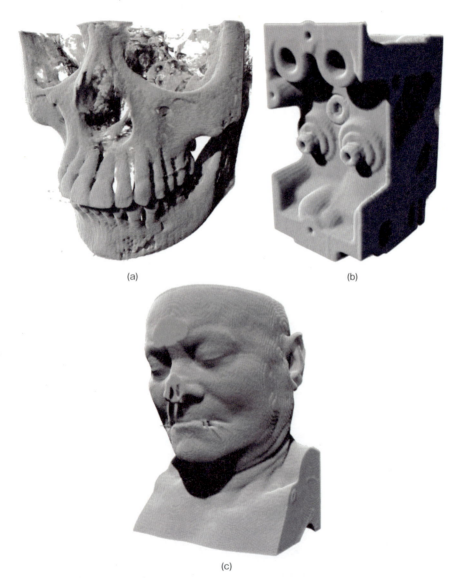

図 17.1: この章で詳説したテクニックを使用したレンダリング結果。(a) 頭蓋骨データセット、(b) エンジンブロックデータセット、(c) CTHead データセット

側のセットアップコードやシェーダーの詳細も含め、アルゴリズムを説明します。最後に実験の結果について議論し、結論を述べます。

17.2　なぜ WebGL か?

WebGL が登場する前は、ウェブブラウザで 3D ボリュームレンダリングを実現する標準的な方法は特別なブラウザプラグインを使うことでした。この方法は互換性に問題があり、ウェブブラウザの違いだけでなくハードウェアプラットフォームの違いによっても生成される出力に違いがありました。

加えて、WebGL 以前はモバイルプラットフォームについて特別な扱いが必要でした。WebGL の登場によって特殊な OpenGL ES プロファイルの実装を対応ブラウザで利用できるようになり、そのような苦労から解放されました。与えられたハードウェアがそのプロファイルをサポートしていれば、モバイルデバイスの性能次第ですがデスクトップと同じコードが動作します（第 8 章を参照）。

クロスプラットフォーム、プラグインが不要、組み込みのデバッグツールがあるという特徴は WebGL の一般的な強みですが、特に可視化アプリケーションで使用する場合にはさらに WebGL の次のような特徴が強みになります。

- モバイルプラットフォームによる WebGL サポート: WebGL は Mozilla，Firefox，Google Chrome などのウェブブラウザのモバイル版を使用すればモバイルプラットフォームでも利用可能です。モバイルプラットフォームはモダンな可視化アプリケーションの優先開発プラットフォームになりつつありますが、WebGL を使用すれば開発した可視化アプリケーションを簡単にタブレットやスマートフォンのようなモバイルプラットフォーム上で動作させることができます。
- すばやく実現可能なユーザーインターフェース: スライダやボタン、テキストボックスなどの HTML5 フォーム要素を使用すると、単純な UI 要素を利用して WebGL コンテンツにインタラクティブ性を加えることができます。ある可視化アプリケーションの一部を継承して（例えば、伝達関数エディタ、カラーマップ、ライティングパラメーター設定ウィジェットなどの）特殊なウィジェットを作成することも可能です。

17.3　WebGL とボリュームレンダリング

ボリュームレンダリングの全体像をとらえたい読者には Engel [Engel 06]，Preim と Botha [Preim and Botha 13] などの参考書を推奨します。WebGL の文脈でボリュームを可視化するのは新しい話ではなく、いくつかの実装が提案されています。初期の実装は Congote [Congote 11] によって報告されました。WebGL 1.0 は 3D テクスチャをサポートしていないので、Congote [Congote 11] は平坦な 2D テクスチャを使用して 3D ボリュームを保持し、その後フラグメントシェーダーで剰余演算を使用して 3D ボリュームを再構築しました。同様のやり方で巨大な 3D ボリュームに対応する方法についても詳しく説明されています。

ボリュームレンダリングには、マルチパスラスタライゼーション [Kruger 03] とシングルパスラスタライゼーション [Stegmaier 05] という 2 つの基本的な方法があります。Congote [Congote 11] は前者の方法を使用し、Movania と Lin [Movania 13a] は後者の方法を使用しました。後者の方がスマートフォンやタブレットのようなモバイルプラットフォームで優れたパフォーマンスを発揮できます。

17.4 ボリュームメトリックライティングモデル

ボリュームレンダリングは光学モデルを使用してボリュームデータセットの放射特性と吸収特性を近似しようとするものです。最終的に得られる式はボリュームレンダリング積分と呼ばれ、その定義は次のようになります。

$$L(x_1, \omega) = T(0, l)L(x_0, \omega) + \int_0^l T(s, l)R(x(s))f_s(x(s))T_L(s, t)L_l ds \tag{17.1}$$

ここで

- $x(l)$ は現在サンプリングしている位置を表し、パラメトリックレイでは $x(t) = x_0 + t\omega$ で与えられます。
- $R(x)$ は表面反射色です。
- f_s はシェーディングモデルが使用する BRDF で、ボリュームレンダリングでは位相関数に依存します。
- L_l は光源の強度です。
- $T(a, b)$ はサンプリング点 $x(a)$ から $x(b)$ までの間のレイの減衰です。
- $T_L(a, b)$ は光源が複数個あった場合の減衰項です。

減衰関数 $T(a, b)$ の定義は次のようになります。

$$T(a, b) = \exp\left(-\int_a^b \tau(s')ds'\right)$$

ここで τ は現在のサンプリング点 s' での減衰係数です。反射項 (R) は通常のポリゴン表面のレンダリングではよく使用されますが、ボリュームのような境界の曖昧な現象にはあまり適していません。ライト減衰項 $T_L(a, b)$ の定義は次のようになります。

$$T_L(t, t') = \exp\left(-\int_0^{t'} \tau(x(t) + \omega_l s)ds\right)$$

ここで ω_l は現在のサンプリング点 $x(t)$ からのライトの向きです。新しいライト減衰項はライトの減衰を現在のサンプリング点 $x(t)$ から光源の向き ω_l へのレイの移動ととらえています。

17.5 ボリューメトリックライティング技術

ボリュームレンダリングでのライティングとシャドウは使用しているボリュームレンダリングアルゴリズムに依存します。レイキャスティングでは、現在のサンプリング点 $x(a)$ から始まり、光源の向き ω_l へ伸びるサンプリング用のレイをもう1つ作成します。得られたサンプルはライトの色を使用して減衰させられます。3D テクスチャスライシングでは、ハーフアングルスライシング [Ikits 04] が使用できます。このアルゴリズムではアイバッファ（Eye Buffer）とライトバッファという組み合わせの2つの描画バッファを使用します。次にハーフアングルの方向にテクスチャスライシングを実行することで、ライトまたは視線の方向と平行になるスライシングポリゴンがないことを保証します。WebGL ではテクスチャにレンダリングするためにフレームバッファを使用します。

17.5.1 ハーフアングルの方向の決定

視線ベクトル V とライトベクトル L があるとして、その視線ベクトル V とライトベクトル L の内積を計算するとハーフアングルの方向を求めることができます。内積が 0 以下なら、図 17.2（a）のように視線ベクトルを反転します（$V = -V$）。そうでなければ、図 17.2（b）のとおり、単純にベクトル V と L の和を正規化するとハーフアングルの方向を表すベクトル（H）を求めることができます。

$$H = normalize(V + L)$$

17.5.2 ハーフアングルの方向を使用した動的テクスチャスライシング

ハーフアングルの方向（H）が求まると、動的スライシングの処理を開始できます。はじめに図 17.3 のように単位立方体とハーフアングルの方向（H）に垂直な平面群との交わりを計算します。つまりそれら平面群の法線はハーフアングルの方向（H）になります。平面と単位立方体の交わり方は6種類あります。交わりの配置はエッジテーブル [Engel 06] に保存され

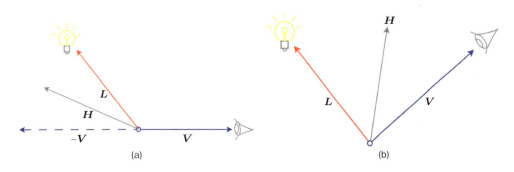

図 17.2: ハーフアングルの方向ベクトル（H）を求める: (a) ライトベクトル（L）と視線ベクトル（V）の内積が 0 未満のとき、(b) 0 以上のとき

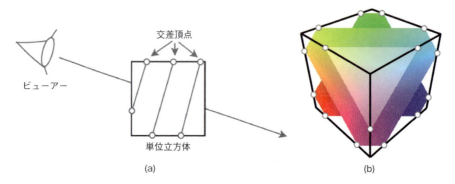

図 17.3: 単位立方体の動的 3D スライシングを (a) 横から見たものと、(b) ビューアーから見たもの。スライシングポリゴンは補間されたテクスチャ座標で色付けされています。エッジとスライシングポリゴンの交点は白丸で示されています

ます。現在の視点に最も近い単位立方体の頂点から伸びる 3 つの辺すべてに対し、条件に一致する交わりをエッジテーブルから探し、レイとの交点を得ます。

2 点 P_0 と P_1 を考えると、辺 $(P_1 - P_0)$ 上の任意の点は次のパラメトリック式で表されます。

$$P(t) = P_0 + t \times (P_1 - P_0)$$

ここで $t = [0, 1]$ です。

法線が H で原点からの距離が d の平面を表す式にこの t についての式を代入すると

$$H \cdot P(t) + d = 0$$

となり、これをパラメーター t について解くと次のようになります。

$$t = \frac{-d - H \cdot P_0}{(P_1 - P_0)} \tag{17.2}$$

このパラメーター t はある辺 $(P_1 - P_0)$ と法線が H で原点からの距離が d の平面の交点を表します。現在の頂点からすべての辺に対してエッジテーブルを使用して処理を繰り返し、すべての交点を取得します。そしてそれらの点を使用してスライシングポリゴンを作成します。ハーフアングルの方向の前から後ろに向かって、このプロセスを立方体の 8 頂点すべてについて繰り返します。それぞれの繰り返し内で、単位立方体全体を走査するまで平面までの距離を増加させて平面群を得ます。

17.5.3 GPU での動的スライシング

GPU で動的スライシングを実装するために、まず GPU で必要となるデータ構造、つまり頂点シェーダー内で行う交差計算と動的なジオメトリ生成で必要となる適切な辺を見つけるために使用される頂点／辺テーブルを準備します。必要なスライスの数に合わせて平面の増分が計算されます。次に単位立方体に最も近い交差面が計算され、その平面が開始点になります。その平面の開始点と頂点／辺テーブル、ハーフアングルの方向ベクトル、現在のモデルビュー

射影行列が、uniform 変数として頂点シェーダーに渡されます。この段階で必要なスライス数に合わせてスライシングループを初期化します。ループのそれぞれの繰り返し内で、現在の平面の位置を頂点シェーダーに渡します。次にただシェーダーを呼び出すだけのために、ダミーの座標を使用して 6 面のポリゴンを生成します。最後に平面の増分を使用して平面の位置を増加させます。

頂点シェーダーで平面の開始位置と増分値を使用して現在の平面までの距離 d を計算します。次にすべての辺に対して順に処理を実行します。受け取った頂点と辺のリストを使用して現在の辺の頂点群を得ます。辺の方向ベクトルが得られ、これとハーフアングルの方向ベクトルとの内積を取ります。それから式（17.2）を使用して、現在の辺の交点を示す変数 t を得ます（パラメーター t の値は 0 から 1 の間にあるものとします）。交点に現在のモデルビュー射影行列を掛けて、クリップ空間座標を得ます。

フラグメントシェーダーは頂点シェーダーで補間された交点を使用してボリュームサンプラから密度の値を得ます。WebGL 1.0 は 3D テクスチャをサポートしていないので、受け取った 3D テクスチャ座標とボリュームテクスチャから、剰余演算を使用して密度値を得る独自のテクスチャサンプリング関数を実装します [Congote 11]。もし伝達関数サンプラが利用できれば、ルックアップ値のボリューム密度値を使用してルックアップテーブルとして使用されているテクスチャの値が取得されます。ルックアップの結果、与えられた密度値の現在の伝達関数サンプラに対応する色が返されます。

WebGL 2.0 では 3D テクスチャがサポートされるようになります。そうすると今回の再サンプリング関数はハードウェアアクセラレーションを使用した 3D テクスチャサンプリング関数と置き換えられ、パフォーマンスが大幅に向上し、コードもシンプルになるでしょう。

17.6　WebGL での実装

ここまでの紹介でどのようにすれば動的スライシングテクニックを GPU でサポートできるかが理解できました。次にハーフアングルスライシングアルゴリズムの説明に進みます。2 パスハーフアングルスライシングアルゴリズムの正確な実装手順は Ikits [Ikits 04] で詳細に述べられています。

17.6.1　必要な WebGL 拡張機能

このテクニックを WebGL で実装するには、プラットフォームが `OES_texture_float`, `OES_texture_float_linear`, `WEBGL_draw_buffers` という 3 つの拡張機能をサポートしている必要があります。

17.6.2　WebGL でオフスクリーンレンダリングをサポートする準備

次にカラーアタッチメント 0 にアタッチされたライトバッファとカラーアタッチメント 1 にアタッチされたアイバッファという 2 つのカラーアタッチメントを持つフレームバッファオブジェクト（Framebuffer Object，FBO）を作成します。FBO をバインドし、必要なテク

スチャを作成します。テクスチャユニット 0 はボリュームデータセット（フラットな 2D テクスチャ上に配置される）のために予約され、テクスチャユニット 1 は伝達関数テクスチャのために確保されているので、作成されたテクスチャはテクスチャユニット 2 にバインドされます。その後 FBO のセットアップが正しく完了していることを確かめるために、FBO の状態が COMPLETE であるか確認します。FBO のセットアップが完了していれば、FBO とテクスチャのバインドを解除します。これはリスト 17.1 のコードスニペットを使用して実現されます。

リスト 17.1: テクスチャへのレンダリングをサポートするための FBO の設定

```
 1  fboID = gl.createFBO();
 2  gl.bindFramebuffer(gl.FRAMEBUFFER, fboID);
 3  gl.activeTexture(gl.TEXTURE2);
 4  lightBufferID = createTexture(gl.viewportWidth, gl.viewportHeight);
 5  eyeBufferID = createTexture(gl.viewportWidth, gl.viewportHeight);
 6  gl.framebufferTexture2D(gl.FRAMEBUFFER, ext.COLOR_ATTACHMENT0_WEBGL,
 7                      gl.TEXTURE_2D, lightBufferID, 0);
 8  gl.framebufferTexture2D(gl.FRAMEBUFFER, ext.COLOR_ATTACHMENT1_WEBGL,
 9                      gl.TEXTURE_2D, eyeBufferID, 0);
10
11  var status = gl.checkFramebufferStatus(gl.FRAMEBUFFER);
12  if(status ! = gl.FRAMEBUFFER_COMPLETE)
13      alert("Error setting up fbo: Framebuffer not complete");
14
15  gl.bindFramebuffer(gl.FRAMEBUFFER, null);
16  gl.bindTexture(gl.TEXTURE_2D, null);
```

createTexture ユーティリティ関数は引数として与えられた幅と高さを持つ新しい WebGL テクスチャを浮動小数点テクスチャフォーマットで作成します。この関数の定義はリスト 17.2 のとおりです。

リスト 17.2: createTexture ユーティリティ関数

```
 1  function createTexture(width, height) {
 2    var id = gl.createTexture();
 3    gl.bindTexture(gl.TEXTURE_2D, id);
 4    gl.texParameteri(gl.TEXTURE_2D, gl.TEXTURE_MAG_FILTER, gl.LINEAR);
 5    gl.texParameteri(gl.TEXTURE_2D, gl.TEXTURE_MIN_FILTER, gl.LINEAR);
 6    gl.texParameteri(gl.TEXTURE_2D, gl.TEXTURE_WRAP_S, gl.CLAMP_TO_EDGE);
 7    gl.texParameteri(gl.TEXTURE_2D, gl.TEXTURE_WRAP_T, gl.CLAMP_TO_EDGE);
 8    gl.texImage2D(gl.TEXTURE_2D,0,gl.RGBA,width,height,0,gl.RGBA,gl.FLOAT,
 9      null);
10    return id;
11  }
```

17.6.3　ライトのための行列の計算

ハーフアングルスライシングを処理する際に、与えられたスライス頂点のライトバッファ内での座標を決定しなければいけません。そのためにライト空間での頂点座標を計算します。こ

れはモデルビュー行列（`MV_L`）と射影行列（`P_L`）を使用してライトのシャドウ行列（`S`）を作成することで実現できます。ライトのワールド空間座標（`lightPosWs`）が与えられると、`lookAt` 関数を使用してライトのモデルビュー行列（`MV_L`）が得られます。ライトの射影行列（`P_L`）は JavaScript 製の行列ライブラリで利用できる透視投影関数を使用して得ることができます。今回は glMatrix という JavaScript 製ライブラリを使用します[*1]。また、バイアス行列（`B`）も必要になります。射影行列（`P_L`）は変化しないので、バイアス行列と射影行列の積（`BP`）を事前に計算しておきます。ライトのモデルビュー行列（`MV_L`）はライトが変更されるたびに更新します。図 17.3 のとおり、更新されたモデルビュー行列にバイアス行列と射影行列の積（`BP`）と掛け合わせ、シャドウ行列（`S`）を得ます。光源ごとにシャドウ行列はそれぞれ必要になります。

リスト 17.3: シャドウ行列を計算するために準備される行列群

```
 1  mat4.identity(MV_L);
 2  mat4.identity(P_L);
 3  mat4.lookAt(lightPosWS, [0, 0, 0], [0, 1, 0.0001], MV_L);
 4  mat4.perspective(45.0, 1.33, 1, 200.0, P_L);
 5  mat4.identity(T);
 6  mat4.identity(B);
 7  mat4.translate(T,[0.5,0.5,0.5], T);
 8  mat4.scale(T, [0.5, 0.5, 0.5], B);
 9  mat4.multiply(B, P_L, BP);
10  mat4.multiply(BP, MV_L, S);
```

17.6.4　アイバッファとライトバッファのクリア

FBO と行列の準備が終わったので、ハーフアングルスライシングを開始します。まず FBO をバインドしたオフスクリーン描画バッファへのレンダリングを有効にします。その次にリスト 17.4 のコードを使用してアイバッファを $(0, 0, 0, 0)$ に、ライトバッファをライトの色に初期化します。

リスト 17.4: アイバッファとライトバッファをどのようにクリアするかを示すコード

```
 1  gl.bindFramebuffer(gl.FRAMEBUFFER, fboID);
 2  ext.drawBuffersWEBGL([gl.NONE, ext.COLOR_ATTACHMENT1_WEBGL]);
 3  gl.clearColor(0,0,0,0);
 4  gl.clear(gl.COLOR_BUFFER_BIT);
 5
 6  ext.drawBuffersWEBGL([ext.COLOR_ATTACHMENT0_WEBGL]);
 7  gl.clearColor(lightColor[0],lightColor[1], lightColor[2], lightColor[3]);
 8  gl.clear(gl.COLOR_BUFFER_BIT);
```

[*1] https://github.com/toji/gl-matrix

17.6.5　スライシングループ

　必要なスライスの数だけループを繰り返します。これらの中間的なスライスは先ほどのセクションで説明したとおり、単位立方体を視線の向きと垂直な平面でスライスすることで得られます。各イテレーションの最初に shadowShader をバインドします。このシェーダーはライトのシャドウ行列（S）を使用して与えられた頂点座標系に対応するライトバッファをルックアップするための 2D テクスチャ座標を求めるという処理を担当します。この処理は現在のスライスへのライトの影響度をライトバッファから見つけ出すために実行されます。リスト 17.5 にあるとおり、視線のためのモデルビュー行列（MV）と射影行列（P）はシェーダーのuniform 変数として受け渡されます。attribute 変数と uniform 変数のロケーションは初期化時にキャッシュされます。

リスト 17.5: スライシングループの最初の部分を示すコード

```
1  for (var i = 0; i < TOTAL_SLICES; ++i) {
2    gl.useProgram(shadowShader.getProgram());
3    gl.uniformMatrix4fv(shadowShader.getUniform("uPMatrix"), false, P);
4    gl.uniformMatrix4fv(shadowShader.getUniform("uMVMatrix"), false, MV);
5    gl.uniformMatrix4fv(shadowShader.getUniform("uSMatrix"), false, S);
```

　それから shadowShader はライトバッファがテクスチャユニット 2 にバインドされていることを期待するので、（テクスチャユニット 2 が現在アクティブなテクスチャユニットであると仮定して）ライトバッファをテクスチャとしてバインドします。そしてリスト 17.6 のとおり、視点からスライシングポリゴンを描画します。

リスト 17.6: ライトバッファをバインドして視点からスライスを描画する方法を示すコード

```
1  gl.bindTexture(gl.TEXTURE_2D, lightBufferID);
2  DrawSliceFromEyePointOfView(i, bIsViewInverted);
```

　次に通常の volumeShader を使用します。ここでは単純にライトのモデルビュー行列（MV_L）と射影行列（P_L）を使用して、ボリュームデータセットをライトバッファにサンプリングします。これにより視点から見えるボリュームデータセットに対するライトの減衰が得られます。その後、リスト 17.7 のとおり、スライシングポリゴンを描画してループを終了します。

リスト 17.7: ライトの位置からスライスを描画する方法を示すコード

```
1  gl.useProgram(volumeShader.getProgram());
2  gl.uniformMatrix4fv(volumeShader.getUniform("uPMatrix"), false, P_L);
3  gl.uniformMatrix4fv(volumeShader.getUniform("uMVMatrix"), false, MV_L);
4  DrawSliceFromLightPointOfView(i);
```

　そして FBO をアンバインドし、ビューポートを元に戻します。最後にリスト 17.8 に詳しく書かれているとおり、最終的に合成された結果を保持しているアイバッファをアクティブなテクスチャとしてバインドします。

リスト 17.8: FBO をアンバインドしてアイバッファを使用する方法を示すコード

```
1  gl.bindFramebuffer(gl.FRAMEBUFFER, null);
2  gl.viewport(0,0,gl.viewportWidth, gl.viewportHeight);
3  gl.bindTexture(gl.TEXTURE_2D, eyeBufferID);
```

17.6.6 視点からスライスを描画

　それでは、視点からスライスをレンダリングする描画関数について詳しく説明します。この関数には現在のスライスのインデックス（i）と視線方向ベクトルが反転されているかどうかを示す真偽値フラグの2つを引数として渡します。はじめに適切な描画バッファ（ここでは eyebuffer になる）を設定します。視線方向ベクトルが反転されているときには、Under Blending（gl.blendFunc(gl.ONE_MINUS_DST_ALPHA, gl.ONE)）が使用されます。そうすることで視点からレンダリングする際、常にスライスが前から後ろに向かう順番でソートされていることが保証されます。この合成操作は結合色があるときに（つまり事前に色の値にアルファ値が掛け合わされているときに）使用されます [Porter and Duff 84]。この処理には独立したアルファバッファのサポートが必要です。後ほどリスト 17.13 で示されるように、アルファの事前乗算はボリュームフラグメントシェーダー内で実行されます。

　視線方向ベクトルが反転されていなければ、Over Blending（gl.blendFunc(gl.ONE, gl.ONE_MINUS_SRC_ALPHA)）が使用されます。これにより視点からレンダリングするときに、スライスが後ろから前の順に合成されることが保証されます。ここで、通常の Over Blending 式（gl.blendFunc(gl.SRC_ALPHA, gl.ONE_MINUS_SRC_ALPHA)）を使わないのは、アルファ値が事前に掛け合わされているからです。最後にリスト 17.9 のとおり drawArrays コールを発行して与えられた現在のインデックス（i）に対応した適切なスライスを描画します。

リスト 17.9: 視点からスライスを描画する関数の定義

```
1   function DrawSliceFromEyePointOfView(i, bIsViewInverted) {
2     ext.drawBuffersWEBGL([gl.NONE, ext.COLOR_ATTACHMENT1_WEBGL]);
3     gl.viewport(0, 0, gl.viewportWidth, gl.viewportHeight);
4     if(bIsViewInverted) {
5       gl.blendFunc(gl.ONE_MINUS_DST_ALPHA, gl.ONE);
6     } else {
7       gl.blendFunc(gl.ONE, gl.ONE_MINUS_SRC_ALPHA);
8     }
9     gl.drawArrays(gl.TRIANGLES, 12*i, 12);
10  }
```

17.6.7 ライトの位置からスライスを描画

　ライトの位置からスライスをレンダリングする描画関数の動きも同様です。はじめに描画バッファ（lightBuffer）を適切に設定します。ライトバッファについては、スライスは常に前から後ろにブレンドするので、通常のブレンディング式（Over Blending）を使用します。最後に次のコードスニペットにあるとおり、i 番目のスライスを描画するために drawArrays

コールを発行します。関数全体の定義はリスト 17.10 にあります。

リスト 17.10: ライトの位置からスライスを描画する関数の定義

```
1  function DrawSliceFromLightPointOfView(i) {
2    ext.drawBuffersWEBGL([ext.COLOR_ATTACHMENT0_WEBGL]);
3    gl.viewport(0, 0, gl.viewportWidth, gl.viewportHeight);
4    gl.blendFunc(gl.SRC_ALPHA, gl.ONE_MINUS_SRC_ALPHA);
5    gl.drawArrays(gl.TRIANGLES, 12*i, 12);
6  }
```

17.6.8　ボリュームシャドウ頂点シェーダー

ここではボリュームシャドウ頂点シェーダーについて説明します。頂点座標の attribute 変数（aVertexPosition）はクライアントアプリケーションから渡されます。3 つのシェーダーマトリクス、モデルビュー行列（uMVMatrix）、射影行列（uPMatrix）、シャドウ行列（uSMatrix）はシェーダーの uniform 変数として渡されます。受け取る頂点座標は $(-0.5, -0.5, -0.5)$ から $(0.5, 0.5, 0.5)$ の範囲内に含まれるので、3D テクスチャ座標を得るには受け取った頂点座標 attribute 変数に $(0.5, 0.5, 0.5)$ を加算します。これによりフラグメントシェーダー内でボリュームテクスチャサンプラから密度値をルックアップするための 3D テクスチャ座標（vUVW）が得られます。頂点座標 attribute 変数もテクスチャ座標（vLightUVW）からライトバッファをサンプリングするためにシャドウ行列（uSMatrix）と掛け合わされます。得られた 2 つのテクスチャ座標（vUVW と vLightUVW）はフラグメントシェーダー計算時に使用するために varying attribute 変数として保持しておきます。頂点シェーダー全体はリスト 17.11 にあります。

リスト 17.11: ボリュームシャドウ頂点シェーダー

```
1  attribute vec3 aVertexPosition;// 入力頂点座標
2  uniform mat4 uMVMatrix; // モデルビュー行列
3  uniform mat4 uPMatrix; // 射影行列
4  uniform mat4 uSMatrix; // シャドウ行列
5  varying vec3 vUVW; // ボリュームテクスチャサンプリング座標
6  varying vec4 vLightUVW; // シャドウテクスチャサンプリング座標
7  void main(void) {
8    vec4 v = vec4(aVertexPosition,1);
9    vUVW = (aVertexPosition.xyz + vec3(0.5));
10   vLightUVW = uSMatrix * v;
11   gl_Position = uPMatrix * (uMVMatrix * v);
12 }
```

17.6.9　ボリュームシャドウフラグメントシェーダー

ボリュームシャドウフラグメントシェーダーは最初に補間されたボリュームテクスチャ座標系（vUVW）を使用してボリュームテクスチャから密度値を取得します。ボリュームデータセットはスライスが行と列の形で配置される 2D 平面テクスチャレイアウトに保存されます。この

2D 平面テクスチャから密度値を得るには独自のサンプリング関数 getVolumeValue を使用します。この定義はリスト 17.12 のとおりです [Congote 11]。これは WebGL 1.0 が 3D テクスチャをサポートしていないために必要な回避策です。WebGL 2.0 では 3D テクスチャがサポートされるため、この関数はハードウェアでサポートされる 3D テクスチャサンプリング関数で置き換えられることになります。

リスト 17.12: 2D 平面ボリュームテクスチャからボリューム密度をサンプリングするためのボリュームサンプリング関数

```
 1  float getVolumeValue(vec3 volpos, float totalSlices, float slicesX,
 2                       float slicesY)
 3  {
 4    float s1, s2, dx1, dy1, dx2, dy2;
 5    vec2 texpos1, texpos2;
 6    s1 = floor(volpos.z * totalSlices);
 7    s2 = s1 + 1.0;
 8    dx1 = fract(s1/slicesX);
 9    dy1 = floor(s1/slicesY)/slicesY;
10    dx2 = fract(s2/slicesX);
11    dy2 = floor(s2/slicesY)/slicesY;
12    texpos1.x = dx1 + (volpos.x/slicesX);
13    texpos1.y = dy1 + (volpos.y/slicesY);
14    texpos2.x = dx2 + (volpos.x/slicesX);
15    texpos2.y = dy2 + (volpos.y/slicesY);
16    return mix(texture2D(volumeTexture, texpos1).x,
17               texture2D(volumeTexture, texpos2).x,
18               (volpos.z * totalSlices) - s1);
19  }
```

補間されたライトテクスチャ座標系（vLightUVW）を使用する texture2DProj 関数を呼び出して、ライトバッファから現在のライトの影響が取得できます。もし伝達関数サンプラがあれば、得られた密度値を使用して関連するテクスチャをルックアップし、与えられたボリュームサンプルの分類色を取得できます。最後にライトの強度がサンプルの色と合成されて、最終的なフラグメントの色を得ます。フラグメントシェーダーの全体はリスト 17.13 で確認できます。

リスト 17.13: ボリュームシャドウフラグメントシェーダー

```
 1  precision mediump float;
 2  varying vec3 vUVW; // 補間されたボリュームテクスチャ座標
 3  varying vec4 vLightUVW; // 補間されたシャドウテクスチャ座標
 4  uniform sampler2D volumeTexture; // ボリュームサンプラ
 5  uniform sampler2D transferFunction; // 伝達関数サンプラ
 6  uniform sampler2D shadowTexture; // シャドウテクスチャサンプラ(ライトバッファ)
 7  uniform vec4 color; // ライトの色
 8  uniform vec3 config; // 全スライスの数、x 軸と y 軸に沿ったスライスの数
 9
10  void main(void) {
11    float density = getVolumeValue(vUVW, config.x, config.y, config.z);
12    float alpha = clamp(density, 0.0, 1.0);
13    vec2 value = vec2(density, 0.5);
14    vec4 sampleColor = texture2D(transferFunction, value);
```

```
15    alpha = clamp(sampleColor.a, 0.0, 1.0);
16    alpha *= color.a;
17    vec3 lightIntensity = texture2DProj(shadowTexture, vLightUVW.xyw).xyz;
18    gl_FragColor = sampleColor * vec4(color.xyz * lightIntensity * alpha,
19      alpha);
20 }
```

17.7　実験結果とパフォーマンス評価

この章で詳細に説明したボリュームライティングテクニックは NVIDIA GeForce GT 740M GPU が搭載された ASUS K56CB ラップトップマシン上で実装されました。与えられたバイナリ形式（raw）の CT/MRI データを 2D テクスチャに変換する独自のアプリケーションを作成し、テストのためにボリュームライティングアプリケーションとデータセットをローカルのウェブサーバーで動作させました。評価用データセットは Aorta，CTHead，Engine，Skull，VisibleMale の 5 つを使用しました。データセットの詳細とそのサイズ情報は表 17.1 にあります。

パフォーマンス評価のために直接ボリュームレンダリング（Direct Volume Rendering，DVR）とハーフアングルスライシングという 2 種類のレンダリングモードを用意して比較しました。また、それぞれスライシングが CPU で実装されるか GPU で実装されるかが異なる 2 種類のスライシングモードを持ちます。それぞれのモードでサンプリングのステップサイズは $1/512 = 0.00195$ です。ボリュームレンダリングの視点への依存を減らすために、カメラ／視点はデータセットの周りを 360 度回転できます。得られたフレーム時間（1 フレーム表示に必要なミリ秒）の最大値と最小値の組み合わせが表 17.2 にあります。

表 17.1: パフォーマンス評価で使用されたデータセット

データセット	生データサイズ	2D 平面タイルレイアウト	2D テクスチャサイズ（ピクセル）
Aorta	$256 \times 256 \times 100$	10×10	2560×2560
CTHead	$256 \times 256 \times 256$	16×16	4096×4096
Engine	$256 \times 256 \times 110$	16×16	4096×4096
Skull	$256 \times 256 \times 256$	16×16	4096×4096
VisibleMale	$120 \times 120 \times 100$	16×16	1920×1920

表 17.2: 異なるデータセットでのレンダリングパフォーマンスの比較[2]

| データセット | 直接ボリュームレンダリング | | ハーフアングルスライシング | |
	CPU スライシング	GPU スライシング	CPU スライシング	GPU スライシング
Aorta	[43.67, 47.62]	[41.49, 47.62]	[64.10, 92.59]	[60.98, 82.65]
CTHead	[63.29, 74.07]	[61.73, 75.19]	[108.70, 196.08]	[97.09, 119.05]
Engine	[62.5, 69.93]	[54.95, 71.43]	[64.94, 102.04]	[62.89, 79.37]
Skull	[60.61, 74.63]	[59.88, 74.07]	[79.37, 102.04]	[78.13, 88.50]
VisibleMale	[45.87, 50.76]	[41.67, 49.75]	[72.99, 96.15]	[72.46, 95.24]

---

[2] それぞれのセルにフレーム時間の最大値／最小値の組み合わせが含まれます（1 フレーム表示に必要なミリ秒）。

見てわかるとおり DVR のパフォーマンスが最速です。この理由は主に 2 つです。まず DVR レンダリングモードでは光の減衰が計算されません。次に DVR はシングルパスで結果が計算されます。一方、ハーフアングルスライシングのパフォーマンスはその半分ほどです。これは今回の実装では最終的な結果を得るために 2 パス必要になることが主な理由です。結果には DVR には見られなかった光の減衰も含まれます。フレームタイムへのスライシングの影響をさらに評価するために、CPU と GPU の両方でスライシングを実行しました。表 17.2 で確認できるように、スライシングの計算を GPU で行うとパフォーマンスが向上します。リアルタイムインタラクション可能な WebGL ベースの 3D 可視化アプリケーションのスナップショットが図 17.4 から図 17.6 にあります。

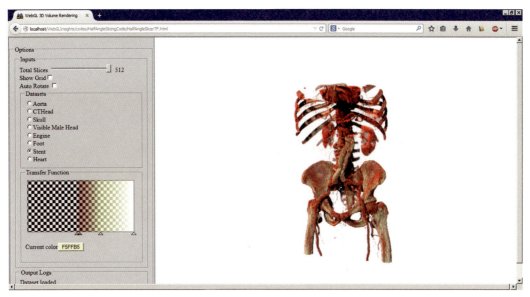

図 17.4: 血管データセットを表示しているリアルタイム 3D 可視化アプリケーションのスナップショット

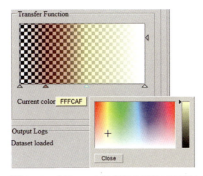

図 17.5: ボリュームの分類を動的に変更するための伝達関数ウィジェット

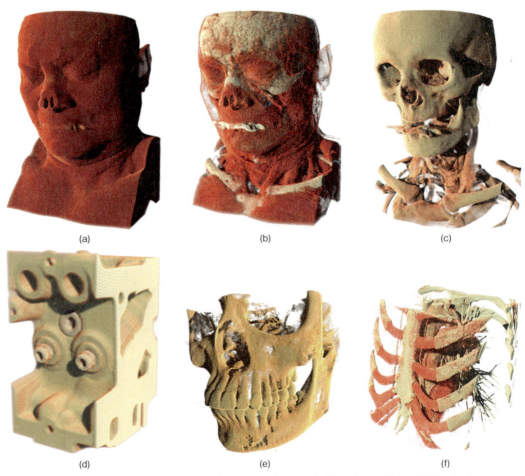

図 17.6: 本章で説明したボリューメトリックライティングテクニックを使用したレンダリング結果。(a–c) CTHead データセット、(d) エンジンブロックデータセット、(e) 頭蓋骨データセット、(f) 心臓データセット。(b) の筋肉組織と (c) の骨組織を表示するために少し修正した伝達関数が使用されています。(f) の心臓データセットでは骨質や心臓、血管を表示するために同様な伝達関数が使用されています

通常ボリュームレンダリングでは、ボリューム密度を分類するために異なる色が割り当てられます。これは伝達関数テクスチャを作成することで実現されます。今回は別の canvas 上に（図 17.5 にあるような）JavaScript 製の動的な伝達関数ウィジェットを実装しました。この伝達関数ウィジェットを使用すると好きなカラーキーを新しく追加し、さらにカラーキー上でマウスをドラッグして現在のカラーキーのアルファ値を修正できます。

伝達関数を修正すると、伝達関数ウィジェットと紐付いた WebGL テクスチャも更新されます。このような機能が実現できたのは WebGL では canvas オブジェクトから直接テクスチャを作成できるからです。これによりボリューム内の異なる密度の表示／非表示を自由に切り替えることができ、図 17.6 (a, b) のような筋肉組織や図 17.6 (c) のような骨組織を選択的にレンダリングすることもできます。図 17.6 (d) のエンジンブロックデータセットと図 17.6 (e) の頭蓋骨データセットでは単純な伝達関数が使用されました。頭蓋骨データセットでは骨の白

然な色と同じになるカラーマップが使用されました。図 17.6 (f) の心臓データセットには血管系や、骨質、軟組織をハイライトするためにそれとは少しだけ異なる伝達関数が使用されました。

17.8　結論と今後の課題

　ここで説明したテクニックはさまざまな拡張機能で代替できます。最初に WEBGL_draw_buffers 拡張機能を使用すると、アイバッファとライトバッファをシングルパスでレンダリングできます。WEBGL_draw_buffers 拡張機能をサポートしていないプラットフォームでは、ライトバッファとアイバッファの両方を 1 つのバッファで描画できるように描画バッファの幅を 2 倍にすることもできます。そしてビューポートを適切に調節しながらアイバッファとライトバッファをレンダリングします。これでもまだ 2 パスは必要ですが、カラーアタッチメント切り替えに伴うコンテキストスイッチが不要になります。別のバッファから読み込んでいる間に、もう 1 つのバッファにレンダリングできるように、2 つのフレームバッファオブジェクトを使用するピンポン戦略を採用してもよいでしょう。これにより読み込み／書き込みの競合状態が発生しないことが保証されます。

　私たちはライトバッファとアイバッファをバックバッファと同じサイズにしました。オフスクリーンテクスチャサイズを減らして、WebGL ハードウェアによって提供されているリニアフィルタリングを使用することで、バッファをバックバッファのサイズまでリサイズできます。これにより特にメモリサイズが限られたスマートフォン上でのパフォーマンスが向上します。

17.9　さらに学習をすすめるために

　ハーフアングルスライシングテクニックについて詳しく解説している書籍は数多くあります。詳しい情報を知りたい読者には Ikits [Ikits 04] と Engel [Engel 06] を読むことを勧めます。(OpenGL v3.3 コアプロファイルを使用した) よりモダンなハーフアングルスライシングの実装は Packt Publishing の *OpenGL Development Cookbook* の 7 章で紹介されています [Movania 13b]。このテクニックを使用した C++ でのデモ実装は出版社のウェブサイトで確認できます [Movania 13b]。

参考文献

[Congote 11] J. Congote, L. Kabongo, and A. Moreno. "Interactive Visualization of Volumetric Data with WebGL in Real Time." *Proceedings of 2011 Web3D ACM Conference*, pp. 137–146, 2011.

[Engel 06] Klaus Engel, Markus Hadwiger, Joe Kniss, and Christof Rezk-Salama. *Real-Time Volume Graphics*, AK Peters/CRC Press, 2006.

[Exposure 14] Exposure Render. URL: https://code.google.com/p/exposure-render/ (accessed in 2015).

[Ikits 04] Milan Ikits, Joe Kniss, Aaron Lefohn, and Charles Hansen. "Volume Rendering Techniques," Chapter 39 in *GPU Gems*, 2004, URL: http://developer.nvidia.com/GPUGems/gpugems_ch39.html (accessed in 2015). 『GPU gems — リアルタイムグラフィックスのプログラミングテクニック』, 中本浩 監訳, ボーンデジタル, 2004.

[Kroes 12] T. Kroes, F. H. Post, and C. P. Botha. "Exposure Render: An Interactive Photo-Realistic Volume Rendering Framework." *PLoS ONE* 8(4), 2012.

[Kruger 03] J. Kruger and R. Westermann. "Acceleration Techniques for GPU-Based Volume Rendering." *Proceedings of the 14th IEEE Visualization*, 2003.

[Movania 13a] M. M. Movania and F. Lin. "On-Site Volume Rendering with GPU-Enabled Devices." Wireless Personal Communications, 76(4), Springer, pp. 795–812, 2013.

[Movania 13b] M. M. Movania. "Implementing Volumetric Lighting Using the Half-Angle Slicing." Recipe in Chapter 7: *OpenGL Development Cookbook*, Packt Publishing Co. UK, 2013, URL: https://www.packtpub.com/game-development/opengl-development-cookbook (accessed in 2015).

[Porter and Duff 84] Thomas Porter and Tom Duff. "Compositing Digital Images." *Computer Graphics*, 18(3), pp, 253–259, 1984. doi:10.1145/800031.808606.

[Preim and Botha 13] Bernhard Preim and Charl P. Botha. *Visual Computing for Medicine*, 2nd ed.: *Theory, Algorithms, and Applications* (The Morgan Kaufmann Series in Computer Graphics), Morgan Kaufmann Publishers, 2013.

[Stegmaier 05] S. Stegmaier, M. Strengert, T. Klein, and T. Ertl. "A Simple and Flexible Volume Rendering Framework for Graphics-Hardware-Based Raycasting." *Proceedings of Fourth International Workshop on Volume Graphics*, pp. 187–241, 2005.

第18章

Terrain ジオメトリ ─ LOD に応じた同心輪

Florian Bösch

18.1　はじめに

　入れ子構造をなす同心輪（Concentric Ring）は幾何学的なクリップマッピングや、その他の地形レンダリングアルゴリズムで一般的な LOD の仕組みです。この章ではジオモーフィング、ミップマッピングとミップマップ選択、ディテールマッピング、補間法などを紹介します。現実的な理由（この章の大きさとスコープ、サンプルコードの紹介が可能かどうか）から、メガテクスチャやクリップマッピングなどの仮想テクスチャリング的な側面は扱わず、代わりに小さな繰り返し可能テクスチャのルックアップテーブルを使用します。テクスチャ関数は必要に応じてより洗練された任意の手法で置き換えることができます。

　大規模な地形のレンダリング手法はすべて、あらゆるものは観察者から遠ざかるほど小さく見えるという観測結果と密接に関係しています。つまりこの事実に基づいてさまざまな LOD（Level Of Detail）を使用し、遠くの形状をレンダリングするために必要な情報やテクセル、頂点の量を減らします。

　LOD の仕組みを使用することで発生する新しい問題がいくつかあります。例えば LOD の急な変更やチラツキ、複数の LOD をテクスチャ化の段階でどのように組み合わせるか、バッファへの転送などの GPU を失速させる処理をどのように避けるかなどです。

　今回紹介する LOD 手法には次のような利点があります。

- VRAM（ビデオ RAM）使用量を最小化でき、リアルタイムに最適なものが適用されるメッシュ（ROAM, Real-time Optimally Adapting Mesh）のような巨大なメッシュ群が不要になる
- 実行時のバッファ転送が不要になる
- バッファ切り替えや周囲とのつなぎ合わせが不要になる

- LOD を合成する際に急な切り替わりやチラツキのような視覚的なアーティファクトが少なく済む

18.2　この章の説明とデモ、ソースコードの読み方

この章の説明、デモ、ソースコードはお互いに足りない部分を補い合う関係にあります。合わせて読むと理解の大きな助けになるでしょう。それぞれのセクションには関連するソースコードが用意されていて、そのアプリケーションは http://codeflow.org/webgl/lacr で実際に動作しています。ソースコードは GitHub リポジトリ[1]で確認できます。各セクションのソースコードは src/sections フォルダにあります。

18.3　グリッドのレンダリング

グリッドの頂点バッファは数値で埋められています。グリッドサイズが 16 なら頂点の範囲は $(-8, -8)$ から $(8, 8)$ になります。この定義は使用する数式の多くで有用です。頂点のワールド座標を得るには、まずグリッドの位置をグリッドサイズで割り正規化します。正規化の結果、頂点は $(-0.5, -0.5)$ から $(0.5, 0.5)$ の範囲に収まります。表示に使用する際にはスケールを掛け合わせ、グリッドが覆うべきワールドの大きさにまで拡大されます。

リスト 18.1: グリッド空間座標からワールド空間座標への変換

```
1 uniform float gridSize, gridScale;
2 vec2 transformPosition(vec2 position){
3   return (position / gridSize) * gridScale;
4 }
```

シェーダー内で使用されている異なる座標系は空間ととらえると便利です。

- **グリッド空間**: グリッドメッシュの属性によって与えられるグリッド座標を使用する座標系
- **ワールド空間**: 画面に表示する物体を変換するために使用される絶対座標系
- **テクスチャ空間**: テクスチャ座標で使用される座標系

一定の間隔で細分化されたグリッドをレンダリングすることが第一段階です。図 18.1 では単純で均質なテッセレーションが使用されています。

グリッドは X/Z 平面に座標を渡して描画されます。

$gl\_Position$ = proj * view * vec4(position.x, 0.0, position.y, 1.0);

---

[1] https://github.com/pyalot/webgl-lacr

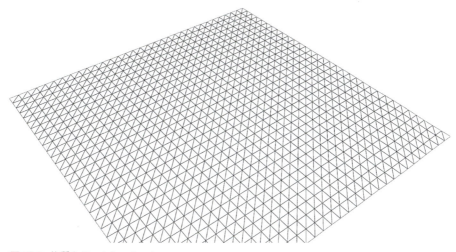

図 18.1: 均質なテッセレーション

18.4 グリッドにオフセットを設定

ハイトフィールドは png 画像として保持されます。png 画像には効率のよい可逆圧縮という長所があります（空のチャンネルがあればさらに効率が上がります）。赤チャンネルが上位バイト、緑チャンネルが下位バイトです。データのフィルタリングやミップマップを可能にするため、画像を使用する前にオフスクリーンフレームバッファを使用して浮動小数点テクスチャに変換します（リスト 18.2）。

リスト 18.2: オフスクリーンでの事前処理で符号なしの単整数型から高さへの変換（convertHeights.shader）。倍率は実際のハイトフィールドの高さから事前に算出されます

```
1 vec4 texel = texture2D(source, coord);
2 float height = ((((texel.r * 256.0 + texel.g) / 257.0) - 0.5) * scaleFactor;
3 gl_FragColor = vec4(height, 0, 0, 1);
```

ハイトフィールドは実行時に線形補間されたテクスチャルックアップでサンプリングされて表示に使用されます。得られた高さは頂点座標の Y 方向のオフセットとして使用されます。リスト 18.3 にあるように、サンプリングする座標は（`textureScale` パラメーターを使用して）ワールド空間座標をテクスチャ空間座標に変換して取得します。

リスト 18.3: Y 方向のオフセット（図 18.2）

```
1 uniform sampler2D uTerrain;
2 float getHeight(vec2 position){
3   vec2 texcoord = position / textureScale;
4   return texture2D(uTerrain, texcoord).x * textureScale;
5 }
6
```

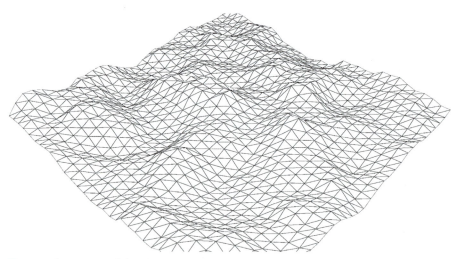

図 18.2: グリッドの Y 方向のオフセット

```
 7  void main(){
 8      vec2 pos = transformPosition(position);
 9      float yOffset = getHeight(pos);
10      gl_Position = proj * view * vec4(pos.x, yOffset, pos.y, 1);
11  }
```

18.5 微分マップとライティング

フラグメントごとに高品質なライティングを可能にし、詳細な法線マッピングを容易に行うことができ、内部的なハイトフィールドの解像度に依存せず、補間しやすく、接空間を必要としない法線の定義があると便利でしょう。偏微分マップにはまさにそういった特徴があります。微分マップは S 方向と T 方向の高さの差（中心差分）を保持していて、法線マップを置き換えることができます（リスト 18.4）。微分マップは Mikkelsen [Mikkelsen 2010] と Schueler [Schueler 2013] などでも議論されています。微分を保持することで、接空間を使用せずにただ足し合わせるだけで複数のレイヤーに分かれた微分マップを簡単に組み合わせることができます。リスト 18.2 のコードは微分を保持するように修正されています。テクスチャのサイズが掛け合わされていることからわかるように微分値は解像度に依存しません（図 18.3）。

リスト 18.4: 微分値を保持するように修正されたハイトフィールドのオフスクリーン事前処理でのデコード

```
1  float height = getHeight(0.0, 0.0);
2  float left = getHeight(-1.0, 0.0);
3  float right = getHeight(1.0, 0.0);
4  float bottom = getHeight(0.0, -1.0);
5  float top = getHeight(0.0, 1.0);
6  float dS = (right-left)*0.5;
7  float dT = (top-bottom)*0.5;
8  gl_FragColor = vec4(height, dS*viewport.s, dT*viewport.t, 1);
```

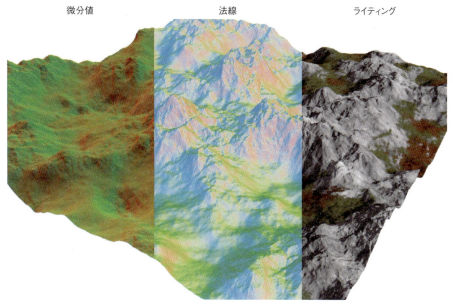

図 18.3: 左から順に、微分値、法線、ライティング

レンダリング中に偏微分マップから法線を計算するためには外積を使用します（リスト 18.5）。

リスト 18.5: 微分値から法線を計算（レンダリング中に使用）

```
1  vec3 getNormal(vec2 derivatives){
2    vec3 sDirection = vec3(1, derivatives.s, 0);
3    vec3 tDirection = vec3(0, derivatives.t, 1);
4    return normalize(cross(tDirection, sDirection));
5  }
```

ライティング項としてランバート反射を使用します。

18.6　グリッドの移動

グリッドをカメラの中心に保つため（即時に）カメラ位置を相殺する必要があります。表示のチラツキを抑えるには、グリッドの位置をセルサイズ単位で設定する必要もあります。セルサイズとはグリッド内の 1 つのセルの大きさのことです。これを簡単に実現するには、カメラの位置をグリッド空間に変換し、丸めたカメラ位置を使用してグリッドの座標をずらします。invTransformPosition はセクション 18.3 で紹介した transformPosition の逆変換で、ワールド空間座標からグリッド空間に変換します。

リスト 18.6: グリッド座標をカメラ付近が中心となるように移動。丸めたカメラの位置で相殺することで実現。

```
1  vec2 cameraPosition = invTransformPosition((invView * vec4(0, 0, 0, 1)).xz);
2  vec2 pos = position + floor(cameraPosition + 0.5);
```

18.7　入れ子構造のグリッド

　LOD の仕組みを実現するためにグリッドは連続的に入れ子になっています（図 18.4）。最も内側のグリッドは中心にある正方形区画です。その周りに輪になった領域が描画されます。内側に別の輪（もしくは中心区画）を配置するために、それぞれの輪には一辺の半分の大きさの穴が空いています。

　シェーダーは前のセクションと同じです。覆っている領域の 2 倍の大きさの輪を次に続ける

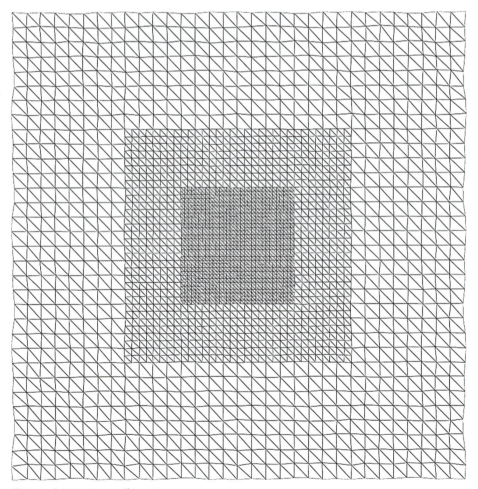

図 18.4: 入れ子になったグリッド

ために `gridScale` パラメーターを使用します。`draw` 関数は `drawArrays` 呼び出しと一対一に対応しています（リスト 18.7）。

リスト 18.7: 中心区画周りのサイズが増加する輪の描画

```
1  for level in [0...@gridLevels.value]
2    scale = @app.gridScale.value * Math.pow(2, level + 1)
3
4    @ringState
5      .float('gridScale', scale)
6      .draw()
```

中心区画に加えて、それぞれの輪も 1 回のドローコールで描画されます。

18.8　グリッドの隙間を埋める

それぞれのグリッドは外側にあるセルの半分の距離だけずれているので、隙間が生じます（図 18.5）。カメラ位置に丸められるため、隙間は常に 1 つしかありませんが、左と右、もしくは上と下の間で急に切り替わることがあります。

次の大きな LOD レベルとの間に隙間ができないように周辺部を追加してつなぎ合せると [Asirvatham and Hoppe 2005] この問題は解決できます。しかし今回はそうではなく、グリッドの行と列を 1 つずつ大きくして問題に対処しました。グリッドを増やしたことで周辺部ではそれらがオーバーラップするようになり、メッシュの位置がどこであっても隙間が発生しなくなります。

これによりオーバードローと Z ファイティング[*2]が発生します。しかし地形はフラグメントごとに描画されそれぞれの LOD レベルで一意なので、Z ファイティングはここでは問題になりません。

GPU スピード（転送バンド幅とステート変更に加え特にフィルレート）が向上したことで、余分なドローコール呼び出しや実行時の頂点バッファの更新を避けられるという利点があるのであれば、少々のオーバードローは許容できるようになりました。

18.9　ジオモーフィング

異なる解像度のグリッドを入れ子にするために、詳細な解像度のグリッドを粗い解像度のグリッドのように見せかける必要があります。頂点の高さが自身の位置のハイトフィールドだけで決まる場合、対応するモーフ係数は 0 です。この場合は完全にモーフィング／詳細化されています。モーフ係数 1 に相当するのは粗いグリッドのように見せかけている場合で、この場合は完全に非モーフィング／非詳細化されています。詳細な頂点は粗いグリッドの角の上にあるか、それらの間にあるかを計算する必要があります。もし角の上にあれば、何も変更の必要はありません。もし 2 つの粗い頂点の間にあれば、その高さはモーフ係数に応じて隣り合う頂点

[*2] 訳注: ポリゴン同士の Z バッファの値が近い場合に前後判定が頻繁に入れ変わりチラついてしまう現象のこと。

図 18.5: LOD レベルの間の隙間

の間の値で均されます。

図 18.6 の大きな紫の点は変位させられている頂点を示しています。小さなオレンジの点は粗いグリッド上の近傍としてサンプリングされる座標です。

18.9.1 近傍関数

次に最も近い粗いグリッド上の近傍への向きを計算するために近傍関数が導入されます。ここでの手法は斜め線が同じ向きで小さな X/Z から大きな X/Z に向かうようなテッセレーションが使用されているときにだけ有効です。

近傍の位置を求めるために、グリッド空間のそれぞれの頂点をグリッドセルサイズの大きさの 2 倍の値で割った余りを求めます。この位置は常にグリッド空間上にあります。次にリスト 18.8 のように近傍の頂点の高さと変位させられた頂点の高さを取得します。

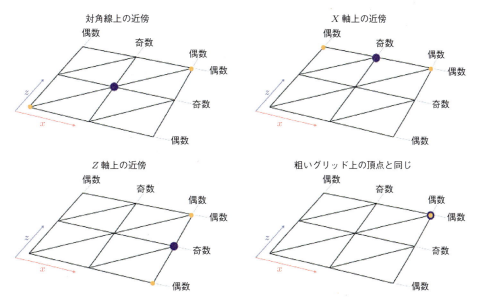

図 18.6: 近傍のオフセット

リスト 18.8: 粗いグリッド上にある近傍頂点の特定と座標の取得。modPos の長さを条件にスケールを取得し、補間が必要かどうかを判定します。

```
1  vec2 modPos = mod(position, 2.0);
2  vec2 ownPosition = vPosition = transformPosition(position);
3  float ownHeight = getHeight(ownPosition);
4
5  if (length(modPos) > 0.5) {
6    vec2 neighbor1Position = transformPosition(position + modPos);
7    vec2 neighbor2Position = transformPosition(position - modPos);
8
9    float neighbor1Height = getHeight(neighbor1Position);
10   float neighbor2Height = getHeight(neighbor2Position);
11
12   float neighborHeight = (neighbor1Height+neighbor2Height) / 2.0;
13   float yOffset = mix(neighborHeight, ownHeight, morphFactor);
14
15   gl_Position = proj * view * vec4(ownPosition.x, yOffset, ownPosition.y, 1);
16 } else {
17   gl_Position = proj * view * vec4(ownPosition.x, ownHeight,
18     ownPosition.y, 1);
19 }
```

18.10 LOD レベル間のモーフ係数

セクション 18.5 でジオモーフィングを実装しました。LOD レベルの間でモーフィングするために、モーフ係数を輪の内側にある辺上では 1 (詳細度最大)、輪の外側の辺上では 0 となるように変化させる必要があります。

このためにチェビシェフ距離[*3]を使用します。ユークリッド距離とは異なり軸に沿った距離の中の最大値が距離として使用されます (図 18.7)。

モーフ係数はグリッド空間で計算されます。グリッド空間ではグリッドの大きさは中心 (0,0) の周囲 2 分の 1 です。正確なモーフ係数は外側の辺 (距離 1/2) を 1, 内側の辺 (距離 1/4) を 0 として補間することで取得します。

距離の測定基準はグリッド空間でのカメラ位置を考慮して調整します。これはグリッド間を移動できるようにするためですが、モーフ係数はカメラの少し先に合わせます。これによりモーフィングの動きがスムーズかつ安定し、カメラがとらえている範囲内で急な変形が発生しなくなります。

LOD モーフレベルの間で隙間が発生しないように計算の際にセルサイズにバイアスを適用します。これにより LOD レベルの境界が必ず一致します (リスト 18.9, 図 18.8)。

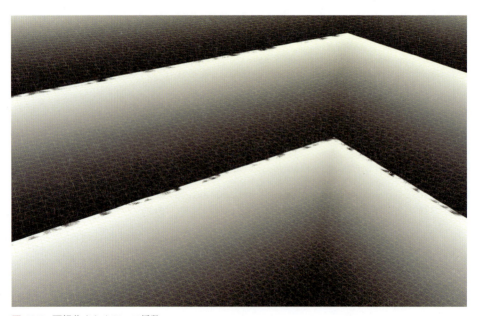

図 18.7: 可視化されたモーフ係数

[*3] 訳注: 例えば、xy 平面上の 2 点を考えると、(x_1, y_1) と (x_2, y_2) のチェビシェフ距離は $\max(|x_1 - x_2|, |y_1 - y_2|)$ となります。将棋の王将が何手でそのコマまで移動できるか、だと考えるとわかりやすいでしょうか。

リスト 18.9: LOD モーフ係数の計算

```
vec2 cameraDelta = abs(pos - cameraPosition);
float chebyshevDistance = max(cameraDelta.x, cameraDelta.y);
morphFactor = linstep(
  gridSize / 2.0 - 1.0,
  gridSize / 4.0 + 1.0,
  chebyshevDistance
);
```

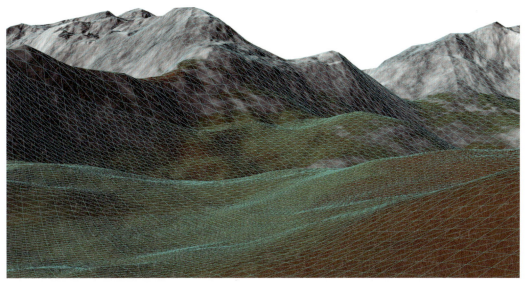

図 18.8: 隙間が生じないように調節された LOD レベル

18.11 テクスチャのミップマップレベル選択

もし頂点シェーダーで適切なテクスチャミップマップレベル選択が使用されなければ、地形の見た目はおかしくなり、エイリアシングによるモーフィングがよりあからさまに表示される可能性があります。現在の設定では、テクスチャの解像度は最も内側のグリッドと一致させています。グリッドによく一致するミップマップ係数を使用します。

リスト 18.10: ミップマップレベルの計算

```
float getMiplevel(vec2 position, float texelSize){
  float dist = max(abs(position.x), abs(position.y));

  float cellSize = startGridScale/(gridSize*2.0);

  float correction = log2(cellSize/texelSize);
  float distanceLevel = max(0.0, log2(dist*4.0/startGridScale));

  return distanceLevel+correction;
}
```

この関数を使用するには、カメラのワールド座標からの相対的な位置とテクセルのサイズを渡します。

リスト 18.11: getMiplevel 関数の使用

```
1  float texelSize = textureScale/terrainSize;
2  float miplevel = getMiplevel(abs(position - camera), texelSize);
```

startGridScale という uniform 変数を最も内側のグリッドサイズが使用しているスケールを渡すために使用します。ミップマップレベルはこの startGridScale を元に計算されます。グリッドセルとテクセルの大きさの違いを吸収するために補正係数が導入され、これによりグリッドセルとテクセルの大きさの差によってテクスチャのサンプリングが過剰もしくは過少になることを避けています。

18.12　倍率

メッシュがテクスチャよりも詳細なときに線形補間を使用するとサドル型のアーティファクトや小平面型のアーティファクトが発生します。この問題はミップマップレベルゼロのテクスチャルックアップを高次の多項式補間で置き換えると解消できます。ここでは Catmull–Rom スプライン曲線を選択すると違和感のないハイトフィールドのバリエーションを生成できるでしょう。

以下は修正された地形ルックアップ関数（getHeight）です（リスト 18.12）。

リスト 18.12: 修正された地形高度ルックアップ

```
 1  uniform sampler2D uTerrain;
 2  float getHeight(vec2 position, vec2 camera){
 3    float texelSize = textureScale/terrainSize;
 4    float miplevel = getMiplevel(abs(position - camera), texelSize);
 5    vec2 texcoord = position/textureScale;
 6
 7    float mipHeight = texture2DLod(
 8      uTerrain, texcoord, max(1.0, miplevel)
 9        ).x*textureScale;
10
11    if(miplevel > = 1.0){
12      return mipHeight;
13    }
14    else{
15      float baseHeight = texture2DInterp(
16        uTerrain, texcoord, vec2(terrainSize)
17          ).x*textureScale;
18      return mix(
19        baseHeight, mipHeight, max(0.0, miplevel)
20      );
21    }
22  }
```

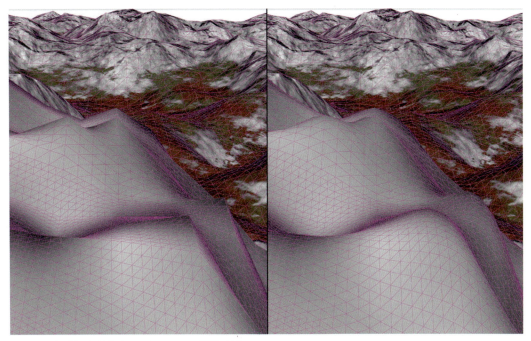

図 18.9: 線形補間（左）と Catmull–Rom 補間（右）

`texture2DInterp` 関数は高次のテクスチャ補間を実装しています。図 18.9 は線形補間と Catmull–Rom 補間の違いを示しています。

18.13 ディテールマッピング

地形に極端に接近すると、細かい部分があまりきれいではありません。これは基本マップのテクセルがかなり大きくなり、詳細度が足りなくなるからです（図 18.10）。

この問題はディテールマッピング [Wolfire 2009] を使用して、3つのマテリアル（岩場、土、草）をマテリアルミックスマップに従って混ぜ合わせることで対応できます。

マテリアルミックスをルックアップするために、ミックスマップテクセルをフェッチし、足し合わせた結果を 1 にする関数を導入します（リスト 18.13）。

リスト 18.13: マテリアルミックスをフェッチして合計を 1 に正規化

```
1 uniform sampler2D uMaterialMix;
2 vec3 getMaterialMix(vec2 position){
3   vec2 texcoord = vPosition/textureScale;
4   vec3 mixFactors = texture2D(uMaterialMix, position/textureScale).rgb;
5   return mixFactors/= (mixFactors.r + mixFactors.g + mixFactors.b);
6 }
```

図 18.10: 非ディテールマッピング（左）とディテールマッピング（右）の違い

18.13.1 基準のアルベドマップとディテールアルベドマップの混合

アルベドミックスの元となるアイデアは、基準の色を各ディテールの平均色で割り、その後で各ディテールの色を掛け合わせるということです（リスト 18.14）。

リスト 18.14: 基準の色とディテールの色の混合

```
1 vec3 rockAlbedo = (albedo/rockAvg)*getDetailColor(uRockColor);
2 vec3 dirtAlbedo = (albedo/dirtAvg)*getDetailColor(uDirtColor);
3 vec3 grassAlbedo = (albedo/grassAvg)*getDetailColor(uGrassColor);
4
5 vec3 detail = (
6   materialMix.x*dirtAlbedo +
7   materialMix.y*grassAlbedo +
8   materialMix.z*rockAlbedo
9 );
```

これにより基準の色にディテールの色合いが付き、シェーダーの結果が変化に富んだものになります。

18.13.2　基準の微分値とディテールの微分値を合計

セクション 18.6 で述べたように、微分値はただ足し合わせるだけで組み合わせられるため扱いやすく、その結果は解像度の影響を受けません。ミックスマップから微分値を得て合成し、基準の微分値に足し合わせます（リスト 18.15）。

リスト 18.15: ディテールの微分値と基準の微分値の混合

```
1  vec2 rockDerivatives = getDetailDerivatives(uRockHeight);
2  vec2 dirtDerivatives = getDetailDerivatives(uDirtHeight);
3  vec2 grassDerivatives = getDetailDerivatives(uGrassHeight);
4
5  vec2 detailDerivatives = (
6    materialMix.r*dirtDerivatives +
7    materialMix.g*grassDerivatives +
8    materialMix.b*rockDerivatives
9  );
10
11 return derivatives + detailDerivatives*showDetail;
```

18.13.3　基準の高さとディテールの高さの合計

getDetailHeight 関数内でもセクション 18.11 と同じミップマップレベルの計算が使用されます。唯一の違いは、getMiplevel に渡されるテクセルサイズが基準のテクセルではなくディテールテクセルのものだということです。セクション 18.13.2 で微分値を混合したのと同じように、ディテールの高さを混合します。getHeight 関数を修正して以下のようなコードを追加し、ディテールの高さと基準の高さを足し合わせます（リスト 18.16）。

リスト 18.16: 基準の高さとディテールの高さを合計するように修正された getHeight 関数

```
1  float detailHeight = getDetailHeight(position, camera);
2  if(miplevel >= 1.0){
3    return detailHeight+mipHeight;
4  }
5  else{
6    float baseHeight = texture2DInterp(
7      uTerrain, texcoord, vec2(terrainSize)
8    ).x*textureScale;
9
10   return detailHeight+mix(
11     baseHeight, mipHeight, max(0.0, miplevel)
12   );
13 }
```

18.13.4 まとめ

CPU に負荷をかけずに複雑なハイトフィールドを効率的にレンダリングする方法、詳細度を強化する方法、LOD モーフに伴うアーティファクトを削減する方法、プレフラグメントライティングと色付け操作を実現する方法、適切なミップマップレベルを選択する方法、状態変更と GPU へのデータ転送を避けるためのレンダリングの構造化など重要な問題に対応する方法について説明しました。

正しいレンダリング結果を生成するためのロジックはすべてシェーダーで記述されていてカメラ位置の変化に対して遅延なく即座に反応できるので、このメソッドは静的なハイトフィールドだけでなく動的なハイトフィールドにも使用できます。また仮想テクスチャリングやクリップマッピングなどの複雑なテクスチャリングスキームを使用するように拡張することもできます。

さらにシンプレックス（三角形）グリッドや六角形グリッドのような正方形ではないグリッドや、頂点とは異なる向きのオフセットを使用するように拡張することもできます。

本格的な用途では頂点キャッシュの利用効率を向上させるインデックスバッファのような最適化や視錐台カリングも併せて利用するとよいでしょう。

参考文献

[Asirvatham and Hoppe 2005] *GPU Gems 2*, Chapter 2, "Terrain Rendering Using GPU-Based Geometry Clipmaps." (http://developer.nvidia.com/GPUGems2/gpugems2_chapter02.html). 『GPU Gems 2 日本語版 — ハイパフォーマンス グラフィックスと GPGPU のためのプログラミング テクニック —』, 中本浩 監訳, ワークスコーポレーション, 2005.

[Kent 2013] "WebGL Terrain Rendering in Trigger Rally." (http://www.gamasutra.com/blogs/JasmineKent/20130904/199521/WebGL_Terrain_Rendering_in_Trigger_Rally__Part_1.php).

[Losasso and Hoppe 2004] "Geometry Clipmaps: Terrain Rendering Using Nested Regular Grids." (http://research.microsoft.com/en-us/um/people/hoppe/geomclipmap.pdf).

[McGuire 2014] "Fast Terrain Rendering with Continuous Detail on a Modern GPU." (http://casual-effects.blogspot.ch/2014/04/fast-terrain-rendering-with-continuous.html).

[McGuire and Sibley 2004] "A Heightfield on an Isometric Grid." (http://graphics.cs.brown.edu/games/IsoHeightfield/mcguiresibley04iso.pdf).

[Mikkelsen 2010] "Bump Mapping Unparametrized Surfaces on the GPU." (https://dl.dropboxusercontent.com/u/55891920/papers/mm_sfgrad_bump.pdf).

[Schueler 2013] "Normal Mapping without Precomputed Tangents." (http://www.thetenthplanet.de/archives/1180).

[Wolfire 2009] "Detail Color Matching." (http://blog.wolfire.com/2009/12/Detail-texture-color-matching).

第VI部

可視化

WebGL が利用される領域の中で重要なものには地図、ニュース、データ可視化などがあります。このセクションでは優れたデータ可視化アプリケーションを紹介します。

第 19 章「WebGL でのデータ可視化テクニック」では、Nicolas Belmonte がデータ可視化アプリケーションを 2 つ紹介します。1 つ目は NASA のデータを使用した地球規模の気温変化の可視化で、マルチパスポストプロセッシングレンダリング処理について主に説明します。2 つ目は video API と camera API、Web Worker、ANGLE_instanced_arrays を使用したリアルタイム色分解です。いずれの事例であっても使用するアルゴリズムは CPU だけでは性能が不足するため、GPU を利用して大量の並列処理を実行しています。

大量データセットの可視化は WebGL アプリケーションにとっては一般的な課題です。データの取得は簡単になりコストも下がり続けていて、そのため OpenStreetMap から CAD や神経学的データまであらゆるデータの量が増え続けています。

第 20 章「hare3d — ブラウザでの巨大なモデルのレンダリング」では、Christian Stein, Max Limper, Maik Thöner, Johannes Behr があらゆるデバイスで巨大な CAD モデルをレンダリングすることを目標とした高度に適応的なレンダリング環境（hare3d: Highly Adaptive Rendering Environment）について説明します。目標とするフレームレートやユーザーの移動といった要素に基づいて、hare3d はユーザーが定義したパイプラインステージグラフの振る舞いを実行時に臨機応変に調整します。この調整を行うためにオブジェクトはそのシェーダー、ステート、スクリーン空間サイズなどに従って簡単にグループ分けされ、反復的に描画されます。この章ではシェイプリソースコンテナ（SRC）フォーマットを使用した、漸進的なストリーミング、サイズのバランス、高速なデコードについても議論します。

第 21 章「BrainBrowser Surface Viewer: WebGL ベースの神経学的データの可視化」では、Tarek Sherif が神経学的な研究での可視化に必要とされる要件と WebGL を使用してそれらにどのように対応しているかについて議論します。この章では BrainBrowser Surface Viewer のアーキテクチャについて、中でも Web Worker と three.js の BufferGeometry を利用したジオメトリと頂点ごとのデータ読み込みパイプライン、ユーザーインタラクション、オンデマンドローディングを利用した大量データセットの可視化について説明します。

第19章

WebGLでの
データ可視化テクニック

Nicolas Belmonte

19.1　はじめに

　ゲーム開発やクリエイティブコーディングに加えて、データの可視化は WebGL の主要な
ユースケースの 1 つです。この章では WebGL がなければ Web 上では実現できなかった実験
的なデータ可視化アプリケーションの例を 2 つ紹介します。最初の例は NASA が提供してい
る地球規模の気温変動を示す天候データの解析です（図 19.1）。2 つ目の例では動画やカメラ
入力のリアルタイムな色分解を調査します。両方の例でデータ収集プロセスの一部でモダンな
ブラウザ API を使用し、データ処理や可視化のプロセスで WebGL を使用しています。

　これらの例を使用して WebGL を使用してデータ可視化を行う際のワークフローを紹介し
ます。そのためにまずはウェブ上でのデータ可視化のプロトタイピングと実際の開発を高速に
行うためのフレームワークの紹介から始めます。データの可視化プロセスについてはその後で
詳細に説明します。

　可視化それ自体は（データ収集、解析などを含む）データ可視化プロセス全体の一部にすぎ
ないのと同じく、WebGL はデータ可視化を作成するために使用するいくつかある API の 1
つにすぎません。例えばウェブでのデータ収集プロセスについて述べるというと、単にテキス
トファイルや JSON ファイルの非同期な読み込みについてだけ説明すると考える人もいるか
もしれませんが、実際にはウェブにはバイナリファイル、画像、動画、カメラ入力、ユーザー
の位置情報、音声、デバイスの向きなど他にも多くのデータ収集ポイントがあります。

　データ処理プロセスでは計算をできる限り GPU に任せることが目標になります。これは
1 パスで実現できる場合もあれば、それ以上のパスが必要になる場合もあります。実際には
GPU で実行することが不可能なこともあり、その場合は JavaScript 内で `TypedArray` を使
用するとパフォーマンス上の問題の多くに対処できます。本章で紹介する例では GPU に任せ

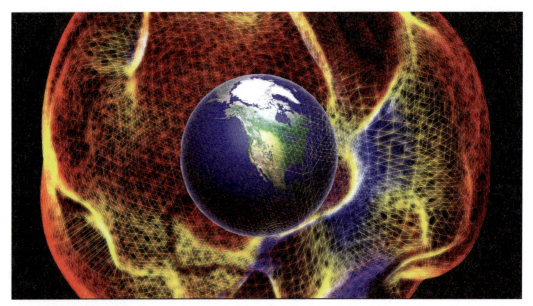

図 19.1: 気温変動の可視化

られる処理とそうではない処理の両方を使用しています。

　最後に可視化プロセスを紹介するにあたっては WebGL 1.0 だけではなく WebGL 2.0 の API についても触れます。特に 2 つの拡張機能、浮動小数点テクスチャとインスタンシング（Instanced Arrays）を紹介し、これらを使用してどのようにレンダリング高速化とデータ変換を実現できるかを実際に示します。

19.2　フレームワークの準備

　ウェブは長い時間をかけてウェブアプリケーションのプロトタイピングと開発を高速化するツールを作成してきました。中でも特に Yeoman (`http://yeoman.io/`) は静的ウェブサイトの開発とデプロイを補助してくれる素晴らしいツールセットです。Yeoman はウェブアプリケーション作成の生産性向上を目的とした次の 3 つのメインツールで構成されています。

- **Yo**: 新しいアプリケーションの雛形として `index.html` ファイルや `404.html` ファイルと、`images` フォルダ、`videos` フォルダ、`shaders` フォルダ、`scripts` フォルダ、`styles` フォルダなどのディレクトリ構造を作成します。
- **ビルドシステム**: JavaScript の圧縮と結合、SASS ファイルや LESS ファイルの CSS へのコンパイル、画像最適化の実行など、ローカルサーバー上でプロジェクトのビルドとプレビュー、テストを行います。現在は "grunt" か "gulp" を選択できます。
- **パッケージマネージャ**: 依存性を処理するために使用します。このおかげで手動でウェブサイトに行き、探しているバージョンのライブラリのダウンロードリンクを見つけ、ファイルをディレクトリ構造の中にコピー&ペーストする必要がなくなります。パッケージ管理ツールの主な選択肢は bower と npm の 2 つです。

図 19.2: Yo の生成するディレクトリ構造

プロジェクトの典型的なテンプレートは図 19.2 のようになります。

「app」フォルダにはソースファイルが保持されています。「bower_components」には bower を使用してインストールした JavaScript ライブラリがあります。「data」フォルダにはさまざまなフォーマットのデータ、今回の場合は TSV（タブ区切り）ファイルと JSON ファイルが含まれます。「images」や「fonts」、JavaScript ファイルを保持する「scripts」、スタイルファイル（今回は SASS）を保持する「styles」などのアセットのためのフォルダもあります。最終的には独自のフラグメントシェーダーと頂点シェーダーを置く「shaders」フォルダも「app」フォルダ内に含めることになります。「app」フォルダの外には、ビルドしたサイトを保持する「dist」フォルダがあります。「node_modules」には npm かおそらく（「Gruntfile」で指定される）grunt タスクを使用してローカルにインストールした node モジュールが含まれます。

コマンドラインで grunt を使用すると多くの便利な機能を実行できます。「grunt serve」を実行するとローカルサーバーを起動できます。これは開発用のサーバーで、JavaScript ファイルを保存するたびに自動的にページがリロードされます。自分でブラウザのリロードボタンをクリックする必要はありません。JavaScript ファイルだけでなく SASS ファイルを変更した場合も CSS ファイルが再生成され、表示が更新されます。「grunt build」コマンドを使用すると最適化されたサイトを含む「dist」フォルダを作成します。最後に例えば TSV ファイルを JSON ファイルに変換するようなデフォルトでは存在しないタスクを実行したければ、独自のタスクを作成して「grunt tsv2json」のようにして呼び出すこともできます。

プロジェクトの雛形を自身の要件に合わせて生成するために、独自のジェネレーターを作成することもできます。同じような考えに基づいて Google が作成した雛形作成ツールである Web Starter Kit[*1] もあり、こちらは Yo と比較するとカスタマイズ性が劣りますが、その分簡単に利用できます。

[*1] https://developers.google.com/web/starter-kit/

344　第 19 章　WebGL でのデータ可視化テクニック

19.3　データ可視化フレームワークの選択

19.3.1　PhiloGL

今回の例では PhiloGL[*2]を使用しています。これは WebGL 上に薄い層を追加して、
WebGL アプリケーションを作成するためのボイラープレートコードを提供してくれま
す。このフレームワークは表現力が高く、例えば簡単な呼び出しを一度行うだけで内部的には
非常に冗長な WebGL API の一連の処理を実行してテクスチャを設定することができます。
といっても WebGL API 全体を抽象化するわけではないため、そのせいで何か不都合が起き
ることはありません。フレームワークにはシーン、カメラ、3D プリミティブといった最低限
の基本的な概念があります。次のコードは PhiloGL でアプリケーションをどのように作成す
るかを示すものです。

リスト 19.1: PhiloGL を使用したアプリケーション作成の例

```
 1  PhiloGL('canvasId', {
 2    program: {
 3      from: 'uris',
 4      path: './shaders/',
 5      vs: 'lighting.vs',
 6      fs: 'lighting.fs'
 7    },
 8    camera: {
 9      position: {
10        x: 0, y: 0, z: -50
11      }
12    },
13    textures: {
14      src: ['arroway.jpg', 'earth.jpg']
15    },
16    onError: function(e) {
17      console.error("There was an error creating the app.");
18    },
19    onLoad: function(app) {
20      /* ここで何かを行う */
21    }
22  });
```

このスニペットは与えられたシェーダー URL を元にプログラムを作成し、カメラを設定し
て、テクスチャを非同期で読み込み、すべての処理が正しく完了した後で onLoad を呼び出
します。onLoad の最初の引数はアプリケーションオブジェクトで、次のような便利なプロパ
ティを保持しています。

`app.{gl, program, scene, camera}`

WebGLContext に直接アクセスすることもできますが、それだけではなくシーンやカメラと

[*2] http://philogl.org/

いった高レベルな抽象化も使用できます。今回の例で使用しているコードはほとんどがそのまま WebGL API と簡単に置き換えることができる低レベルなコードです。PhiloGL の簡単な例は次のサイトで確認できます。

http://philogl.org/demos.html#lessons

19.4　例 1: 気温変動

NASA は毎年の地球規模な気温の変化についてのデータを集めています。この情報は 1880 年以来集め続けられていて、このデータを使用することで地球上のさまざまな場所の気温変動（つまり変化）を 2 次元のヒートマップとして追跡できます。この画像をテクスチャとして読み込んで、3D ヒストグラムにマッピングすると、全世界の温度変化をインタラクティブに追跡できます（図 19.3）。期間を選んで滑らかにアニメーションさせることで、数年間に渡る全体的な温度の変化にも気付けるようになります。この可視化アプリケーションには以下のサイトからアクセスできます。

http://philogb.github.io/page/temperature-anomalies/

この例には次のような処理が含まれます。

- データ読み込み: 入力データはさまざまな位置での気温変動を示す線形カラースケールの画像です。
- データ処理: 滑らかな球体形状に合わせるため平滑化する必要があります（つまり浮動小数点テクスチャに保存されているデータセットにガウスぼかしをかけて平均を取る必要があります）。
- レンダリング: ポストプロセッシングの処理も含まれます。

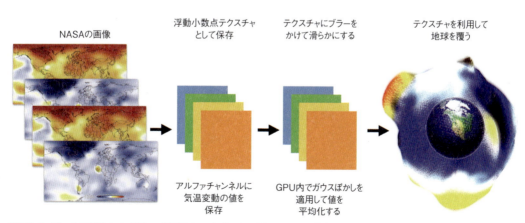

図 19.3: データ処理とレンダリング処理のパイプライン図。はじめに気温変動データを含む NASA の画像が読み込まれ、それらの画像が浮動小数点テクスチャに保持されます。気温変動が赤／青カラースペクトラムから実際の気温変動の値に変換され、その値が浮動小数点テクスチャのアルファチャンネルに保存されます。次にテクスチャにガウスぼかしが適用され、温度の平均を取ることで温度変化を滑らかにアニメーションできるようになります。最後にこれらのテクスチャを使用して地球を滑らかに隙間なく覆う形状を生成します

19.4.1 データ読み込み

NASAの画像は直接読み込まれます。正距円筒図法の地図投影上にオーバーレイされた3度の気温低下（青）と3度の気温上昇（赤）を示すカラーコーディングで構成されます。

画像は非同期に読み込まれ、その進捗はプログレスバーで示されます。PhiloGLのコードは次のとおりです。

リスト 19.2: PhiloGLでの複数画像の読み込み

```
var images = new IO.Images({
  src: imageUrls,
  onProgress: function(perc) {
    console.log('loaded ' + perc + '%');
  },
  onComplete: function() {
    /* ここで画像の配列を使用して処理を行う */
  }
});
```

IO.Images は複数画像をまとめて読み込める便利な関数です。関数内部ではネイティブのImage APIを使用して非同期に画像が読み込まれます。Image APIは例えば以下のようにして使用します。

リスト 19.3: ネイティブの Image API を使用した読み込み

```
var image = new Image();
image.src = 'myimage.jpg';
```

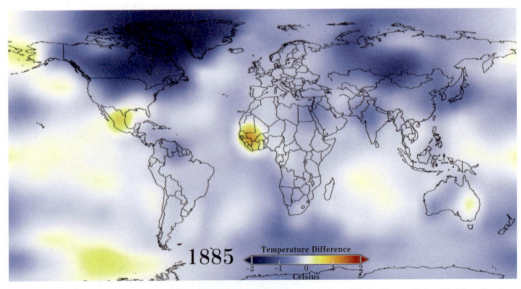

図 19.4: この可視化で使用されている気温変動画像。(NASA/Goddard Space Flight Center Scientific Visualization Studio. データ提供: Robert B. Schmunk, NASA/GSFC GISS)

```
3  image.onload = function() {
4    console.log('Image␣loaded');
5  };
```

次の段階でこれらの画像をテクスチャに設定して、データセットを平均化し、滑らかな球体形状を生成します。

19.4.2　データ処理

はじめに画像を RGBA（赤／緑／青／アルファ）の浮動小数点テクスチャとして読み込み、画像の RGB 色に基づいて計算した気温変動の値をアルファチャンネルに設定し、アルファチャンネルに 2 パスのガウスフィルタを適用してデータを滑らかにします。

それではテクスチャの読み込みから始めましょう。PhiloGL でのテクスチャ読み込みは冗長な記述が減っていることを除けば実際の WebGL API を使用したものとほとんど変わりません。

リスト 19.4: PhiloGL でのテクスチャの設定。テクスチャのオプションはすべてそのまま WebGL API
　　　　　　呼び出しに直接対応しています

```
 1  app.setTexture('img', {
 2    width: textureWidth,
 3    height: textureHeight,
 4    parameters : [{
 5      name : 'TEXTURE_MAG_FILTER',
 6      value : 'LINEAR'
 7    }, {
 8      name : 'TEXTURE_MIN_FILTER',
 9      value : 'LINEAR'
10    }, {
11      name: 'TEXTURE_WRAP_S',
12      value: 'CLAMP_TO_EDGE'
13    }, {
14      name: 'TEXTURE_WRAP_T',
15      value: 'CLAMP_TO_EDGE'
16    }],
17    data: {
18      width: textureWidth,
19      height: textureHeight,
20      value: img
21    }
22  });
```

この例では、画像 img をテクスチャに設定しています。PhiloGL では setTexture の第一引数を使用してテクスチャに識別子（つまり ID）を設定できます。テクスチャのパラメーターとしては、画像の拡大縮小に応じて補間するために線形フィルタを設定しています。またサイズが 2 の累乗ではない画像をテクスチャとして使用するために CLAMP_TO_EDGE テクスチャラップモードも設定しています。

348　第 19 章　WebGL でのデータ可視化テクニック

　ポストプロセッシングパスはフレームバッファを使用します。PhiloGL では次のような設定を使用します。

リスト 19.5: フレームバッファの設定とテクスチャのバインディング。今回は浮動小数点テクスチャを使用します

```
1  app.setFrameBuffer('framebuffer-id', {
2    bindToTexture: {
3      data: {
4        type: gl.FLOAT,
5        width: textureWidth,
6        height: textureHeight
7      }
8    }
9  });
```

　つまりテクスチャをフレームバッファにアタッチしています。レンダリング結果をフレームバッファアタッチメントに保持して、その後で処理するためにテクスチャにバインドすることもできます。

　最初のポストプロセッシングパスで実際の気温変動をテクスチャのアルファチャンネルに保持します。このパスで使用するフラグメントシェーダーは非常に簡単です。

リスト 19.6: 気温の例外的な変動をアルファチャンネルにマッピング

```
1  uniform sampler2D sampler1;
2  varying vec2 vTexCoord1; // [-1, 1]を [0, 2]にマッピング
3  float scale(vec3 color) {
4    return color.r - color.b + 1.0;
5  }
6  // テクスチャから色を読み取り、アルファチャンネルに値を保存
7  void main() {
8    vec3 color = texture2D(sampler1, vTexCoord1).rgb;
9    gl_FragColor = vec4(color, scale(color));
10 }
```

　色は青から赤に徐々に変化するので、$[0, 2]$ の範囲で（青から赤に変化する）中間色に紐付けるための基準を作成することができます。

　次にマルチパスを使用した平滑化処理を行います。ここで紹介するテクニックはガウスぼかしと似た処理を低負荷で実現します。このアルゴリズムでははじめに x 軸に沿ってぼかしをかけ、水平方向に平滑化された中間結果を次に y 軸に沿ってぼかします。Rákos [Rákos 10] でより詳細にアルゴリズムを説明しています（図 19.5）。

　フラグメントシェーダーは次のようになります。

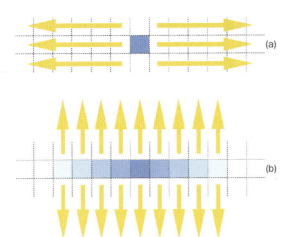

図 19.5: (a) まず水平にテクスチャにブラーをかけます。(b) それからその結果に垂直にブラーをかけます。結果はガウスぼかしになります

リスト 19.7: ガウスぼかしフラグメントシェーダー

```
 1 uniform float width;
 2 uniform float height;
 3 uniform float blurX;
 4 uniform float blurY;
 5 uniform sampler2D sampler1;
 6
 7 varying vec2 vTexCoord1;
 8
 9 void main() {
10   vec4 sum = vec4(0.0);
11   vec2 dim = vec2(width, height);
12   vec2 blurSize = vec2(blurX, blurY)/dim;
13   vec2 p = vTexCoord1;
14
15   if (blurX != 0. || blurY != 0.) {
16     sum += texture2D(sampler1, p - 4.0 * blurSize) * 0.05;
17     sum += texture2D(sampler1, p - 3.0 * blurSize) * 0.09;
18     sum += texture2D(sampler1, p - 2.0 * blurSize) * 0.12;
19     sum += texture2D(sampler1, p - 1.0 * blurSize) * 0.15;
20     sum += texture2D(sampler1, p ) * 0.16;
21     sum += texture2D(sampler1, p + 1.0 * blurSize) * 0.15;
22     sum += texture2D(sampler1, p + 2.0 * blurSize) * 0.12;
23     sum += texture2D(sampler1, p + 3.0 * blurSize) * 0.09;
24     sum += texture2D(sampler1, p + 4.0 * blurSize) * 0.05;
25   } else {
26     sum += texture2D(sampler1, p);
27   }
28
29   gl_FragColor = sum;
30 }
```

より効率的な方法として2つの個別のプログラムを使用することもできます。1つのフラグメントシェーダー内で **blurSize** 変数と条件文を使用する代わりに、x 軸に沿ってぼかしをか

けるシェーダーと y 軸に沿ってぼかしをかけるシェーダーを使用してもよいでしょう。

uniform 変数である blurX と blurY はぼかしの方向を指定します。両方ともが 0.0 でなければ、次に選択された軸に沿ったガウス分布でピクセルをサンプリングします。結果を得るには 3 パスを使用します。1 つのパスは値をテクスチャのアルファ値にコピーし、残りの 2 つパスはテクスチャにガウスぼかしを適用します。ポストプロセッシングパスを呼び出す JavaScript コードは次のとおりです。

リスト 19.8: PhiloGL のポストプロセッシングパス

```
 1  Media.Image.postProcess({
 2    // 元のデータをサンプラとして使用
 3    fromTexture: 'img',
 4      // 'to-float'フレームバッファを使用して保存
 5    toFrameBuffer: 'to-float',
 6      // 'float-scale'プログラムを使用
 7    program: 'float-scale',
 8  }).postProcess({
 9    fromTexture: 'to-float-texture',
10    toFrameBuffer: 'blurX',
11    program: 'blur',
12    uniforms: {
13      width: textureWidth,
14      height: textureHeight,
15      // x軸に沿ってスムーズ化
16      blurX: 1,
17      blurY: 0
18    }
19  }).postProcess({
20    fromTexture: 'blurX-texture',
21    toFrameBuffer: 'to-float',
22    program: 'blur',
23    uniforms: {
24      width: textureWidth,
25      height: textureHeight,
26      blurX: 0,
27      // y軸に沿ってスムーズ化
28      blurY: 1
29    }
30  });
```

それぞれのパスは postProcess が呼び出されたときに実行されます。最初のパスではオリジナルの画像を参照する img を入力テクスチャとして使用します。パスの結果は to-float という ID を持つフレームバッファにバインドされたテクスチャに保存されます。<id>という ID を持つフレームバッファにバインドされたテクスチャは<id>-texture という ID を持ちます。2 つ目のパスは ID が to-float であるフレームバッファにバインドされたテクスチャ、to-float-texture から画像を読み込んで、結果を blurX フレームバッファに保存します。x 軸方向のガウスぼかしを実行するためにまず blurX を 1 に設定し、次に y 軸方向のために blurY を 1 に設定します。

19.4.3　ビジュアルの表示

最後に地球とそれを覆うメッシュをレンダリングする必要があります。先ほどのガウスぼかしを再利用してネオン効果を実現し、さらにリスト 19.1 のコードをガウスぼかしシェーダーの最後に追加して、元の画像と足し合わせる前に乗数を掛け合わせます。

リスト 19.9: 適切にブレンドできるようにガウスぼかしシェーダーの最後にミキシングのコードを追加します

```
1  gl_FragColor = sum;
2
3  if (multiplier > 0.0) {
4    sum *= multiplier;
5    gl_FragColor = sum + texture2D(sampler2, p);
6  }
```

この新しいシェーダーは 2 つ目のサンプラを受け取り、1 つ目のサンプラによるぼかし結果と 2 つ目のサンプラを混ぜ合わせてネオン効果を実現します。multiplier 変数はネオン効果がどの程度はっきりと現れるかを設定します。

処理全体でフレームバッファを 2 度レンダリングします。最初のレンダリングは縮小されたビューポートで実行され、球体形状だけがレンダリングされます。ガウスぼかしはこの球体形状に適用されます。2 番目のレンダリングでは地球と球体形状の両方を描画します。それら 2 つは加算合成され、その結果が画面に描画されます。最終的に地球とテクスチャから得られる実際の色を使用したメッシュを画面にレンダリングします。画面に書き込んだ両方の画像が合成されます。図 19.6 を参照してください。

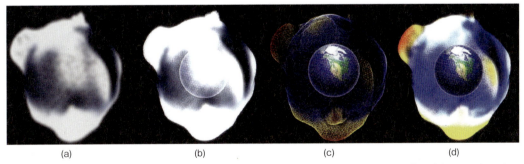

図 19.6: 中間的なレンダリングパス: (a) 球体形状をぼかして、(b) そこにオリジナルの画像を追加。(c) 次にポストプロセッシングを適用していないカラー画像をレンダリング。最後に (b) と (c) をブレンディングモードを有効にして画面にレンダリングします。最終的な結果は (d) です

最初のステップでは縮小した球体形状をフレームバッファにレンダリングします。

リスト 19.10: 「factor」を使用してレンダリング結果を縮小し、球体形状をテクスチャにレンダリングします

```
1  app.setFrameBuffer('grid', true);
2  gl.lineWidth(2);
3  gl.clear(gl.COLOR_BUFFER_BIT | gl.DEPTH_BUFFER_BIT);
4  earth.display = false;
5  gl.viewport(
6    viewportX / factor,
7    viewportY / factor,
8    viewportWidth / factor,
9    viewportHeight / factor
10 );
11 scene.renderToTexture('grid');
12 app.setFrameBuffer('grid', false);
```

このコードははじめにフレームバッファをバインドし、ビューポートや線幅などのオプションを設定した後で、renderToTexture を呼び出してフレームバッファにバインドされたテクスチャ上にレンダリングします。次のテクスチャレンダリングも同様ですが、そちらはレンダリング対象に地球が含まれていて縮小もされていません。

リスト 19.11: 地球と球体形状を実際の大きさでレンダリング

```
1  app.setFrameBuffer('planet', true);
2  gl.lineWidth(1);
3  gl.clear(gl.COLOR_BUFFER_BIT | gl.DEPTH_BUFFER_BIT);
4  earth.display = true;
5  gl.viewport(
6    viewportX,
7    viewportY,
8    viewportWidth,
9    viewportHeight
10 );
11 scene.renderToTexture('planet');
12 app.setFrameBuffer('planet', false);
```

最後に、先ほどと同じように 2 パスフィルタを作成してガウスぼかしを実行し、2 つのレンダリング結果を合成します。このプロセス全体のコードは GitHub で公開されています[3]。

19.5　考えられる機能拡張

このプロジェクトの面白い拡張としてユーザーのいる緯度と経度を取得して、その座標を中心に表示することが考えられます。navigator.geolocation API を使用すると、特定の場所の気温変動に関係する情報を追加で提供することもできます。

---

[3] https://github.com/philogb/remix/blob/master/temperature-anomalies/app/scripts/globe.js#L302

リスト 19.12: navigator.geolocation API を使用してユーザーの位置を推測

```
1  if (navigator && navigator.geolocation) {
2    navigator.geolocation.getCurrentPosition(function yep(position) {
3      console.log(
4        position.coords.latitude,
5        position.coords.longitude
6      );
7    }, function nope() {
8      console.log('位置情報が利用できません');
9    });
10 }
```

API は非常に簡単です。getCurrentPosition を呼び出すとユーザーの緯度と経度を含む position オブジェクトを返します。この値を使用して現在の位置を表示するように地球を回転できます。緯度／経度のペアを与えて地球を回転するコード全体は GitHub で確認できます[4]。

19.6 例 2: 色分解アプリケーション

先ほどの例ではデータセットを読み込み、そのデータセットを WebGL で後処理して表示する手順を紹介しました。次の例では動的なデータソースを使用して、可視化をリアルタイムに更新します。

RGB もしくは他のカラースキームへの色分解は 3D 形状で表されます。画像の色分解を表示するために、3D カラーヒストグラム上のそれぞれの点に異なる直径を設定します。次の例[5]は動画の 1 フレームごとの詳細で正確な色分解をリアルタイムで表示します。色はフレームごとに変化します。閲覧中にカラースキームを変更したり、ビデオを止めて色分解の結果をよく見てみましょう。ドラッグ＆ドロップによる平行移動やマウスホイールを使用したズームイン／ズームアウトを使用して可視化を操作できます（図 19.7）。

この例には次のような内容が含まれています。

- **データ読み込み**: 入力データはビデオフレームとユーザーのカメラです。
- **データ処理**: カラーヒストグラムを作成するために、それぞれのカラーバッファのピクセル数を測定します。今回の例でも Web Worker を使用して 3D プリミティブを非同期に読み込みます。
- **レンダリング**: 補間処理は GPU 上で実行され、数百万の要素を高速に描画するためにインスタンシング（Instanced Array）が使用されます。

---

[4] https://github.com/philogb/remix/blob/master/temperature-anomalies/app/scripts/globe.js#L559

[5] http://philogb.github.io/page/color-cube/

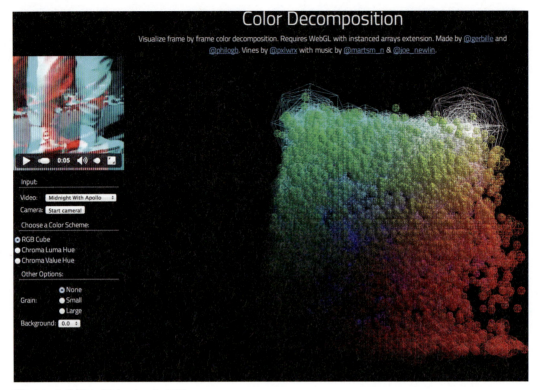

図 19.7: 色分解アプリケーションの UI

19.6.1 データ読み込み

この例ではデータの発生源が 2 つあります。1 つは事前に用意されたループしている動画群で、もう 1 つはカメラ入力です。すべてのブラウザがサポートしている特定の動画フォーマットは存在しないので、現時点では動画を WebM フォーマットと MP4 フォーマットの両方に変換するのが最もよい選択肢です。次のように video タグを記述すると両方のソースを簡単に設定できます。

リスト 19.13: video 要素に複数のビデオフォーマットを追加

```
<video id="movie" controls width="240" loop="true">
  <source src="movie/file.webm" type="video/webm"/>
  <source src="movie/file.mp4" type="video/mp4"/>
</video>
```

video 要素のわかりやすい API を使用して動画を操作できます。

リスト 19.14: video API の利用

```
1 var movie = document.querySelector('#movie');
2 movie.play();
3 movie.pause();// など
```

　カメラ入力を取り込むためにも video 要素を使用しますが、その手順は少し複雑で、メディアストリームを取得してそれを video 要素のソースとして設定する必要があります。ローカルのメディアストリームを取り込む標準的な方法は以下のとおりです。

リスト 19.15: ユーザーのカメラ映像と（必要であれば）音声を取り込み

```
1 navigator.mediaDevices.getUserMedia({video: true})
2   .then(functions(stream) {
3     movie.src = window.URL.createObjectURL(stream);
4     movie.play();
5   })
6   .catch(function() {
7     console.warn('エラーが発生しました！');
8   });
```

　このコードは `navigator.mediaDevices` オブジェクトの `getUserMedia` メソッドを使用してユーザーにカメラの使用許可を求めます。引数は取得したい情報を示すオブジェクトです。例えば動画の利用だけでなく、音声の利用も要求できます。`getUserMedia` メソッドは `Promise<MediaStream>` オブジェクトを返します。処理がすべてが正しく実行され、ユーザーが動画の情報を受け取ることができるようになると `then` メソッドの引数の関数が呼び出され、ユーザーがカメラの利用を拒否したときやエラーが発生したときには `catch` メソッドの引数の関数が呼び出されます。

　`then` メソッドの引数の関数は、video 要素のソースとして設定できるように受け取ったメディアデータから URL オブジェクトを作成しています。このコードは GitHub にあります[6][7]。一般的な方法はこのようになりますが、ブラウザによっては例外的なケースもありえます。動画を再生したり、カメラから動画を取り込むことができれば、ピクセルの値を読み取ってヒストグラムを生成するという段階に進むことができます。

19.6.2　データ処理

　画像（今回の場合は動画やカメラ）のピクセルの値を読み取る最もよい方法は canvas 要素を使うことです。canvas の `drawImage` メソッドを使用すると、ピクセルを `TypedArray` 形式で読み取ることができます。canvas API を使用して画像を描画し、その後でピクセルを RGBA を表す `Uint8ClampedArray` として読み取ります。これを実現する処理は次のとおりです。

---

[6] https://github.com/philogb/remix/blob/master/color-cube/app/scripts/histogram.js#L270
[7] 訳注: GitHub 上のコードは非推奨の古い API 仕様に沿っています。

356　第 19 章　WebGL でのデータ可視化テクニック

リスト 19.16: ユーザーの位置を推定するために navigator.geolocation API を使用

```
1  var movie;// movie 要素
2  var width;// 動画の幅
3  var height;// 動画の高さ
4
5  // canvas 要素を作成
6  var canvas = document.createElement('canvas');
7  canvas.width = width;
8  canvas.height = height;
9  // コンテキストを取得
10 var ctx = canvas.getContext('2d');
11 // canvas に画像を描画
12 ctx.drawImage(movie, 0, 0, width, height);
13 ctx.getImageData().data;// 配列を保持
```

Scheuermann [Scheuermann 2007] には別の方法として GPU を使用してヒストグラムを作成する例があります。今回は JavaScript 側で処理を行うことになるのでいくつか最適化を検討してみましょう。

この取り込みは GPU を経由せず JavaScript 側で実行されるので、実際のフレームよりも小さな canvas を作成することで計算時間を減らせます。canvas のサイズに合わせて画像を縮小する必要があるときには、ほとんどのブラウザはデフォルトでバイリニア補間を使用します[8]。

ピクセルのデータが得られれば配列内のピクセルを走査してピクセルの各色の数を Float32Array に格納できます。完全な RGB キューブを使用する場合は色ごとに 256 要素必要になり、Float32Array(256 * 256 * 256) を使用します。今回は dim を立方体の大きさとして使用します。

リスト 19.17: RGBA ピクセルカラー配列からヒストグラムデータ構造を作成

```
1  var ans = new Float32Array((dim + 1) * (dim + 1) * (dim + 1)),
2      pixels = ctx.getImageData(0, 0, width, height).data,
3      i,
4      len;
5  for (i = 0, len = pixels.length; i < len; i += 4) {
6    var r = round(pixels[i]/255 * dim),
7        g = round(pixels[i + 1]/255 * dim),
8        b = round(pixels[i + 2]/255 * dim),
9        index = r +
10         g * (dim + 1) +
11         b * (dim + 1) * (dim + 1);
12
13   ans[index] = (ans[index] || 0) + 1;
14 }
```

はじめにヒストグラムのためのデータ構造として、画像内の RGB コンポーネントそれぞれを含む 3 次元行列を表すための長い配列を定義します。この変数を ans と名付けます。そして、ビデオフレームのピクセルを含む TypedArray を取得します。これは pixels とします。

---

[8] http://entropymine.com/resamplescope/notes/browsers/

次にこの`pixels`配列の RGBA コンポーネントそれぞれを走査して、`pixels`配列内の RGB コンポーネントそれぞれを表す`[0-255]`の値を、`[0-dim]`の範囲に収まるように変換します。ここで`dim`は今回使用している立方体の大きさです。最後に行列内を検索できるようにヒストグラム配列の適切な`index`を生成します。`index`が得られるとその値を使用して RGB コンポーネントの数を 1 つずつ増やします。

他にも RGB や HSL、HSV 形状内での要素の位置のための形状も生成するようにデータを処理する必要があります。この処理のコストはそれほど高いわけではありませんが、クライアントサイドで実行されるため、Web Worker で処理を行い UI スレッドを妨げないようにするとアプリケーションが反応しなくなることを避けられます。RGB キューブや HUE カラーマップの 3D 座標計算についてそれほど細かく説明はしませんが、Web Worker の利用方法についてはここで紹介しておきます。ワーカーのコードは独立したファイルに記述されます。ワーカー API は非常に単純です。ワーカーのコード内で`onmessage`をリスンし、`postMessage`でメッセージを送り返すことで、メッセージを送受信します。例えばワーカーのコードは次のようになります。

リスト 19.18: バックグラウンドスレッドでモデルを作成するワーカーのコード

```
1  onmessage = function() {
2    createSphere();
3    createRGB();
4    createHueMaps();
5
6    postMessage({
7      sphereVertices: sphereVertices,
8      sphereNormals: sphereNormals,
9      colors: colors,
10     rgb: rgbPositions,
11     hsv: hsvPositions,
12     hsl: hslPositions,
13     indices: sphereIndices
14   });
15 };
```

ワーカーのコードはメッセージを受け取ると、球を作成して`sphereVertices`、`sphereNormals`、`indices`を返します。この球はそれぞれの色を持つピクセルの数を表します。例えば、256 × 256 × 256 の RGB キューブが欲しければ、256 × 256 × 256 個のポイントプリミティブをレンダリングします。球を作成した後で、RGB、HSV、HSL 形状の位置の配列を作成し、`postMessage`を呼び出してこれらの情報をすべてメイン UI のスレッドに送り返します。メインスレッドではワーカーファイルを指定して Worker オブジェクトを作成し、その Worker オブジェクトからメッセージを受け取るためにリスナーを設定してから、最初の`postMessage`を呼び出します。

リスト 19.19: UI スレッドからワーカーの呼び出し

```
1  var worker = new Worker('scripts/histogram-models.js');
2  worker.onmessage = function(e) {
3    //e.data にデータが含まれる
4  };
5  worker.postMessage('init');
```

Web Worker についてより詳細な情報が必要であれば第 4 章を参照してください。これで必要なデータがすべて揃いました。最後にヒストグラムの情報とカラースキームのレイアウト情報を組み合わせて、結果を生成します。

19.6.3　ビジュアルの表示

ここでの主な課題はヒストグラム内のそれぞれのカラーコンポーネントのために大量の形状をレンダリングする必要があるということです。そのためには方法が 3 つあります。

- それぞれのコンポーネントをループして drawElements 呼び出しを毎回実行します。これはフレームごとに dim * dim * dim 回の drawElements 呼び出しを行うということで、採用はできません。

- いちばん初めに Web Worker 内で dim * dim * dim 個のポイントプリミティブをすべて生成します。この場合、それぞれの球に対して適切なオフセットや色などを設定する必要もあります。それぞれの球に 500 頂点あるとすると、画面上に 500 * dim * dim * dim 個の要素を表示することになります。これは計算に時間がかかるだけでなく、メモリの消費も大きくなります。

- ANGLE_instanced_arrays 拡張機能を使用します。球を 1 つだけ生成し、オフセットを設定するために本来必要な球と同じ数だけポイントを生成します。そして drawElementsInstancedANGLE を一度だけ呼び出して、これらの頂点をインスタンス化し、RGB キューブ内の位置と同じ数だけの球をまとめて描画します。この選択肢は速度とメモリの両面で効率的です。

最後の選択肢について説明します。まずはじめにインスタンス化されたバッファ（Instanced Buffers）を設定します。

リスト 19.20: インスタンス化されたバッファの設定

```
1  program.setBuffers({
2    'colors': {
3    value: new Float32Array(histogram.colors),
4    size: 3,
5    instanced: 1
6    },
7    'rgb': {
8    value: new Float32Array(histogram.rgb),
9    size: 3,
10   instanced: 1
11   },
```

```
12   'hsl': {
13     value: new Float32Array(histogram.hsl),
14     size: 3,
15     instanced: 1
16   },
17   'hsv': {
18     value: new Float32Array(histogram.hsv),
19     size: 3,
20     instanced: 1
21   }
22 });
```

インスタンス化したバッファはレンダリングフェーズで繰り返されることはありません。
`instanced: 1` を指定すると、それぞれの球が配列のそれぞれの要素で一度だけ使用されます。例えば、`instanced: 2` では同じカラーコンポーネントに対して 2 つの球が作成されます。内部的にはまず拡張機能オブジェクトを取得します。

```
1 var ext = gl.getExtension('ANGLE_instanced_arrays');
```

次に `vertexAttribPointer` GL 呼び出しのすぐ後で、`ext.vertexAttribDivisorANGLE` を呼び出します。

```
1 gl.vertexAttribPointer(
2   loc, size, dataType, false, stride, offset
3 );
4 ext.vertexAttribDivisorANGLE(loc, instanced);
```

この球のバッファはインスタンス化されません。

リスト 19.21: 球のバッファは繰り返されることになっているので、インスタンス化されないように設定されます

```
1  program.setBuffer('sphereVertices', {
2    value: new Float32Array(histogram.sphereVertices),
3    size: 3
4  });
5  program.setBuffer('sphereNormals', {
6    value: new Float32Array(histogram.sphereNormals),
7    size: 3
8  });
9  program.setBuffer('indices', {
10   bufferType: gl.ELEMENT_ARRAY_BUFFER,
11   drawType: gl.STATIC_DRAW,
12   value: new Uint16Array(histogram.indices),
13   size: 1
14 });
```

最後にレンダリング側で `drawElements` の代わりに次のメソッドを呼び出します。

```
1  ext.drawElementsInstancedANGLE(
2    gl.LINE_LOOP,
3    histogram.indices.length,
4    gl.UNSIGNED_SHORT,
5    0,
6    (dim + 1) *
7    (dim + 1) *
8    (dim + 1)//# of spheres to render
9  );
```

ドローコールの最後の引数でレンダリングされる球の数を指定しています。

19.7　参考資料

このプロジェクトの実際のコードは Garcia Belmonte [Garcia Belmonte 2014] によって
作成されました。WebGL とデータ可視化に深く取り組むのであれば役に立つ素晴らしいラ
イブラリが数多くあります。D3[*9]はさまざまな興味深いポストプロセッシングテクニックを
利用していて調査する価値があります。Mike Bostock による調査はそれらのうちの 1 つで
す。D3 は SVG を使用していますが、WebGL で利用できる便利な関数もたくさんあります。
three.js[*10]は WebGL API 上に構築された高レベルなレイヤーで、Google やその他の団体に
よって利用されています。glfx.js ライブラリ[*11]もさまざまなポストプロセッシングを使用し
ているため調査する価値があります。

参考文献

[Garcia Belmonte 2014] Nicolas Garcia Belmonte. "WebGL Insights Examples." https://
　　github.com/philogb/page/#README
[Rákos 10] Daniel Rákos. "Efficient Gaussian Blur with Linear Sampling." http://rastergrid.
　　com/blog/2010/09/efficient-gaussian-blur-with-linear-sampling/
[Scheuermann 2007] Thorsten Scheuermann and Justin Hensley. "Efficient Histogram Generation
　　Using Scattering on GPUs."

[*9] http://d3js.org/
[*10] http://threejs.org/
[*11] https://github.com/evanw/glfx.js

第20章

hare3d ——
ブラウザでの
巨大なモデルのレンダリング

Christian Stein

Max Limper

Maik Thöner

Johannes Behr

20.1　はじめに

　プラットフォームに依存せず強力なアプリケーションを作成できるウェブテクノロジーはビジネスに関係するさまざまな領域で重要なソリューションになってきています。ウェブブラウザを使用するとほとんどすべての種類のクライアントデバイスとソフトウェアプラットフォーム上で行われるクラウドまたはローカルのイントラネット上で共有されているリソースに対するアクセスを標準化することができます。近年では、ブラウザは WebGL を使用することでモダン GPU の力さえ利用できるようになりました。多くの可視化アプリケーションやグラフィックスアプリケーションがウェブ環境に移植されるようになっているのはこれらのことの当然の結果といえます。CAD データや BIM データのような、複雑で非常に特殊な 3D モデルの高性能な可視化さえブラウザ上で可能になりつつあります。

　この数年間で three.js や X3DOM のような多くの WebGL ベースのフレームワークが登場しましたが、それらはモデルやデバイスの種類を問わずスケーラブルにレンダリングするということを主な目的としているわけではありませんでした。あらゆる潜在的なクライアントデバイスで任意の大きさのデータセットを扱うためには柔軟なクライアントサーバー環境が必要です。WebVIS/instant3DHub [Jung *et al.* 12] はそのような環境の一例です。WebVIS/instant3DHub のアーキテクチャでは巨大なモデルの可視化に必要な 3D データト

ランスコーディング、サーバーサイドレンダリング、サーバーサイドカリング、空間インデックスの付与、検索などのサービスが利用できるため、さまざまな制約に合わせてスケーラブルなソリューションを提供できます。クライアント側のサービスとサーバー側のサービスの組み合わせの中から適したものを選択するために細かな設定が可能です。例えば信頼できるネットワークを使用している場合に 3D データのストリームを許可し、それ以外のコンテキストではリモートでレンダリングされた画像のストリームを使用するというようなセキュリティに関係する制約も実現できます。

この章では hare3d（Highly Adaptive Rendering Environment）という名前のクライアント側の可視化コンポーネントに焦点を当てます。場合によっては巨大になる可能性がある 3D データセットを WebGL を使用してさまざまなデバイスのブラウザ上にレンダリングすることが、hare3d の主要な目的です。基本的なアーキテクチャは特定のユースケースに限定されているものではありませんが、ここではクライアント側で WebGL を使用して巨大な CAD データをレンダリングするために行った最適化について紹介します。

20.2　システム概要

WebGL はさまざまなプラットフォームで使用できる一般的なレンダリング API を提供していますが、利用できる機能はデバイスごとに大きく異なります。そのためスケーラブルなソリューションを提供するには、レンダリングのパフォーマンスや許容可能な表示誤差のようなアプリケーションごとの制約に合わせて最適な設定を内部的に選択し、クライアントデバイスの性能に応じて調節可能でなければいけません。

20.2.1　パイプライン設計

hare3d はステージを組み合わせて独自のレンダリングパイプラインを使用できるようにすることで、高度なスケーラビリティと柔軟性を保証しています。技術に強いユーザーであれば自由に独自パイプライン設定を作成することもできますが、例えば CAD や拡張現実（Augmented Reality, AR）のような、典型的なシナリオのアプリケーションであれば、それらに合わせた各種設定が hare3d にははじめから用意されています（図 20.1）。内部的には、パイプラインはデバイスの機能に最適化するように設定されます。

図 20.2 は CAD/AR アプリケーションなどで利用されるパイプライン設定を図示しています。この例では選択したモデルのパーツが個別のオフスクリーンバッファにまずレンダリングされます。次にその結果を後処理して、パーツのエッジとアウトラインだけがレンダリングされ、動画や画像の背景として表示された結果、現実世界の対象物と比較できます。さらにオブジェクトの ID と位置がテクスチャに書き込まれ、オブジェクトの選択やシーンの測定ができるようになります。追加のパイプラインを作成すると、ウェブアプリケーションは主にRenderTree で表現されるシーンを変更することで hare3d とやり取りします。この構造についてはセクション 20.3 で説明します。

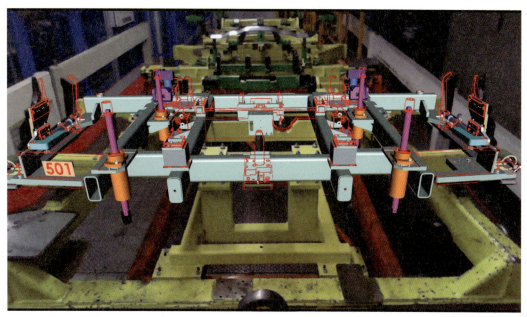

図 20.1: いくつかのパイプラインステージを組み合わせてシーンの一部にポストプロセッシング効果をレンダリングする AR 視察アプリケーションの例

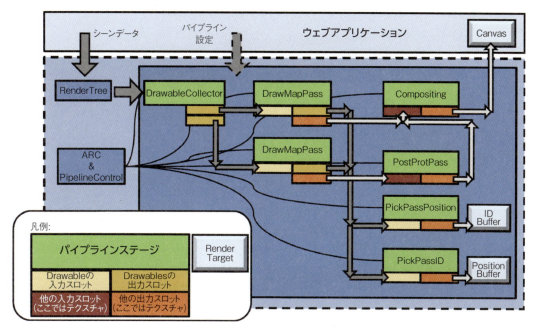

図 20.2: パイプラインと、here3d とウェブアプリケーションの統合の例

hare3d は内部的なデータすべてをリソースという形式で管理します。リソースは例えば `TypedArray` ビューの土台となるバッファなどのデータに簡単な状態とバージョンを追加した軽量なラッパーです。パイプラインステージは図の中ではノードとして表されています。エッジはステージの出力スロットと別のステージの入力スロットを接続しています。すべてのステージはパイプライン上で動作するために必須の要素として、`Drawable` の一群を受け渡すためのスロットをデフォルトで持っています。しかしスロット自体は一般的なもので、任意のリソースを受け渡すために利用できます。`Drawable` はインスタンス化された `Renderable` オブジェクトで、描画に関係するすべての情報を保持しています。これらはまずいちばん初めの `DrawableCollector` ステージでシーンによって収集されます（セクション 20.4）。図示されている AR パイプラインでは、`Drawable` は分割されて、ピッキングパスで再び結合されるまで個別のパスで実行されて独自のバッファにレンダリングされます。ポストプロセッシングが実行された後で、最終的に生成された画像テクスチャが合成されます。

`WEBGL_draw_buffers`[*1]拡張機能をサポートしているターゲットデバイスでは、レンダリングのコストを減らすためにシーンのレンダリングとデータのピッキングをシングルパスで実行することもできます。

20.2.2　実行時最適化と適応的レンダリング制御

　hare3d はフレームごとの負荷を削減することで全体的なパフォーマンスを向上させることを目指しています。hare3d はいわゆる `PipelineControl` のために（`ViewChanged` や `GeometryChanged` のような）タイムスタンプが付いたイベントフラグを使用して、パイプラインの実行時の振る舞いを臨機応変に調節します。`PipelineControl` によって命令されたときや hare3d のスロットが変更されたとき、もしくは反復的なレンダリングの実行中でまだ完了していないときなど、必要になったときにだけさまざまなステージが実行されます（セクション 20.5.3）。タイムスタンプを使用する方が真偽値フラグと比較してはるかに高い柔軟性を実現できます。特定のイベントに反応するタイミングをそれぞれのステージで決定することができ、状況によっては実行を数フレーム遅延させることもできます。特定のレンダーパスの実行条件として仮想的に閾値を導入することも容易です。

　デフォルトでは、この振る舞いはウォークスルーやインスペクションのような組み込みのインタラクションモードと密に結合されています。例えばピッキングバッファのデータはユーザーが操作している間は更新する必要がないため、連続した走査が終了したときに一度だけ更新します。同様にユーザーがマウスを重ねたときに反応してその部分をハイライトする場合は、その部分だけを再描画します。もちろんこれらの例のような最適化が常に適用できるわけではありませんが、今回の CAD 可視化シナリオのように一般的にカメラの移動がシーン内に限られている場合は非常に有効です。

　巨大な CAD モデルの多くは自由曲面で定義された形状に高細密なテッセレーションを行うため巨大なジオメトリデータになります。例えば後ほど図 20.7a で紹介する自動車のモデルは 8600 万ポリゴンで構成されています。一方、ターゲットアプリケーションのライティングや

[*1] http://www.khronos.org/registry/webgl/extensions/WEBGL_draw_buffers/

図 20.3: 適応的レンダリング制御のフィードバックループ

シェーディングに関する要求は比較的単純です。このような制約があることで、ゲームの場合と比較すると、レンダリングパフォーマンスへの影響は例えば頂点数やドローコール数によるものが大きくなります。結果として、今回のアプリケーションを最適化するには、特にハンドヘルドやタブレットのような比較的安価な GPU を持つデバイスのためには、レンダリングされる頂点や発行されるドローコールの数を減らすことが最も重要になります（第 8 章を参照）。完全なモデルをインタラクティブに可視化することがどうしても不可能なら、要求されるターゲットフレームレートに到達するまで GPU の負荷を減らす以外に手段はありません。

カリングテクニックや個別の閾値の調節から始め、究極的にはレンダリング品質を落とし、POP バッファ[*2][Limper et al. 13] を使用して画面上に小さくしか表示されなかったりあまり重要ではないと思われるさまつな細部を条件に応じてシーンから完全に取り除くことで、この目標を達成します。そのため Drawable はユーザーが定義した属性だけではなく視界に依存する指標に基づいても評価されます。例えば Drawable のビンの優先度はユーザーが設定した重要度だけでなくスクリーン空間の専有率からも影響を受けます。

適応的レンダリング制御 [Stein et al. 13]（Adaptive Render Control, ARC）はレンダリングの速度を実行時に動的に制御します。線形の閉ループ制御システムのように、システムの出力（現在のフレームレート）と要求されるフレームレートの差異を最小化しようとします。この処理を実現するために、自動的にカリングテクニックや反復的なレンダリングの閾値のような多くのパラメーターを調節します。この調整の強度は差異の大きさに比例します。そのためそれぞれのパラメーターは、有効範囲、重み、推奨されるステップサイズ、レンダリングパフォーマンスによい影響を与えるにはどのように変更するべきかの指示、などが定義されていなければいけません。

20.3 RenderTree 構造と空間処理

シーンの内部表現に関していうと、hare3d は X3DOM や three.js のようなシーングラフベースの WebGL フレームワークとは異なる手法を採用しています。Tavenrath と Kubisch [Tavenrath and Kubisch 2013] が説明したとおり、シーングラフを走査する古典的な手法で

[*2] http://x3dom.org/pop

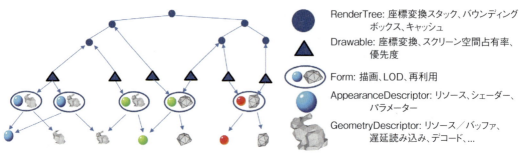

図 20.4: hare3d の内部表現の間で共有されるデータ

はグラフの階層が深くなったりオブジェクトの数が多くなると、CPU がレンダリングパイプライン全体のボトルネックになることがよくあります。しかし hare3d にはパフォーマンスと入力データの大きさが独立していなければいけないという要件があります。

そのため X3D のようなオプション的に存在するアプリケーショングラフは RenderTree 構造にマップされ、各ノードが一意なパスを持つようにノードをクローンしてそれぞれを親に所属するように「展開」されます。こうすることで行列変換やバウンディングボリュームのワールド座標のようなコンテキスト依存の情報をすべてキャッシュできます。シーン構造を変更すれば影響のあった情報にダーティフラグが立ち、実際にデータが必要になったとき（つまり次に関連するノードが走査されるとき）にだけ更新されます。RenderTree は `Drawable` のノードのリストを収集して直接接続されているパイプラインステージの入力として提供するための高速な走査に最適化されています（図 20.2 の DrawableCollector を参照）。この走査中には階層的な視錐台カリングや微細形状のカリング（Small Feature Culling）のようなさまざまなカリング操作も行われます。それらの情報はシーンの一部をレンダリングから除くために使用されるだけでなく、ワールド空間でのバウンディングボリュームに基づいた画面上での専有領域の概算など、フレーム依存の情報を `Drawable` に付与するためにも使用されます。

図 20.4 は hare3d の内部構造を詳細に示しています。例えば、異なる LOD を区別するために、それぞれの `Drawable` は多くの `Form` を保持しています。`Form` は `GeometryDescriptor` の（メッシュ）データと `AppearanceDescriptor` のシェーディング情報を結び付けるものです。このような構造化によって、`Drawable` はシーン内でのデータをさまざまな方法で共有しながら内部的な表現を簡単に切り替えることができます。

例えば `GeometryDescriptor` の頂点バッファやインデックスバッファのようにデスクリプタはデータをリソースとして提供します。実際のデータは必要に応じてダウンロードされます。今回の場合は `GeometryDescriptor` なので初回レンダリング時に使用されます。この場合、データを描画できるようになるまでにサーバーからデータをダウンロードして GPU にそのデータを転送するための時間が必要になり、遅延が発生することは明らかです。セクション 20.4 では私たちがこの問題に対処するために採用した方法を説明しています。

通常は巨大な CAD モデルは意味を持つ構造（例: 古典的なシーングラフやシーンツリー）として与えられ、これがアプリケーション開発者がそのコンテンツとやり取りするインターフェースにもなります。そのような入力データでは空間的な関係をまったく提供する必要がな

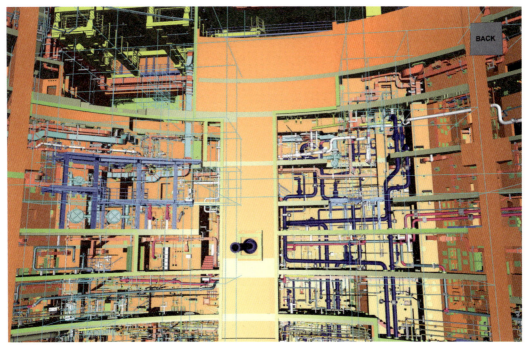

図 20.5: 八分木のノードのバウンディングボックス可視化

いので、階層的な走査を行ってもカリングによる恩恵を最大限に得ることができない場合があります。

そのため hare3d ではハイブリッドな方法を使用します。つまり空間データ構造ノードを階層構造内の任意の位置に挿入できるようにして、1 つのアプリケーション内で異なるサブツリー設定を混ぜ合わせることができるようにしました。そのようなカプセル化されたサブツリーを集めた `Drawable` が適応的な空間データ構造に挿入されます。今のところ hare3d は八分木 (図 20.5) と BIH (Bounding Interval Hierarchy) をサポートしています。

いずれのデータ構造もシーンの幾何学的密度によく適応できますが、八分木の方がインクリメンタルな更新が容易です。

続いて元の意味的構造を維持したまま最適化された構造が走査されます。デフォルトでは静的な CAD データを持つサブツリーに対して空間データ構造のルートノードを利用します。これらのサブツリーは大量の (非常に) 小さなオブジェクトを含むことが多いので、この最適化は一般的に非常に大きな効果があります。

直接人間が作成する JavaScript よりも高いパフォーマンスを実現するために、計算の負荷が高いカリング操作をクロスコンパイルした asm.js 製のライブラリでラップしました。これにより処理が大幅に高速化され、八分木の構築と階層的な操作にかかる時間が 2 分の 1 になりました [Stein *et al.* 14]。

さらに空間データ構造を使用することで巨大モデルの扱いに適した階層的オクルージョンカリングを効果的に利用できます。私たちは論文で CHC++ [Mattausch 08] などのさまざまな

走査アルゴリズムを評価し、それらを比較的小さな空間データ構造と組み合わせると大きな効果が得られることを示しました。

プレースホルダーとしてバウンディングボックスをレンダリングして、まだダウンロードされていないジオメトリのオクルージョン特性を仮に反映します。まずはじめに非常に粗いLODでプロキシ形状をレンダリングシステムに渡し、そのプロキシ形状が視界に入ったときにすぐ実際のジオメトリデータのダウンロードが始まるようにします。結果として物陰にあるジオメトリはまだ視界に入っていないと判断され、いっさいダウンロードされません。

オクルージョンカリングの実装には、2013 年の夏[3]の Nightly ビルドで実装され、最近通常の Firefox ブラウザでも利用できるようになった実験的な API である`WebGL2RenderingContext` を用いたハードウェアオクルージョンクエリ (Hardware Occlusion Query, HOQ) を使用しました。(HOQ だけでなく視錐台カリングも含めた) 今回の階層的カリングは空間データ構造ノードのバウンディングボリュームに基づいているので、プロキシ形状を使用しても粒度は劣化しません。

20.4 通信フォーマットとデータ転送

ウェブ上で使用するための既存の 3D レンダリングフレームワークでは最適化されたデータ送信フォーマットを使用することが重要な機能の 1 つです。これにより 3D モデルデータをネットワーク経由でダウンロードするために必要な時間を最小化するだけでなく、GPUに転送する時間も最小化しようとします。これに関しては X3DOM フレームワークが使用しているバイナリフォーマットも優れたフォーマットですが、Khronos グループが提案しているglTF という GL 転送フォーマットが間違いなく最重要の技術です[4]。hare3d を設計する際にもまず glTF を第一候補の技術として検討しましたが、最終的に glTF では私たちの要求のすべてを満たすことはできないという結論に至りました。そのため Shape Resource Container (SRC) というフォーマットを独自に開発することにしました。Limper たちによる論文 [Limper et al. 14] に、SRC フォーマットの全体的な概要の紹介と、そのフォーマットを宣言的 3D 言語と統合する方法についての提案があります。今回のターゲットアプリケーションにとって最も重要な要件は、多様なメッシュデータを交互に漸進的に転送することに加え、ダウンロードの回数を最小化することでした。

構造化されたヘッダとバイナリのボディからなる自己完結型のファイルフォーマットを使用することで、ダウンロード回数の最小化とバイナリバッファに保存されるメッシュデータを保持することが可能になります。(構造化されたデスクリプションに組み込むメッシュデータのエンコーディングとして BASE64 だけが利用できる) glTF と比較して、バイナリチャンクを利用することで直接 GPU に転送できるようになるためデコードにかかる時間だけでなくメモリも節約できます。SRC ファイル内部のメッシュデータのために明確に定義されたアドレス方式があることで、複数のメッシュを 1 つのコンテナに詰め込むことも可能です。シーンデスクリプションの中で、例えば `mySRCfile.src#myMesh1` のように、ハッシュを区切り文字と

---

[3] https://wiki.mozilla.org/Platform/GFX/WebGL2

[4] http://gltf.gl/

して使用すると特定のメッシュを指定することができます。これにより HTTP リクエストの数とシーンの漸進的なダウンロードの粒度のバランスを取ることができるようになります。これは今回のアプリケーションの全体的なパフォーマンスにとって重要な特徴です。

ダウンロード回数を減らすだけでなく、転送する実際のデータ量も圧縮して削減しなければいけません。GPU でのメモリ使用量とエンコードされたメッシュデータサイズの削減については現在のところ頂点属性の単純な量子化に頼っています。また、合わせて HTTP と標準的な全ブラウザでサポートされている GZIP 圧縮も使用します。クライアント側の JavaScript で直接デコードを行わずに済むように、常にバイトアラインメントされたフォーマットを使用して GPU に直接転送します。さらに WebGL をサポートしているプラットフォームすべてで最適なレンダリングパフォーマンスを実現するために、属性の値は 4 バイト境界でアラインメントされていなければいけません。このために数バイトのパディングが必要になることもあります [Vanik and Russell 11]。通常の設定では座標コンポーネント (x, y, z) それぞれについては 16 ビット精度、法線コンポーネントについては 8 ビット精度を使用します。頂点の位置はローカルオブジェクト座標で指定されるため、それぞれのオブジェクトをまだ RenderTree を通じて完全精度（full–precision）に変換でき、ローカル座標を量子化することによる精度の劣化は無視できます。

ユーザー体験という意味でもう 1 つ重要なのが 3D メッシュデータの個別パーツの漸進的な転送です。この 20 年間、さまざまな手法が提案されてきましたが、直近のいくつかの手法ではダウンロード時間とデコード時間のトレードオフが重要だと考えられるようになっています。この領域での重要な成果としては、例えば Lavoué たち [Lavoué et al. 13] の手法と POP バッファ法があります。今回の実装では後者を選択しましたが、SRC フォーマットはさまざまな漸進的転送を利用できるように設計しています。このために SRC では BufferChank というコンセプトを導入しました。glTF で知られるようなバッファの低レベルなコンセプトにだけでなく、SRC を使用すると 1 つのバッファを複数のチャンクに分割できます。Blast のような他の方法ではチャンクを自己完結型にするためにチャンクごとにヘッダを追加します。この方法にはチャンクのデコードを並列に行えるという利点があります [Sutter et al. 14]。それでもやはり今回はチャンクを単純にバイナリバッファの一部を表すものとして設計しました。この選択によりチャンクを GPU に直接転送できるようになります。この単純な考えに基づき、すべての関連するバッファをチャンクに分割してそれらを交互に配置することで、メッシュデータをクライアントの GPU に漸進的にストリーミングできます。例えばバイナリファイルのボディにある関連するインデックスと頂点データのバッファチャンクを結合することで、インデックスデータと頂点データのどちらも完全には転送されていない状態でも、モデルの粗い形状をレンダリングできます。

メッシュはいつ実際にダウンロードされたとみなすべきかという疑問は残ったままです。概していえば、私たちが目指しているのは巨大なデータセットを表示する際のスタートアップタイムをほぼゼロにすることです。そのためすべてをダウンロードすることはまず許されません。最初に改善したのはスタートアップ時にまずバウンディンボックスを伝えて、視界に入るオブジェクトだけをダウンロードするようにしたことです。これは構造化されたシーンデスクリプションの中に個別の SRC ファイル内のメッシュの位置を示す URL と合わせてバウン

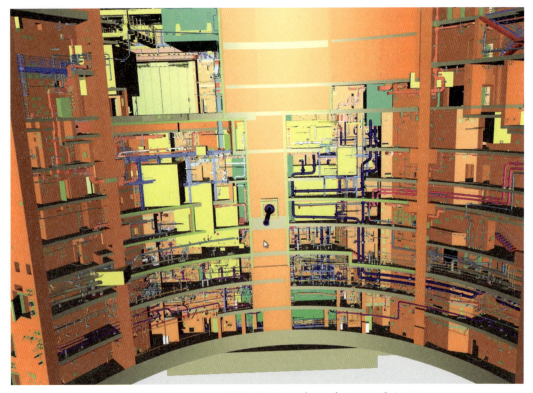

図 20.6: モデルのそれぞれの部分のローディング状態を示すさまざまなプロキシオブジェクト

ディングの情報を含めることで実現されました。図 20.6 にあるように、実際のジオメトリが利用できるようになるまでは、ジオメトリのダウンロード状態と GPU への転送状態を示す特定の色またはテクスチャを使用してプロキシ形状をレンダリングします。

現在のところ、ダウンロードが進行中であることを示すプロキシ形状には黄色が使用されています。ダウンロードに失敗すると、エラーを無視してシーンの残りを表示できるようにするため（ポリゴンの代わりに）赤いワイヤーフレームでボックスを描画します。さらに、データのダウンロードがすでに完了していて、GPU への転送を待っている状態であることを示すためには緑色が使用されます。この状態になるのは主にインタラクションの最中ですが、フレームごとの CPU 時間をある制限内に収めるように GPU 転送マネージャを設定するとよく発生します（第 14 章）。ダウンロードマネージャと同様に、GPU 転送マネージャはメインメモリと GPU メモリの間でデータストリームを制御して、レンダリングが適切に更新され、ユーザー操作が決して阻害されないことを保証します。プロキシの表示はユーザー設定によって変更したり、完全に無効にすることもできます。もしくはパーセンテージによる進捗表示のあるローディングアイコンやプログレスバーのようなグローバルなインジケーターを使用することもできます。

20.5　高速で動的なレンダリング

　今回のターゲットアプリケーションでは個別のパーツが動的に更新される巨大なシーンをレンダリングする必要がよくあります。これにより時間のかかる事前処理をシーンデータに施すことが不可能になります。

　そのような部分的な変更が発生すると、更新された部分をサーバーでもともと作成されたフォーマット（例: CAD フォーマット）から再びエンコードしなければいけません。そのため、更新された部分をすばやくウェブアプリケーションに届けられるように、この処理はできる限り直接的な表現を保つべきです。

20.5.1　優先度ベースレンダリング

　ここで説明した高速な更新と単独 CAD パーツの転送といった制約を考慮した上で、ウェブアプリケーションで一貫して滑らかなユーザー操作を実現するために必要なパフォーマンスを実現するにはどうすればよいのでしょうか。一般的に巨大モデルの可視化手法の多くは時間のかかる事前処理を必要とするため [Kasik *et al.* 07][Brüderlin *et al.* 07]、今回のターゲットアプリケーションには適しません。そのため今回は別の手段を使用して特にユーザーインタラクションが行われている間にも高いフレームレートを実現しました。私たちは今回採用した動的な手法を**優先度ベースレンダリング**と呼んでいます。

　基本的なアイデアは単純です。次のフレームでレンダリングしなければいけないパーツが大量にあるときは使用できるフレーム時間に制限を加え、すべてを描画することはあきらめます。その代わりに、ユーザーが現在興味を持っているものについて十分な手がかりを与えることができる重要なオブジェクトだけをレンダリングします。もちろんここで次のような大きな疑問が浮かぶでしょう。つまりオブジェクトが本当に重要だとみなす根拠は何かです。まだ完璧な答えは得られていませんが、今回のユースケースで重視すべき基準をいくつか選択しました。

- スクリーン空間の専有領域。ハードウェアによってサポートされるのであれば、これは最後のフレームでオブジェクトの `Drawable` が生成した正確なピクセル数になります。現在のところは単にバウンディングボックスを使用して近似値を計算するにとどめます（図 20.7a，20.7b）。
- 選択。ユーザーがオブジェクトを選択して操作しているときには選択されているオブジェクトの `Drawable` は表示されていなければいけません。
- スクリーン空間と描画コストの比。巨大なオブジェクトが例えばたった 2, 3 ポリゴンで構成されていたり非常に単純なマテリアルを使用していて非常に低コストでレンダリングできるのであれば、そのオブジェクトはインタラクション中に視覚的に位置を確認する手がかりとして便利です。
- 更新コスト。このメトリックはデータがすぐにレンダリングできる状態になっているかどうか（例: データがネットワークからダウンロードされているかどうか、またはデー

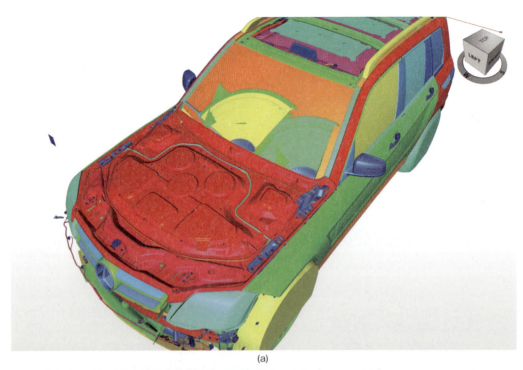

(a)

(b)

図 20.7: それぞれの Drawalbe の可視化されたバウンディングボックスのスクリーン空間専有領域に基づいた優先度。寒色−暖色スキーマ（青は低プライオリティを表し、赤は高プライオリティを表す）を使用して色付けされています。(a) SUV CAD モデルの外装ビュー。(b) 運転席ビュー。データは Daimler AG 提供

タが GPU メモリ上にあるかどうか）を表します。

- 目に付く位置。例えば現在の視点の中心近くや他のオブジェクトと比較してカメラに近い位置に配置されているオブジェクトは重要です。（例えばアイトラッキングなどを使用していて）ユーザーの焦点がわかっているなら、焦点面からの距離も考慮に入れるとよいでしょう。

現在は最初の 2 つの基準を主に使用していますが、できるだけ多くの情報を統合的に扱うための条件式がどのようになるかについて今後調査を進める予定です。

20.5.2　Map データ構造の描画

オブジェクトの優先度計算が完了すると、レンダリングの前に（カリング操作によって）廃棄されていない全 Drawable をその優先度に基づいて並び替える必要があります。

ARC はいつレンダリングプロセスを終了するかを決定するために利用できます。それについては Drawable の最大数やプライオリティの閾値などの異なる基準を使用して実験しています。優先度に基づいた並び替えに加えて、シェーダーと GPU の状態による並び替えといった一般的なレンダリング最適化手法も適用しなければいけません [Hillaire 12]。

CPU 側で JavaScript を使用した複雑な操作を行うと、パフォーマンスがネイティブコードよりもはるかに劣ることになるので注意が必要です。最悪の場合、単純にすべてをレンダリングするよりも、オブジェクトの優先度付けと並び替えの方に時間がかかってしまうという状況もありえます。そうなるとアプリケーションが遅くなるだけでなく（より少ないオブジェクトしかレンダリングされないため）見た目の結果も悪化します。そのため高速なソートとソート結果の高速なレンダリングの両方に有効な Draw Map という方式を採用しました。

初期の実験の結果、配列の並び替えに使用する sort 関数や indexOf 関数などの JavaScript 標準の関数の実行速度は驚くほど遅いということがわかりました。実行速度が遅くなる主な理由は、例えば配列の一部にしかデータが入っていない可能性など、言語の特性に合わせてさまざまなことを考慮する必要があるためです。そのような問題があるため、扱えるデータに関する制限をいくつか加えて JavaScript 標準関数を再実装した、fast.js[*5]というライブラリを開発しました。しかしソート条件をたった 1 つにして sort の高速版を用いても、まだパフォーマンスが十分ではありませんでした。そのため、私たちは既存のソートよりも大幅に高速化することを目標に Map に直接追加できるビニングを実装することにしました。この手法の欠点は、ソートの粒度とパフォーマンスの間にトレードオフがあることです。しかしこの問題については妥協可能であることがわかりました。優先度に関して、およそ 10 個のビンを使用すると十分な結果が得られました。ターゲットアプリケーションのシェーダー設定の量はいずれにしても管理可能な量に限定され、例えばテクスチャの変更のような最も高価な変更に常に注意するように状態変更はクラスタ化されます。

Draw Map は現時点では次のように体系化されています。

- オブジェクト優先度のためのビンが 10 個あります。

[*5] https://github.com/codemix/fast.js/tree/master

- それぞれの優先度ビンの中に、少数のシェーダービンがあります。
- それぞれの優先度ビンの中に、少数の状態ビンがあります。
- それぞれの優先度ビンでは、Drawable の連結リストの最後の要素が保持されます。

Drawable はそれぞれ次の Drawable へのポインタを保持していて、直接連結リストの要素として振る舞うので、リストごとの要素の数に制限はなく、Drawable ごとにポインタ属性が1つ追加されること以外に余分なメモリ消費はありません。

各フレームの最初に連結リストの head ポインタを null に設定して、すべての Drawable を Draw Map からクリアします。この手続きは全ポインタへの参照のリストをキャッシュすることで高速化されています。そのためクリアにかかる時間は無視できる程度の長さです。この手法には配列の代わりとして連結リストを一般的に使用しているというだけでなく、フレームごとのアロケーションやコピーのような高価なメモリ操作が不要になるという利点があることに私たちは気付きました。前段でカリングされずに Draw Map に追加されたそれぞれの Drawable の優先度をレンダリングの前に計算します。対応するビンがすでに存在していれば、これは $O(1)$ で実行できます。新しいシェーダープログラムを作成するか、新しい状態設定に遭遇すると、明示的に登録関数を呼び出して Draw Map 内に対応するエントリを準備します。

表 20.1 からわかるように、中程度の量から大量の Drawable を処理しなければならなくなると、すぐにこれらの労力が見合わなくなります。表の実験では、12 個のランダムなシェーダー ID と 2,500 個のランダムな GPU 状態セット ID が Drawable に割り当てられています。JavaScript 標準の sort 関数を使用しているバージョンでは、優先度と状態セットを無視し、（整数の）シェーダー ID だけを使用して Drawable をソートしているにもかかわらず、すでに主要なブラウザのすべてで Draw Map と比べて大幅にパフォーマンスが劣っています。Draw Map ではシェーダー ID に加えて優先度と状態セット ID も使用してソートしても、100 万個の Drawable を許容範囲内の時間で処理できています。これは高コストな計算をいっさい行わず、メモリの割り当てもコピーも含まれていないことが主な理由です。いずれの手法でも（表 20.1 の括弧内で示されるように）初回実行時がそれ以降の実行と比較して一般的に長く時間がかかる傾向があることに気付きました。これは JavaScript エンジンが行う実行時最適化によ

表 20.1: Draw Map のソートパフォーマンス。JS 配列ベースの Shader ID を使用したソートとの比較

ブラウザ	Drawables の数	JS 標準 sort の所要時間 （シェーダーのみ）	Draw Map Sort の所要時間 （優先度、シェーダー、状態）
Chrome 39	1M	144 (158)	1 (16)
Chrome 39	2K	32 (41)	0 (6)
IE 11	1M	195 (233)	3 (5)
IE 11	2K	39 (51)	3 (4)
Firefox 33	1M	220 (1911)	3 (5)
Firefox 33	2K	54 (357)	3 (5)

注: すべての数値はミリ秒で示されています。括弧内の時間は初回実行時の値です。時間は i3-2120 CPU @ 3.30 GHz を使用して測定されました。

ります。そのため表 20.1 の平均値から初回実行の時間は除いています。

Draw Map に挿入ソート機構を導入したことによる興味深い副作用として、**Drawable** の挿入時に比較的小さい特徴量の閾値と比較して廃棄することで、（ARC によって実行時に調整できる）固定された優先度の閾値も導入できるようになりました。とはいえ Draw Map のビニングは優先度を相対的に順位付けするために使用しています。レンダリング時にマップを走査して最高の優先度から最低の優先度までという順番でエントリを描画します。フレーム処理時間か描画するエントリの数が限界に達すると、Draw Map の走査はすぐに停止されます。単純なリストの走査ではそれぞれ描画した後でシェーダーや状態の変更を明示的に確認する必要があります。一方 Draw Map であればもともとそのような情報を持っているので、そういった確認は不要になります。

20.5.3　反復的レンダリング

非常に複雑なシーンの全パーツを描画しながらアプリケーションを常にインタラクティブに保つためには、反復的なレンダリング法が利用できます。一般にレイベースのレンダリングテクニックで使用されますが [Ou *et al.* 13]，プログレッシブレンダリングと同様に複数フレームを使用してシーン全体をレンダリングすることで負荷を分散します。

しかしそれらの方式とは違い、私たちはシーンの大部分を初期描画からはっきりと除外します。そして連続した複数フレームに渡って一定の割合の **Drawable** ずつ処理し、フレームバッファ内の画像を少しずつ構築します。この割合はデバイスの性能に応じて設定されるか、ARC によって適応的に調節されるようになっていなければいけません。

図 20.8 は巨大なモデルが複数フレームを使用して反復的にレンダリングされていく過程を示しています。この手法の利点は構築プロセスはどの「サブフレーム」後でも停止できるため、高フレームレートを保証できることです。巨大な静的 CAD モデルでは通常シーン内のオブジェクトはまったく動かないため、フレームは反復的に構築されていきます。カメラが移動して視点が変わったときにだけ、レンダーターゲットがクリアされて生成プロセスが再実行されます。結果として連続した操作の間はシーンの一定の割合だけが表示されます。

もちろんこの手法にも欠点はあります。例えばカメラの移動ではないアニメーションで、動いている部分が重要ではなかったり隠れていたりして実際にはまったく進捗しているように見えないにもかかわらず、フレーム構築プロセスは頻繁に再実行されているという場合があります。

有効な解決策としては、構築した静的なオブジェクトのフレームバッファを別のレンダーターゲットに保存して変化のある動的なオブジェクトだけを再レンダリングし、ポストプロセッシングで結果のフレームバッファを合成するという方法があります。透明なオブジェクトを正しく処理するにはこのような合成プロセスに加えてさらに別のレンダーターゲットを導入する必要があります。

しかし、このテクニックを拡張すると、例えば不透明なオブジェクトをハイライトするためにマテリアルを変更する場合のように、変更が小さい場合に影響のある部分だけを再レンダリングすることができます。

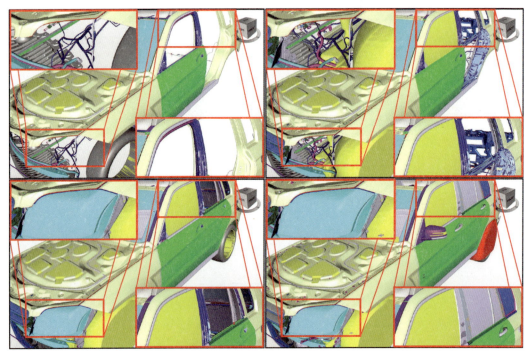

図 20.8: メルセデス・ベンツ C 204 の反復的レンダリングの構築プロセスの各過程。（左上から右下に向かって順に）20%、40%、80%、100%

20.6 ロードマップ

　今回のような CAD データをターゲットとしたアプリケーションは頂点数やドローコールの回数が本質的な限界になるので、その両方を一時的に減らすことができる Draw Map はパフォーマンス改善に有効です。他にも大きな欠点のない解決策として、複数の描画を 1 つにまとめてドローコールの回数を減らすことも一般的です。今のところ、バッチ化は SRC 変換を通じてサーバー側で行っています。可視属性やハイライト、色などのサブバッファレベルでの部分的なプロパティの変更を可能にするために、頂点ごとの ID を使用して各情報を保存するテクスチャの中にインデックス化します。読み込まれたジオメトリを重要度や空間的な位置、統合されたメモリ管理ごとにクライアント側ですぐにバッチ化するという解決策にも取り組んでいます。しかしこれはまだ作業中であるため本章の対象には含めていません。また WebGL 2 のインスタンシングを適切な場所で使用すれば、これまで以上にパフォーマンスを向上をできると期待しています。

　転送時間だけでなくジオメトリデータを保持するコストの削減も考えて、頂点データと法線データの別フォーマットも検討したいと考えています。現時点では、直交座標空間にエンコードした単純な法線を使用していますが、より効率のよい 2D 法線パラメーター化 [Cigolle et al. 14][Meyer et al. 10] の使用も検討しています。三角形ストリップや三角形

ファンを使用した接続情報の圧縮も重要で調査する価値があります。

現在のところ、すべての主要ブラウザで実装されているバイナリデータをプログレッシブに
ダウンロードするための共通 API はありません。しかし `moz-chunked-arraybuffer` のよう
な提案はすでに存在します。また余分なコピー操作が必要になりますが、テキストベースの回
避策を使用するという選択肢もあります。

さらに調査は必要ですが、今回のシステムの鍵となるのはオブジェクトのレンダリングのた
めに優先度を設定する部分です。それぞれのオブジェクトのスクリーン空間での専有面積の推
定は、より優れたアルゴリズムを使用して近似したり、GPU ベースの先進的な手法を採用す
るとさらに改善できます。

現在のシェーダーは比較的単純ですが、大きな手間をかけてもそれらをさまざまなモバイル
プラットフォームに適合させることが重要だとわかりました（第 8 章）。例えばバッチ化され
たレンダリングでテクスチャにパーツに関係する情報を保存したり、その情報を頂点シェー
ダー内で使用すると、頂点テクスチャアクセスはオプショナルな機能なので、その機能を提供
していない WebGL 互換プラットフォームでは処理に失敗します。さらに特定の数のクリッ
ピング平面やライトのような動的なシェーダーコンポーネントを利用するにはシェーダを動的
に作成して合成するスマートなシステムが必要です。このような用途に利用できるコンセプト
の 1 つとして shader.js [Sons *et al.* 14] がありますが、まだ他にも候補となるテクノロジーを
調査中です。

謝辞

Daimler AG に対しては C204 モデルを使用させてくれたことについて、EDF に対しては
非常に複雑な発電施設モデルを使用させてくれたことについて、それぞれ感謝したいと思いま
す。それらの画像は Daimler AG と EDF–DIN の PLM プロジェクトにより提供されたもの
です。

参考文献

[Brüderlin *et al.* 07] Beat Brüderlin, Mathias Heyer, and Sebastian Pfützner. "Interviews3D: A
Platform for Interactive Handling of Massive Data Sets." *IEEE Computer Graphics and
Applications*, Vol. 27, 48–59, 2007.

[Cigolle *et al.* 14] Quirin Meyer, Jochen Süßmuth, Gerd Sußner, Marc Stamminger, and Günther
Greiner. "A Survey of Efficient Representations for Independent Unit Vectors." *Journal of
Computer Graphics Techniques* (JCGT), 3 (2), 2014.

[Hillaire 12] Sébastien Hillaire. "Improving Performance by Reducing Calls to the Driver," in
Patrick Cozzi and Christophe Riccio, ed. *OpenGL Insights*, CRC Press, Boca Raton, FL,
353–363, 2012. 『OpenGL Insights 日本語版 (54 名のエンジニアが明かす最先端グラフィックス
プログラミング)』, 加藤諒 編, 中本浩 訳, ボーンデジタル, 2013.

[Jung *et al.* 12] Yvonne Jung, Johannes Behr, Timm Drevensek and Sebastian Wagner. "Declar-
ative 3D approaches for distributed web-based scientific visualization services." *Proceedings
Dec3D for the Web Architecture* (at WWW2012), Lyon, France, 2012.

[Kasik *et al.* 07] Dave Kasik. "Visibility-Guided Rendering to Accelerate 3D Graphics Hardware

Performance." *ACM SIGGRAPH 2007 courses*, San Diego, CA, USA, 2007.

[Lavoué *et al.* 13] Guillaume Lavoué, Laurent Chevalier, and Florent Dupont. "Streaming Compressed 3D Data on the Web Using JavaScript and WebGL." *Proceedings Web3D*, San Sebastian, Spain, 19–27, 2013.

[Limper *et al.* 13] Max Limper, Yvonne Jung, Johannes Behr, and Marc Alexa. "The POP Buffer: Rapid Progressive Clustering by Geometry Quantization." *Proceedings Pacific Graphics*, Singapore, 197–206, 2013.

[Limper *et al.* 14] Max Limper, Maik Thöner, Johannes Behr, and Dieter W. Fellner. "SRC-A Streamable Format for Generalized Web-Based 3D Data Transmission." *Proceedings Web 3D*, Vancouver, BC, Canada, 35–43, 2014.

[Mattausch 08] Oliver Mattausch, Jiri Bittner, and Michael Wimmer. "CHC++: coherent hierarchical culling revisited." *Proceedings Eurographics*, Crete, Greece, 221–230, 2008.

[Meyer *et al.* 10] Quirin Meyer, Jochen Süßmuth, Gerd Sußner, Marc Stamminger, and Günther Greiner. "On Floating-Point Normal Vectors." *Proceedings EGSR*, Saarbrücken, Germany, 1405–1409, 2010.

[Ou *et al.* 13] Jiawei Ou, Ondrej Karlík, Jaroslav Kriváňek, and Fabio Pellacini. "Evaluating Progressive Rendering Algorithms in Appearance Design Tasks." *IEEE Computer Graphics and Applications* 33 (6), 58–68, 2013.

[Sons *et al.* 14] Kristian Sons, Felix Klein, Jan Sutter, and Philipp Slusallek. "shade.js: Adaptive Material Descriptions." *Proceedings Pacific Graphics*, Seoul, Korea, 51–60, 2014.

[Stein *et al.* 13] Christian Stein, Max Limper, and Arjan Kuijper. "Spatial Data Structures for Efficient Visualization of Massive 3D Models on the Web." Masters thesis 2013, TU Darmstadt.

[Stein *et al.* 14] Christian Stein, Max Limper, and Arjan Kuijper. "Spatial Data Structures to Accelerate the Visibility Determination for Large Model Visualization on the Web." *Proceedings Web 3D*, Vancouver, BC, Canada, 53–61, 2014.

[Sutter *et al.* 14] Jan Sutter, Kristian Sons, and Philipp Slusallek. "Blast: A Binary Large Structured Transmission Format for the Web." *Proceedings Web3D*, Vancouver, BC, Canada, 45–52, 2014.

[Tavares 11] Gregg Tavares. "WebGL Techniques and Performance." San Francisco, CA, USA, Google I/O 2011.

[Tavenrath and Kubisch 2013] Markus Tavenrath and Christoph Kubisch. "Advanced Scenegraph Rendering Pipeline." GPU Technology Conference, 2013.

[Vanik and Russell 11] Ben Vanik and Ken Russell. "Debugging and Optimizing WebGL Applications." New Game Conference, San Francisco, CA, USA, 2011 SF.

第21章

BrainBrowser Surface Viewer: WebGL ベースの 神経学的データの可視化

Tarek Sherif

21.1 はじめに

BrainBrowser[*1]はオープンソースの軽量で高パフォーマンスな JavaScript 可視化ライブラリで、脳機能イメージング研究で一般的になっている巨大な分散データセットの可視化を促進するために作成されています。BrainBrowser は WebGL や Web Worker，その他の HTML5 技術を活用してあらゆるモダンなウェブブラウザ上で可視化を実現します。BrainBrowser は Surface Viewer と Volume Viewer という 2 つの可視化ツールで構成されていますが、本章では WebGL ベースの Surface Viewer に焦点を当てます。Surface Viewer は体積を持つ脳機能イメージングデータから取り出された 3D サーフェス（図 21.1）やトラクトグラフィー（図 21.2）のジオメトリを可視化するために使用されます。

近年、脳機能イメージング研究は分散した巨大なデータセットであふれています。しかも多くの場合、そのようなデータセットは古い可視化ツールで作成されていて、表示するにはデータをローカルに保存して特定のツールをインストールする必要があります。非現実的だとしてもそうしなければまったく利用できません。利用できるデータ量が膨大になったことによって科学者は研究の方法を変えざるをえなくなっています。利用できる大量のデータを解析した結果として指標となるような仮説が明らかになることも多く、データの共有が科学的な発見にとって必須の条件になってきています。

今回の新しい研究環境では、ウェブベースの可視化ツールがデータの収集と探索をよりシー

[*1] https://brainbrowser.cbrain.mcgill.ca/

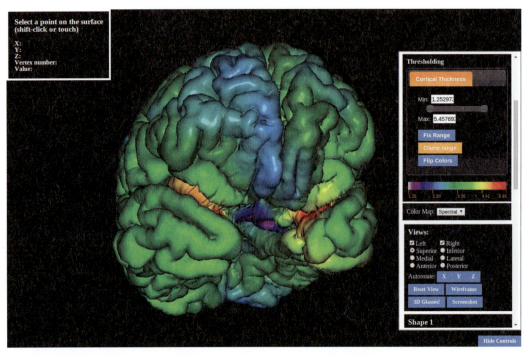

図 21.1: 皮質厚を色で表したサーフェスデータ

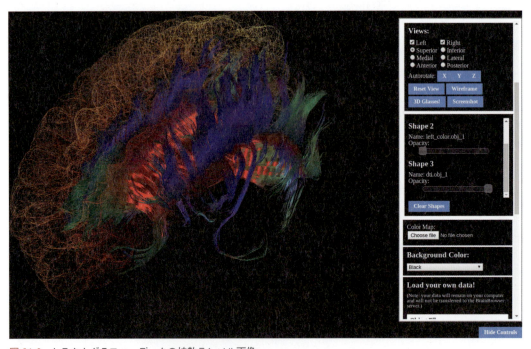

図 21.2: トラクトグラフィーデータの拡散テンソル画像

ムレスにつなぐために使用でき、非常に役に立ちました。可視化アプリケーションを実行している マシン上にすべてのデータが存在する必要はありません。このような技術が今ではウェブプラットフォームの機能の一部であることを踏まえると、可視化ツールを研究のための新しい用途に利用することも考えられます。

- **出版**: 現在は科学論文をオンラインで公開していますが、出版社はデータセットを普及し、より有効な形でそれらを提供する方法を探しています。今では、従来の印刷物を使用した静的な図やグラフのような静的視覚メディアを、例えばこのブローカ野に関する記事のオンライン版 (`http://onpub.cbs.mpg.de/role-brocas-area-language.html`) のような動的でインタラクティブな 2D または 3D の可視化で置き換えることが可能です。
- **配布**: オンライン可視化ツールもより利用しやすい形でデータを共有するために利用できます。研究者はウェブベースのツールを使用してリモートにあるデータセットを直接調査できます。例えばセクション 21.4.1 で紹介する MACACC データセット [Lerch *et al.* 06] は Surface Viewer を使用して共有されています。

脳機能イメージング研究分野でこのような新しい挑戦と機会に取り組むために Brain-Browser の Surface Viewer は作成されました。そこでは洗練されたアプリケーションを開発するために、より堅牢になった JavaScript 言語とより高パフォーマンスになった JavaScript エンジン、Web Worker を使用した並列処理、WebGL を通じた GPU へのアクセスなど、最近導入されたものから以前から利用可能だったものまでさまざまなウェブテクノロジーが利用されています。

21.2 背景

21.2.1 データ

神経学研究のためのデータは普通は何らかのスキャナ、通常は処理中の被験者に負担の少ない磁気共鳴映像法 (Magnetic Resonance Imaging, MRI) スキャナを使用して取得されます。データは通常はスカラ値の 3 次元または 4 次元、つまり 3 つの空間次元と場合によっては時間や散乱方向などの変数を表す 4 つ目の次元を持つ配列という形式で表されます。配列の要素はそれぞれボリューム内のその時点で与えられた座標のボクセルを表し、ボクセルの値はそれぞれその点で測定された磁気共鳴信号の強度を表しています。信号の強度は使用されている撮影プロトコルに依存します。例えば T1 強調画像は白質と灰白質を区別する傾向がありますが、血中酸素濃度依存性 (Blood–Oxygen–Level–Dependent, BOLD) コントラスト画像はその領域の酸素化された血液と酸素化不良の血液の相対的な違いの影響を強く受けます。これは間接的にニューロンの活動をとらえる指標になります。

データが取得できれば、通常はそれらをさまざまな方法で処理して関心のある特徴を抽出します。この議論に特に関係しているのは、CIVET 画像処理パイプライン [AdA-Dab'bagh *et al.* 06] や体積データからジオメトリを抽出する Freesurfer [Fischl 12] の

ようなツールです。このジオメトリは大脳皮質などのサーフェスを表すメッシュであることもあれば、トラクトグラフィーデータとして参照されているときには脳内の神経線維を表すラインストリップの集合かもしれません。これらのツールはジオメトリと合わせて可視化することができるボリュームから他の情報を抽出するためにもよく使用されます。例えば、処理の一部として皮質表面を抽出する CIVET は、その表面に沿ったすべての点で皮質厚も計算します。この情報はスカラ値のリストとしてエンコードされ、それぞれサーフェスメッシュの頂点に紐付けられます。

　単にメッシュやラインストリップを画面にレンダリングするだけなので、ジオメトリの可視化自体は非常に簡単です。しかし頂点ごとに先ほど述べた皮質厚の測定値のようなデータが付随する場合は、それらを視覚的に確認できるようにするために追加の処理が必要で、そのようなデータは色で表現されます。カラーマップは、ここでは単純にスカラ値に当てはめられる色のリストという意味になります。この当てはめ方の調整がデータ調査では重要で、研究者は関心のある情報が強調されるようにさまざまなパラメーターを操作することがよくあります。カラーマップを変更することでコントラストを変えてさまざまな領域を強調表示するだけでなく、色を付ける値の閾値を設定したり、複数の情報レイヤーをまとめるために異なるデータマップを合成することもできます。

21.2.2　歴史

　BrainBrowser の Surface Viewer は 2010 年の 4 月に McGill 大学で CBRAIN プロジェクト [Sherif *et al.* 14] の一部として開発が始まりました。まずはじめに、もう開発が終了していますが、Google の O3D プラグインを使用したスタンドアロンアプリケーションとして作成されました。2010 年 5 月に Google が O3D の開発を停止することを決定したため、Surface Viewer は O3D API の WebGL 実装を取り込みました。しかし次第にプロジェクトの開発があまり活発ではなくなり、2013 年 4 月にコードベースを three.js ライブラリに移植するという決定がなされました。

　three.js への移植は基本的には問題はありませんでしたが、パフォーマンスを大きく悪化させる操作がいくつかありました。特に問題になったのは頂点ごとの色の更新です。頂点ごとのデータを可視化するために使用しているカラーマッピング関数を操作することは、脳機能イメージング研究者の調査手順の中で最も重要な部分です。研究者がマッピング関数のパラメーターを変更すると、すぐにその結果が反映される必要があります。three.js で問題になったのはジオメトリの操作がデフォルトでメッシュデータの頂点と面のそれぞれを表す JavaScript オブジェクトの作成を伴うことです。つまり与えられたモデルを表現するためにはまずはじめに大量の JavaScript オブジェクトを作成しなければいけませんでした。しかしそれよりも問題なのは、頂点カラーを更新するためには面と頂点の木構造に似た構造を操作しなければならないことです。それによりパフォーマンスが大幅に損なわれました。この問題は最終的に three.js が `BufferGeometry` を導入し、ジオメトリの頂点、色、法線、インデックスを `TypedArray` で表すようになったことで解消されました。2013 年 11 月には Surface Viewer も十分に安定した `BufferGeometry` メカニズムを利用するように再構成されました。

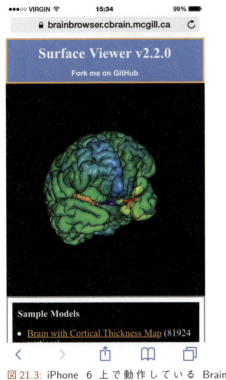

図 21.3: iPhone 6 上で動作している Brain-Browser の Surface Viewer

けっきょく、Surface Viewer が潜在的に有用だと考えられる分野は CBRAIN プロジェクトの他にもあり、スタンドアロンアプリケーションとして実装し続けることは理想的ではないと結論付けられました。そのため 2013 年 12 月にコア機能を抜き出して再利用可能なライブラリになるように修正され、2014 年 3 月にコードベースがパッケージングされて、オープンソースプロジェクトとして公開されました[*2]。

WebGL を利用できる環境が広がり、特に最近 iOS でも利用できるようになったことで、モバイルデバイスでデータを可視化すること求める Surface Viewer のユーザーが現れ始めました。主な用途は臨床研究で、そこではスキャナから得られる画像データだけでなく、タブレットを使用して収集されるアンケートデータが利用されることがよくあります。もしアンケートを入力するために使用しているデバイスで画像データも見ることができれば、ワークフローを大幅に合理化できると研究者は考えました。2014 年の後半に集中して作業し、不要な GPU 依存を取り除いてすべての機能をタッチ操作で使用できるようにすることで Surface Viewer はモバイルデバイスでさらに便利に利用できるようになりました（図 21.3）。

21.3　アーキテクチャ

根本的には、BrainBrowser の Surface Viewer はたった 5～10 行のコード（リスト 21.1）でデータセットの可視化を始められるほど簡単に利用できる JavaScript ライブラリですが、同時に安定した API を使用して十分な機能を持つ本格的なアプリケーションを作成するために利用することもできます。

リスト 21.1: BrainBrowser の Surface Viewer での可視化の開始

```
 1  BrainBrowser.SurfaceViewer.start("visualization-div",
 2  function(viewer) {
 3    viewer.render();
 4    viewer.loadColorMapFromURL("color-map.txt");
 5    viewer.loadModelFromURL("brain.obj" {
 6      complete: function() {
 7        viewer.loadIntensityDataFromURL("cortical-thickness.txt");
 8      }
 9    });
10  }
11  );
```

[*2] https://github.com/aces/brainbrowser

384　第 21 章　BrainBrowser Surface Viewer: WebGL ベースの神経学的データの可視化

API の簡単な関数呼び出しの内側ではデータフローを最適化するためにいくつかのレイヤーとやり取りをしています。複雑で本格的な方法を使用すると、ユーザーが直接それらとやり取りすることもできます。

21.3.1　データフロー

Surface Viewer に入力されたデータは表示するのための準備としていくつかの手順を経ます。データのパースは負荷が大きいので、メイン UI やレンダリングスレッドの動作を妨げないように Web Worker で処理されます。構造化クローン[*3]（Structured Clone）に伴うオーバーヘッドを避けるため、可能であればデータは必ず Transferable オブジェクト[*4]を使用して Web Worker とやり取りされます（リスト 21.2）。Transferable オブジェクトについて詳細が知りたい場合は第 4 章を参照してください。

リスト 21.2: Web Worker でパースしたジオメトリデータをメインスレッドに Transferable オブジェクトとして送信

```
 1  var result = {};
 2  var transfer = [];
 3
 4  result.vertices = new Float32Array(data.vertices);
 5  transfer.push(result.vertices.buffer);
 6
 7  if (data.normals) {
 8    result.normals = new Float32Array(data.normals);
 9    transfer.push(result.normals.buffer);
10  }
11
12  // など...
13
14  self.postMessage(result, transfer);
```

Surface Viewer はジオメトリデータを次のような手順（図 21.4）で処理します。

1. ジオメトリデータは AJAX を使用してネットワーク経由で非同期に取得される場合もあれば、FileReader API を使用してローカルファイルシステムから読み込まれる場合もあります。ジオメトリデータはデータフォーマットに応じて複数の独立したオブジェクトとして記述されることもあります。それらがパースされるとそれぞれ Surface Viewer オブジェクトモデル内で「シェイプ」と呼ばれるオブジェクトになります。シェイプは個別に操作することも、複数まとめて操作することもできます（ステップ 4）。もしデータがインデックス化を解除されていなければ（ステップ 3）、モデル内のシェイプはすべて同じ頂点バッファを共有します。データは神経学的ジオメトリを記述するためによく利用されるバイナリフォーマットまたはテキストフォーマットで記述できます。サポートされているのは以下のような形式です: MNI OBJ，Freesurfer

---

[*3] https://developer.mozilla.org/en-US/docs/Web/Guide/API/DOM/The_structured_clone_algorithm
[*4] http://www.w3.org/html/wg/drafts/html/master/infrastructure.html#transferable-objects

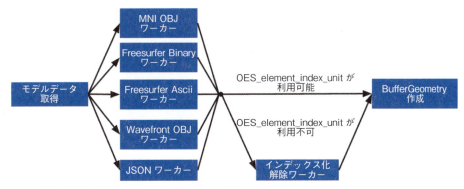

図 21.4: Surface Viewer のジオメトリ読み込みワークフロー

binary、Freesurfer ASC。また Surface Viewer は Wavefront OBJ と独自の JSON ベースフォーマットで記述されたモデルもサポートしています。JSON フォーマットはジオメトリを外部アプリケーションからエクスポートして Surface Viewer に取り込むことを容易にするために私たちが独自に開発したものです。

2. 読み込んだジオメトリデータは Web Worker に送信してパースします。Surface Viewer がサポートしているファイルフォーマットにはそれぞれ対応する Web Worker スクリプトがあり、対応スクリプトを起動してそのフォーマットで記述されたジオメトリ定義を Surface Viewer が内部的に使用しているジオメトリオブジェクトモデルに変換できます（リスト 21.3）。1 つの Web Worker スクリプトが 1 つのデータフォーマットを担当するというアーキテクチャは、他のデータフォーマットのサポートを簡単に追加できるプラグインフレームワークにつながります。つまり、新しいフォーマットを Surface Viewer オブジェクトモデルに変換する Web Worker スクリプトを作成するだけで、そのフォーマットをサポートできるようになります。

リスト 21.3: Surface Viewer オブジェクトモデル

```
{
  type: ("line" | "polygon"),
  name: "...",
  vertices: [x1, y1, z1, x2, y2, ...],
  normals: [nx1, ny1, nz1, nx2, ny2, ...],
  colors: [r1, g1, b1, r2, g2, ...],
  shapes: [
    {
      name: "...",
      indices: [i1, i2, i3, i4, i5, ...]
    },
    {
      name: "...",
      indices: [j1, j2, j3, j4, j5, ...]
    }
  ]
}
```

3. データフローの次の段階はクライアントブラウザとマシンの能力によって異なります。コア WebGL 1.0 仕様の弱点の 1 つは、各頂点からメッシュを構築する方法を定義するインデックスのサイズが 16 ビットに制限されていることです。つまり一度のドローコールでレンダリングできるインデックス化されたモデルの頂点数には 65,536 個という限界があります。Surface Viewer はこの制限を大きく上回るデータセットを扱わなければいけません（例えば図 21.2 のトラクトグラフィー可視化データには 560,674 個の頂点が含まれています）。幸い OES_element_index_uint[*5] という WebGL 拡張機能が多くの環境でサポートされていて、この拡張機能を使用すると 32 ビットのインデックスをサポートできるようになります。この拡張機能が利用可能なら、Surface Viewer はパースされたデータをそのまま次の手順に渡します。クライアントマシンで OES_element_index_uint が利用できなければ、フォールバックオプションとして Surface Viewer はインデックス化されたジオメトリデータを 2 つ目の Web Worker に渡し「インデックス化を解除」します。本質的にはインデックスを「展開」して、インデックス化されていないジオメトリを作成し、gl.drawElements() ではなく gl.drawArrays() を使用して描画できるようにします。最善の方法とはいえませんが、実装が単純であることと、元のジオメトリに復旧することが簡単であることを重視してこのフォールバック方法が選ばれました。なお、この OES_element_index_uint 拡張機能は WebGL 2.0 のコア機能に取り込まれる予定なので、将来的にはこのインデックスを扱うための処理の分岐は不要になります。

4. ジオメトリデータが用意できれば、表示する準備としてそのデータを元に three.js の BufferGeometry オブジェクトが作成されます。Surface Viewer はほとんどのサーフェスで使用されるポリゴンか、または主にトラクトグラフィーデータで使用されるラインで構成されたモデルの表示をサポートしています。もしモデル定義内で法線や頂点カラーが与えられていれば、それらも BufferGeometry に渡されます。それらの設定がなければ頂点カラーは灰色に設定され、法線は three.js の便利なユーティリティメソッドを使用してジオメトリデータを元に作成されます。複数の独立したシェイプが入力データ内で定義されている場合は、それぞれのシェイプから個別の BufferGeometry オブジェクトが生成されます。これによりそれぞれのシェイプを個別に操作（例えばパーツごとに異なる透明度を設定）することもできれば、集合として操作（例えばモデル全体を回転）することもできます。

セクション 21.2.1 で紹介した皮質厚データのように、モデルの頂点ごとに別のスカラデータが付与されている場合はさらに 4 つの手順が必要になります（図 21.5）。

1. カラーマップファイルが読み込まれます。カラーマップは 1 行ごとに RGB（赤、緑、青）の値が並べられた数百行程度の単純なテキストファイルです。このファイルのパースは比較的負荷の少ない操作なので、Web Worker ではなくメインスレッドで直接行われます。

[*5] https://www.khronos.org/registry/webgl/extensions/OES_element_index_uint/

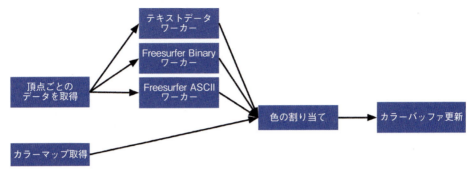

図 21.5: 頂点ごとのスカラデータに基づきサーフェスに色を付けるための Surface Viewer ワークフロー

2. 頂点ごとのデータが読み込まれてパースされます。このパースはジオメトリデータと同様にサポートされたデータフォーマットごとに個別の Web Worker を使用して実行されます。ジオメトリでも説明しましたが、これにより新しいデータフォーマットのサポートを簡単に追加できるプラグインフレームワークが実現できます。現時点で頂点ごとのスカラデータのためにサポートされているフォーマットは、プレーンテキスト、Freesurfer binary, Freesurfer ASC の 3 つです。

3. カラーマップを使用して対応するスカラ値に応じて頂点に色が割り当てられます。現在のところカラーマッピングは CPU 上で実行されます。いまはこれで十分であることが確認できていますが、この処理を GPU に移すとパフォーマンスは大幅に向上するでしょう。

4. ジオメトリをレンダリングする際に頂点ごとに割り当てられた色を使用します。

21.3.2　インタラクション

モデルを読み込んで色付けが終わるといくつかの方法で操作できます。Surface Viewer ではマウスやタッチを使用したモデルの回転、平行移動、拡大縮小などの基本的な操作が実装されていますし、さらに複雑なインタラクションも次のような API を使用すると実現できます（リスト 21.4）。

- 閲覧中の canvas からのマウスとタッチの相対座標を取得
- モデルのジオメトリをより明確に見せるためのワイヤーフレームレンダリング
- シェイプごとに不透明度を設定して内部の要素を表示
- カラーマッピング関数の入力閾値の設定、複数データセットの混合、データセット自体のプログラムによる変更など、頂点ごとのデータをさまざまな方法で操作

リスト 21.4: ロードされたデータとのインタラクション例

```
1 viewer.mouse.x;
2 viewer.mouse.y
3
```

```
 4  viewer.touches[0].x;
 5  viewer.touches[0].y;
 6
 7  viewer.setWireframe(true);
 8
 9  viewer.setTransparency(0.5, {shape_name: "left"});
10
11  viewer.setIntensityRange(1.5, 3.5);
```

しかし、Surface Viewer で読み込んだデータに対して使用できるさらに重要なインタラクションの 1 つは頂点の選択、viewer.pick(x, y) です。このメソッドは表示中の canvas 内の相対的な x 座標と y 座標を引数として受け取り（デフォルトは現在のマウスの位置）、指定した点の最も近くにレンダリングされた頂点の情報を返します。内部的には three.js のレイキャスティングを使用して、シーン内の指定した点からレイを投影し、そのレイが交差したポリゴンについての情報を取得しています（リスト 21.5）。

リスト 21.5: Surface Viewer のピッキングメカニズムを実現しているレイキャスティングのコード

```
1  var raycaster = new THREE.Raycaster();
2  var vector = new THREE.Vector3(x, y, camera.near);
3  var intersects;
4
5  vector.unproject(camera);
6  raycaster.set(camera.position, vector.sub(camera.position).normalize());
7  intersects = raycaster.intersectObject(model, true);
```

この時点で intersects 配列にはワールド空間座標系でのポリゴンとの交差位置だけでなく、深度によってソートされたレイと交差するポリゴンのリストが含まれています。神経画像データでは一般的にプリミティブ単位ではなく頂点単位で情報が付与されているので、Surface Viewer はいちばん近い交差したポリゴンの交差した座標にいちばん近い頂点を選択して、その頂点に関する次のような情報を返します。

- 頂点のインデックス
- 選択された頂点のモデル空間での x, y, z 座標
- モデル内の選択された頂点を含む特定のシェイプを表す three.js オブジェクト

これらの情報を使用して、ユーザーが指定した特定の頂点に応じたレンダリングされているモデルとのより複雑なインタラクションを実装することが可能になります。例えばセクション 21.4.1 で紹介する MACACC データセットビューアーは頂点選択メカニズムを使用して関係するデータを動的に読み込み、選択された頂点に基づいて皮質表面に色を付けます。

21.3.3 イベントモデル

BrainBrowser の Surface Viewer を使用してアプリケーションを構築する際に重要なのは、ビューアーを呼び出しているアプリケーションと可視化の間に発生する情報のやり取りです。大量のデータフローが非同期に発生するので、Surface Viewer には呼び出し元のアプリケー

ションとライフサイクル内の重要なイベントをやり取りできる単純なイベントモデルが実装されています。Surface Viewer によって発火されるライフサイクルイベントの例としては次のようなものがあります。

- displaymodel: 新しいモデルがレンダリングされたときに発火
- loadintensitydata: 頂点ごとのデータが新しく読み込まれたときに発火
- loadcolormap: カラーマップが新しく読み込まれたときに発火
- changeintensityrange: カラーマッピング関数のために新しい閾値が設定されたときに発火
- updatecolors: 頂点ごとの色が更新されたときに発火
- draw: シーンが再描画されたときに発火

アプリケーションは自身をそれらのイベントのリスナーとして登録し、イベントを受けてインターフェースを更新したり他の必要となるタスクを実行します（リスト 21.6）。

リスト 21.6: イベントハンドラの作成

```
1 viewer.addEventListener("updatecolors", function() {
2   document.getElementById("info").innerHTML = "色が更新されました";
3 });
```

イベントモデルを使用すると独自イベントを作成して発火することもできます（リスト 21.7）。

リスト 21.7: 独自イベントのリスンと発火

```
1 viewer.addEventListener("mycustomevent", function() {
2   document.getElementById("info").innerHTML = "独自イベントを受け取りました";
3 });
4
5 viewer.triggerEvent("mycustomevent");
```

21.3.4　レンダリング

モバイルをターゲットとした作業を進めていくと、Surface Viewer でのデバイスリソースの使用について考え直す必要が出てきました。開発の初期段階では、Surface Viewer はアニメーションループの中で直接 1 フレームごとに一度シーンをレンダリングしていました。つまりシーンに何も変化がなかったとしても、Surface Viewer は無駄な描画コマンドを GPU に送っていたということです。スマートフォンで Surface Viewer を起動して動作を確認していると、そのうちの何台かは物理的に熱くなりました。この問題はシーンを再描画する必要があることを Surface Viewer に明示的に伝えるフラグを実装することで解決しました。シーンの描画に影響を与える可能性があるユーザーインタラクションと API 呼び出しはこのフラグを自動的にセットします。また呼び出し元アプリケーション側で手動で設定してビューアーを強制的に再描画することもできます。

21.4 Surface Viewer の実用例

BrainBrowser の Surface Viewer はウェブベースの可視化アプリケーションを実現するためにすでにさまざまなプラットフォームに組み込まれています。ここでは Surface Viewer の強みをうまく生かしている例を 3 つ紹介します

21.4.1 MACACC データセットビューアー

MACACC データセットは厚み、面積、体積という 3 つの形態学上の変数に基づいた、大脳皮質上の 81,924 点の構造的な相関についてのデータベースです。本質的にはデータベースのそれぞれのマップにはある頂点と皮質表面の他の頂点すべてとの関係に関する与えられた変数セットについての情報が埋め込まれています。データセットに埋め込まれている順列の総数は 630 万データマップ（81,924 頂点 × 9 ブラーカーネル（Blurring Kernel）× 3 形態学的変数 × 3 統計的インデックス）で、すべてを保持するためには 1TB を超えるストレージが必要です。

MACACC データセットはサイズが巨大すぎるためローカルにインストールする通常のツールでは公開や可視化することが非常に難しく、Surface Viewer の理想的な活用事例といえます。従来のツールでは一般に可視化したいデータセットをすべてローカルマシンに転送する必要があります。一方、BrainBrowser の Surface Viewer を利用するとデータセットをリモートに置いたままで簡単に直感的な調査が可能になります。MACACC Data Set Viewer[*6]（図 21.6）は Surface Viewer の頂点選択メカニズムを利用してユーザーがクリックした画面上の位置から頂点を選択しています。選択された頂点に対応する相関マップを取得するためにネットワークリクエストが作成され、マップが得られるとモデルに色を付けるために使用されます。このように動的にフェッチすることにより、1TB のデータセットの中で選択した頂点に関係のあるごく一部、およそ 455kB 程度だけがネットワーク経由で転送されることになり、利用する帯域を最小化してアクセシビリティを向上できます。

21.4.2 CBRAIN

CBRAIN は McGill 大学によって開発された、コラボレーティブなウェブベースの分散グリッドコンピューティングプラットフォームです。CBRAIN は 2009 年から活発に開発されていて、現在では 21 か国 53 都市にいる 250 人のユーザーが利用しています。CBRAIN は相互接続された多くのコンポーネントで構成された複雑なシステムですが、中でも特に 4 つのコンポーネントが今回の議論に関係しています。

- ユーザーはあらゆるモダンウェブブラウザでアクセス可能なウェブインターフェースを使用して CBRAIN とやり取りします。
- データはデータプロバイダを通じて CBRAIN と接続されています。データプロバイダ

[*6] https://brainbrowser.cbrain.mcgill.ca/macacc-viewer

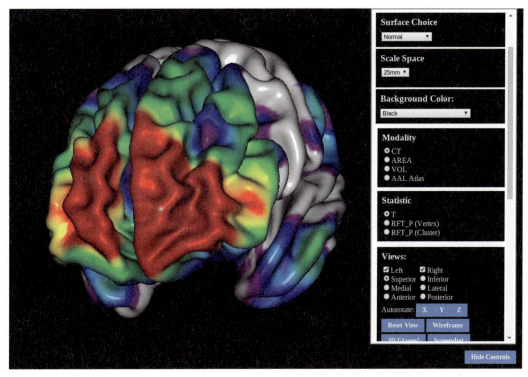

図 21.6: MACACC データセットビューアー

　　　　　は実質的にはストレージデバイスで、管理されていて安全でネットワークアクセス可能
　　　　　な場所にあればどのようなものでもかまいません。
- CBRAIN は世界中のいくつかの場所にあるハイパフォーマンス・コンピューティング
  センター（High–Performance computing Centers，HPCs）と接続されています。
- 研究者が自身のデータの解析または処理に使用するデータ処理ツールは HPCs にイン
  ストールされます。

CBRAIN ユーザーの通常のワークフローはおおよそ次のようになります。

1. CBRAIN にデータを登録します。これには新しいデータプロバイダを作成する方法と、
   既存のデータプロバイダにデータをアップロードする方法の 2 つがあります。
2. 実際に HPC にデータを投稿する前に、クオリティコントロールのためにデータを可視
   化します。
3. ウェブインターフェースを使用して HPC にジョブを投稿します。通常はここで使用す
   る処理ツールとジョブを実行する HPC も選択します。
4. ジョブが完了すると、ユーザーのアカウントに結果が返されます。
5. 結果を可視化して品質を確認するか、もしくはそれらを解析します。

CBRAIN 開発の初期には第二段階と最終段階のデータ可視化が問題になることがよくあ

り、プラットフォームからデータをエクスポートしてローカルでデータを可視化しなければいけないことがよくありました。Surface Viewer はプラグイン不要でウェブベースのユーザーインターフェースと直接統合できるので、この問題の解決策として理想的でした。今ではCBRAIN の CIVET 処理パイプラインを実行して生成したサーフェスファイルを可視化する目的で Surface Viewer が一般的に使用されています。

21.4.3　LORIS

　LORIS [Das *et al.* 11] はウェブベースのデータベースシステムで、複雑な複数拠点の脳機能イメージング研究で利用できる臨床データのフロー自動化のためのインフラストラクチャを提供しています。LORIS ははじめ国立衛生研究所の正常な脳の発達に関する MRI 研究（NIH MRI Study of Normal Brain Development，NIHPD）のデータを管理するために開発されましたが [Evans 06]、後に小児の脳の発達、自閉症、アルツハイマー病の研究に関係する多くの分散化された大規模国際プロジェクトで使用されるようになりました。

　LORIS が扱うデータの種類の例としてあげると、NIHPD プロジェクトは LORIS を使用して、2,000 以上の MRI で取得された 3TB のネイティブデータもしくは処理されたデータを保管して配布しています。医師は取り込まれたスキャンの品質を評価するためにプロジェクト期間全体を通じてこれらのデータを可視化しました。従来のツールを使用した可視化には CBRAIN と同じような問題があり、今ではこのシステムに保存されているすべての対応データは Surface Viewer を使用して可視化されています。

21.5　結論

　神経学的な研究へのビッグデータと新しい方法論的アプローチが到来したことで巨大で分散したデータセットがこの分野で一般的になり、HTML5 や WebGL のような新しいウェブテクノロジーを利用してそれらの可視化をサポートする方法を調査する必要が生じました。また逆にこれらの新しい技術を積極的に使用することで、以前は不可能だった形で研究データを利用するための道が新たに開かれました。

　ここでは BrainBrowser の Surface Viewer を紹介しました。Surface Viewer は脳機能イメージング研究の分野でモダンなウェブ技術をさまざまな用途で活用するための軽量で柔軟な手段になりえます。Surface Viewer はほんの数行の JavaScript コードでインタラクティブな可視化をウェブページに組み込むことが可能になるほど単純ですが、それだけでなく機能豊富な可視化アプリケーションを作成するために活用できるほど安定しています。ウェブプラットフォームの強力な接続性を活用して、非常にアクセスしやすく直感的な形で大規模なMACACC データセットを他の研究者たちと共有できました。また標準に基づくウェブテクノロジーしか使用していないため、Surface Viewer は CBRAIN や LORIS のような既存のウェブプラットフォームと簡単に統合できました。

　BrainBrowser の開発を進めながら、同時にウェブ上の 3D グラフィックスの大幅な進化も体感できました。ブラウザによる WebGL のサポートがまだ限定的で信頼性のないときに

O3D から初期の WebGL に切り替えたことにより、よく管理されたプラグインによるプラットフォームであればこその安定性は失われました。しかし O3D の開発が停止しなかったとしても、ユーザーの多くはマシンにプラグインをインストールするために必要な管理権限を持っていなかったためこの移行は必要なものでした。現在では WebGL があらゆる場所で利用できるようになっており、開発したツールにユーザーが簡単にアクセスできるようになったという意味で、今振り返ればこの移行は私たちにとって間違いなく正解だったといえます。

　将来的な私たちの大きな目標はセクション 21.3.1 で述べたプラグインフレームワークを使用して新しいファイルフォーマットのサポートを追加していくことです。脳機能イメージング研究で使用されているデータフォーマットは大量にあり、新しいフォーマットをサポートしてほしいという機能要望がよく私たちに送られてきます。また Surface Viewer にはパフォーマンスのためにさらに最適化できる部分がいくつかあります。そのような改善例の 1 つとして、カラーマッピングの操作を GPU 側に移すという作業もあります。

　BrainBrowser の Surface Viewer に関する説明を通して私たちが伝えたかったのは、モダンなウェブテクノロジーの可能性はただネイティブアプリケーションをオンラインで公開できることにとどまらないということです。接続性やアクセスの容易性などウェブプラットフォームの特性を活用することで、これまでとは質的にまったく異なるアプリケーションが作成できるようになります。

21.6　参考資料

- BrainBrowser ウェブサイト: `https://brainbrowser.cbrain.mcgill.ca/`
- GitHub のソースコード: `https://github.com/aces/brainbrowser`
- API ドキュメント: `https://brainbrowser.cbrain.mcgill.ca/docs`

謝辞

　BrainBrowser の開発はカナダの先端研究と技術革新のネットワークである CANARIE[*7] と McGill 大学の助成を受けています。BrainBrowser Surface Viewer の原型となる O3D 実装を設計し、開発した Nicolas Kassis にも感謝します。CBRAIN チームの同僚たち、Pierre Rioux, Natacha Beck, Marc-Étienne Rousseau, Reza Adalat と主任研究者、Alan Evans による Brain Browser 開発のサポートにも感謝します。最後に BrainBrowser のオープンソース開発コミュニティの全メンバーに対してその貢献を感謝します[*8]。

参考文献

[AdA-Dab'bagh *et al.* 06]　Y. Ad-Dab'bagh, O. Lyttelton, J. S. Muehlboeck, C. Lepage, D. Einarson, K. Mok, et al. "The CIVET Image-Processing Environment: A Fully Automated Compre-

---

[*7] `http://www.canarie.ca`
[*8] `https://github.com/aces/brainbrowser/graphs/contributors`

hensive Pipeline for Anatomical Neuroimaging Research," in *Proceedings of the 12th Annual Meeting of the Organization for Human Brain Mapping*, S45, 2006.

[Das *et al.* 11] S. Das, A. P. Zijdenbos, J. Harlap, D. Vins, and A. C. Evans. "LORIS: A Web-Based Data Management System for Multicenter Studies." *Frontiers in Neuroinformatics*, 5, 2011.

[Evans 06] A. C. Evans., "The NIH MRI Study of Normal Brain Development." *Neuroimage*, 30 (1), 184–202, 2006.

[Fischl 12] B. Fischl. "FreeSurfer," *Neuroimage*, 62 (2), 774–781, 2012.

[Lerch *et al.* 06] J. P. Lerch, K. Worsley, W. P. Shaw, D. K. Greenstein, R. K. Lenroot, J. Giedd, et al. "Mapping Anatomical Correlations across Cerebral Cortex (MACACC) Using Cortical Thickness from MRI." *Neuroimage*, 31 (3), 993–1003, 2006.

[Sherif *et al.* 14] T. Sherif, P. Rioux, M.-E. Rousseau, N. Kassis, N. Beck, R. Adalat, et al. "CBRAIN: A Web-Based, Distributed Computing Platform for Collaborative Neuroimaging Research." *Frontiers in Neuroinformatics*, 8, 2014.

第VII部

インタラクション

WebGL はウェブに新しいメディアタイプをもたらしました。これまでウェブ上で自然な状態で利用できたのはテキスト、画像、動画だけでした。今ではそれらに加えて WebGL によるインタラクティブな 3D も利用できるようになりました。最後のセクションではインタラクションの中で見過ごされがちであったりささいなことだと考えられがちな部分について取り上げます。

第 22 章「WebGL アプリケーションのユーザビリティ」では Jacek Jankowski が従来のハイパーテキストからなるウェブインターフェースに 3D を適合させるためのユーザビリティ原則について分析します。分析の対象にはテキストの読みやすさから 3D オブジェクトの閲覧、選択、操作までといった、重大なものからちょっとしたものまでが含まれます。

第 23 章「WebGL アプリケーションのためのカメラ設計」では、Diego Cantor-Rivera と Kamyar Abhari がカメラ設計の基礎と原則を説明します。この章ではカメラ行列を定義するため、まずはじめにモデルビュー行列と射影行列を復習し、続いてカメラ行列の操作を実装するために利用できる JavaScript ライブラリを調査します。追尾カメラ、軌道カメラ、鳥瞰カメラなどの基本的なナビゲーション戦略を細かく調査し、次にカメラ属性をオブジェクト指向を使用して隠蔽するか、公開して透過的な利用を認めるかという 2 つの対照的な設計戦略に着目して、いくつかの有名な WebGL エンジンで使用されているカメラを分析します。その後で映画のような効果的な視点の移動を実現できるランドマークベースのナビゲーションをシーンとのインタラクションをサポートする機構として紹介します。最後にこの章のまとめとして WebGL アプリケーションでのカメラ開発が将来どのような方向に進むのかを検討します。

第22章

WebGL アプリケーションの ユーザビリティ

Jacek Jankowski

22.1　はじめに

　今やコンピュータグラフィックスは標準的なデスクトップマシンやモバイルデバイスで現実のものとほとんど区別できない忠実な 3D モデルをリアルタイムにレンダリングできるほどに進化しています。WebGL の登場によりウェブ上でも 2D 画像ではなく 3D モデルを使用してさまざまなオブジェクトを描写することが可能になりました。

　しかし 3D は画像や動画のようにウェブ上での通常の体験とスムーズに統合されているとはまだいえません。ここで議論するのは、現在の 3D ウェブに関係する研究開発の大部分が 3D グラフィックスだけに注力していてユーザビリティについてはほとんど無視されていることが、このような状況の一因であるのではないかということについてです。しかしもし標準的なウェブユーザーが手軽に 3D を利用できないのであれば、リアルな 3D 環境が実現できたとしてもそれの何が素晴らしいというのでしょうか。

22.1.1　ユーザビリティとは何か?

　ユーザビリティがインタラクティブなシステム開発の主な焦点であると考える研究者や開発者の数は次第に増えてきています。ISO 9241–11 ではユーザビリティは「特定のユーザーが特定の使用状況において特定の目的を達成するプロダクトを利用する際の有効さ、効率、満足度の度合い」と定義されています。この定義から場合によってはお互いに矛盾することもある以下のようないくつかの特性が導かれます。

1. **習得の容易性**: 習得容易性はユーザーが初めてそのデザインに遭遇したときに基本的なタスクをどの程度簡単に達成できるかを定義します。

2. **利用の効率**: 効率はユーザーがそのデザインを身につけた後でどの程度すばやくタスクを実行できるかを測ります。
3. **記憶の容易性**: 覚えやすさ（Memorability）はしばらく間を置いてそのデザインに戻ってきたときにどの程度簡単に元の習熟度に達することができるかを計るものです。
4. **エラー耐性**: エラー耐性はどの程度エラーを防ぐことができ、またエラーが発生したときにユーザーがどの程度簡単にそこから復帰できるかを計ります。
5. **主観的な満足**: 満足度はそのデザインを使用することがどの程度喜ばしいかに関係しています。

ユーザビリティ特性はお互いに矛盾していることもあるので、設計のゴールは特性を適用する優先度を決定することとなります。例えば事前に試してみることをまったく想定していないツーリストインフォメーションシステムはおそらく学習容易性を第一のユーザビリティ目標にするでしょう。一方、コンピュータゲームが成功するには使用していて楽しくなければならず、言い換えると主観的な満足が欠かせません。この場合はユーザーは楽しむこと以外には何も求めていません。

22.1.2　3D ウェブサイト／3D ウェブ環境とは何か？

仮想環境（Virtual Environment, VE）はジオメトリ、色付け、テクスチャ、ライティングで構成される3次元空間と定義できます。ここに含まれているのは純粋に仮想的な情報です。一方、従来のハイパーテキストアプリケーションは記号的な情報（テキスト）とナビゲーションの手段（ハイパーテキスト）で構成されています。3D ウェブサイト／環境とはウェブに組み込まれた 3D グラフィックスを利用する HTML アプリケーションと定義でき、ウェブブラウザを通じてアクセスされるものです。図 22.1 はウェブ上で 3D コンテンツにアクセスする際の最も一般的なユーザーインターフェースのいくつかを示しています。

ヒューマンコンピュータインタラクション（HCI）の観点ではこのような 3D ウェブサイトの閲覧と操作は複雑になる可能性があります。ユーザーは2つの大きく異なるメディア、ハイパーテキストと 3 次元グラフィックスの両方を正しく認識して、同時に扱わなければいけません。まず、ユーザーはテキストを閲覧できなければいけません。つまり一般的な情報を概観し、より詳細な情報を検索できる必要があります。またデータをよりよく理解するために、3

(a) Hypertext＋3D

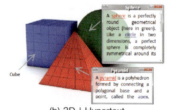
(b) 3D＋Hypertext

(c) 3D

図 22.1: ウェブ上の 3D コンテンツにアクセスするための最も一般的なユーザーインターフェース例。ハイパーテキスト＋3D：3D シーンはハイパーテキスト内に埋め込まれています。3D＋ハイパーテキスト：ハイパーテキストの注釈が 3D に埋め込まれています。3D：純粋に仮想の情報だけが含まれます

次元空間を自由に移動して仮想の 3D オブジェクトを観察したり操作する必要もあります。この種の情報空間を探索するためのインターフェースにはユーザーのすべてのタスクを手助けできる適切なコントロール要素がなければいけません。

この章ではこれらのタスクすべてを含んだユーザビリティに関係する問題について議論します。具体的には、有名な 3D ゲームのインターフェースの調査やゲームデザインに特化したいくつかの研究（例: Rouse [Rouse 05]）、仮想環境のデザインガイドライン [Shneiderman 03] などに加えて、先行研究である Nielsen と Krug のウェブユーザビリティに関する研究 [Nielsen 00][Krug 05] を元にして、私たちが重要な 3D ウェブユーザビリティの原則であるとみなしたものについてまとめます。

22.2　3D を使用する際に気をつけること

主要なウェブブラウザのすべてで WebGL が実装されたことで、これまでは不可能だった体験を実現する手段が手に入りました。そのような体験には例えば危険すぎて実際に訪れることができない場所やすでに存在しない歴史上の場所、単に普通のインターネットユーザーには訪れることが認められていない興味深い場所などをユーザーが中に入れるようにデジタルで再現した場所、建築物の中を見て回る体験、簡単な製品設定、拡張現実体験、そしてもちろん魅力的なゲームなどが含まれます。WebGL によりそれ以外にもさまざまな分野で数え切れないほどの興味深い 3D の利用シナリオが考えられるようになりました。

しかし特定のアプリケーションでは必須となる 3D インターフェースも、（現在の平面スクリーンでは）ほとんどのウェブアプリケーションではそもそも必要とされません。本格的なアプリケーションでは、複数次元で考える必要があるオブジェクトを可視化するのであれば、3D グラフィックスの使用を検討するとよいでしょう。

加えて、物理的な世界を模擬すること（例えばショッピングモールや図書館、ミュージアムを仮想的に構築すること）は、それがどうしても必要なのでなければ、基本的には避けるべきということを覚えておきましょう。Nielsen が指摘したように、ウェブデザインは現実よりもよいものを生み出すことが目的です。ユーザーに「モールを歩き回ること」を要求するインターフェースでは、実際の目的、例えばショッピングを邪魔してしまいます。

22.3　テキストを読めるようにする

WebGL アプリケーションでは、効率的かつ総合的な情報を伝えるために 3D 表現にテキストを付与する必要が生じることがよくあります。（ハイパー）テキストはどのように 3D グラフィックスと統合すべきでしょうか？　図 22.1 ではよく使用される次の 2 つのテクニックを紹介しています。(a) ハイパーテキスト ＋ 3D: 3D シーンはハイパーテキストに組み込まれます。(b) 3D ＋ ハイパーテキスト: ハイパーテキストの注釈が 3D 空間内に埋め込まれます。どのような場合にどちらのテクニックを使用すべきなのでしょう？　Sonnet たち [Sonnet et al. 05] による研究では、テキストが長ければ設定 (a) の方がテキストがシーンを隠すことがなくユーザーがシーンを探索しやすいため適していて、逆に短い注釈であれば設定 (b) が適していると

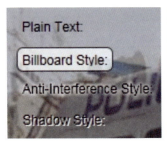 

図 22.2: Jankowski たちの研究 [Jankowski et al. 10] で使用された無地（Plain）、ビルボード、ボカシの付いた影（Anti-Interference）、影というテキスト描画スタイルが設定された黒文字と白文字の比較画像

されています。

注釈テクニックは次の 2 つに分類できます。

1. オブジェクト空間テクニック。アノテーションは 3D シーンに埋め込まれます（例えば、情報はオブジェクトの表面やビルボード上に表示されます）。
2. スクリーン空間（ビューポート空間）テクニック。アノテーションは 3D シーンにオーバーレイされた 2D 平面上に配置されます。テキストの視認性に優れています。

オブジェクトとラベルの関連付けと深度を評価する実験の 1 つで、Polys たち [Polys et al. 05] はオブジェクト空間レイアウトではテキストが 3D シーン内のオブジェクト上に射影され視点に応じて回転してしまうため、情報の多い仮想環境においてはスクリーン空間インターフェースの方が優れていることを示しました。

タイポグラフィに関していえば、デザイナははっきりと伝わるものを選ぶべきです。私たちの行った 3D 環境でのテキストの読みやすさに関する研究 [Jankowski et al. 10] では、暗い背景の上に明るい文字がのる陰画表示の方が明るい背景の上に暗い文字がのる陽画表示よりも優れていることと、ビルボード描画スタイルが最も視認性に優れていることが示されました。主観的なコメントでもビルボードスタイルがよい評価を得られました。それぞれのスタイルについては図 22.2 を参照してください。

可能であればコピー＆ペースト（**Ctrl+C**/**Ctrl+V**）やウェブページ読みやすさを改善するフォントサイズ変更（**Ctrl+**/**Ctrl−**）、テキスト検索（**Ctrl+F**）などの標準的なテキスト操作を可能にしましょう。検索についてですが、もしブラウザが 3D オブジェクトの注釈の中で与えられたキーワードやフレーズを発見したなら、仮想空間のカメラはそのオブジェクトを表示できる位置に移動するべきです。言い換えると、ユーザーがコンテンツを検索することで仮想シーン内をナビゲートできるようにすべきです。

22.4　単純なナビゲーション

インタラクティブな 3D 環境が表現している空間は通常、特定の視点から見える部分の他にも広がっています。つまりユーザーがその環境内を歩き回ってシーンのさまざまな部分を見ることができるようにしなければいけません。しかしインタラクティブな 3D 環境を効率的に

移動する単純な手段を実現することは簡単ではありません。なにより視点を制御するには移動（transition）を制御するための3次元に加えて回転（rotation）を制御するための3次元、合わせて6自由度（Degree of Freedom, DOF）を扱う必要があります。このユーザーが制御しなければいけないパラメーターの数が問題になります。主な制限はマウスを利用することに伴うもので、移動と回転の方向をすべてカバーするためには少なくとも1つ状態変化が必要になります。もう1つの問題は、与えられるタスクが巨大な3D環境の単純な探索であることもあれば、数個の3Dオブジェクトの高精度な検査であることもあり、大幅に異なりうるため複数種類の視点コントロールが必要になることです。

　ナビゲーションのインターフェースを設計するときには、視点をコントロールする方法を複数提供して可能な限り広い用途に対応できるようにすることを検討しましょう。シーン内のオブジェクトが選択可能なら、カーソルがオブジェクト上にあるときに左マウスボタンのシングルクリックをそのために取っておくとよいでしょう [Mackinlay *et al.* 90][Tan *et al.* 01]。関心のあるオブジェクト上でクリックされたときには、カメラは現在の位置から選択されたオブジェクトまで滑らかにアニメーションすべきです。これによりウェブブラウザウィンドウ内のクリックはハイパーリンクのように振る舞うという基本的な解釈が守られます。このテクニックは簡単に利用でき（ユーザーはただ視点を移動したい場所を選択する）、高速で（管理された完了時間内で実行）、認知機能に負担を与えません（仮想環境の知覚を強化）。さらに他のテクニックとも簡単に統合できます。一方この動作を実現するには、ターゲットが必ず選択可能オブジェクトでなければいけないという大きな問題もあります。

　ナビゲーションのメタファを選択するときには、シーンと実行するタスクの情報を考慮して現実の行動を模擬することを考えるべきです。例えば地理的な仮想環境ではカメラの移動に「歩く」というメタファを採用することがよくあります。その場合はユーザーの位置は地形に沿った2D平面上に制限されます。「観察」メタファはオブジェクトをさまざまな視点から見るときによく使用され、ユーザーがまるでそれを手にしているように観察することが目的であるタスクに適しています。ユーザーの目的が確信できるなら、ナビゲーションテクニックのモードは自動的に切り替わるべきです。

　制約のないカメラ移動で問題になるのはユーザーがよくわからず望まない場所に移動したり、想定外の方向からオブジェクトを観察したり、重要な場所や機能を見落としたりする可能性があることです。結果として、意図したメッセージをユーザーが読み取れているかどうかがわからなくなります。作者がインタラクション体験にある種の構造を持たせられるようにすると、3Dに不慣れなユーザーにとってはわかりやすい仮想環境になります。そのような案内に沿った、つまり制約された3Dナビゲーションによりユーザーは仮想空間を自由に動き回ることができなくなります。これにより移動が重要で興味深い場所だけに制限されるので、ユーザーが「サイバー空間で迷子になる」というよくある問題を避けられます。図22.3を見てください。このテクニックをサポートする最も簡単な方法は、ユーザーに「再生／一時停止／停止」ボタンもしくは「前へ／次へ」ボタンを提供して、3Dシーンのために定義されたビューポイント間を移動できるようにすることです。

　3次元鑑賞アプリケーションではユーザーが簡単に移動できるようにビューポイントメニューを用意して、ただメニューを選ぶだけである場所から他の場所に移動できるようにする

図 22.3: インタラクティブフィルム、3 Dreams of Black の体験は案内付きの／制約された 3D ナビゲーションの
よい例です

ことがよくあります。私たちの最近の研究の 1 つにより [Jankowski and Decker 12]、ビューポイントメニューが重要なナビゲーションメニューであることが明らかになりました。オーバービュー（私たちはミニマップと呼んでいました）で目的地を選ぶことで 3D ビューポイントへのテレポーテーションを可能にするべきだということもわかりました。通常はそのようなビューポイントは静的で、非常に便利ではありますが、仮想オブジェクトの「立体感」が感じられないこともよくあります。Andy van Dam が指摘したように、「動いていなければ 3D ではない」のです。私たちの初期の研究で行われた 3D ウェブユーザーインターフェースでの静的なビューとアニメーションしているビューの比較 [Jankowski 12] では、ユーザーはメニューを使用して 3D の中のアニメーションするビューポイントを移動することの方を、静的なビューポイントを移動することよりも好むということが示されました。

22.5 道順を見つける手助けをする

道順を見つけることは現実世界でも難しいものですが、仮想世界でも同様に難しいものです。これは人々が仮想環境の理解（メンタルモデル）を構築する方法に関係していて、視界の狭さや前提情報の不足などの技術的な制約にも大きく影響を受けます。ユーザーが空間を見失う問題（Getting Lost in Space Problem）としても知られるこの問題は、特に巨大な仮想世界では、さまざまな形態で現れます。

1. ユーザーは最初にどこにいるか知ろうとしてやみくもに歩き回ることがあります。
2. それから一度訪れた場所を再び訪れるのに手こずることがあります。
3. 空間のトポロジカルな全体構造を把握できないことがよくあります。

有効なウェイファインディング（Wayfinding）[*1]は航海士の空間を概念化する能力に基づきます。この種類の知識には測量知識（つまり、オブジェクトの位置、オブジェクト間の距離、空間的な関係に関する知識）と手続き的知識（つまり、特定のルートに従うために必要な行動の順序）の 2 つがあります。ウェイファインディングタスクにおける空間知識の役割を元にしてナビゲーションを助けるために、以下のような手法を知っておくとよいでしょう。

1. **地図と方向を示すウィジェットの利用**: 地図は実際の環境で向きと位置を把握して維持するために非常に有用なツールであることが実証されています。これは 3D 仮想環境でも同様です。概要と詳細（Overview–plus–Detail）インターフェースの実例として、ミニマップは今ではコンピュータゲームで非常によく使われています。このミニチュア地図は通常はユーザーインターフェースの角に置かれ（本章後半の図 22.5 を参照）、地形や重要な施設やオブジェクトを表示します。ユーザーの現在の位置やその周辺の環境は動的に更新されます。

2. **ランドマークの利用**: 研究によるとウェイファインディング戦略と行動は周囲にある手がかりから強い影響を受けることがわかりました。現実世界とまったく同じように、仮想環境の特徴とすぐに認識できるランドマークはナビゲーションを助けます。

3. **ブックマークと個人的な印の利用**: ウェブブラウザではユーザーは作業中にブックマークを追加できます。3D 空間においてもユーザーが必要に応じて独自の 3D ブックマークを定義して簡単にその場所にテレポートできるようにすべきです。ナビゲーションをサポートするために任意の場所に置くことができる仮想のマーカーもしくは「仮想のパンくず」をユーザーに提供してもよいでしょう。ここで説明した内容についてより詳細な情報を得るには第 23 章を参照してください。

ウェブブラウザの「前に戻る」ボタンを使用するとユーザーは以前訪れたウェブページに戻ることができます。この機能があることでユーザーはいつでもやり直すことができるつもりで、自信を持って行動できます。ローカルでのハイパーリンクの利用をナビゲーション履歴に保存するというウェブブラウザの標準的な振る舞いと同様に、ユーザーの移動履歴を、例えばHTML5 の History/State API や History.js を使用して記録し、それまでに通過した道筋に沿っていつでも自由に進んだり戻ったりできるよう実装すべきです。さらにホームにも簡単に戻れるようにして、ユーザーがはじめからやり直すことができるようにしましょう。

22.6　選択と操作

選択は後に続く処理の対象となる単体または複数のオブジェクト、もしくはオブジェクトの一部分を特定するプロセスです。3D シーンでオブジェクトを選択する方法としてはマウスカーソルを期待するオブジェクトの上に移動して、マウスボタンをクリックするのが最も一般的です。どのオブジェクトが選択されたのかを求めるためのテクニックはレイキャスティングかバックバッファ選択（バックバッファ選択の詳細については第 20 章を参照してください）

[*1] 訳注: 羅針盤や海図などの機器を用いない航海術のこと。

に基づくものがほとんどです。クリック可能オブジェクトであることがわかるようにカーソルを矢印から指差し形状に変更することを忘れないようにしましょう。シーン内のクリック可能オブジェクトには追加でアウトラインを描画するとさらによいでしょう。1つの操作で複数のオブジェクトを操作できるように設計されたアプリケーションでは、矩形選択やShift–クリックなどでグループを選択できるようにしなければいけません。オブジェクトを直接選択することが難しいアプリケーションについては、（例えばListBox GUIコンポーネントを使用して）オブジェクトの集合からオブジェクトを間接的に選択するという、CADや3D編集ソフトウェアで使用されているテクニックが採用できないかを検討すべきです。

　3Dウェブアプリケーションによってはオブジェクトのマニピュレーション、つまり仮想的に仮想環境内に手を伸ばしてオブジェクトの位置や向き、スケールを指定できなければいけないものがあります。わかりやすく直接的な操作を提供する簡単で効果的な方法は、ユーザーにマニピュレータ（3Dギズモと呼ばれることもあります）を提供することです（図22.4参照）。マニピュレータはCADや3D編集ソフトウェアアプリケーションのほとんどで採用されていて、そのオブジェクトが属しているオブジェクトの操作や状態が目に見えるグラフィックスで表されたものとみなすことができます。マニピュレータのグラフィックス要素（ハンドル）をクリックしたりドラッグすることでオブジェクトの状態を変更したりその他の操作を適用できます。現実世界についての知識（重力など）とオブジェクトの自然な挙動（硬さなど）を生かすとさらに操作を単純化できます。可能であればドラッグ&ドロップで移動できるようにしましょう。自動的にわかりやすい位置に仮想カメラを移動すれば、さらに操作をサポートできます。

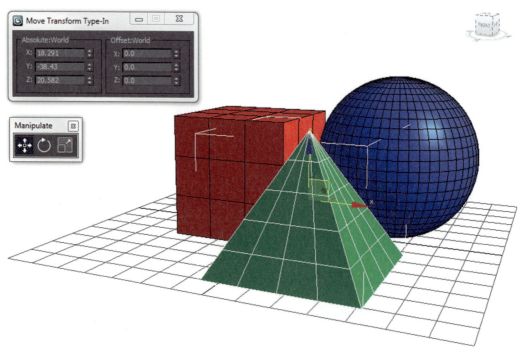

図22.4: 3ds Maxで実装されている操作インターフェース

22.7　システムコントロール

　システムコントロールは仮想環境には含まれていないユーザーとシステムのやり取りを担当します。つまりシステムの状態やインタラクションのモードを変更するコマンドを実行するタスクを担当します。ほとんどのゲームインターフェースではアプリケーションコントロールインターフェースコンポーネントがダッシュボード内でグループ化され、HUD（ヘッドアップディスプレイ）と呼ばれるスクリーン空間上の 2D 平面上に配置されるようになっています。HUD は 3D シーンの隣か、3D シーンにオーバーラップするように表示されます。

　ダッシュボードを設計するときには、わかりやすいコントロールになるように心がけましょう。物理的な見た目から何を行うかが理解できなければいけません。ユーザーが任意の UI コンポーネントをクリックして説明を読むことができるように、すべてのインターフェースにヘルプが組み込まれているべきです。よいアプリケーションコントロールテクニックは初心者ユーザーにとって学習しやすく、熟練したユーザーにとって効率的でなければいけません。そのためアプリケーションの初めてのインタラクションでは必要最小限の UI コンポーネントしか提供せず、ユーザーの習熟に合わせてインターフェースを徐々に強化し、さらに機能を追加します。図 22.5 では Copernicus [Jankowski and Decker 12] の記事の 2 つのモードを示していて、1 つは初心者向きのハイパーテキストモードでダッシュボードの 3D シーンとのインタラクションはガイドされたツアーに制限されています。もう 1 つは 3D インタラクション経験のあるユーザーに向けて設計された 3D モードでダッシュボードでより自由度の高い 3D ナビゲーションが提供されています。

　キーボードショートカットを提供して、熟練したユーザーがダッシュボードの操作を省略できるようにすべきです。最後にダッシュボードがまったく必要ない状況であればフェードアウトすべきです。ユーザーがいつでもダッシュボードを隠して 3D ビューウィンドウを広く使えるようにしなければいけません。

　さらに 3D 仮想環境でのインタラクションテクニックを学ぶには、最先端の状況に関する私たちの最近の調査を参照してください [Jankowski and Hachet 13]。

22.8　ダウンロード時間とレスポンス時間

　ダウンロード時間はウェブユーザビリティに関する最も大きな問題の 1 つです。初期のウェブ（ダイアルアップ接続が使用されていたようなとき）はインターネットアクセスが遅く、ユーザーは画像のほとんどない単純なページをダウンロードするのにも長い時間、場合によっては数分間待たなければいけませんでした。ユーザーも待ちたいわけではありませんでしたが、ウェブは新しくて刺激的なテクノロジーだったのでそれほど時間がかかったとしても待つ価値があると考えられていました。今ではウェブは日常的なツールなのでダウンロードに長く時間がかかるとユーザーがサイトを去ってしまうこともよくあります [Nielsen 00]。Nielsen は人間の認知能力によって決まる 3 つの限界時間を心にとどめておくように勧めています。

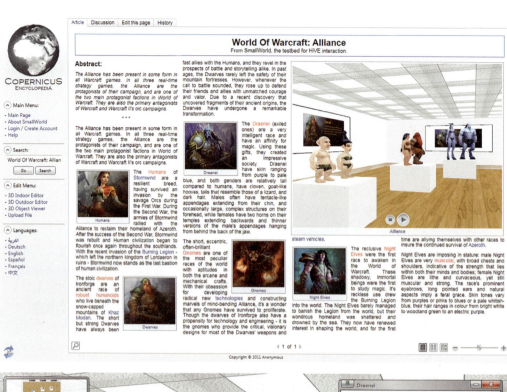

図 22.5: Copernicus のデュアルモードユーザーインターフェースのハイパーテキストモードと 3D モードの両方で表示された仮想環境の例（Jankowski and Decker, 2012, *Proceedings of WWW '12.*）

1. 0.1秒が理想的なレスポンスタイムです。ユーザーは中断されたことをまったく感じません。
2. 1秒はユーザーが遅延に気付いたとしても、ユーザーの思考の流れを妨げずにいられる限界時間です。
3. 10秒は受け入れ難いレスポンスタイムです。ユーザー体験が損なわれます。

コンピュータレスポンスタイムとウェブページダウンロードのユーザーの待ち時間についてNahの行った文献調査 [Nah 04] と彼女自身で行ったウェブユーザーが耐えられる待ち時間の評価によると、単純な情報を取得するだけのタスクについてはウェブユーザーは約2秒以内に反応があることを期待しています。さらに彼女の研究によるとシステムがダウンロードに関するインジケーターやフィードバックを何も返さない場合は、ユーザーの耐えられる待ち時間の上限は15秒であることが示されています。

WebGLアプリケーションではコンテンツが大きくなることが非常に多く、ダウンロード時間が長いという問題の影響は小さくありません。この問題の対策としてはデータ圧縮を使用してデータの送信を高速化することや、ユーザーが進捗を感じられるように漸進的なコンテンツの読み込みをサポートして何も映っていない画面やまったく反応のない画面を見せることを避けるといった手段があります。最近提案され始めたこのような問題の解決策としては、例えばGoogleのwebgl–loader[*2][Chun 12] やKhronosのglTF[*3]、そしてLavouéたち [Lavoué et al. 13] の手法（図 22.6 を参照）などがあります。また、併せて第20章も参照してください。

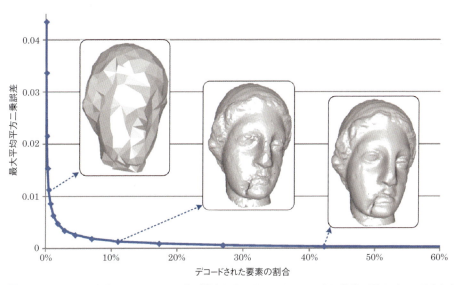

図 22.6: Lavouéたち [Lavoué et al. 13] が提案したテクニックでのLOD品質。図はデコードされた頂点の割合によって異なるLODと対応する形状の誤差を表しています。（画像は Guillaume Lavoué の提供）

[*2] WebGLのための単純、高速、軽量なメッシュ圧縮: https://code.google.com/p/webgl-loader/
[*3] WebGL, OpenGL ES, OpenGLのための実行時アセットフォーマット: http://gltf.gl/

短いダウンロード時間だけでなく、終了時間が予測可能であることもレスポンスタイムのユーザビリティに関するもう1つの重要な論点です [Myers 85][Nah 04]。ユーザーがページのダウンロードを長く待つことになると想定されるのであれば、例えばアニメーションするプログレスバーのように途切れなくフィードバックを提供し続けるべきです。そのようなフィードバックがあればユーザーはウェブブラウザがクラッシュしていないとわかり安心します。またどの程度待てばよいのかおおよその時間を示してくれるためユーザーはその間に他の作業ができ、最後にはユーザーのために何かを表示します。サイトのダウンロードに時間がかかるという情報をユーザーに与えると、ユーザーは遅延に対してより寛容になることを示した研究もあります。最後に、ユーザーはけっきょく何が得られるのかがわからなければ、長い時間3Dコンテンツのダウンロードを待つべきかどうかを決められません。ユーザーに（例えば読み込み中のコンテンツの事前に用意したレンダリング結果などの）プレビューを提供することは重要です

22.9 ユーザビリティ評価

ウェブサイトは公にリリースされる前に評価すべきです。可能であれば設計中や開発中のさまざまなタイミングでプロジェクトが正しく進んでいることを確認するために定期的にテストを実行し、問題が発生する可能性や発生した場合の修正コストを最小化できるようにすべきです。WebGLアプリケーションはアプリケーションとユーザーのインタラクションをそのまま観察するユーザビリティインスペクションからユーザーテスティングまで、さまざまな方法で評価できます。

ユーザビリティインスペクションは通常は認知的ウォークスルーとヒューリスティック評価という形式で行われます。認知的ウォークスルーは、ユーザーに一般的なタスクを段階的に実行してもらい、インターフェースがそれぞれの段階を適切にサポートしているかを評価することでユーザーインターフェースを評価する手法です。ヒューリスティック評価はユーザビリティ専門家がユーザーインターフェース設計が一般的に認められたユーザビリティ原則、つまりヒューリスティックに沿っているかどうかを個別に評価する手法です。ユーザーインターフェース設計のためのユーザビリティ原則としては Nielsen のヒューリスティック [Nielsen 94] は最も広く使用されています。Sutcliffe と Gault [Sutcliffe and Gault 04] や、Sweetser と Wyeth [Sweetser and Wyeth 05]、Pinnele たち [Pinnele *et al.* 08] による報告はもともとバーチャルリアリティ（VR）アプリケーションやビデオゲームの評価のために提案されたものですが、WebGLアプリケーションのユーザビリティインスペクションを実行する助けになるヒューリスティックの包括的な一覧となっています。

ユーザーが実際にアプリケーションがサポートしているタスクを実行しようとして失敗するところを観察する以上に情報が得られる手段はないため、最も有益なユーザビリティ評価手法はユーザーテスティングです。一般にユーザースタディでは、ユーザーインターフェースを使用する際のテストの題材が効率性、正確さ／再現性、主観的な満足という観点でどの程度適切かが測定されます。そのような研究は形成的評価、総括評価、比較評価（つまり2つ以上のユーザーインターフェース設計もしくはインタラクションテクニックの統計的な比較）とい

う形でなされます。Jankowski と Hachet [Jankowski and Hachet 13] で WebGL アプリケーションの評価に利用できるユーザースタディテクニックをいくつか紹介しています。

22.10　入力と出力

　3D ウェブアプリケーションで現在最もよく使用されている入力デバイスはマウスとタッチスクリーンです。WebGL アプリケーションのユーザーインターフェースを設計するときにも、通常のウェブアプリケーションと同じように、両方の入力テクニックで UI がどの程度うまく動作するかを考えておくことは重要です。利用する入力デバイスの強み（例えば、タッチスクリーンでは直接的な操作やマルチタッチ）を生かすことと弱点（例えば、タッチスクリーンでは正確な位置指定が難しいことや指で画面を隠してしまうこと）を補うことを忘れないようにしてください。

　これらの入力デバイスの大きな利点は、ほとんどのユーザーがそれらの利用に慣れているということと、そうではないユーザーであっても数分もかからず身につけられるということです。主な欠点はいずれも 2 次元入力デバイスであるため 2D 入力空間と 3D 仮想空間を関係付けるためにインタラクションにメタファを導入しなければいけないということです。

　幸い、近年、3D アプリケーションの操作に適した新しい入力デバイスが数多く登場しています。例えば Mouse 2.0 [Villar et al. 09] では標準的なコンピュータマウスにマルチタッチ機能を導入することで 4 自由度を実現しました。コンピュータビジョンを使用した人間の動きのキャプチャと解析が発展し、トラッキングや姿勢推定、動きや反応の理解を元にした新しいインタラクションテクニックも可能になりました。そのような研究結果の 1 つが Microsoft の Kinect[*4]や Leap Motion のような非常に洗練されていてしかも手ごろな価格で手に入るモーション検知入力デバイスです。それらの製品は人間の体の動きを取り込むことができ、動きによる制御という新しいスタンダートを確立し、より自然な 3D インタラクションへの大いなる可能性の扉を開きました。これらの持つ特徴はゲーム用の入力デバイスとして完璧です。しかし、トラッキングが不正確な場合があり、標準化されたジェスチャーもなく、物理的に動くことによる疲労があるため、これらのデバイスを何かを作成するようなタスクに使用することは難しいということも覚えておきましょう。

　出力デバイスも同様です。できるだけ多くのユーザーがアプリケーションを利用できるように、小さなスマートフォンから巨大なテレビ画面まで、ピクセル密度や画面サイズの異なるさまざまなデバイスタイプ上で WebGL アプリケーションがどのように動作するかを考えておく必要があります。異なるデバイスタイプの比較も非常に重要ですが、画面サイズの違いによってもそれぞれユーザーインタラクションに関するさまざまな可能性と挑戦があります。そのためアプリケーションに本当に満足して、よい印象を持ってもらうには、それぞれの画面設定に合わせてユーザー体験を最適化しなければいけません。

　3D インタラクティブグラフィックスとのインタラクションに関していえば、従来の 2D ディスプレイとは異なる 3D ディスプレイ（例えば裸眼立体視モニターやヘッドマウント

[*4] 訳注: Kinect センサーとアダプターは 2017 年 10 月に生産終了が発表され、在庫がなくなり次第、販売が終了されます。

ディスプレイ）が登場し、オブジェクトの選択や操作に加えてナビゲーションなどの深度が関係するさまざまなタスクのパフォーマンスが向上しています。認知的な観点からも立体視は 3D 情報の空間的な理解を向上させ、空間を概念化する助けになることが判明しています [Ware and Franck 96]。

　手ごろな価格のバーチャルリアリティヘッドセットが Oculus や他の会社から登場したことで、これらのデバイスがいつかディスプレイとして使用されるようになり私たちの日々の生活を根本的に変えてしまうと多くの人が予想しています。Mozilla や Google の一部開発者は WebGL を利用したウェブが理想的な VR プラットフォームであると考えて、ウェブ開発者が VR を試すことができるように Firefox ブラウザと Chrome ブラウザに WebVR API を追加し始めました[*5][*6]。ユーザビリティの観点では、この章で紹介した原則の多くはまだ確実なものではなく、VR をウェブコンテンツに取り込むに当たって何が最高のプラクティスといえるものになるかはまったくわかりません。VR 自体がユーザビリティや体験に対して空間や没入感といった新しい考え方を必要とします[*7]。ウェブにこのような事柄が追加されると、これまでにない問題が持ち込まれます。魅力的で快適な WebVR 体験を実現するには何年もかけて刺激的な研究と実験を行う必要があるでしょう。

参考文献

[Bowman *et al.* 04] Doug A. Bowman, Ernst Kruijff, Joseph J. LaViola, and Ivan Poupyrev. *3D User Interfaces: Theory and Practice.* Addison-Wesley, Boston, 2004. 『3D ユーザインタフェース』, 松田晃一, 由谷哲夫, 細部博史 訳, 丸善, 2005.

[Chun 12] Won Chun. "WebGL Models: End-to-End," in *OpenGL Insights*, P. Cozzi and C. Riccio, ed. CRC Press, Boca Raton, FL, 2012. 『OpenGL Insights 日本語版 (54 名のエンジニアが明かす最先端グラフィックス プログラミング)』, 加藤諒 編, 中本浩 訳, ボーンデジタル, 2013.

[Galyean 95] Tinsley A. Galyean. "Guided Navigation of Virtual Environments." *Proceedings of I3D '95*, 1995.

[Jankowski 11] Jacek Jankowski. "A Taskonomy of 3D Web Use." *Proceedings of Web3D '11*, 2011.

[Jankowski 12] Jacek Jankowski. "Evaluation of Static vs. Animated Views in 3D Web User Interfaces." *Proceedings of Web3D '12*, 2012.

[Jankowski and Decker 12] Jacek Jankowski and Stefan Decker. "A Dual-Mode User Interface for Accessing 3D Content on the World Wide Web." *Proceedings of WWW '12*, 2012.

[Jankowski and Hachet 13] Jacek Jankowski and Martin Hachet. "A Survey of Interaction Techniques for Interactive 3D Environments." *Proceedings of Eurographics '13*, 2013.

[Jankowski *et al.* 10] Jacek Jankowski, Krystian Samp, Izabela Irzynska, Marek Jozwowicz, and Stefan Decker. "Integrating Text with Video and 3D Graphics: The Effects of Text Drawing Styles on Text Readability." *Proceedings of the 28th International Conference on Human Factors in Computing Systems (CHI '10)*, Atlanta, USA, 2010.

[*5] ウェブ上での VR の第一歩: http://blog.bitops.com/blog/2014/06/26/first-steps-for-vr-on-the-web/ 、Chrome に VR を導入する: http://blog.tojicode.com/2014/07/bringing-vr-to-chrome.html

[*6] 訳注: WebVR API は非推奨になりました。VR, AR の両方を含む WebXR Device API を参照してください。

[*7] Oculus ベストプラクティスガイド: http://developer.oculus.com/best-practices

[Krug 05] Steve Krug. "Don't Make Me Think: A Common Sense Approach to the Web," New Riders Publishing, 2005.

[Lavoué *et al.* 13] Guillaume Lavoué, Laurent Chevalier, and Florent Dupont. "Streaming Compressed 3D Data on the Web Using JavaScript and WebGL." *Proceedings of the 18th International Conference on 3D Web Technology (Web3D '13)*, San Sebastian, Spain, 2013.

[Mackinlay *et al.* 90] Jock D. Mackinlay, Stuart K. Card, and George G. Robertson. "Rapid Controlled Movement through a Virtual 3D Workspace." *Proceedings of the 17th Conference on Computer Graphics and Interactive Techniques (SIGGRAPH '90)*, Dallas, USA, 1990.

[Myers 85] Brad A. Myers. "The Importance of Percent-Done Progress Indicators for Computer-Human Interfaces." *Proceedings of the 3rd International Conference on Human Factors in Computing Systems (CHI '85)*, San Francisco, USA, 1985.

[Nah 04] Fiona Fui-Hoon Nah. "A Study on Tolerable Waiting Time: How Long Are Web Users Willing to Wait?" *Behavior and Information Technology*, 23 (3), 153–163, 2004.

[Nielsen 94] Jakob Nielsen. *Usability Engineering*. Academic Press, New York, 1994. 『ユーザビリティエンジニアリング原論 — ユーザーのためのインタフェースデザイン』, 篠原稔和, 三好かおる 訳, 東京電機大学出版局; 第 2 版, 2002.

[Nielsen 00] Jacob Nielsen. *Designing Web Usability: The Practice of Simplicity*, 2000. 『ウェブ・ユーザビリティ — 顧客を逃がさないサイトづくりの秘訣』, 篠原稔和, グエル 訳, エムディエヌコーポレーション, 2000.

[Pinnele *et al.* 08] David Pinelle, Nelson Wong, and Tadeusz Stach. "Heuristic Evaluation for Games: Usability Principles for Video Game Design." *Proceedings of the 26th International Conference on Human Factors in Computing Systems (CHI '08)*, Florence, Italy, 2008.

[Polys *et al.* 05] Nicholas F. Polys, Seonho Kimand, Doug A. Bowman. "Effects of Information Layout, Screen Size, and Field of View on User Performance in Information-rich Virtual Environments." *Proceedings of the ACM Symposium on Virtual Reality Software and Technology (VRST '05)*, Monterey, USA, 2005.

[Rouse 05] Richard Rouse. "Game Design—Theory and Practice," Wordware Publishing, 2005.

[Shneiderman 03] Ben Shneiderman. "Why Not Make Interfaces Better Than 3D Reality?" *IEEE Computer Graphics and Applications*, 23 (6), 12-15, 2003.

[Sonnet *et al.* 05] Henry Sonnet, Sheelagh Carpendale, and Thomas Strothotte. "Integration of 3D Data and Text: The Effects of Text Positioning, Connectivity, and Visual Hints on Comprehension." *Proceedings of INTERACT '05*, Rome, Italy, 2005.

[Sutcliffe and Gault 04] Alistair Sutcliffe and Brian Gault. "Heuristic Evaluation of Virtual Reality Applications." *Interacting with Computers*, 16 (4), 831-849, 2004.

[Sweetser and Wyeth 05] Penelope Sweetser and Peta Wyeth. "GameFlow: A Model for Evaluating Player Enjoyment in Games." *Computers in Entertainment*, 3 (3), 2005.

[Tan *et al.* 01] Desney S. Tan, George G. Robertson, and Mary Czerwinski. "Exploring 3D Navigation: Combining Speed-Coupled Flying with Orbiting." *Proceedings of the 19th International Conference on Human Factors in Computing Systems (CHI '01)*, Seattle, USA, 2001.

[Villar *et al.* 09] Nicolas Villar, Shahram Izadi, Dan Rosenfeld, Hrvoje Benko, John Helmes, Jonathan Westhues, Steve Hodges, Eyal Ofek, Alex Butler, Xiang Cao, and Billy Chen. "Mouse 2.0: Multitouch Meets the Mouse." *Proceedings of the 22nd Symposium on User Interface Software and Technology (UIST '09)*, Victoria, Canada, 2009.

[Ware and Franck 96] Colin Ware and Glenn Franck. "Evaluating Stereo and Motion Cues for Visualizing Information Nets in Three Dimensions." *ACM Transactions on Graphics*, 15 (2), 121–140, 1996.

第23章

WebGL アプリケーションのための
カメラの設計

Diego Cantor-Rivera

Kamyar Abhari

23.1　はじめに

　どのような WebGL アプリケーションでもカメラの実装には慎重な判断が必要です。カメラはジオメトリの並行移動や回転を行う一連の行列変換を実行してワールドを動かし、よい視点が得られるようにしなければいけません。しかし WebGL 自体にはカメラを表すオブジェクトは存在しないので、それぞれの開発者が自分でカメラを実装する必要があります。これは特にコンピュータグラフィックスの素養のない JavaScript 開発者には難しい作業です。カメラ操作を支えている数学は開発者にとってやさしくはありませんし、混乱や不具合を招きやすいものです。さらに JavaScript 言語には行列を操作するネイティブ命令がありません。そのため大量のコードを自分で書くか、行列ライブラリを使用する必要があります。これらの問題は公開されているいくつかの高レベルな WebGL ライブラリを使用することで解決できますが、それぞれのライブラリは独自の方法でカメラを実装していて、必ずしもそのままでプロジェクトで要求される動作のすべてに対応しているとは限りません。

　そのためここでは WebGL アプリケーションのためのカメラを JavaScript でボトムアップ的に設計する方法を紹介します。この章でははじめにコンピュータグラフィックスに関連する基本的な行列の定義について説明します。続いて実装の詳細を説明し、線形代数ライブラリを紹介します。このライブラリを使用するとカメラの操作を JavaScript で記述できます。次に設計の基本的なガイドラインを調査します。ここには現在の WebGL ライブラリから取り上げた例も含まれます。JavaScript は厳密なカプセル化が存在しない言語なので、カメラエンティティと無関係なコードでもカメラの属性を自由に変更することができます（透過的カメラ）。ここではこのような設計に伴うトレードオフと JavaScript 開発者にとってこれがどうい

う意味なのかを検討し、カプセル化が強制（レスポンシブカメラ）される場合と比較します。

次にランドマークベースのカメラナビゲーションの設計と実装を紹介します。この手法では任意の既存 WebGL ライブラリか独自のカメラクラスを使用して滑らかなパスを作成し、カメラをそのパスに沿って移動させることで、遊覧飛行やユーザーによって開始される映画のようなシークエンスが作成できます。

最後に現在の WebGL ライブラリで利用できるカメラを総括し、将来の WebGL アプリケーションでのカメラの設計と役割に影響のある活発な研究の概要を紹介して終わります。

23.2　シーンジオメトリの変換

見通しのよい視点を実現するためにおなじみのモデルビュー変換（Q）を使用してジオメトリの平行移動と回転が実行されます。モデルビュー変換は 2 つの変換の合成に相当し、モデル変換（M_m）は頂点群の座標をオブジェクト空間座標からワールド空間座標に変換し、ビュー変換（M_v）はワールド空間から視点空間座標に変換します。モデルビュー変換はシーン内のすべての頂点に適用されます。

$$\begin{aligned} v' &= Q * v \\ v' &= (M_v * M_m) * v \end{aligned} \qquad (23.1)$$

モデルビュー変換はアフィン変換と呼ばれる操作の特殊な形です。この種の変換は回転や拡大縮小そして平行移動などの線形操作の合成です。

23.2.1　モデルビュー変換の行列表現

モデルビュー変換は同次座標系の 4 × 4 行列で表現できます。左上の 3 × 3 行列（R）は回転を表し、その 3 列をそれぞれベクトル x', y', z' とすると、それらは回転によって定義される新しい座標系の座標軸を表します。平行移動ベクトル（T）は最後の行に現れ、新しい座標系に向かうワールド原点とモデルビュー原点の間の移動量を表します（図 23.1）。

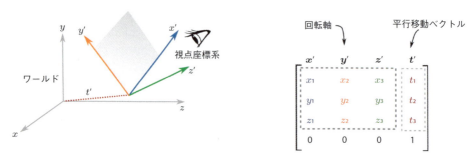

図 23.1: モデルビュー行列の構造。この変換の結果、視点座標が作られます

23.3 カメラ変換の構築

カメラはスクリーン上で回転と平行移動を適用してモデルビュー変換と同じ方法で操作されるので、これもアフィン変換であると想定していいでしょう。モデルビュー変換について私たちが知っていることと、カメラ変換に対して予想できることを比較してみましょう。

23.3.1 回転要素

モデルビュー変換はオブジェクトが画面上で見えるようにワールドを回転します。図 23.2aでは円柱が仮想世界の中心にあります。ワールドは x 軸に沿って角度 α だけ回転していて、そのため円柱の上面が見えています。オブジェクトを見ている仮想的なカメラが同じ軸に沿って角度 $-\alpha$ だけ回転していると画面上では同じシーンが見えます（図 23.2b）。

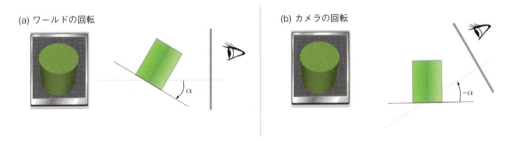

図 23.2: ワールドを回転する (a) ことは、カメラを逆向きに回転する (b) ことと同じです

23.3.2 平行移動要素

モデルビュー変換では、平行移動を使用して現在は画面上にないオブジェクトを視界にとらえることができます。通常、ワールドは特定のビューポートと一致していないのでほとんどのアプリケーションでこの処理が必要になります。このような状況ではオブジェクトの座標分の平行移動を適用して、オブジェクトがビューポートの中心にきて視界に入るようにしなければいけません（図 23.3a）。仮想カメラ変換を使用して実装された変換は動作が異なります。ワールドは動かずに、カメラの位置が変化してオブジェクトの方に移動します（図 23.3b）。

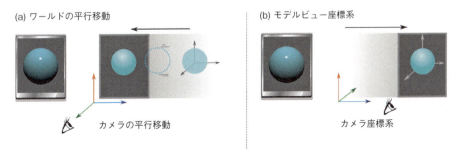

図 23.3: ワールドの平行移動 (a) とカメラの逆向きの平行移動 (b) は同じ結果になります

23.3.3 カメラ行列

モデルビュー変換 (Q) とカメラ変換 (C) の相補的な振る舞いは数学的には逆行列という関係で定義されます。

$$
\begin{aligned}
Q &= TR \\
Q^{-1} &= (TR)^{-1} \\
&= R^{-1}T^{-1} \\
M &= R_t^{-1}T^{-1} \\
&= \underbrace{\left[\begin{array}{c|c} R^t & 0 \\ \hline 0 & 1 \end{array}\right]}_{R^t} \underbrace{\left[\begin{array}{c|c} I & -T \\ \hline 0 & 1 \end{array}\right]}_{T^{-1}} \\
Q^{-1} = C &= \left[\begin{array}{c|c} R^t & -R^tT \\ \hline 0 & 1 \end{array}\right]
\end{aligned}
\tag{23.2}
$$

回転行列が直交していれば、逆行列は転置行列になります。そのため回転要素を転置するとモデルビュー回転とカメラ回転を交互に切り替えることができます。一方、カメラ行列の平行移動要素とモデルビュー変換の逆行列の関係はそれほど単純ではありません。平行移動は回転によって導入される座標系（回転が先に適用されます）での変位を表します。そのためカメラ座標系内での正しい移動量を得るには $-T$（逆変換）に R^t を左から掛ける必要があります（式 23.2）。

ヒント: 平行移動要素は回転後の軸に沿った移動量を指定します。

カメラ行列はモデルビュー行列の逆行列であるため**アフィン変換**でもあります。したがってその構造はモデルビュー行列と同じで、左上の 3×3 行列はカメラの座標軸、x_c, y_c, z_c を表し、残りの行は平行移動ベクトル t_c を表します（図 23.4）。

ヒント: カメラ座標系に拡大縮小要素が含まれる場合は、列ベクトルが単位長さではなくなります。しかしそれでも回転は正しく定義されていて、座標系も妥当です（直交しています）。拡大縮小がなければ座標系は正規直交しています（任意の 2 つの基底ベクトルの内積が 1 になります）。

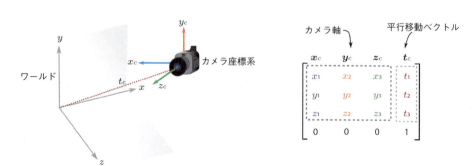

図 23.4: カメラ行列の構造

23.3.4 カメラ特性のシミュレーション: 投影変換

視点が確定した後で投影変換を実行すると画面上に表示される空間である視錐台（つまり視野）が決定されます。この視錐台の形状は投影のタイプ、平行投影か透視投影かによって決まります。

投影変換が WebGL アプリケーションのカメラエンティティに組み込まれるかどうかは採用されるメタファによります。例えば視錐台のタイプをカメラのプロパティではなく、シーンエンティティやビューエンティティ、またはレンダリングエンティティのプロパティとしてモデリングしている実装もあります。このような違いが起こるのは、投影変換のタイプは通常は WebGL アプリのライフサイクルの間で変更されることがないため、カメラとは異なるエンティティが保持しても問題がないからです。しかし、視錐台はカメラの特性（焦点距離、主点、軸の歪みなど）で決定されるものなので対応する投影変換はカメラエンティティが管理すべきという議論もあります。この章ではこれ以降、WebGL アプリケーションのカメラが 2 つの行列、カメラ行列と投影変換行列を持っていることを仮定します。

ヒント: 投影変換とカメラの固有の特性との関係を表すデモが http://ksimek.github.io/perspective_camera_toy.html にあります。

ヒント: 視錐台のプロパティがシーンに与える影響を可視化したデモが http://www.realtimerendering.com/udacity/transforms.html にあります。

23.4 WebGL アプリケーションのカメラ

カメラ行列があればワールド内を自由に移動して、オブジェクトを見て回ることができます。カメラが移動するというメタファは、ワールドを逆方向に移動したり回転するととらえるよりも直感的です。とはいえ、仮想世界の 3D オブジェクト（例えば、アクターやキャラクターなど）の動作のような幾何学的な変形は視点とは独立しています。そのためそれらの変形をモデルビュー行列と掛け合わせる必要があります。通常は各フレームで以下の処理が行われます。

1. ユーザーインタラクションイベント（例: マウス、キーボード、ジェスチャーなど）に基づいてカメラ行列を更新
2. モデルビュー変換のために逆行列を取得
3. モデルビュー変換を使用してジオメトリと投影変換を更新し、視錐台を決定

通常は最後の処理は頂点シェーダーに mat4 uniform 変数として両方の行列を渡し、そちらで実行されます。

ヒント: 頂点シェーダーに渡す前に任意のローカル変換にモデルビュー行列を左から掛け合わせておくことが一般によく行われます。こうすることで頂点シェーダー内で 1 頂点ごとに行列の掛け算を実行することを避け、オブジェクトをシェーダーに送る際に一度だけ行列の掛け算を実行すれば済みます。アプリケーションに非常に複雑な幾何学的モデルが含まれている場合

には、この最適化はとりわけ重要になります。

23.4.1　JavaScript で行列を利用

　JavaScript では行列がネイティブサポートされていないにもかかわらず、ほとんどのカメラ操作は 3×3 もしくは 4×4 の行列操作に落ち着くため、実装に取り掛かる前に行列をどのように扱うかを決めておく必要があります。

自身で行列のコードを書きますか？　それともライブラリを使用しますか？

　現在利用できる JavaScript 行列ライブラリのいくつかを簡単に見てみましょう。これらはいずれも WebGL アプリケーションでカメラを操作するコードを書くために利用できます。

- gl-matrix[1]は非常に網羅的な機能を持つライブラリで、`lookAt` や `perspectiveFrom FieldOfView` のような操作を使用して実装プロセスを単純化できます。
- mjs[2]は有力候補で、4×4 行列の回転要素と平行移動要素を操作するためのさまざまなメソッドを利用できます（例: `M4x4.inverseTo3x3`）。
- Sylvester[3]では行列（`$M`）とベクトル（`$V`）の操作に別名があり、非常に読みやすいコードになります。行列を掛け合わせるには掛け算の別名 `.x` を利用できますが（例: `var M = M1.x(M2);`）、平行移動や拡大縮小のような基本的な操作がありません。またパフォーマンスも最適化されていないので、WebGL アプリにはあまり向いていません。
- ewgl-matrices[4]は Sylvester の動作が遅いことに刺激されて開発が進められています。
- Closure[5]は Google が開発したウェブアプリケーション開発のための JavaScript のツールセットです。Closure では `goog.vec` という名前空間の下に行列とベクトルを操作する効率的でドキュメントも揃ったクラスが定義されています。
- Numerics[6]は科学計算用のライブラリで、さまざまな行列の分解（SVD や LU など）、常微分方程式ソルバ、制約なし最適化アルゴリズムなどを利用できます。WebGL 向けに設計されているわけではありませんが、Closure よりも高速であるとされています[7]。

　また、three.js，TDL[8]，Babylon.js（第 9 章）などの WebGL ライブラリも独自の行列クラスとベクトルクラスを提供しています。

ヒント: JavaScript 行列ライブラリのベンチマークは次で確認することができます。

　　　`https://github.com/stepheneb/webgl-matrix-benchmarks`

---

[1] `https://github.com/toji/gl-matrix`
[2] `https://code.google.com/p/webgl-mjs/`
[3] `http://sylvester.jcoglan.com/`
[4] `https://code.google.com/p/ewgl-matrices/`
[5] `http://docs.closure-library.googlecode.com/git/namespace_goog_vec_Matrix4.html`
[6] `http://www.numericjs.com/index.php`
[7] `http://www.numericjs.com/index.php.html`
[8] `https://github.com/greggman/tdl/blob/master/tdl/math.js`

このベンチマークによると、MacBook Pro（OS X 10.9.5, 2.4 GHz Intel Core i7, 8 GB 1333 MHz DDR3）上でのパフォーマンス測定の結果から TDL，Closure，gl-matrix が有力な候補になることは明らかです。ただし、TDL は使いやすさよりもレンダリング速度に重点を置いた低レベルなライブラリです。もし WebGL アプリケーションの開発を始めたばかりなら、gl-matrix か Closure を使った方がよいでしょう。

23.4.2　ナビゲーション戦略に基づくカメラタイプ

ライブラリが決まると、次にナビゲーションタイプを決定する必要があります。この決定は最終的なプロダクトのユーザビリティに非常に大きな影響があり、またユーザーが達成しなければいけない特定のタスクと、ユーザーが仮想空間を探索するときに行うはずの頭を動かす、前を見る、歩く、飛ぶといったメタファの影響を受けます（第 22 章を参照してください）。

表 23.1 にはナビゲーション戦略に基づいて分類された最も一般的なカメラタイプの一覧があります。この一覧は包括的なものを目指したわけではなく、カメラ機構の一般的な考え方とそれぞれのタイプが選ばれる条件を伝えることを目指しています。

アプリケーションにより特定のナビゲーションメタファに制限されることがないのであれば、軌道カメラ（Orbiting Camera）と探索カメラ（Exploring Camera）が最も標準的でさまざまな条件のナビゲーションに利用できます。例えば、追尾カメラ（Tracking Camera）を使用すると歩いたり特定の点を見つめたり、軌道カメラでを使用するとオブジェクトを回転したり拡大縮小することができます。また、同じアプリケーション内で複数のカメラ／ナビゲーション戦略を採用できるかどうかも併せて検討しましょう。例えば、実行中のタスクに応じて視点をワールドビュー（軌道カメラ）から一人称視点キャラクタービュー（追尾カメラ）へ切り替えた方がよい場合もあるでしょう。

23.5　WebGL アプリのためのカメラ設計

行列ライブラリとナビゲーション戦略を決定すると、設計プロセスが開始できます。このセクションが終わるころには次のような問いの答えが得られているでしょう。

- カメラエンティティをどのように定義するか?
- カメラの属性は公開するか、非公開にするか?
- カメラエンティティはどのような操作を提供するか?
- どのようにすると常に一貫したカメラの状態を仮定できるか?

このセクションではカメラ設計で主流となっている方法を 2 つ紹介します。1 つ目の方法では、従来のオブジェクト指向設計を調査します。この場合、カメラエンティティは非公開属性とアクセサメソッドを使用して、常に状態の一貫性を保つことに責任を持ちます（レスポンシブルカメラ）。2 つ目はより JavaScript 的な対案です。こちらの場合はカメラは単にコードのどの場所からでも自由に変更できる属性の集合にすぎません（透過的カメラ）。これらの 2 つの設計上の選択は互いに排他的というわけではなく、現在の WebGL ライブラリのほとんどは

表 23.1: ナビゲーション戦略に基づいたカメラタイプ

カメラタイプ	説明
探索／追跡 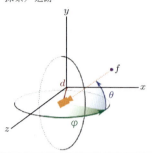	3D ワールドを探索するために使用されます。カメラは回転のたびに焦点を変更しながら、自身の周りを回転します。カメラは自由にワールド内を移動し、その位置はワールド座標で与えられます。このタイプのカメラは 3D キャラクターが見ているものを知るため（一人称視点）に使用されたり、3D キャラクターから少し距離を置いて追跡するため（三人称視点）に使用されます。
軌道（球） 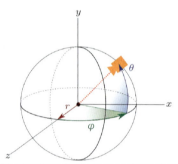	3D キャラクター設計や医用イメージングのようなさまざまな分野のアプリケーションで使用されます。カメラは回転ごとに自身の位置を変えながらその焦点の周りを回転します。カメラは球面軌道に従い、その位置は方位角と高度の組み合わせで与えられます。
軌道（円柱） 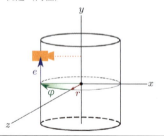	この種類の軌道カメラでは、仰角は中心面からの距離を測定した高度で置き換えられます。このような座標系は Zygote Body（旧 Google Body プロジェクト）のようなプロジェクトで使われてきました。
鳥瞰 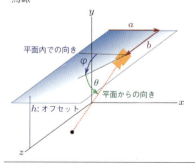	3D ワールドデザイン、地形可視化、リアルタイム戦略ゲーム（RTS）、ロールプレイングゲーム（RPG）などで使用されます。カメラ座標は一般に地面と平行な空中の平面上で定義され、焦点はカメラ位置に合わせて変化します。回転も可能ですが、通常は地面の方向を向くように制約されます。このカテゴリのカメラには、トップダウン型カメラや 2.5D カメラも含まれます。

レスポンシブルな機能と透過的な機能の両方を併せ持ったカメラを使用しています。

23.5.1　レスポンシブルカメラ

まずは単純な実装から始めましょう。`cameraTransform` と `projectionTransform` という2つの非公開属性と `getModelViewTransform()` と `getProjectionTransform()` という2つの公開操作を持つカメラエンティティを考えます（図 23.5a）。この設計ではカメラエンティティがユーザー入力やアプリケーションロジックによるものなど、アプリケーション内のイベントに応じて行列を更新する責任を負うと考えられます。そのためにそのような動作を実現する機能が必要になり、内部的な行列を操作する公開操作が追加されます（図 23.5b）。

```
                 (a) 基本カメラ                                    (b) 更新用メソッドの追加
┌─────────────────────────────────────────┐      ┌─────────────────────────────────────────┐
│                 Camera                  │      │                 Camera                  │
├─────────────────────────────────────────┤      ├─────────────────────────────────────────┤
│ -cameraTransform: Matrix4×4             │      │ -cameraTransform: Matrix4×4             │
│ -projectionTransform: Matrix4×4         │      │ -projectiontransform: Matrix4×4         │
├─────────────────────────────────────────┤      ├─────────────────────────────────────────┤
│ +getModelViewTransform(): Matrix4×4     │      │ +getModelViewTransform(): Matrix4×4     │
│ -getProjectionTransform(): Matrix4×4    │      │ -getProjectionTransform(): Matrix4×4    │
└─────────────────────────────────────────┘      │ +rotateX(angle: float): void            │
                                                 │ +rotateY(angle: float): void            │
                                                 │ +rotateZ(angle: float): void            │
                                                 │ +translate(position:Vector3): void      │
                                                 └─────────────────────────────────────────┘
```

図 23.5: 初期カメラエンティティ。(a) カメラエンティティはカメラと射影行列の管理に責任を持ちます。(b) プロパティ変更用の関数が追加されたカメラエンティティ

長所と短所

レスポンシブルカメラはカプセル化というオブジェクト指向プログラミングの原則に従います。属性とその属性に対する操作は同じエンティティに属していなければいけません。さらにカメラの属性は非公開で、カメラエンティティが提供している公開された操作によってのみ変更できます。アプリケーションが複雑になるにつれて、新しく関数が作成されて振る舞いが追加されます。もしその振る舞いがカメラの動作を大きく変えてしまうものなら、継承を使用し

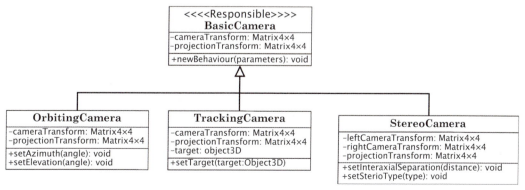

図 23.6: 新しい操作の追加もしくは継承によってレスポンシブルカメラの振る舞いを拡張

て新しい種類のカメラを作成できます（図23.6）。どのような場合でもカメラの状態が常に一貫していることを保証するため、カメラと射影行列を更新する公開操作それぞれに対して検証のためのコードが作成されます。例えば一貫性のない状態を作り出す可能性のある操作があれば、検証用のコードがその操作を拒否したり、カメラを以前の妥当な状態に戻したりします。カメラの状態が更新されるのは提供されているカメラ操作を通してだけなので、カメラを更新したいコードはすべてこの関数を使用するしかなく、その結果対応する検証用のコードが必ず実行されます。カメラ属性が透過的でコードのどこからでも変更できる場合にはカメラに一時的な不整合状態が発生する可能性がありますが、この設計であればそのような状態は発生しません。

レスポンシブルカメラの主な欠点は状態を問い合わせるたびに余分な処理が必要になることです。アプリケーションでカメラの位置や姿勢などが必要になるたびに、カメラと射影行列に数学的な操作を施してそれらの情報を取り出さなければいけません（例：3×3回転行列からオイラー角を計算、射影行列から近平面と遠平面を取得など）。これにより遊覧飛行やアニメーションのような複雑な動作をさせるときによくない影響が発生することがあります。しかし（このセクションで後ほど議論するように）この問題はキャッシュ機構を使用することで改善できます。他にもカメラエンティティのコードがすぐに大きくなるという問題もあります。行列に影響を与えるすべての操作で状態の一貫性を確認する必要があり、何か問題があることがわかれば変更を拒絶したり、カメラを正常な状態に戻したり、例外を投げるといった余分なコードを書く必要があります。

ヒント：クロージャ[*9]を使用するとJavaScriptで厳密な非公開属性を実装することも可能ですが、少しメモリのオーバーヘッドがあります[*10]。その代わりにコード内で変数名をアンダースコア（_）で始めて、公開を想定していない属性だと判断できるようにするのが一般的なやり方です。これは他の開発者には「自己責任で使用してください」という警告としても受け止められます。

状態キャッシュの実装

レスポンシブルカメラの設計はキャッシュを使用することで最適化できます。行列を用いて計算される情報（位置、角度、視野など）を属性に保存しておくことで必要に応じて即座に取り出せるようになります。

キャッシュをサポートするために、カメラや射影行列を更新するすべての操作はキャッシュされた属性にも気を配る必要があります。例えばカメラの回転操作ではカメラ行列を更新するのと合わせて方位角と高度をキャッシュ属性に設定できます（リスト23.1）。

[*9] http://javascript.crockford.com/private.html

[*10] https://curiosity-driven.org/private-properties-in-javascript

リスト 23.1: 状態キャッシュを伴うレスポンシブルカメラ操作の擬似コード[11]

```
1  vxlCamera.prototype.rotate = function(azimuth,elevation){
2
3    // _getAngle はパラメーターとして受け取った angle を検証
4    this._relElevation = this._getAngle(elevation);
5    this._relAzimuth = this._getAngle(azimuth);
6
7    var valid =...// もし有効な angle なら処理を継続
8                // そうでなければ変更を拒否／無視する
9    if (valid){
10     this._elevation += this._relElevation;
11     this._azimuth += this._relAzimuth;
12     this._computeMatrix();// 新しい elevation と azimuth を
13               // 使用して回転行列を更新
14   }
15   return this;
16 }
```

　キャッシュ属性を設定する操作が複数の場合もありうることに注意してください。例えば先ほどの方位角と高度は焦点を新しく設定した場合にも再計算されるかもしれません（リスト23.2）。焦点の値が新しく設定されると結果的にカメラの向きや角度が変更されることになり、カメラの方位角と高度も変更されます。

リスト 23.2: カメラ行列が変更された後でのカメラ属性を計算

```
1  vxlCamera.prototype.setFocalPoint = function(focalPoint){
2    ...// 新しい焦点を設定する操作
3    v =...// カメラから新しい焦点へのベクトルを計算
4    var x = v[0], y = v[1], z = v[2];
5    var r = vec3.length(v);
6    this._elevation = Math.asin(y/r);// 新しい高度
7    this._azimuth = Math.atan2(-x,-z);// 新しい方位角
8  };
```

長所と短所

　ここで示されたように、状態を属性にキャッシュするレスポンシブルカメラであればアプリケーション（カメラ位置、姿勢などの情報を決定）とレンダリングエンジン（カメラと射影行列を取得）の両方で高速に値を得ることができます。時間のかかる行列計算はユーザー操作かアプリケーションロジックの結果としてだけ実行されるため、カメラの状態を問い合わせるときにその計算が繰り返されることはありません。

　この設計の明らかな欠陥は状態を定義する属性と同期するように行列を管理する必要があることです。リスト 23.1 と 23.2 の例からわかるように、キャッシュされた属性とカメラ操作の関係は必ず一対一になるとは限りません。そのため、データの整合性を維持するために、キャッシュされた属性とカメラ操作の間の起こりうるインタラクション（わかりやすくいえば、どの操作がどの属性を更新するか）を注意深く解析する必要があります。

---

[11] https://github.com/d13g0/voxelent/blob/master/source/nucleo/camera/Camera.js

23.5.2 透過的カメラ

より JavaScript らしい方法はカメラエンティティを単純に公開属性の集合として定義することです。この設計を透過的と呼ぶことにします。カメラエンティティは自身の位置と向き、そして場合によってはナビゲーション戦略に応じたその他の属性を保持しています。これらの属性にはコードの任意の場所で自由にアクセスし、変更できます。そしてレンダリングの前に（つまりデータをシェーダーに送ってドローコールを発行する前に）その時点でのカメラ属性を使用してモデルビュー行列と射影行列を作成します。

ではカメラエンティティとその状態を記述する公開属性の設計を始めましょう。公開属性にはカメラの位置や向き、焦点、視野などが含まれます（図 23.7）。

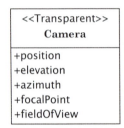

図 23.7: 透過的カメラ: その状態は公開属性として宣言されます

このシナリオではカメラの状態変更はすべてカメラの公開属性の値を直接変更することによって行われます。

```
1  camera.position = [5,6,7]; // カメラの位置を設定
2  camera.rotation.X = 45; // x軸の周りを45度回転
```

レンダラオブジェクトのような外部エンティティがこれらの属性の値を読み取り、`getModelViewTransform(camera)` と `getProjectionTransform(camera)` などのメソッドを使用して行列表現を作成します。そしてその行列が必要に応じて ESSL（GLSL ES）シェーダーに渡されます。開発が進み、カメラにそれまでとは異なる要求が生じるようになった場合は、レンダラで行っていた行列の作成をインタープリタに委譲するとよいでしょう。インタープリタでは図 23.8 のようにストラテジパターンを使用することができます。

長所と短所

透過的カメラを使用する主な利点は余分な操作や計算をいっさい必要とせずにカメラの状態を属性から直接取り出せることです。同様に何か必要な操作があれば、単純にカメラの対応する属性を更新することで実現できます。これまでにない要求にはカメラに新しい属性を追加することで対応できます。実際にはカメラの属性は外部エンティティによって解釈されるものなので、異なるカメラタイプで必要とされる属性が 1 つのエンティティの中に同時に存在してい

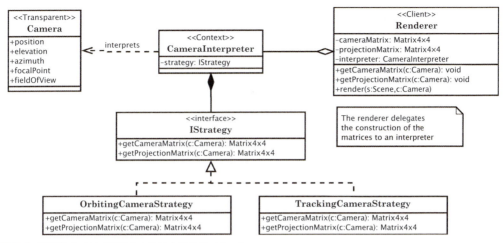

図 23.8: 透過的カメラで使用されるストラテジパターン

てもかまいません。もう 1 つ、透過的カメラにはシーングラフというコンセプトに則って作成された WebGL アプリケーションの中で簡単にノードとして表現できるという利点もあります。

主な欠点は状態のチェック処理がないことです。そのためアプリケーションのライフサイクル中に不整合な挙動が引き起こされる場合があります。例えば焦点距離の変更のような操作を行ってもカメラの position 属性が自動的には更新されることはありません。

23.5.3 設計の連続性

ほとんどの WebGL ライブラリではレスポンシブルな設計と透過的な設計、両方の特徴を持つカメラ実装が利用できます。例えば three.js[*12] では次のようにカメラの属性を直接修正できます。

```
1  camera.rotation.y = 90 * Math.PI/180
```

しかし同時にイベントリスナーを使用した状態チェックも実現できます。

```
1  var rotation = new THREE.Euler();
2  var onRotationChange = function(){
3    quaternion.setFromEuler(rotation, false);
4  }
5  rotation.onChange(onRotationChange);
```

その一方で SceneJS[*13] や OSG.JS[*14] のような WebGL フレームワークはカメラを外部から

[*12] http://threejs.org
[*13] http://scenejs.org
[*14] http://osgjs.org/

走査されることが前提の状態定義属性を保持するシーンノードとして扱います（リスト 23.3）。

リスト 23.3: SceneJS でのカメラノードの実装[15]

```
1  var scene = SceneJS.createScene({
2    nodes:[{
3      type:"cameras/orbit",
4      yaw:40,
5      pitch:-20,
6      zoom:10,
7      zoomSensitivity:1.0,
8      eye:{x:0, y:0, z:10},
9      look:{x:0, y:0, z:0},
10     nodes:[...
```

また行列を更新するいっさいの責任を放棄し、その代わりに開発者自身が必要に応じて行列を更新するための関数を提供することも可能です。この方法は Turbulenz[16]のようなライブラリ（第 10 章）によって採用されています。

リスト 23.4: Babylon.JS カメラの状態チェックビヘイビア。このコードは TypeScript を使用して書かれています。[17]

```
1  public _update():void {
2    var needToMove = this._decideIfNeedsToMove();
3    var needToRotate = Math.abs(this.cameraRotation.x) > 0 ||
4      Math.abs(this.cameraRotation.y) > 0;
5    if (needToMove) {// 移動
6      this._updatePosition();
7    }
8    ...
```

その対極には Babylon.JS[18]（第 9 章）のようなライブラリがあり、期待どおりにその場での状態チェック機構があるレスポンシブルカメラを使用しています（リスト 23.4）。

自身のプロジェクトではどの設計が正しいのか?

どの設計に従うべきかはアプリケーションに求められる双方向性の度合いとナビゲーションの複雑さによります。ナビゲーションのメタファが単純（歩く、見る）であれば、透過的カメラで十分でしょう。ナビゲーションがさらに複雑になり、コードのさまざまな部分で同時発生的なアプリケーションイベントやユーザーインタラクションに反応してカメラの状態を更新したいときにはレスポンシブルカメラが向いています。例えばビデオゲームで相手に撃たれたときには、ダメージを受けたり倒れたりするシークエンスをシミュレートしたいでしょう。レスポンシブルカメラであればこのような挙動を定義されているカメラの動作の 1 つとして問題なく追加することができます。

---

[15] http://scenejs.org/examples/cameras_orbit.html
[16] http://docs.turbulenz.com/jslibrary_api/camera_api.html
[17] https://github.com/BabylonJS/Babylon.js/blob/master/Babylon/Cameras/babylon.targetCamera.ts
[18] http://www.babylonjs.com/

23.6　カメラランドマーク: カメラ状態の保存と取り出し

カメラ状態を属性として定義すると、将来予定される位置だけでなく、以前カメラがあった位置の履歴も作成できます。カメラ状態はそれぞれランドマークに記録できます。ランドマークが有効なシナリオの例には以下のようなものがあります。

- ゲームでヒーローがやられたときに特定のセーブポイントまで戻るとき
- 医療系アプリケーションで解剖学的な特徴を学ぶとき
- 建築用アプリケーションで視界のよい場所を記録するとき
- シーンの中でカメラがある点から別の点にスムーズに移動する映画のような効果を作成するとき

カメラの位置と向き、焦点などを含む現在のカメラ状態をコピーすることで、アプリケーション実行中にいつでもランドマークを作成できます。それ以降はランドマークの内容をカメラ状態を定義している属性に直接コピーして、カメラを保存された任意のランドマークに移動することができます。これによりシーンがランドマークに定義されている以前の位置と向きまでリセットされます。

ランドマークの実装には当然 Memento パターンを使用します（図 23.9）。

この設計の構成要素は以下のとおりです。

- Camera:
    - createLandmark が呼び出されるたびに Landmark を生成します。内部的には状態を定義している属性をすべて CState コンテナに保存し、そのコンテナを新しく作成した Landmark に渡します。name パラメーターを使用して LandmarkManager エンティティ内の辞書にランドマークを保存できます。
    - gotoLandmark メソッドを使用して、名前を元に LandmarkManager エンティティ

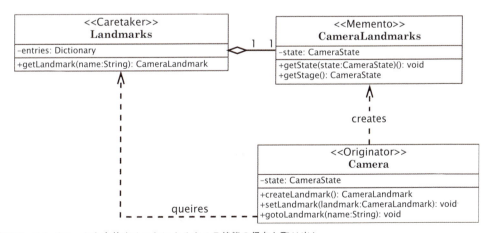

図 23.9: ランドマークを定義することによるカメラ状態の保存と取り出し

428　第 23 章　WebGL アプリケーションのためのカメラの設計

から Landmark を取り出すことができます。

- Landmark:
  - カメラの状態を定義している属性をすべて保持します。ここではこれらの属性は CState エンティティによって表されます。
  - Landmark は**イミュータブル**です。つまり一度作成すると更新も修正もできません。
- LandmarkManager:
  - Landmark インスタンスと文字列キーを関連付ける辞書を保持します。これにより名前を指定してランドマークを取り出せるようになります。

23.7　ランドマークに基づくナビゲーション

ランドマークを読み込むと、次のレンダリングコールで新しく設定されたカメラ状態が自動的に反映されます。しかしカメラの状態をすぐにランドマークの状態に設定するのではなく、インクリメンタルに値を近付けていくことで、視覚的に魅力的な映画のような移動を実現できます。これには線形、コサイン、3 次曲線など、どのような種類の補間でも使用できます。基本的な考え方は、現在の状態とランドマークに保存されている状態の間の状態をカメラに設定するということです。レンダリングサイクルは補間された状態にアクセスできるので、カメラがランドマークに近づくように表示を更新できます。

リスト 23.5 は私たちの実装の擬似コード[*19]です。はじめにランドマークに保存されているカメラ状態（例: カメラの位置）を取り出します。次にインクリメンタルな更新を描画するイテレーション関数が定義され、カメラが与えられたランドマーク（つまり与えられた状態）に到達するまでその関数が再帰的に呼び出されます。

リスト 23.5: ランドマークに基づいたアニメーションの擬似コード

```
 1  // 1．ランドマーク(lmark) から情報を取得
 2  var camera =...
 3  var finalPosition = lmark.position
 4
 5  // 2．アニメーションを準備
 6  var steps =...;
 7  var currStep = 0;
 8
 9  // 3．漸近的な更新を定義
10  function iteration(){
11    var interPos = vec3.create();
12    if(currStep++ != steps){
13
14      // 補間
15      percent = (1-Math.cos(currStep/steps*Math.PI))/2;
16
17      // 補間された位置ベクトルを計算
18      interPos = vec3.lerp(interPos, camera.getPosition(),
```

[*19] https://github.com/d13g0/voxelent/blob/master/source/nucleo/camera/Camera.js

```
19        finalPosition, percent);
20     camera.setPosition(interPos);
21     camera.refresh();// レンダリングの更新を呼び出し
22
23     var distance =...// ランドマークからの現在の距離を計算
24     if (distance > 0.01){
25       // 次のイテレーションを開始
26       window.setTimeout(iteration,...);
27     } else{
28       // カメラを最終状態（landmark）に設定
29       camera.setPosition(finalPosition);
30       camera.refresh();//レンダリングの更新を呼び出し
31     }
32   }
33 };
34
35 // 4．最初のイテレーションを呼び出してアニメーションを実行
36 window.setTimeout(iteration,...);
```

この擬似コードで示したのはカメラの位置の処理だけですが、焦点やロール角など、他のどのような状態を定義している属性に対しても同様の考えを適用できます。

私たちの例では gl-matrix ライブラリの vec3.lerp メソッドを補間のために使用しています。補間の量は percentage 変数を使用して設定されます。各ステップ一定のパーセンテージで線形に増加させるのではなく、毎回パーセンテージを計算してコサイン曲線で補間していることに注意してください。この簡単な工夫によりカメラが現在の状態から離れて目標の状態に近づくに連れて次第に加速／減速する視覚的に魅力的でスムーズなトランジションが得られます。コサイン曲線を使ってトランジションすると目標値に近づいたときに見た目にほとんどわからない小さな移動を大量に繰り返すことになるので、目標の値に十分に近づいたら（この例では 0.01 以下になったら）カメラ位置をすぐに最終的な値に設定して処理時間を節約しています。

ヒント: *WebGL Insights* GitHub リポジトリ[20]にはコサイントランジションを使用したスムーズなトランジションを行うランドマークベースのナビゲーションを実際に確認できるサンプル、demo-camera-landmarks.html（図 23.10）があります。このデモでは私たちの独自 WebGL ライブラリ[21]に含まれるカメラを使用しています。

23.8　既存の実装

WebGL アプリケーションのためのカメラを実装する際、ツール、ナビゲーション戦略、設計方針の組み合わせは一意には定まりません。WebGL ライブラリごとにそれらの組み合わせは異なります。網羅的とはいえませんが、表 23.2 に現在の実装の一覧があります。

---

[20] https://github.com/WebGLInsights/WebGLInsights-1

[21] http://voxelent.com

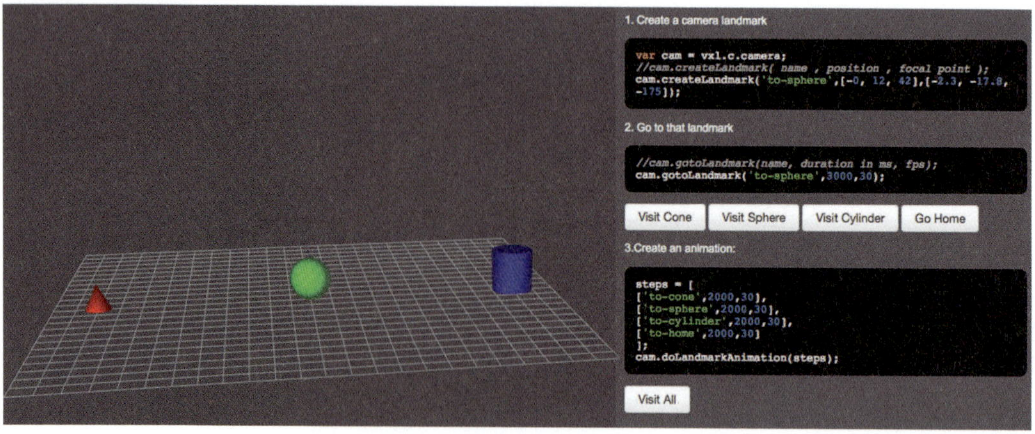

図 23.10: 実際のランドマークベースのナビゲーション。このデモは *WebGL Insights* の GitHub リポジトリにあります

表 23.2: WebGL ライブラリでの現在のカメラ実装

ライブラリ	説明	カメラクラス
three.js		
	このライブラリは平行投影カメラと透視投影カメラの両方をサポートするだけでなく、それらを簡単に切り替えて使うためのクラス（CombinedCamera）をサポートしています。また動的な反射をリアルタイムにレンダリングするための CubeCamera も利用できます。このカメラは反射する表面を持つオブジェクトと同じ座標に補助的なカメラとしてシーンに追加して利用します。他には視錐台を可視化するための CameraHelper も利用できます。このクラスは DirectionalLightHelper のような他のヘルパークラスと合わせることで、シーンを把握する役に立ちます。	• OrthographicCamera • PerspectiveCamera • CombinedCamera • CubeCamera • CameraHelper
scene.js		
	three.js と同様にこのライブラリも平行投影ビューと透視投影ビューの両方が利用できます。加えて、軌道カメラと鳥瞰カメラもサポートしています。	• Orthographic • Perspective • Orbiting • pickFlyOrbit

23.8 既存の実装　431

表 23.2: WebGL ライブラリでの現在のカメラ実装

ライブラリ	説明	カメラクラス
babylon.js		
	このライブラリでは ArcRotateCamera（軌道カメラ）と FollowCamera などの豊富なカメラ群を利用できます。後者はアクターの動きについていくための特別なカメラです。このライブラリにはジェスチャーに反応する DeviceOrientationCamera、モバイルデバイスの傾きの変化などの orientation イベントに反応する VirtualJoysticksCamera、Oculus Rift によって生成されるイベントのために特別に設計されたデュアルビューカメラである OculusCamera、WebVR API[*22][*23][*24]互換のブラウザで使用するために OculusCamera の拡張として設計された WebVRFreeCamera など、デバイス依存のカメラもいくつかあります。	• ArcRotateCamera • FollowCamera • TouchCamera • DeviceOrientationCamera • VirtualJoysticksCamera • DeviceOrientationCamera • OculusCamera • WebVRFreeCamera
voxelent		
	このライブラリは追跡、軌道、探索のための3種類のカメラが利用できます。追跡カメラは vxlCamera.follow(actor) とすることでアクターを追跡できる一人称カメラです。rotational（カメラは移動しませんが、アクターに焦点を合わせて回転します）、translational（一定の距離で追尾します）、cinematic（アクターとの距離に応じてカメラが回転します）という3種類のモードで利用できます。voxelent にはランドマークベースのアニメーションも実装されてます。ランドマークを連結すると空を飛んで移動するような効果も実現できます。カメラはバウンディングボックスを使用して vxlCamera.closeUp() でアクターに焦点を当て、vxlCamera.longShot() でシーン全体に焦点を当てます。	• vxlCamera • vxlCameraManager • vxlLandmark
C3DL		
	このライブラリでは軌道カメラと探索カメラなどの基本的なカメラクラスが利用できます。	• FreeCamera • OrbitCamera

---

[*22] http://blog.bitops.com/blog/2014/06/26/first-steps-for-vr-on-the-web/

[*23] http://tyrovr.com/2014/06/29/three-vr-renderer-tutorial.html

[*24] 訳注: WebVR API は非推奨になりました。VR、AR の両方を含む WebXR Device API を参照してください。

概していえばほとんどの WebGL ライブラリでは静的なオブジェクトの周りを周回するカメラと一人称視点でワールドを探索するカメラという、最低限 2 種類のナビゲーションメタファを持つカメラが利用できます。ジョイスティックや最近では Oculus のヘッドマウントディスプレイでコントロールするゲーム専用のカメラの開発に力を注いでいる Babylon.js のようなライブラリもあります[25]。この場合、カメラコントロール戦略を従来のキーボードとマウスを使用したインタラクションに合わせようとするのではなく特定のゲームデバイスと一対一に対応付けられたカメラが用意されます。

23.9　今後の方向性

将来、どのような種類のカメラが WebGL アプリケーションに求められるのでしょうか?

仮想カメラに関する現在の先進的な研究の成果をウェブに持ち込むのは大きな挑戦です。WebGL と HTML5 canvas 2D[26] を使用して実現された拡張現実アプリケーションは存在しますが、OpenCV[27] や VTK[28]、NVIDIA CUDA[29] のような科学的なライブラリで提供されているものと同等の画像処理、動画処理能力はまだウェブでは利用できません。近い将来、WebCL[30] を使用することでウェブでもそのような計算能力をある程度実現できるようになるでしょう。その計算能力が利用できれば、これまでよりもさらに素晴らしく、高性能な WebGL アプリケーションを開発できるようになります。

処理能力の向上に合わせて、自動経路計画、補助機能付きナビゲーション、感情コントロール、仮想現実といった 4 つの領域で行われている研究の成果が WebGL アプリケーションに取り込まれ、カメラの挙動はより洗練されたものになるでしょう。

自動経路計画を用いると空間的な制約が導入されます。そのような制約によりオブジェクトとカメラの衝突を避けることができ、ユーザー体験が改善されます。これが有用であることが示されているシナリオの 1 つが、没入型仮想ミュージアムのナビゲーションです [Drucker 94]。この場合はアクセシビリティ（ドアの位置）に基づいて連結グラフが構築され、ある出入り口から次のドア、または部屋の中の特定の場所までの移動経路が計算されます。そしてその結果に基づいて最小コストの経路が計算され、ベストなミュージアムツアーが再現されます。一般に自動経路計画が条件として採用できる制約にはさまざまなタイプがあります。位置と向き、カメラとオブジェクトの距離、複数オブジェクト間の距離など、魅力的な映画の特徴とされるような制約を導入することもできます [Christie 03]。

事前に定義された経路内しか移動できないようにするのではなく、ナビゲーションを補助するという考えで研究を進めているグループもあります。この場合カメラは自由に動けますが、オブジェクトとの衝突や不適切なカメラアングルを避けながら興味のあるオブジェクトまで視点を移動できるように、自動的に小さな調整が施されます。この実現にはポテンシャル場の

---

[25] https://github.com/BabylonJS/Babylon.js/wiki/Using-Oculus-Rift-with-Babylon.js
[26] http://www.w3.org/TR/2dcontext/
[27] http://opencv.org/
[28] http://www.vtk.org/
[29] http://www.nvidia.ca/object/cuda_home_new.html
[30] https://www.khronos.org/webcl/

勾配 [Wojciechowski 13] が使用されます。つまり空間的な勾配の大きさと近さに基づいてカメラの位置と角度が調節されます。このような技術を使用することで、通常の高コストな衝突計算を避けることができます。アシスト付きナビゲーションは仮想環境内で外科医が内視鏡手術（例: 結腸内視鏡検査と気管支鏡検査）のトレーニングを行うのに有用かもしれません [Wood 02]。

　他に興味深い研究分野として感情的なカメラコントロールがあります。これはカメラの視点を変えることによるユーザーに対する精神生理学上の効果を研究するもので、この研究を利用すると究極的にはゲーム内で感情面でより強く訴えかけることができる適応的カメラコントロールを作成できます [Yannakakis 10]。

　カメラが利用できるモバイルデバイスが標準的になったことでデバイスの加速度センサーとビデオフィードがモバイル WebGL アプリケーションに統合され、拡張現実シーンも作成できるようになってきています [Barbadillo 13][Feng 13]。一方、Oculus Rift[31]のようなバーチャルリアリティ環境専用のハードウェアソリューションは特殊なタイプのカメラとして扱うことで WebGL アプリケーションにうまく取り込まれつつあります。その一例として、Babylon.js ライブラリでは `OculusCamera`[32]が利用できます。

　ハードウェアの進化と GPU を利用できる WebCL のような新しく優れた手段が研究と現実の間の溝を埋め、3D アプリケーションを明るい未来へと導いてくれるでしょう。

23.10　参考資料

WebGL Insights GitHub リポジトリ[33]に次のような 3 種類のデモがあります。

- `demo-camera-landmarks.html`: ではランドマークベースのアニメーションのコンセプトを確認できます。
- `demo-camera-management.html`: は複数台のカメラと複数種類のカメラを管理しています。
- `demo-camera-follow.html`: 数種類のオブジェクトの追跡を確認できます。

voxelent.com ではこれらのデモをオンラインで利用できます。

参考文献

[Barbadillo 13] Javier Barbadillo and Jairo R. Sánchez. "A Web3D Authoring Tool for Augmented Reality Mobile Applications." *Proceedings of the 18th International Conference on 3D Web Technology.* ACM, 206, 2013.

[Christie 03] Marc Christie and Eric Languénou. "A Constraint-Based Approach to Camera Path Planning." *Smart Graphics.* Springer Berlin Heidelberg, 2003.

[Drucker 94] Steven M. Drucker and David Zeltzer. "Intelligent Camera Control in a Virtual Environment." *Graphics Interface.* Canadian Information Processing Society, 1994.

---

[31] http://www.oculus.com/
[32] https://github.com/BabylonJS/Babylon.js/wiki/Using-Oculus-Rift-with-Babylon.js
[33] https://github.com/WebGLInsights/WebGLInsights-1

[Feng 13] Dan Feng et al. "A Browser-Based Perceptual Experiment Platform for Visual Search Study in Augmented Reality System." *Ubiquitous Intelligence and Computing, 2013 IEEE 10th International Conference on and 10th International Conference on Autonomic and Trusted Computing (UIC/ATC)*. IEEE, 2013.

[Wojciechowski 13] A. Wojciechowski. "Camera Navigation Support in a Virtual Environment." *Bulletin of the Polish Academy of Sciences: Technical Sciences* 61 (4): 871-884, 2013.

[Wood 02] Bradford J. Wood and Pouneh Razavi. "Virtual Endoscopy: A Promising New Technology." *American Family Physician* 66 (1): 107–112, 2002.

[Yannakakis 10] Georgios N. Yannakakis, Héctor P. Martínez, and Arnav Jhala. "Towards Affective Camera Control in Games." *User Modeling and User-Adapted Interaction* 20 (4): 313–340, 2010.

寄稿者について

Kamyar Abhari はカナダのトロントにある Synaptive Medical Inc. の科学的開発者（Scientific Developer）です。彼は医用生体工学の分野で PhD と MSc をそれぞれカナダのロンドンにあるウェスタン大学とカナダのウィニペグにあるマニトバ大学で取得しました。彼の主な研究上の興味には医療画像の可視化と、画像誘導手術でのヒューマンコンピュータインタラクションが含まれます。

Matthew Amato (@matt_amato) は Analytical Graphics, Inc. のシニアソフトウェアアーキテクトです。彼はまた WebGL 製のオープンソース地球・地図エンジンである Cesium の共同創立者であり、時間の経過によって変化する地理空間の可視化のための JSON スキーマである CZML の考案者でもあります。

Edward Angel (http://www.cs.unm.edu/~angel) はニューメキシコ大学（UNM）の計算機科学の名誉教授です。Ed Angel は UNM の筆頭ティーチングフェローでした。UNM で彼は計算機科学、電気計算機工学、映画芸術を兼任し、デジタルメディアの範囲に広がる教育、研究、経済開発活動のユニークで学際的なセンターである Art, Research, Technology, and Science Laboratory（ARTS Lab）の創立所長として活躍していました。

　Dave Shreiner と書いた Ed のテキストブック、*Interactive Computer Graphics* は今では第 7 版まで出版されています。Ed と Dave は第 6 版の後でこのテキストブックについてはすべてをやり遂げたと感じていましたが、WebGL のコンピュータグラフィックス教育に対するポテンシャルにふたりとも強く惹かれ、WebGL だけを使用して第 7 版を書き上げました。Ed は SIGGRAPH と SIGGRAPH Asia での WebGL コースを含めて、100 を超える専門家向けのショートコースで教えてきました。

Johannes Behr は Fraunhofer IGD の VCST 部門長です。2005 年に PhD を取得しました。彼が興味を持っている分野は仮想現実、リアルタイムレンダリング、3D インタラクション技術です。2005 年以降、Dr. Behr は Fraunhofer Institut für Graphische Datenverarbeitung (IGD, Germany) で働き、VCST グループを率いてきました。この 15 年間で、OpenSG, InstantReality, x3dom.org といったプロジェクトに貢献してきました。

Nicolas Belmonte は Uber のスタッフデータ可視化エンジニアです。以前は Twitter Interactive (interactive.twitter.com) を率いていました。Twitter Interactive はニュースや政治、スポーツ、TV 番組のような軸で公に公開される可視化を提供するプラットフォームです。Twitter に入社する前には、JavaScript Infovis Toolkit や、Mozilla や Google, White House, Twitter によって利用された PhiloGL などのような先進的なオープンソースデータ可視化フレームワークをいくつか開発していました。現在、彼の興味はグラフィックスの先進的なテクニックから調査報道まで多岐に渡っています。

Florian Bösch (@pyalot, codeflow.org) は Codeflow を運営しているフリーランスの WebGL 開発者／コンサルタントです。Florian は 2008 年にフリーランスになり、2011 年からは WebGL サービスに特化してきました。さまざまな産業にいるクライアントからの WebGL に関係した需要に応えています。彼はまた webglstats.com と codeflow.org の管理人でもあります。

Nicholas Brancaccio (@pastasfuture, floored.com) は Floored, Inc. の主任エンジニアです。Nicholas (Rhode Island School of Design, BFA, printmaking) はこれまでアンティーク写真の現像液にまみれながら、ビデオゲームは芸術であると議論して過ごしてきました。ある運命の日に、彼はニューハンプシャーの危険なジャングルを脱水状態でさまよっていて露頭に迷い出ました。「水だ!」彼は叫び、すぐにそこに飛び込みました。しかしそれは水などではありませんでした。それは飢えたトライアングルの大海だったのです。そうと気付く間もなく、そのまま彼は深い海の底に沈んでいきました。それからしばらく後、何かをブツブツとつぶやきながらニューヨーク市のアラバスタ砂丘に立ち尽くす彼の姿が見られました。「ティーポットを描くのだ……」。そして、彼はそうしました。彼は現在 Floored, Inc にいて内製の 3D エンジン、Luma のコアレンダリング技術を担当しています。

Diego Cantor-Rivera (@diegocantor, nucleojs.org, voxelent.com, imaging.robarts.ca/petergrp) はオープンソースソフトウェアとウェブテクノロジーに情熱を燃やすエンジニアです。Diego はロスアンデス大学（コロンビア）でシステム・コンピュータエンジニアリングの工学修士を取得し、ウェスタン大学（カナダ）で医用生体工学の博士号を取得しま

した。Diego は 2010 年に WebGL を使用して最初の鼓動する心臓と大脳の皮質厚マップを開発しました。彼は *WebGL Beginner's Guide* (Packt Publishing, 2012) の著者で、その書籍は英語だけでなく韓国語や中国語にも翻訳されて国際的に販売されています。現在はカナダの Virtual Augmentation and Simulation for Surgery and Therapy (VASST) 研究所で、脳外科の教育や訓練を目的として仮想現実環境や拡張現実環境を開発しています。空いた時間には未確認生物やその他の神秘的な存在について調べることを楽しんでいます。

Nicolas Capens (@c0d1f1ed) は Google のソフトウェアエンジニアで、Google の Chrome GPU チームの一員であり Android Graphics Tools のコントリビューターです。彼は 3D グラフィックスをより広く利用できるようにするために、その制約をより少なくすることに情熱を傾けています。ANGLE プロジェクトについての彼の業務は Chrome on Windows の WebGL サポートの信頼性を高めることです。彼は SwiftShader の主任開発者としてブラックリストに登録された GPU やドライバを持つシステム上で WebGL を利用可能にしました。革新的なマルチスレッド、広範なベクトル化、動的なコード特殊化などを使用して、CPU と GPU の機能の差を埋め続けています。Nicolas は 2007 年にゲント大学でコンピュータサイエンスの修士号を取得しました。

David Catuhe (@deltakosh, http://blog.msdn.com/b/eternalcoding/) は Microsoft の IE と Web 標準に関する筆頭プログラムマネージャーです。Microsoft での HTML5 とオープンウェブ標準の普及を担当しています。彼は自分をギークだとみなしていて、JavaScript と HTML5 で開発することが非常に好きですが、それだけでなく DirectX，C#，C++ やそれどころか Kinect（彼は Kinect に関する書籍を執筆していて、Amazon で購入できます。）も愛しています。彼は Babylon.js と hand.js の父です。

Paul Cheyrou-Lagrèze (@tuan_kuranes) は Sketchfab の R&D エンジニアです。彼は C64 から Android の最新 GPU まで幅広く経験しています。彼は 2000 年に INRIA/W3C で最初の OpenGL ベースの HTML エディタである Amaya を作成しました。その後は 15 年間フリーランスとして 3D アバターとの会話、マルチプロジェクターのカーブフィッティング、手術室シミュレーションなどの領域でシミュレーション業界に携わっていました。コンピュータシミュレーションの関するさまざまな内容、つまり 3D グラフィックスだけでなく AI や物理エンジンにも興味を持っています。今は素晴らしい Sketchfab チームに所属して、できる限り単純でありながら素晴らしい方法ですべての人が 3D にアクセスできるようにするために働いています。

Patrick Cozzi (@pjcozzi, seas.upenn.edu/~pcozzi/) は Analytical Graphics, Inc. の筆頭グラフィックスアーキテクトで、ペンシルベニア大学で講師も務めています。Analytical Graphics, Inc. (AGI) では Patrick はオープンソースの WebGL 仮想地球／地図エンジンである Cesium の開発を率いています。彼は WebGL Insights の編集者であり、また OpenGL Insights の共編者、3D Engine Design for Virtual Globes の共同執筆者、Journal of Computer Graphics Techniques の編集委員のメンバーです。Patrick は SIGGRAPH でよく発表していて、他の書籍シリーズにも貢献しています。彼は Khronos のメンバーで、自身がコンピュータサイエンスの修士号を取得したペンシルベニア大学で GPU プログラミングとアーキテクチャを教えています。

Nick Desaulniers (@LostOracle, https://nickdesaulniers.github.io) は Mozilla でオープンウェブと戦うソフトウェアエンジニアです。Nick は Firefox OS をターゲットとしたサードパーティ開発者のサポートをしていないときには、世界中でウェブテクノロジーや、新しいプログラミング言語を学ぶこと、Emscripten を使用して JavaScript を C/C++ にコンパイルすることについて講演をしています。オープンソースソフトウェアとすべての人がアクセス可能なインターネットに貢献することは Nick が最も情熱を注いでいることの 1 つです。Nick はコンピュータエンジニアリングの学士をロチェスター工科大学で取得し、イーグルスカウトも取得しました。

Matt DesLauriers (@mattdesl) は Jam3 のクリエイティブ開発者で、クイーンズ大学で映画とメディアを学んだ独学のグラフィックスプログラマです。トロントの Jam3 で働きながら、映画、プログラミング、デザインへの愛情を組み合わせて、インタラクティブなウェブコンテンツを作成しています。彼が WebGL やオープンソースモジュールで遊んでいないときには、地元のエスプレッソショップかロッククライミングジムで彼を見つけることができるでしょう。

Chris Dickinson (@isntitvacant, http://neversaw.us/) は Walmart Labs に所属する node のコアコントリビューターで、Walmart Labs を代表して Node.js プロジェクトと io.js プロジェクトのコアコミッターとしての役割を果たしています。彼はオープンソースや、ツール改善するためのコミュニティ駆動の活動、ストレス緩和目的でのパーサーの作成に情熱を傾けています。彼は WebGL のための再利用可能でプラグイン可能なツールの構築に力を入れている stack.gl オープンソース組織のいくつかのプロジェクトの管理者でもあります。

Olli Etuaho (@oletus, `oletus.fi`) は NVIDIA Corporation のシステムソフトウェアエンジニアです。Olli はもともとゲーム開発や NVIDIA のモバイルブラウザチームでいくらかの実務経験を積んでいましたが、2012 年にタンペレ工科大学 (TUT) で修士号を取得しました。NVIDIA で行う仕事の一部として、彼は WebGL 仕様と Chromium プロジェクトの積極的なコントリビューターで、現在は WebGL 2 に関する取り組みを助けています。彼が力を入れているプロジェクトとして、WebGL で高速化されたペイントアプリである CooPaint があります。

Lin Feng は現在准教授、Bioinformatics Research Centre のディレクター、南洋理工大学のコンピュータサイエンス学科の修士コース (デジタルメディアテクノロジー) のプログラムディレクターです。Dr. Lin Feng の研究上の興味には医用生体情報学、医用生体のイメージングと可視化、コンピュータグラフィックス、ハイパフォーマンスコンピューティングなどが含まれます。彼は NTU に所属して以来 20 以上の助成金のついた研究プロジェクトに携わってきて、200 ほどの技術的な論文を発行しています。彼は IEEE のシニアメンバーです。

David Galeano (@davidgaleano, `www.turbulenz.biz`, `ga.me`) は Turbulenz Limited の共同創立者です。Turbulenz の共同創立者として David は Turbulenz プラットフォームのすべての技術の構築に直接関係してきました。2009 年に Turbulenz を作成する前は、8 年間 Criterion Software で上級ソフトウェアエンジニアとして RenderWare グラフィックスに携わり、Electronic Arts で EA の内部的なレンダリングテクノロジーグループのテクニカルディレクターを勤めていました。David はもともとスペインの Dinamic Multimedia で 6 年間ゲームを開発していました。

Jeff Gilbert (@jedagil) は Mozilla のソフトウェアエンジニアで、Gecko の WebGL 実装を指揮しています。コンピュータゲームにパッチを当てたりハックしたりして改造することからグラフィックスとソフトウェアエンジニアリングの世界に足を踏み入れました。数年が経ち、Jeff は活動分野を少し変え、WebGL を使用して 3D コンテンツをブラウザ上で開発または移植する開発者をサポートしています。

Benoit Jacob は Google のソフトウェアエンジニアで、以前は Mozilla に所属していました。2010 年までは Benoit はパリ大学とトロント大学の数学者で、空いた時間に Eigen matrix ライブラリのようなオープンソースの数学的なソフトウェアを開発していました。それから Mozilla にブラウザのグラフィックスと WebGL のエンジンを開発するためにソフトウェアエンジニアとして参画しました。2014 年後半、Google に入社し、再び数学的なソフトウェア、特に Eigen を開発することになりました。

Jacek Jankowski (@jacek_jankowski, http://grey-eminence.org) は Intel のグラフィックスソフトウェアエンジニアで、その前は INRIA と DERI のリサーチフェローでした。彼はヒューマンコンピュータインタラクション、ウェブテクノロジー、コンピュータグラフィックスなどで一流の論文誌やカンファレンスで 20 以上の論文を公開しています。Jacek は 3D グラフィックスをウェブのユーザーインターフェースに組み込むことに情熱を傾けています。

Brandon Jones (@tojiro, http://tojicode.com) は Google Chrome GPU チームのソフトウェアエンジニアで、子供のころから趣味としてコンピュータグラフィックスに取り組んでいました。セイレーンの歌声に導かれてウェブ開発に向かっているときに、WebGL という形で両方が交わることがわかり大喜びしました。

Hugh S. Kennedy (@hughskennedy, http://hughsk.io) はデータ可視化とインスタレーションアートというバックグラウンドを持つオーストラリアのソフトウェアエンジニアです。彼は現在 NodeSource で働いていて、多くの時間をプロダクト開発やデザインに費やしています。彼は browserify と npm を使用して構築されたオープンでモジュール式の WebGL ソフトウェアエコシステムである stack.gl のメンテナの一人です。

Almar Klein (@almarklein, http://almarklein.org) はフリーランスの Pythonista[*34]です。電気工学を学んだ後で、医用画像解析で PhD を取得しました。動的な CT データを処理しているうちに（3D）可視化に興味をもつようになり、Visvis を開発することになりました。現在、Almar は Vispy のコアデベロッパーで、次世代のデータ解析プラットフォームを構築することで（科学的）コンピューティングの障壁を下げるために Continuum Analytics に協力しています。

Alexander Kovelenov (www.blend4web.com) は Blend4Web のシニアソフトウェアエンジニアです。Alexander はバウマン記念モスクワ国立工科大学 (BMSTU) で電波工学の学士を取得しました。業務として Global Navigation Satellite System (GLONASS) のソフトウェアを 3 年間開発した後、2011 年にシニアソフトウェアエンジニアとして Blend4Web チームに参画しました。彼はエンジンのアーキテクチャと物理、音、ビジュアルプログラミングシステムの開発を担当しています。

[*34] 訳注: Python 言語を主に使用する開発者。

Max Limper (@mlimper_cg, `www.max-limper.de`) は Fraunhofer IGD/TU Darmstadt の研究者です。Visual Computing System Technologies (VCST) グループの一部で、彼は InstantReality や X3DOM のような学術界と産業界のためのレンダリングテクノロジーを開発しています。彼が主に力を入れているのはウェブ上での 3D メッシュの転送と表示の最適化を目的としたポリゴンメッシュ処理の手法です。Max はダルムシュタット工科大学の Interactive Graphics Systems グループ (GRIS) の PhD の学生でもあります。

Mikola Lysenko (@mikolalysenko, `0fps.net`) は計算幾何のバックグラウンドを持つフリーランスのコンピュータプログラマです。彼はコンピュータ支援設計、データ可視化、GPU プログラミングを専門としています。彼のプロジェクトには 3D Systems の作業や plotly などがあります。現在、彼は WebGL アプリケーションを開発するためのモジュール式のエコシステムである stack.gl に携わっています。また彼は趣味として 0fps というブログでジオメトリについて書いています。

Ivan Lyubovnikov (`www.blend4web.com`) は Blend4Web のソフトウェアエンジニアです。Ivan はトゥーラ州立大学を卒業しました。そこでは彼は数学とコンピュータサイエンスを学びました。彼はウェブ開発とプログラミング、特に WebGL と HTML5 テクノロジーに興味を持っています。彼は 2013 年に 3D エンジンプログラマとして Blend4Web チームに参画しました。彼は主にシェーダー処理パイプライン、最適化、データ処理、影、視覚効果などエンジンの主要な部分を担当しています。

Zhenyao Mo (`https://www.linkedin.com/in/zhenyao`) は Google Inc. のソフトウェアエンジニアです。彼は南カリフォルニア大学からコンピュータサイエンスで PhD を取得しました。直近の 5 年間は Google の GPU チームで WebGL を実装して改善しています。ずっとこれまでにない最もクールな WebGL アプリを書きたいと思っていますが、まだそのチャンスに恵まれていません。自分の役割は他の開発者が WebGL を楽しめるようにすることだと受け入れています。

Muhammad Mobeen Movania (`http://cgv.dsu.edu.pk`) は DHA サッファ大学の助教授で、2012 年にシンガポールの南洋理工大学 (NTU) で先進的コンピュータグラフィックスと可視化で PhD を取得しました。彼は National Cancer Centre of Singapore (NCCS) と協力して主に医用生体のボリュームレンダリングと可視化について研究していました。卒業後、彼はシンガポール科学技術研究庁の一部門である Institute for Infocomm Research (I2R) の研究者として働いています。先進的なコンピュータグラフィックス、拡張現実、3D アニメーションなどの分野における研究開発が彼の担当です。

Dr. Movania はコンピュータグラフィックスと可視化の領域で SIGGRAPH 2013 のポ

スターを含むいくつかの国際学会や学会誌で論文を発表しています。彼はいずれも 2013 年に Packt Publishing で公開された *OpenGL 4 Shading Language Cookbook* (second edition) やビデオコース「Building Android Games with OpenGL ES Online Course」などの OpenGL に関するいくつかの書籍のレビューアーを勤めています。彼はモダンな OpenGL を使用するためのいくつかの応用的な手法を詳細に説明した書籍（2013 年に Packt Publishing から出版された *OpenGL Development Cookbook*）を執筆しました。彼は 2012 年に AK Peters/CRC Press から出版された *OpenGL Insights* の中の一章を担当した著者でもあります。Dr. Movania は現在は DHA サッファ大学（カラチ、パキスタン）のコンピュータサイエンス学部の准教授です。彼の現在の研究活動についてさらに情報を得るには彼の研究グループのウェブページを参照してください。

Cedric Pinson (@trigrou) は 3D コンテンツのオンライン共有プラットフォーム、Sketchfab の共同創立者で CTO です。2001 年からゲーム業界にいるベテランで、3D クライアント技術のプロジェクトリーダーから始まり、2008 年にフリーランスとして働き始めました。Cedric の個人プロジェクトとフリーランスプロジェクトにより彼はすぐに WebGL テクノロジーのパイオニアになりました。彼は JavaScript から WebGL を使用するための OpenSceneGraph のようなツールボックスを実装した OSG.JS というフレームワークを開発しました。彼はこの技術を使用して、オンラインのリアルタイム 3D ビューアーを作成することに集中しました。Cedric の革新は 3D コミュニティによってすぐに受け入れられ、ニューヨークとパリにオフィスを持つ TechStars の卒業生とベンチャーキャピタルによってサポートされた 15 人以上の社員を持つ会社 Sketchfab に成長しました。

Philip Rideout (@prideout, http://prideout.net) はカリフォルニアのバークレイに住むシニアグラフィックス開発者です。彼は 2000 年代初期に 3Dlabs で産業界初の GLSL コンパイラの作成に協力しました。彼は Pixar の研究開発部門と NVIDIA の開発者ツールチームの卒業生です。彼は高校の社会科見学で Intergraph Corporation を訪れて以来コンピュータグラフィックスに憧れるようになりました。

Kevin Ring (www.kotachrome.com/kevin) は National ICT Australia (NICTA) の主任ソフトウェアエンジニアです。彼は最近オーストラリアの美しいシドニーまで地球を半周して NICTA がオーストラリアの National Map を作成するのを手伝い、ほんの少し長めにビーチで過ごしました。以前 Kevin は Patrick Cozzi とともに *3D Engine Design for Virtual Globes* という本を執筆しましたが、これがウェブ用オープンソース仮想地球である Cesium の開発を始めるきっかけになりました。JavaScript について不平を言いながら、Kevin はウェブブラウザに効率的にストリーミングするために数百 GB の地形データを処理するサーバーサイドツールの開発と合わせて、Cecium の地形と画像のレンダリングエンジンを開発しました。

寄稿者について　443

Evgeny Rodygin (www.blend4web.com) は Blend4Web のソフトウェアエンジニアです。バウマン記念モスクワ国立工科大学 (BMSTU) で計数工学の学士とコンピュータサイエンスの学士を取得した後、Evgeny は Central Design Institute of Communication で低圧系統の設計エンジニアとして働きました。2012 年から Evgeny は Blend4Web チームでソフトウェアエンジニアとして働いています。彼はオープンソースソフトウェアと Linux が非常に好きです。彼はシェーダーの最適化、人工知能、3D グラフィックスに関係するあらゆるものに非常に興味を持っています。

Cyrille Rossant (@cyrillerossant, http://cyrille.rossant.net) は University College London の研究員です。Dr. Rossant はニューロインフォマティクスのリサーチデータサイエンティスト兼ソフトウェアエンジニアです。パリの高等師範学校の卒業生で、そこでは数学とコンピュータサイエンスを学びました。また、プリンストン大学、ユニヴァーシティ・カレッジ・ロンドン、コレージュ・ド・フランスでも働いていました。彼は Python 製の OpenGL ベースのハイパフォーマンス可視化パッケージである VisPy のリード開発者の一人です。彼は Python を使用したデータサイエンスについての 2 冊の本、*Learning IPython for Interactive Computing and Data Visualization* と *IPython Interactive Computing and Visualization Cookbook*（いずれも Packt Publishing 刊）の作者です。

Jeff Russell (@j3ffdr, marmoset.co) は Marmoset のエンジニアで共同創立者です。Jeff は 2012 年から会社のグラフィックスとエンジンの開発に集中したテクニカルファウンデーションで働いています。彼の最近の興味はアーティストのためのリアルタイムグラフィックスツールを作成することです。その前には、彼はゲーム開発と仮想現実のリサーチに時間を費やしていました。

Kenneth Russell (@gfxprogrammer, gfxprose.blogspot.com) は Google, Inc. の Chrome の GPU チームのソフトウェアエンジニアで、大学で初めてこのトピックスに関する講義を受けたときから 3D グラフィックスに非常に強い興味を持っています。以前の仕事では、彼は Silicon Graphics でインターンとして Cosmo Player VRML プラグインに携わり、Sun Microsystems の Java Bindings to the OpenGL API (JOGL) プロジェクトを共同で開始しました。彼は現在 WebGL ワーキンググループのチェアを勤めています。

Tarek Sherif (@thsherif, http://tareksherif.net) は BioDigital の 3D ソフトウェアエンジニアで、解剖学、疾病、治療、健康情報をインタラクティブな 3D で可視化するための WebGL ベースの出版プラットフォームの開発に携わっています。それ以前は、彼は McGill Centre for Integrative Neuroscience のソフトウェア開発者でした。そこでは

WebGLとHTML5を使用して構築された神経画像データのための可視化ツールのセットであるBrainBrowserのリードデザイナー兼開発者でした。

Dave Shreiner (@DaveShreiner) は、ACM/SIGGRAPH 2014カンファレンスのチェア、は25年以上OpenGLに関係する技術に携わってきました。DaveはSilicon Graphicsに所属しているときにOpenGLに関する最初の商業トレーニングコースを担当し、数多くのOpenGL, OpenGL ES, WebGLを使用したコンピュータグラフィックスの書籍に貢献し、Ed Angelと協力して多数のプログラマがOpenGLに関係するスキルを磨くことを助けてきました。彼は自身の情熱を多くの開発者と共有してきました。

Christian Stein (@_chrstein_) はFraunhofer IGD／ダルムシュタット工科大学の研究者です。学習しながらゲーム開発でソフトウェアエンジニアとしての実務経験を積んだ後で2014年にChristianは修士号を取得しました。Fraunhofer IGDのVCST部門で、彼はウェブベースのレンダリング技術を担当しました。彼の研究はウェブでの特殊なデータ構造と巨大モデルのレンダリングに関するものです。

Maik Thöner (@mthoener) はFraunhofer IGD／ダルムシュタット工科大学の研究者で、Fraunhofer IGDのVisual Computing System Technologies部門に参加して、ウェブベースの巨大モデルのレンダリングシステムを研究開発しています。彼の研究上の主な興味には仮想現実、ウェブ3D, 分散レンダリング、ハイブリッドレンダリングなどが含まれます。彼はダルムシュタット工科大学でコンピュータサイエンスの修士号を取得しました。

Vladimir Vukicevic はMozillaのエンジニアリングディレクターです。Vladimirは10年以上Firefoxとオープンウェブ標準に携わってきました。その間、彼はJavaScriptとウェブを3Dグラフィックスをブラウザで実行可能なほどに十分高速化するように人々を説得することになんとか成功し、そしてWebGLが生まれました。彼はKhronosでWebGL 1.0標準が正式化するまで初期のWebGLワーキンググループのチェアを勤めていました。それから彼はFirefoxとFirefox OSのグラフィックスとパフォーマンスの問題に取り組み、Emscriptenとasm.jsでウェブにハイエンドなゲームを持ち込む手助けをしました。現在、VladimirはウェブでVRを可能にすることに注力しています。概して彼はウェブをネイティブのデスクトップまたはモバイルプラットフォームに伍するものにすることに力を注いでいます。

**Shannon Woods** (@ShannonIn3D) は Google のソフトウェアエンジニアで、ブラウザから UI フレームワークやモバイルゲームまでさまざまなプロジェクトで多くのプラットフォームで OpenGL ES を実行するために使用されているオープンソースのグラフィックス変換エンジンである ANGLE のプロジェクトリードです。ANGLE に関係する現在の業務の前は、彼女はゲームのポータビリティとリアルタイム分散シミュレーションのためのソフトウェア開発という 3D グラフィックス界の別の領域に携わっていました。彼女はメリーランド大学を卒業し、徹底的な仕様書の分析、音楽、ティーポットを楽しんでいます。

訳者紹介

あんどうやすし

「ずっと昔から Google Developers Expert（Web Technology）だったの？」
僕は肯いた。
「うん、昔からだった。API Expert の頃から。僕はそのことをずっと感じつづけていたよ。そこには何かがあるんだって。でもオライリー・ジャパン刊『初めての Three.js 第二版』を翻訳したのは、それほど前のことじゃない。株式会社カブクで少しずつ Three.js を使って 3D モデルビューアーを開発してきたんだ。僕が年をとるにつれてね。何故だろう？ 僕にもわからない。たぶんそうする必要があったからだろうね」

索引

■ 数字・記号

#endnode, 221
#export, 222
#import, 222
#node, 221
#node_in, 221
#node_out, 221
#node_param, 221
#pragma, 246
16 ビットインデックス, 10
2D テクスチャ配列, 14
3D ウェブサイト, 398
3D ギズモ, 404
3D テクスチャ, 110, 316
3D テクスチャスライシング, 309
3D フォーマット, 226
3 次元空間, 398
8 ビットインデックス, 10

■ A

AABB, → Axis Aligned Bounding Box
Abstract Syntax Tree, 219
Adaptive Render Control, 365
Additive Blending, 267
alpha, xiv, 161
alpha_mask, 229
altJS, 68
AMD, → Asynchronous Module Definition
　　モジュールローダー, 64
ammo.js, 206
ANGLE, 3, 4, 152, 154
　　デバッグ, 15
　　ビルド, 15
ANGLE_instanced_arrays, 203, 358
antialias, xiv
A_ONE, 229
AppearanceDescriptor, 366
AR, → Augmented Reality
ARC, → Adaptive Render Control
ArrayBuffer, 76, 116
ArrayBufferView, 24
asm.js, 88
Assassin's Creed Pirates Race, 183
AST, → Abstract Syntax Tree
ast, 121
Asynchronous Module Definition, 64
ATTACH, 117
ATTRIBUTE, 116
attribute 変数, xiv
Augmented Reality, 362
Axis Aligned Bounding Box, 187

■ B

Babylon, 169

BABYLON.Effect, 175
Babylon.js, 162, 169, 426
　　エンジン, 172
　　キャッシュシステム, 179
BDD, → Behavior-Driven Development
Behavior-Driven Development, 79
BIH, → Bounding Interval Hierarchy
bindAttribLocation, 28
bindBuffer, 158
bindVertexArrayOES, 158, 262
bitblt, 129
Blend4Web, 203
Blink, 38, 100
Blood–Oxygen–Level–Dependent, 381
BOLD, → Blood–Oxygen–Level–Dependent
Bounding Interval Hierarchy, 367
bower, 342
BrainBrowser, 379
Browserify, 67
browserify, 242, 243
Brython, 122
BufferChank, 369
bufferData, 116, 133
BufferGeometry, 162, 382
bufferSubData, 260, 262
Buildbot, 39, 45
Bullet, 206

■ C

CAD, 362
cameraTransform, 421
Capture Canvas Frame, 148, 159
Cartesian3, 64, 70
Cartesian4, 71
catch, 355
Catmull–Rom 補間, 334
CBRAIN, 390
Cesium, 61
changeintensityrange, 389
Chrome, 37
Chromium, 15, 37, 38, 41
CIVET 画像処理パイプライン, 381
CL, → チェンジリスト
CLAMP_TO_BORDER, xiv
CLAMP_TO_EDGE, xiv, 347
Clang, 87
Closure, 418
Cloud Storage, 47
CoffeeScript, 68
COLLADA, xvi, 226
color, 280
colorCube, 132
colors, 133
CommonJS, 67, 242

console-message, 266
Constructive Solid Geometry, 251
content_browsertests, 43
context_lost_restored, 51
CREATE, 116
create, 71
createFragmentShaderGraph, 237
createLandmark, 427
createShaderGraph, 237
createTexture, 312
CSG, → Constructive Solid Geometry
CSS, 130
czm_transpose, 84

■ D
Dart, 68
DATA, 116
data-main, 65, 80
Date, 208
DBUS_SESSION_BUS_ADDRESS, 50
Dead Trigger 2, 102
deamdify, 68
Dedicated Web Worker, 208
define, 64
defineProperty, 72
Degree of Freedom, 401
depth, xiv
Direct3D, 4
DirectX, 154, 169
disable, 158
disableVertexAttribArray, 158
Display Power Management System, 42
displaymodel, 389
do-tessellation, 266
Docker, 120
DOF, → Degree of Freedom
DOM バインディング, 20
DPMS, → Display Power Management System
draw, 119, 389
Draw Map, 373
Drawable, 364, 366
DrawableCollector, 364
drawArrays, 27, 157, 315
drawElements, 29, 157, 262, 358
drawElementsInstancedANGLE, 358, 360
drawImage, 355
DrawParameters, 189, 191, 195, 198, 199
Dual Paraboloid Mapping, 300
Dungeon Defenders Eternity, 102

■ E
Early Z カリング, 194
Early Z テスト, 160
ECMAScript 6, 69
EDID, → Extended Display Identification Data
Effect, 178
EM_ASM, 102
embind, 90
emcc, 89
emmake, 91
Emscripten, 87
    library_egl.js, 93
    library_gl.js, 93
    SDK, 89
emscripten_set_main_loop, 97

emscripten_set_main_loop_arg, 97, 98
emulate-shader-precision, xv
enableVertexAttribArray, 28, 158
Engine, 172, 174
engine.dispose, 175
Entity, 262
Environment, 233
Epic Citadel, 102
ES6, → ECMAScript 6
esMainLoop, 96
ESSL, → OpenGL ES Shading Language
ewgl-matrices, 418
exec(), 49
Exposure Render, 305
Extended Display Identification Data, 42
EXT_frag_depth, 34
EXT_shader_texture_lod, 300
EXT_texture_rg, 13
EXT_texture_storage, 12

■ F
fast.js, 373
FBO, → Framebuffer Object
FFI, → Foreign Function Interface
filter, xiv
finish, 157
Firefox
    開発者ツール, 100
flatten, 133, 135
Float32Array, 356
FLT: Faster Than Light, 102
flush, 157
Foreign Function Interface, 90
fork, 49
Form, 366
FRAMEBUFFER, 117
FrameBuffer, 116
Framebuffer Object, 311
free, 88
freeglut, 128
Freesurfer, 381
frustum, 138

■ G
G-Buffer, 275
    パラメーター, 280
    フォーマット, 284
Geometry, 162
GeometryChanged, 364
GeometryDescriptor, 366
get, 72
getCurrentPosition, 353
getError, 157
getExtension, 34
getModelViewTransform, 421
getParameter, 155
getProjectionTransform, 421
getSupportedExtensions, 34
getUserMedia, 355
getVolumeValue, 316
gl, 136
GL Intermediate Representation, 59, 109, 113, 114
gl-matrix, 418, 429
gl.bindAttribLocation, xv

gl.checkFramebufferStatus, xv
gl.NONE, xv
gl.readPixels, 84
gl.STATIC_DRAW, xv
gl.TRIANGLE_FAN, xv
glDrawArrays, 6
glDrawElements, 6, 28
GLenum, 21
GL_ES, 150
GLEW, 128
glFinish, 31
glFlush, 31
gl_FragColor, 84, 235
gl_FragCoord, 278
glGetError, 23
glGetIntegerv, 22
GLib, 49
GLIR, → GL Intermediate Representation
glMatrix.js, 133
gloo, 110
GL_OUT_OF_MEMORY, 22
GLSL, → OpenGL Shading Language, 84
GLSL ES, 26
GLSL Unit, 84
glsl-deparser, 255
glsl-noise, 249
glsl-parser, 255
glslify, 241, 246
    CLI, 252
    ソースコード変換, 254
glslify-deps, 257
glslify-hex, 254
glTexImage, 12
glTexImage2D, 22
glTextImage2D, 25
glTF, xvi, 368, 407
GLUT, 128
glVertexAttribPointer, 95
GL ステート, 157
GL 転送フォーマット, 368
goog.vec, 418
Google Closure, 69
Google Maps, 37, 50
gotoLandmark, 427
GPU Try Server, 41, 45
GPU Trybot, 48
GPU ボット, 37, 41
gridScale, 329
grunt, 342
GTK+, 49
gulp, 243, 342

■ H
Hardware Occlusion Query, 368
hare3d (Highly Adaptive Rendering
    Environment), 362
HDR, → High Dynamic Range
High Dynamic Range, 296
High Level Shading Language, 4
highp, xv, 149
History.js, 403
HLSL, → High Level Shading Language
HOQ, → Hardware Occlusion Query
HTML, 129
HTML5, 130

HTMLVideoElement, 51

■ I
IBL, → Image-Based Lighting
IDL, → Interface Definition Language
IE, 78
Image-Based Lighting, 272, 295
index.glsl, 253
IndexBuffer, 116
indexOf, 373
initShaders, 131, 136
Instanced Array, 353
Interface Definition Language, 20
Intermediary Representation, 87
INTERPOLATION, 117
Interworker Communication, 207
INVALID_OPERATION, 28
IO.Images, 346
IOSurface, 31
IP KVM, 42
IPython Notebook, 117
IR, → Intermediary Representation
Isolate, 47
IWC, → Interworker Communication

■ J
Jasmine, 78
    スペック, 79
JavaScript, xv, 61, 128, 129
    use strict, xv
    依存順序, 63
    仮想マシン, 88
    型情報, 70
    カプセル化, 63
    行列, 418
    グローバルスコープ, 63
    配列, 132
    パフォーマンス, 63, 70
    モジュール化, 63
JavaScript CPU プロファイル, 148, 156
JIT, → Just In Time コンパイラ
jQuery, 130
JSHint, xv
Jupyter Notebook, 118
Just In Time コンパイラ, 88

■ K
ka_map, 227
Karma, 81
kd_map, 227
Kinect, 409

■ L
Landmark, 427
LandmarkManager, 427
Leap Motion, 409
lerp, 73
Level Of Detail, 108, 205, 323
libc++abi, 88
Light, 233
LINEAR, xiv
LINE_LOOP, 7
LINE_STRIP, 7
LLVM, 87
load, 261

loadcolormap, 389
loaded, 261
loadintensitydata, 389
LOD, → Level Of Detail
LogLUV, 296
lookAt, 138
LORIS, 392
lowp, xv, 150
Lua, 88
Luma, 275
LUMINANCE, 13
LUMINANCE_ALPHA, 13

■ M
MACACC Data Set Viewer, 390
MACACC データセット, 390
Magnetic Resonance Imaging, 381
malloc, 49, 88
map, xiv
mat2, 137
mat3, 137
mat4, 137, 417
Matrix4, 66
MAX_VERTEX_TEXTURE_IMAGE_UNITS, 155
mediump, xv, 110, 149
mesh-data, 266
MessagePort, 76
metallic, 280
MIPMAP, xiv
mjs, 418
module.exports, 242
moz-chunked-arraybuffer, 377
Mozilla, 19
MRI, → Magnetic Resonance Imaging
MRI 研究, 392
musl, 88
MV.js, 137

■ N
NaCl, 87
navigator.geolocation, 352
navigator.hardwareConcurrency, 78
navigator.mediaDevices, 355
ndarray, 112
NEAREST, xiv
NegatifAttribute, 237
NegatifNode, 237
NIH MRI Study of Normal Brain Development, 392
NIHPD, → NIH MRI Study of Normal Brain Development
Node.js, 67, 89, 241
node_modules, 243
npm, 68, 241, 342
null 画像データ, 25
null テクスチャ, 25
Numba, 121
Numerics, 418
NumPy, 112, 122
NVIDIA Nsight, 17

■ O
OBJ, 227
Object, 71
OES_element_index_uint, xvi, 10, 203, 386

OES_texture_float, 34, 153, 296, 311
OES_texture_float_linear, 34, 311
OES_texture_half_float, 296
OES_texture_npot, 12
OES_vertex_array_object, 158, 203
On-Stack Replacement, 71
onload, 136, 259
Oort Online, 185
OpenGL, ix
    拡張機能, 34
    デスクトップ, 4, 7, 32, 109, 128
OpenGL ES, 4, 32, 90, 109, 128, 154
OpenGL ES Shading Language, 4
OpenGL Shading Language, 26
OpenHub.net, 38
OpenSceneGraph, 228
ortho, 138
OSG.JS, 228, 233, 425
OSR, → On-Stack Replacement
OUT_SET_TRANSFORM, 207
Over Blending, 315

■ P
package.json, 245, 251
PEG.js, 219
performance.now, 208
perspective, 138
PhiloGL, 344
PipelineControl, 364
pixelStorei, 23
Plotting, 113
points, 133
POP バッファ, 365
Popen.terminate(), 52
postMessage, 357
precision, 110
premultiplyalpha_test, 51
preserveDrawingBuffer, xiv, 32, 161
Program, 116
program, 131, 136
projectionTransform, 421
Promise<MediaStream>, 355
PyPy.js, 121
Pyston, 121
Python, 88, 107
Pythonium, 121
Python-to-JavaScript トランスレーター, 121

■ Q
quad, 132

■ R
r.js, 67
rAF, → requestAnimationFrame
RampAttribute, 237
RampNode, 237
raster, 129
Ray, 64
read-eval-print loop, 118
readPixels, 157
Real-time Optimally Adapting Mesh, 323
Recipe, 45
RED, 13
Remote Desktop, 41
Render Target, 153

Renderable, 364
RenderBuffer, 116
renderToTexture, 352
RenderTree, 362, 366
REPEAT, xiv
REPL, → read–eval–print loop
requestAnimationFrame, xvi, 30, 51, 96, 97, 119,
    137, 175, 259
require, 67, 242
RequireJS, 64
   text, 66
RequireJS Optimizer, 65
result, 73
RG, 13
RGB フレームバッファ, xv
RGBE (Red/Green/Blue/Exponent), 296
RGBM (Red/Green/Blue/Multiplier), 296
Rietveld, 39
ROAM, → Real–time Optimally Adapting Mesh
rotate, 138
Ruby, 88
runRenderLoop, 175
runTasks, 264

■ S
Sauce Labs, 82
sbrk, 88
scale, 138
Scene, 172
scene.render, 174
SceneJS, 158, 162, 425
script, 63, 134
Semantic Versioning, 244
SemVer, → Semantic Versioning
set, 72
setInterval, 96, 260
setTimeout, 96
setupWebGL, 136
shader.js, 377
Shadow Comparison Lookup, 14
Shape Resource Container, xvi, 368
SharedWorker, 208
shim, 78
sign, 276
Simplex Noise, 249
SIZE, 116
Sketchfab, 225
   マテリアルエディタ, 230
Skulpt, 122
sort, 373
spec-main, 80
SpecRunner, 79
Spidermonkey, 89
SRC, → Shape Resource Container
StandardMaterial, 173, 175, 176
State, 181
state, 268
StateAttribute, 233
StateSet, 233
STATIC_DRAW, 10
stencil, xiv
STL, 227
Surface Viewer, 379
   イベントモデル, 388
   インタラクション, 387

データフロー, 384
レンダリング, 389
Sylvester, 418

■ T
T1 強調画像, 381
TBDR, → Tile–Based Deferred Rendering
Technique, 196
Telemetry, 43
texImage2D, 22, 262
texStorage, 12
texSubImage2D, 21, 22, 25
Texture, 260
TEXTURE0, 261
Texture2D, 116
texture2DProj, 317
Texture3D, 116
TextureMaterial, 233
textureProj, xvi
textureScale, 325
then, 355
three.js, 162, 382, 425
Tile–Based Deferred Rendering, 193
Tornado, 119
Transferable, 207, 384
Transferable, xv, 75
transform, 113
translate, 138
TRIANGLE_FAN, 7
TRIANGLES, 7
TRIANGLE_STRIP, 134
Try Server, 37
Turbulenz, 162, 185, 426
turntable, 268
type, 134
TypedArray, xv, 112, 132
TypeScript, 68

■ U
Ubershader, 175, 232
UBO, → Uniform Buffer Object
Uint16Array, 9
Uint8Array, 9
Uint8ClampedArray, 355
Under Blending, 315
UNIFORM, 117
Uniform Buffer Object, 14
uniform1f, 21, 259
uniform4f, 20
uniform4fv, 21
uniform 変数, xiv, xvi, 199
UNPACK_ALIGNMENT, 23
UNPACK_COLORSPACE_CONVERSION_WEBGL, 23
UNPACK_FLIP_Y_WEBGL, 23, 24
UNPACK_PREMULTIPLY_ALPHA_WEBGL, 23, 24, 298
Unreal Engine 3, 102
Unreal Engine 4, 102
Unreal Tournament, 102
UNSIGNED_BYTE, 30
UNSIGNED_INT, 30
UNSIGNED_SHORT, 30
updatecolors, 389
uranium.js, 207
usage, xv, 10
useProgram, 158, 159

use strict, xv

■ V

VAO, → Vertex Array Object
varying 変数, xiv
VBO, → Vertex Buffer Object
VE, → Virtual Environment
vec2, 137
vec3, 137
vec3.lerp, 429
vec4, xiv, 137
Vertex Array Object, xvi, 158
Vertex Buffer Object, 90, 95, 158
vertexAttribDivisorANGLE, 359
vertexAttribPointer, 158, 359
VertexBuffer, 116
ViewChanged, 364
viewer.pick, 388
Virtual Environment, 398
VisPy, 107, 109
VisPy Wiki, 116
Visual, 112
VNC, 41
Volume Viewer, 379
Voxatron, 102
VSSetConstantBuffers1, 14

■ W

Waterfall, 39, 45
　　テスター, 46
　　ビルダー, 46
WAVEFRONT OBJ, 227
Wavefront OBJ, xvi
Web Starter Kit, 343
Web Tracing Framework, 262
Web Worker, xv, 74, 266, 357
WebAssembly, 87
WebGL, vii, ix, 3, 61, 90, 109, 128
　　拡張機能, 34
　　コンテキスト, 136
　　最適化, 259
　　実装, 19, 22, 37
　　自動テスト, 78
　　テクスチャの転送, 22
　　デスクトップ, 3
　　入門コース, 127
　　メソッド, 21
　　モバイル, 147
WebGL GLSL, 26
WebGL IDL, 20
WebGL Inspector, 148
WebGL Report, xiv
webgl–loader, 407
webgl.disable-extensions, 149
webgl.min_capability_mode, 149, 155
WebGL2RenderingContext, 368
WEBGL_color_buffer_float, 153
webgl_compressed_texture_size_limit, 51
WEBGL_debug_shaders, 15
WEBGL_draw_buffers, xv, 8, 159, 276, 311, 321, 364
WebGLTexture, 22
WebGL ステート, 181
WebIDL Binder, 90
WebVIS/instant3DHub, 361

window, 136
WRAPPING, 117

■ Y

Yeoman, 342
yield, 265
Yo, 342

■ Z

Z–Only パス, 194
Z ファイティング, 329

■ あ

アイバッファ, 309, 313
青チャンネル, 212
アニメーション, 96
アフィン変換, 416
アルファチャンネル, 211
アルベド色, 280
アルベドマップ, 336
泡, 213

■ い

依存性地獄, 243
イベントループ, 119
イミュータブルテクスチャ, 12
イメージベースドライティング, 272, 295
医用生体イメージング, 305
色分解, 353
インスタンシング, 353
インスタンス化されたバッファ, 358
インデックスバッファ, 10, 110, 198
インテリア, 275

■ う

ウェイファインディング, 402
ウェブ開発, 3
浮き, 218
ウーバーシェーダー, 175, 232

■ え

エッジテーブル, 309
エンジン, 172

■ お

オクルージョンカリング, 188, 367
オーバードロー, 160, 193, 329
オフラインレンダラ, 117, 120
オンラインレンダラ, 117

■ か

海岸, 210, 211
開発者ツール, 148
海面, 208
外洋, 211
ガウスぼかし, 348
拡張現実, 362
拡張ディスプレイ識別データ, 42
加算合成, 267
仮想環境, 398
仮想のパンくず, 403
仮想マシン, 41
型情報, 70
型推論, 70
ガーベジコレクション, 72

カメラ, 172, 173, 413
　　状態, 427
　　設計, 419
カメラ行列, 416
カメラタイプ, 419
カメラ変換, 415
ガラス効果, 267
カリング, 187
環境マップ, 299

■ き
気温変動, 345
規格準拠テスト, 6
球面調和基底関数, 302
キューブマップ, 13, 299
共通表現言語, 109
近傍関数, 330

■ く
空間領域構成法, 251
空間を見失う問題, 402
屈折, 217
グリッド, 324, 328
　　位置, 327
　　移動, 327
　　入れ子構造, 328
　　オフセット, 325
　　隙間, 329
グリッド空間, 324
グルーコード, 90
グロスマッピング, 299
グローバル変換, 254
クロマサブサンプリング, 287

■ け
計算流体力学, 305
継続的インテグレーション, 39
結合テスト, 82
血中酸素濃度依存性, 381
決定論的プロファイラ, 101

■ こ
更新タスク, 262
構造化クローン, 75, 384
コサイン補間, xvi
コースティクス, 218
コードレビュー, 39
コミットキュー, 39

■ さ
さざ波, 211

■ し
シェイプ, 384
シェーダー
　　精度, 147, 149
　　テスト, 84
シェーダーグラフ, 232
シェーダーコンパイラ, 26
シェーダー生成システム, 218
シェーダーノード, 234
シェーダーバウンド, 160
シェーディング, 272
ジオクリップマッピング, 209
ジオメトリ, 209

ジオメトリシェーダー, 209
ジオメトリクリップマップ, 209
ジオメトリバッファ, 275
ジオモーフィング, 323, 329
磁気共鳴映像法, 381
シザー, 8
視錐台カリング, 205
視点, 314
自動テスト, 37, 39, 78
射影行列, 312
シャドウ行列, 312
シャドウルックアップ, 14
自由度, 401
詳細度レベル, 108
状態設定コマンド, 6
シーン, 172
シーングラフ, 113, 366, 425
シングルスレッド, 74
シングルパスラスタライゼーション, 308
シーンツリー, 366
シンプレックスノイズ, 211

■ す
ステージングバッファ, 31
スペキュラ色, 280

■ せ
静的型付け言語, 70, 88
静的バッファ, 10
セマンティックバージョニング, 244
セルサイズ, 327
セルラーノイズ, 211, 218
線形補間, 334

■ そ
双放物面マッピング, 300
属性, 110

■ た
タイルレンダリング, 155
タスクの分割, 265
タスクマネージャー, 264
ダッシュボード, 405

■ ち
チェビシェフ距離, 332
遅延シェーディング, 272, 275
チェンジリスト, 38
遅延ライティング, 285
遅延レンダリング, 193
抽象構文木, 219
長距離波, 211
頂点シェーダー, xiv, 84
頂点属性, 28
頂点配列オブジェクト, xvi, 158
頂点バッファ, 9, 198
頂点バッファオブジェクト, 158
直接ボリュームレンダリング, 318

■ て
ディテールアルベドマップ, 336
ディテールマッピング, 323, 335
適応的レンダリング制御, 365
テクスチャ, 8, 139, 172, 198
テクスチャ空間, 324

テクスチャスウィズル, 13
テクスチャフォーマット, 110
テクスチャマッピング, 139
テクスチャラッパー, 260
テスト基盤, 39
テストハーネス, 43
テストボット, 38
データ可視化, 341
　　フレームワーク, 344
テッセレーション, 266, 324
デバイスモード, 148
天候データの解析, 341

■ と
投影変換, 417
透過的カメラ, 424
同心輪, 323
動的型付け言語, 70, 88
動的スライシング, 309, 310
トラクトグラフィー, 379
トリプルバッファリング, 31
ドローバッファ, xv

■ な
波, 210
　　傾き, 213
　　合成, 213
　　水の色, 213
難読化, 221

■ に
認知的ウォークスルー, 408

■ ね
ネオン効果, 351

■ の
ノイズ関数, 211
脳機能イメージング, 379
ノードエディタ, 220

■ は
ハイダイナミックレンジ, 296
バイリニア補間, 356
配列属性, xv
バインディングブロック, 158
パーサージェネレーター, 219
バージョン番号, 244
八分木, 367
八面体環境マッピング, 300
パッキング, 276
　　ユニットテスト, 277
バックグラウンドスレッド, 74
バックバッファ, 30
バッチ処理, 204
ハードウェアオクルージョンクエリ, 368
ハーフアングルスライシング, 305, 309, 313, 318
反射, 213
反復的レンダリング, 375
バンディングアーティファクト, 296
バンド幅, 161

■ ひ
ピクセルテスト, 44
ビット演算, 276

微分マップ, 326
ビヘイビア駆動開発, 79
ビューイング関数, 138
ヒューリスティック評価, 408
描画コマンド, 6
描画タスク, 262
描画バッファ, 315
表面化散乱, 213

■ ふ
不完全テクスチャ, 25
複数描画バッファ, 276
ブックマーク, 403
物理シミュレーション, 206
物理マシン, 41
浮動小数点演算
　　精度, 150
　　エミュレーション, 152
浮動小数点描画バッファ, 276
太線, 9
浮遊物, 218
フラグメントシェーダー, xiv, xv, 11, 84, 110
プリレンダラ, 203
フルスクリーンビルボードパス, 285
フレームバッファオブジェクト, 311
フロントバッファ, 30
分散イベントループ, 119

■ へ
変換関数, 138
偏微分マップ, 326

■ ほ
ポイントスプライト, 109
法線, 213
補間法, 323
ポスト変換, 254
ポータルカリング, 189
ポリゴン, 9
ボリュームシャドウ頂点シェーダー, 316
ボリュームシャドウフラグメントシェーダー, 316
ボリュームテクスチャ, 316
ボリュームレンダリング, 305, 307
ボリュームレンダリング積分, 308
ボリュームトリックライティング, 308

■ ま
マイクロベンチマーク, 21
マスク, 8
マテリアル, 172, 173, 175, 226
マテリアルパイプライン, 227
マテリアルミックスマップ, 335
マニピュレータ, 404
マルチコア, 78
マルチスレッド, 78
マルチパスラスタライゼーション, 308

■ み
道順, 402
ミップマッピング, 323
ミップマップ, 300
ミップマップレベル, 333
ミニマップ, 403

■ む
結び目, 266

■ め
メインスレッド, 74
メッシュ, 172, 173, 209

■ も
モジュラープログラミング, 242
モジュール関数, 64
モデルビュー行列, 312
モデルビュー変換, 414
モバイル CPU, 155
モバイル GPU, 155
モバイルブラウザ, 147
モーフ係数, 332

■ ゆ
優先度ベースレンダリング, 371
ユーザビリティ, 397
    選択, 403
    操作, 403
    ダウンロード時間, 405
    テキスト, 399
    ナビゲーション, 400
    評価, 408
    道順, 402
    レスポンス時間, 405
ユニットテスト, 82, 277

■ ら
ライト, 172
ライトバッファ, 309, 313, 315
ライトプリパス, 285
ラスタライゼーショングラフィックス API, 6
ラフネスマッピング, 299
ランドマーク, 403

■ れ
レイキャスティング, 308
レイマーチング, 251
レスポンシブルカメラ, 421
レンダーターゲット, 153
レンダリング, 272
レンダリングテスト, 44
レンダリングフィードバックループ, 11

■ ろ
ローカル変換, 254
ローカル変数, 250

■ わ
ワーカー間通信, 207
ワーカースレッド, 75
ワーカーメッセージングプロトコル, 266
ワールド行列, 179
ワールド空間, 324

●本書に対するお問い合わせは、電子メール（info@asciidwango.jp）にてお願いいたします。
但し、本書の記述内容を越えるご質問にはお答えできませんので、ご了承ください。

WebGL Insights 日本語版

2018 年 8 月 24 日　初版発行

著者/編者	Patric Cozzi（パトリック　コジー）
翻　訳	あんどうやすし
発行者	川上量生
発　行	株式会社ドワンゴ
	〒 104-0061
	東京都中央区銀座 4-12-15 歌舞伎座タワー
	編集 03-3549-6153
	電子メール info@asciidwango.jp
	http://asciidwango.jp/
発　売	株式会社 KADOKAWA
	〒 102-8177
	東京都千代田区富士見 2-13-3
	営業 0570-002-301（カスタマーサポート・ナビダイヤル）
	受付時間 11：00〜17：00（土日 祝日 年末年始を除く）
	https://www.kadokawa.co.jp/
印刷・製本	株式会社リーブルテック

Printed in Japan

本書（ソフトウェア／プログラム含む）の無断複製（コピー、スキャン、デジタル化等）並びに無断複製物の譲渡および配信は、著作権法上での例外を除き禁じられています。また、本書を代行業者などの第三者に依頼して複製する行為は、たとえ個人や家庭内での利用であっても一切認められておりません。
落丁・乱丁本はお取り替えいたします。下記 KADOKAWA 読者係までご連絡ください。
送料小社負担にてお取り替えいたします。
但し、古書店で本書を購入されている場合はお取り替えできません。
電話　049-259-1100（10:00-17:00/土日、祝日、年末年始を除く）
〒354-0041　埼玉県入間郡三芳町藤久保 550-1
定価はカバーに表示してあります。

ISBN978-4-04-893066-6 C3004

アスキードワンゴ編集部
編　集　星野浩章